U0930255

“高速铁路工程技术创新丛书”
专家委员会

主　　任： 孙永福

副 主 任： 何华武　卢春房

委　　员： 翟婉明　邵明安　李国杰　钱清泉　刘友梅　郑颖人
梁文灏　秦顺全　丁荣军　杜彦良　田红旗　胡亚东
李文新　陈兰华　傅选义　朱望瑜　郑　健　罗智泉
赵国堂　吴克非　刘朝英

“高速铁路工程技术创新丛书”
编委会

主　　任： 刘振芳

副 主 任： 刘克强　安路生　吴德金　郑宏波　严贺祥　白晓春

委　　员： 田　军　王忠刚　王启铭　米　隆　郭福安　郭家宏
耿家文　韩玉皓　石　峰　李先进　谢晓东　田红旗
王稼琼　杨　丹　龙奋杰　刘为民　张　敏　刘为群
凌汉东　章　杰

办公室主任： 严贺祥

成　　员： 王　强　冯双洲　刘　燕　顾秋来　党　立　余祖俊
冯晓云　孙树礼　王玉泽　王健飞　甄　静　江水长
王　晨　于　洋　刘晓冬　庄继武　魏　众　金　锋

高速铁路工程技术创新丛书
国家铁路局组织编写

高速铁路勘察监测技术

赵晓彦　张　瑞　等编著
郑颖人　主　审

中国铁道出版社有限公司
2021年·北　京

内 容 简 介

本书是高速铁路工程技术创新丛书之一，由国家铁路局组织编写。本书是我国高速铁路勘察监测领域成功经验和成熟技术的系统总结，将我国不同区域的地质背景和高速铁路工程问题系统融合，将铁路工程勘察和建设运营环境监测系统融合，形成特色，旨在为我国铁路建设技术人员提供勘察监测思路、方法、程序等方面的参考和指导。全书分为两部分，第一部分为高速铁路勘察技术，第二部分为高速铁路遥感监测技术。

本书适合于铁路相关从业人员参考，也可用于高等学校相关专业研究生教学。

图书在版编目(CIP)数据

高速铁路勘察监测技术/赵晓彦等编著. —北京：中国铁道出版社有限公司，2021.6

(高速铁路工程技术创新丛书)

ISBN 978-7-113-27496-2

Ⅰ.①高… Ⅱ.①赵… Ⅲ.①高速铁路-工程地质勘察②高速铁路-安全监测 Ⅳ.①U212.2②U238

中国版本图书馆 CIP 数据核字(2021)第 070757 号

书　　名：高速铁路勘察监测技术
GAOSU TIELU KANCHA JIANCE JISHU

作　　者：赵晓彦　张　瑞　等

策　　划：金　锋

责任编辑：张卫晓　陈美玲　　**编辑部电话**：(010)51873193　　**电子信箱**：zhxiao23@163.com

封面设计：高博越

责任校对：孙　玫

责任印制：樊启鹏

出版发行：中国铁道出版社有限公司（100054，北京市西城区右安门西街 8 号）

网　　址：http://www.tdpress.com

印　　刷：北京盛通印刷股份有限公司

版　　次：2021 年 6 月第 1 版　2021 年 6 月第 1 次印刷

开　　本：787 mm×1 092 mm 1/16　**印张**：18.25　**字数**：442 千

书　　号：ISBN 978-7-113-27496-2

定　　价：108.00 元

主要编著者简介

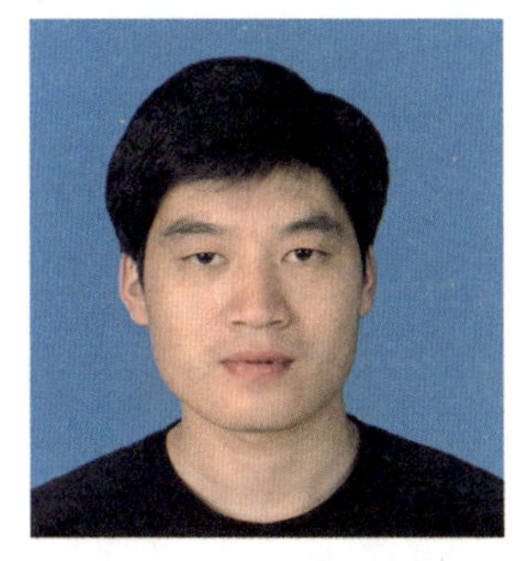

赵晓彦，1977 年 6 月生，西南交通大学地质工程专业研究生毕业并获工学博士学位。现任西南交通大学教授、博士生导师，地球科学与环境工程学院副院长、地质工程系主任。世界青年地球科学家中国小组委员、中国岩石力学与工程学会滑坡与工程边坡分会常务理事。任国家级精品课程“土木工程地质”及国家级来华留学英文授课品牌课程“Geology applied to civil engineering”负责人。长期从事铁路工程地质勘察及地质灾害防治方面的研究和教学工作，主持国家自然科学基金、国铁集团系统性重大课题、四川省科技厅重点课题等研究项目多项，发表科技论文 60 余篇，获国家发明专利授权 3 项、省部级科学技术奖 3 项，研究成果纳入《铁路路基支挡结构设计规范》。第一作者出版专著 1 部，参编国家“十二五”规划教材 1 部、川藏铁路勘察设计暂行规定 1 部。

张瑞，1982 年 5 月生，西南交通大学摄影测量与遥感专业博士，香港中文大学博士后研究员（已出站）。现任西南交通大学地球科学与环境工程学院副教授，博士生导师，主要从事合成孔径雷达干涉（InSAR）及铁路工程地质灾害监测预警研究。曾先后主持军委科技委国防科技创新特区计划项目、国家重点研发计划子课题、国家自然科学基金青年基金、四川省科技计划面上项目、中国铁路总公司科技研究开发计划课题的研究工作。相关研究成果公开发表 SCI 期刊论文 20 余篇，EI 及核心期刊论文 30 余篇，参编《轨道交通工程 InSAR 形变监测标准》，各类学术获奖 5 项，获国家发明专利授权 1 项、实用新型发明专利授权 5 项，软件著作权 10 余项。研究成果主要服务于国土与自然资源调查、大型交通基础设施安全监测评估以及区域性地质灾害监测预警，获国土、环保、公路、铁路、减灾等行业部门高度关注。

序

铁路是国民经济大动脉、关键基础设施和重大民生工程，是综合交通运输体系的骨干和主要交通方式之一，在我国经济社会发展中的地位和作用至关重要。高速铁路集聚了现代工业文明的丰硕成果，以其安全、便捷、舒适、环保等技术经济优势，显示出强大生命力。我国高度重视发展高速铁路，经过几代人的不懈努力，实现了从无到有、从探索到突破、从制造到创造，特别是党的十八大以来，我国高速铁路快速发展，已建成世界上最现代化的高铁网络，成为高铁运营里程最长、在建规模最大、高速列车数量最多、商业运营速度最高、高铁技术体系最全、运营场景和管理经验最丰富的国家。"复兴号奔驰在祖国广袤的大地上"。截至2020年底，我国高速铁路已达3.8万公里，占世界高铁总里程的三分之二以上。四通八达的高铁网，在服务国家重大战略、支撑经济社会发展、满足人民群众美好生活需要、助力"一带一路"建设、推动世界铁路发展等方面做出了巨大贡献。

我国高速铁路借鉴世界高铁发展的成功经验，通过原始创新、集成创新、引进消化吸收再创新，坚定不移地走出了一条符合国情路情、具有中国特色的自主创新道路。系统掌握了艰险山岭、风沙戈壁、黄土湿地、高寒酷热等各种复杂地质及气候条件下高速铁路建造成套技术，建成了一大批世界级标志性工程；创建了成套的高速铁路列车运行控制技术标准体系、认证体系和仿真平台，具备从列控系统设计、生产制造到工程实施的全过程能力；具有成熟的高速动车组设计、制造、测试技术，构建了科学的高速动车组技术标准体系，打造了规模强大的生产基地和完整的产业链；形成了适应复杂路网条件下长距离跨线运行的高铁运营管理成套技术，构建人防、物防、技防"三位一体"的高铁主动安全保障机制。我国高速铁路技术已经走在世界前列，成为推动世界高速铁路发展的重要力量。

习近平总书记指出："我国自主创新的一个成功范例就是高铁，从无到有，从引进、消化、吸收再创新到自主创新，现在已经领跑世界。要总结经验，继续努力，争取在'十四五'期间有更大发展。"今年，习近平总书记对发展职业教育做出重要指示。国家铁路局坚决贯彻习近平总书记重要指示精神，牵头组织铁路行业科研和工程技术人员编写了"高速铁路工程技术创新丛书"（以下简称"丛书"），旨在全面梳理创新成果，系统总结建设经验，进一步厚植技术优势，持续推进高质量发展；旨在集聚行业智慧，丰富教学载体，助力高铁专业人才培养；旨在分享我国高铁科技创新成果，促进各国铁路合作交流，服务"一带一路"建设。丛书共31册，涵盖高速铁路规划设计、土木建筑、装备制造、生态保护、运营管理、安全工程等高速铁路工程技术全产业链、全寿命周期。丛书力求全面反映我国高速铁路科技创新发展成就，体现铁路行业科技创新水平；阐述高铁工程基础理论、规律、机理，呈现技术、方法、路径，可验证，可复制，可传承；汇集专业积累和经验积淀，源于实践，指导实践；涵盖高铁主要工程技术领域，内在统一、自成体系。丛书坚持理论与实践、规范与实证、传承与创新相结合，着力构建“理论＋技术＋实践”三位一体的高铁工程技术框架，矢志推动建立反映时代特征、体现中国特色、具有世界高度的高铁工程技术创新体系。丛书得到了国家出版基金的大力支持，已列为2021年度资助项目。

我们深刻地认识到，我国高速铁路科技创新能够取得丰硕成果，是以习近平同志为核心的党中央坚强领导亲切关怀、铁路全行业攻坚克难实干奉献的结果，是集中力量办大事的社会主义制度优势的突出体现，是坚持改革开放强国之路的最好例证；得益于中央各部门和地方政府的协同奋战、通力合作，得益于广大人民群众的广泛参与、大力支持。丛书编著人员来自于我国高铁各领域一线，长期从事高铁技术研究与实践，具有深厚理论功底和丰富实践经验，是我国高速铁路建设发展的亲历者、见证人，是铁路各专业具有代表性和影响力的领军人物。丛书专家委员会由行业内具有崇高威望、为我国高速铁路发展做出重大贡献的资深权威专家组成，全程指导丛书编著，并进行审定把关。丛书既是高铁工作者的智慧和汗水的结晶，更是追逐梦想、奋发有为的写照。

当今世界正经历百年未有之大变局，我国正处于两个百年奋斗目标的历史交汇期，开启了全面建设社会主义现代化国家的新征程，立足新发展阶段，贯彻新发展理念，构建新发展格局，实现高质量发展，铁路面临新形势、新使命。我们必须坚决贯彻习近平新时代中国特色社会主义思想，全面落实《交通强国建设纲要》，不忘初心、牢记使命，传承守正、培元固本，继续推进高速铁路创新发展，高质量建设铁路强国，为全面建设社会主义现代化国家当好先行。

国家铁路局“高速铁路工程技术创新丛书”编委会

2021年6月

前　言

党的十八大以来，我国高速铁路快速发展，取得了举世瞩目的成就。为了全面梳理我国高铁工程技术创新成果、系统总结建设经验、推进高铁持续创新，国家铁路局组织一批具有深厚理论功底和丰富实践经验的科研和工程技术人员编写了“高速铁路工程技术创新丛书”，并请高铁工程领域资深权威专家全程指导、审定把关。丛书共31册，本书为丛书之一。

高速列车的安全运行对运营环境有严格要求，包括路基的稳定性、轨道的平顺性、桥隧结构的可靠性等，这些均需要勘察监测工作提供有力保障。勘察工作是高速铁路建设的首要环节，是设计施工的前提；监测工作是安全施工和高效运营的保证。先进、系统的勘察监测理论、方法与技术，方能为高速铁路的选线选址、设计计算、运营保障提供有效支撑。

我国自普速铁路至客运专线至高速铁路的铁路发展史，也是勘察监测理论、方法、技术与设备的发展史。自钎坑罗盘至空天地一体化勘察，自尺规量测至航卫遥感，自人工看守至智慧传输，我国铁路勘察监测已形成系统的理论和方法，拥有独立知识产权的先进技术和设备，强力支撑了高铁“走出去”和“一带一路”倡议。我国已承担以俄罗斯速度400 km/h的莫斯科—喀山高铁为代表的多条国际高速铁路勘察监测工作，形成了良好的国际影响力。

本书是我国高速铁路勘察监测领域成功经验和成熟技术的系统总结，将我国不同区域的地质背景和高速铁路工程问题系统融合，将铁路工程勘察和建设运营环境监测系统融合，形成特色。本书内容既来源于我国高速铁路建设的实际工程经验，也是工程地质和测绘遥感理论知识应用于高速铁路建设的高度凝练，旨在为我国铁路建设技术人员提供勘察监测思路、方法、程序等方面的参考和指导。

本书共分10章，可以分为两大部分。第一部分(前五章)主要为高速铁路勘察技术，由赵晓彦、张广泽、陈明浩、伊小娟、冯涛、吴俊猛编写；第二部分(后五章)主要为高速铁路遥感监测技术，由张瑞、刘国祥、朱军、曹云刚、陈敏编写。全书由赵晓彦、张瑞统稿，郑颖人院士主审。

本书适合于铁路相关从业人员参考，也可用于高等学校相关专业研究生教学。

由于作者水平有限，疏漏之处望广大读者批评指正。

编著者

2021年3月

目　　录

1 绪 论

对于高速行驶中的列车(时速超过 300 km),任何灾害的发生都可能引发严重事故,造成重大损失。如 1998 年 6 月 3 日发生在德国的 ICE 列车,由于没有对车轮破损进行监测报警和采取减速措施,造成约 200 人伤亡及线路遭受严重破坏的惨重后果。相反,2004 年 10 月 24 日发生在日本新潟的地震,由于有“早期地震监测报警系统”对列车采取减速措施和牢固的桥梁基础设施作保障,地震区域运行的 4 趟新干线列车仅有位于震中处的 1 趟列车发生脱轨,并且没有人员伤亡。高速铁路发展较早的日本、法国、德国,以及采用引进技术的西班牙、韩国和我国台湾高速铁路,均采用了先进的灾害防护和监测技术对高铁沿线环境(例如风、雨、洪水、火灾、地震、异物侵限等)进行监测,为高速铁路安全运营保驾护航。随着高速铁路规模持续扩大,运营环境日趋复杂,我国在高速铁路安全施工和运营方面积累了丰富的经验,尤其体现在先进的勘察监测理论、方法、技术及设备。

1.1 高速铁路线下系统特征

高速铁路的出现对铁路设计、施工、养护和维修提出了新的挑战,在许多方面深化和改变了传统的设计方法和观念。高速铁路路基按土工结构物进行设计,其地基处理、路堤填筑、边坡支挡防护以及排水设计等必须具有足够的强度、稳定性和耐久性,使之能抵抗各种自然因素的影响,确保列车高速、安全、平稳运行。因此高速铁路也对其路基提出了与普通铁路相比更高的勘察和设计要求。

1. 高速铁路路基为多层结构系统

高速铁路线路结构,已经突破了传统的轨道、道床、土路基这种结构形式。对于有砟轨道,在道床和土路基之间,已抛弃了将道砟直接放在土路基上的结构形式,而是强化基床表层性能,形成多层结构系统。德国高速铁路有砟轨道在道砟层和基床之间加入了保护层(图 1.1)。日本则形成了板式轨道。我国《高速铁路设计规范》(TB 10621—2014)要求:基床表层的材质和强度应能承受列车荷载的长期作用,刚度应使列车运行时产生的弹性变形控制在一定范围内,厚度应使扩散到其底层面上的动应力不超出基床底层土的容许承载能力,并能防止道砟压入基床及基床土进入道床,防止地表水侵入基床土中导致基床软化及产生翻浆冒泥等基床病害。图 1.2 为京沪高速铁路双线路堤标准横断面示意图。地质勘察与分析要满足这种过程结构系统的材料要求。

2. 路基设计更注重变形控制

控制变形是路基设计的关键,采用各种不同路基结构形式的首要目的是为了给高速线路提供一个高平顺、均匀和稳定的轨下基础,因此,控制变形问题便成为高速铁路设计的主要控制因素。尤其是对路基,过去按破坏强度设计,但是对于高速铁路而言,强度已不成问

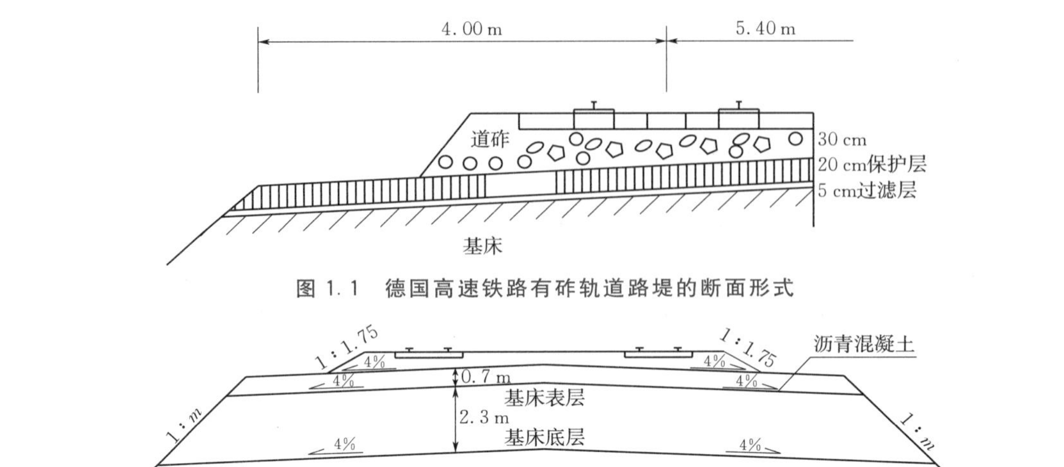

图 1.1　德国高速铁路有砟轨道路堤的断面形式

图 1.2　我国京沪高速铁路双线路堤标准横断面示意图

题，变形成为主要控制因素，因为路基在达到破坏前，可能已经出现了不能容许的过量变形。高速铁路路基工后沉降要求一般不超过扣件允许的沉降调高量 15 mm，路桥或路隧交界处的差异沉降不大于 5 mm，沉降造成的路基与桥梁或隧道的折角不大于 1/1 000。因此除了路堑地段外，土质（包括基岩全风化层）地基的路基均要进行工后沉降分析。路基上铺设无砟轨道成败的关键在于沉降的控制，这对路基地段的工程地质勘察提出了更高的要求，要求地质勘察工作能准确查明地基地质条件，提供评价地基和路基结构物变形状态的必要地质资料。

日本东海道新干线，设计时速为 210 km，由于仅仅采取了轨道的加强措施，而忽略了路基的强化，以致引起路基不稳定，下沉难以控制，使速度下降到 110～180 km/h。德国某高速铁路也因运营后路基的严重破坏，而一度停止运行。澳大利亚哈默莱特铁路也因路基问题曾 13 次出轨。

对于填土路堤来说，土堤本体的工后下沉，将成为路基变形应该控制的关键。该部分变形主要是施工阶段完成后，由填土自身重量引起的压密下沉，一般由施工中的压实标准来控制。为了提高路堤的整体刚度和弹性，减小路堤的工后压缩下沉，对路堤填筑都提出了明确的要求。我国针对京沪高速铁路路基也制定了填筑压实标准，见表 1.1。地质勘察与分析中应重视地基变形特征参数，如动弹性模量、地基刚度等。

表 1.1　京沪高速铁路路基压实标准

部位	土石名称	地基系数 K_{30}/(MPa·m^{-1})	压实系数	相对密度	孔隙比
基床表层	级配砂砾石	≥150	≥103	—	<0.15
基床底层	粗粒土	≥110	—	—	<0.2
路堤下部	细粒土	≥70	≥97	—	—
	粗粒土	≥120	—	—	—
	砂性土	—	—	≥0.7	—
	黏性土	≥70	≥93	—	—

3. 将路基、列车、线路作为一整体系统进行规划设计

变形控制问题相当复杂，是一个世界性的难题。日本及欧洲一些国家虽然实现了高速运行，但他们都是通过采用高标准的、昂贵的强化线路结构和高质量的养护维修技术来弥补这方面的不足。日本对此不惜代价，在上越和东北新干线上，高架桥延米数所占比例分别为49%和57%，路基仅占1%和6%。所以，变形控制问题是轨下系统设计的关键。由于普通铁路行车速度慢，因此在以往的设计中，只孤立地研究轮、轨的相互作用，并把这种相互作用狭义地理解为轮、轨接触部位的几何学、运动学和动力学的关系，而忽略了路基的影响，其中各个部分的设计也只局限于本专业的范围内。对于高速铁路，轮、轨系统应该是车轮、钢轨、道床、路基各部分相互作用的整体。因为包括路基在内的轨下系统的垂向变形集中反映在轨面上，而且又直接影响着轮轨作用力的大小。所以，在轮轨系统相互作用的研究中，必须把各部分作为一个整体系统来分析，建立适当的模型，着眼于各自的基本参数和运用状态，进行系统的最佳设计，实现轮轨系统的合理匹配，尽可能降低轮轨作用力，以保证列车的高速安全运行。德国著名的高速铁路专家 Birmann 指出：铁路路基作为轨道和列车荷载的基础，如果选择了合理的刚度（弹性模量），则能明显地影响轮载的分配，可以使轨面的最大支承力减小 60%～70%，而且还可以改善基床动应力分布，减弱重复荷载的动力作用，减少列车荷载对线路的不良影响。但这并不是要求路基不存在变形，因为列车不可能在一个绝对刚性的基础上作高速稳定的运行，只能依循着不平顺的走行面和刚度有变化的轨道运行。

总之，相对于普速铁路，高速铁路在勘察监测要求方面的最大不同在于由稳定控制提高为变形控制，即高速铁路建（构）筑物不单需满足稳定要求，还应满足变形控制要求。勘察监测工作除稳定性评估要求的物理力学参数外，同时强调变形参数，如变形模量、泊松比等，并应针对高速铁路运行特点提出相应的动参数。

1.2　我国铁路区域工程地质特征

1.2.1　东北区、华北区

东北、华北地区主要包括北京、天津、河北、山西、内蒙古、辽宁、吉林、黑龙江及山东等省、自治区、直辖市，其地形地貌的基本轮廓为：以大兴安岭、燕山、太行山等一线以西部分为我国第二阶梯内的黄土高原、内蒙古高原；以东至海岸线形成我国明显的第三阶梯，是我国东部陆地最低的一级阶梯，高度由海拔 1 000 m 降到几十米至几米；这个阶梯自北向南有东北平原（或称松辽平原）、华北平原；在平原以东则有小兴安岭、长白山、辽东半岛的千山、山东半岛的泰山、沂山、蒙山等山地绵延形成低山丘陵地貌。平原中堆积着很厚的第四纪沉积层，构成了巨大的北北东向沉积带。在陆地的东面和东南面是辽阔的海域。

1. 不良地质现象

滑坡：山西境内，河谷和冲沟两岸常见到黄土沿第三纪红黏性土或下伏基岩面的顺层滑坡，给线位的选择带来了较大困难；如晋中南通道铁路湫水河东岸段，为顺层岸坡，选线中查明滑坡 100 余处，绝大多数滑坡被绕避，有的也不得不采取工程措施进行防治，但施工中仍有多处产生顺层工程滑坡。

泥石流:物质结构多以水石流为主,由于分布较广且活动性强,都不同程度地影响着线路位置的选择和桥涵的设置。

岩溶:多为裸露型、浅覆盖型岩溶,东北、华北地区广泛分布着碳酸盐岩地层,由于分别受高寒和干旱、半干旱气候及地质构造的影响,地表岩溶现象主要表现为溶沟、溶槽。地面以下则以溶蚀裂隙、溶洞为主,管道现象不如南方地区发育,而地下暗河则不多见。

风沙:类型复杂,形态多样,主要分布在内蒙古一带,在吉林、辽宁、山西、河北北部也有较大面积分布,灾害较严重,且有不断南移趋势。除少量属活动性沙丘外,绝大部分属于半固定、固定沙丘和平沙地。沙丘的运动方向,主要受西北和东北风影响,其中受西北风影响最大,因此,沙漠、沙丘大部分自西北向东南方向移动。

采空区(人工坑洞):东北、华北地区由于石炭、二叠、侏罗系煤系地层分布广泛,煤层厚度大、煤矿开采历史悠久,采空区分布广、规模大、埋藏差别大,有古窑,也有正在开采的矿区,情况复杂,勘察和处理难度大。

地裂缝:发育有非构造地裂缝和构造地裂缝,华北地区早在 4 400 年前就有地裂缝的记载。现代地裂缝的调查研究是从 20 世纪 60 年代开始,河北、天津、北京、山西、山东、辽宁、吉林等省市都有地裂缝发生,主要集中分布在华北平原、晋中盆地。20 世纪 90 年代后期,随着经济和人类工程活动迅猛发展,特别是对地下水的持续超采,地下水降落漏斗持续扩大,导致地面沉降的产生,加剧了地裂缝的活动,也诱发产生了新的地裂缝。

地震:东北、华北地区活动断裂分布较广,各地活动性断裂在规模、活动方式、活动历史和强度等方面具有一定的差异性。东北、华北地区广泛分布有华北平原、松辽平原、三江平原及汾河、桑干河、大凌河等河谷平原、盆地,沉积了厚层的第四系地震可液化砂类土、粉土、软土,且地下水位浅,对高烈度地震区,勘察中应查明分布范围,判明液化、沉陷可能性。

2. 特殊岩土

软土:松辽平原和华北平原、汾河河谷平原和内陆湖泊、沼泽区,第四纪沉积厚度大,软土和松软黏性土分布范围广,特别是江河下游和滨海一带分布有大面积厚层软土。

膨胀(岩)土:东北、华北地区的膨胀(岩)土分布范围广,新近系、古近系黏性土及白垩系、侏罗系、三叠系,甚至是二叠系、石炭系泥岩、页岩普遍具膨胀性,尤其是棕红色、灰绿色、灰色的黏性土、泥岩、页岩一般膨胀性较高可至中或强膨胀性。

黄土:东北华北地区分布广、厚度大、地层完整。全新世黄土和上更新世黄土一般具有湿陷性,中更新世和下更新世黄土通常不具有湿陷性。分布在松辽平原的黄土多为非湿陷性黄土。分布在华北平原的黄土厚度不大。河北省中部一带分布的黄河新近沉积黄土层疏松、承载力低。分布在山西、内蒙古、河北的西南部及太行山的山间盆地黄土厚度大,具有大孔隙和直立性特征。

盐渍土:内蒙古高原、松辽平原及华北平原的低洼盆地,一般多为硫酸盐类的盐渍土,其次是沿渤海、黄海近岸地区,一般属氯盐类盐渍土。秦沈客专盘锦段及朔黄铁路黄骅地区均有盐渍土分布。在哈齐客专肇东、尚家及大庆至齐齐哈尔间,断续存在碱性盐渍土、中碱性盐渍土、氯盐渍土及亚硫酸盐渍土。

多年冻土:在内蒙古自治区和黑龙江省的大、小兴安岭一带分布有高纬度多年冻土,主要分布于丘陵山地及山前洪积阶地。

1.2.2 西 北 区

我国西北地区地处欧亚大陆腹地，含陕西、甘肃、宁夏、青海、新疆五省区，是长江和黄河的发源地；贺兰山、乌鞘岭以西，昆仑山以北的绝大部分地区为内陆河流域。漫长的地质时代，多次的构造运动，形成了本区高原、高山与宽广盆地相间的特殊地貌景观、复杂的地质环境和独特的大陆性气候条件；形成了众多的诸如滑坡、错落、崩塌落石、泥石流、风沙、岩溶、采空等不良地质灾害以及湿陷性黄土、盐渍土(岩盐)、膨胀土、高原多年冻土等特殊岩土问题。

1. 不良地质现象

滑坡：西北地区的宝兰线、宝成线、阳安线、梅七线和侯月线等山区铁路都有滑坡分布。通过宝兰线、宝成线、天兰线、兰青线、西延线等地质条件复杂的山区或河谷铁路的修建，对滑坡勘察和整治总结出：滑坡整治要采取综合治理措施，采用修建排除地下水的渗水隧洞，辅以排除地表水工程，修建边坡渗沟、支撑渗沟等工程以减轻水的危害。

崩塌：西北地区各山区铁路线上多有崩塌分布，如兰新线古浪峡谷中的跌落崖大崩塌、兰青线虎头崖大崩塌。

泥石流：据不完全统计，西北及其邻近地区已建成铁路发生过泥石流的沟谷，宝成线 102 条、宝兰线 27 条、阳安线 126 条、陇海线 78 条、包兰线 21 条、兰新线 69 条、兰青线 25 条、青藏线西格段 21 条、南疆及北疆线 35 条，兰州与原西安铁路局管内约 464 条，占全国铁路线上发生泥石流总数的 46%。

大风灾害：西北地区尤其新疆地处亚洲腹地，大陆性气候明显，受西伯利亚、乌拉尔山南下冷空气的影响，春、秋季大风频繁，风力强劲。安西、哈密、七角井、达坂城等天山垭口，阿拉山口、布尔碱等均为有名的大风区和风口。一年中大于 8 级的大风天数超过百天，七角井风口对应的百里风区甚至超过 200 d；观测最大瞬时风速达 67 m/s，是全世界内陆大风风速最高的地区。既有兰新线铁路从 1959 年通车至今，风害年年肆虐，运输时常迫停。新疆境内铁路运输因风害造成列车脱轨、倾覆事故就达 32 起，损毁货车 111 节、客车 11 节，最严重的一次有 16 节货车车厢被刮翻；每年因遭大风袭击而中断行车累计达 200 h 以上。大风区铁路风灾表现形式主要有以下几个方面：大风吹翻列车、车辆溜逸；集装箱、篷布被刮落；能见度降低，行车安全隐患加大；积沙埋道、道床板结、钢轨接头坍砟等；机车车辆玻璃破损；行车设施损毁、寿命减少；钢轨磨耗加大；机车电器、柴油机受损，机车功率下降；列车停轮、旅客滞留、货物积压；车厢内空气质量下降、制动系统故障、红外探测装置故障等。这些灾害形式中，大风吹翻列车、积沙埋道危害性最大，大风停轮、车窗玻璃破损造成的社会负面影响严重。

积雪、风吹雪灾害：西北地区雪线以上的高山，部分高原、高纬度地区，冬季绵长，降雪丰沛，常年积雪。高山雪崩及厚层积雪、风吹雪导致的雪害普遍而严重，在青藏、新藏和北疆许多公路上，每年都有由大雪堆积路面而造成的阻车断道现象，国道 312 线天山果子沟段几乎每年冬天都有雪崩及厚层积雪、风吹雪导致的断道，人员、车辆受阻及伤亡事故时有发生。2010 年 1 月新疆 60 年一遇的降雪，导致新疆西北部大部分地区交通瘫痪，较多公路工程，部分铁路工程(精伊铁路)边坡溜坍、滑坡,骨架护坡垮塌而中断。

突发性洪水:西北地区远离海洋,高山与巨型盆地相间,地形起伏,气候特殊,降雨量少,蒸发量大,平日少雨,雨季降水相对集中,山区和山前铁路工程常遇见集中降雨导致的突发性洪水以及冰川和高山积雪融化形成的洪水。南疆铁路吐库段自通车以来,水害不断,如1996年新疆天山山区遭遇百年不遇的山洪,南疆铁路天山越岭的阿拉沟和乌拉斯台沟路段断道94处,冲毁桥梁51座,整条铁路全面瘫痪;精伊线2010年初一场60年一遇的暴雪在春季融雪期间,爆发突发性洪水,使多座铁路桥梁、桥头路基受损,严重影响了铁路的安全运营。

2. 特殊岩土

湿陷性黄土:西北及其邻近地区的黄土,分为黄河中游黄土和西北内陆盆地黄土。黄河中游黄土分布范围,北起长城附近,南至秦岭北坡,西自乌鞘岭,向东延伸至太行山西麓。西北内陆盆地黄土主要分布在河西走廊、青海柴达木和新疆准噶尔、塔里木等各盆地边缘地带,呈断续条带状分布。

多年冻土:在西北地区的青藏高原及一些海拔在3 000 m以上的山岭塬面上,广泛分布有低纬度、高海拔的高原多年冻土。

盐岩、盐渍土:西北干旱、半干旱地区,如塔里木盆地和准噶尔盆地周边及罗布泊、柴达木盆地周边,以及河西走廊等地,往往有盐渍土分布。青藏线西格段横穿柴达木盆地的察尔汗盐湖,通过盐岩段长32 km,两端有2.7 km盐岩溶洞发育区。

风沙:西北地区的沙漠、沙地主要分布于新疆维吾尔自治区、青海西北部、甘肃省和陕西省的北部边缘地带、宁夏回族自治区北部以及邻近的内蒙古自治区和山西省北部。

采空区:20世纪70年代以来,在梅七线、宝中线、阳涉线、孝柳线、侯月线、神朔线等铁路项目的勘测中,均遇到大面积煤系地层和煤窑采空区;西北干旱、半干旱地区的掏砂洞,由于开挖年代较久,有的地表毫无痕迹,或有塌陷洼地、陷落漏斗等痕迹;坎儿井主要分布在新疆维吾尔自治区哈密、鄯善、吐鲁番等地。

膨胀岩土:汉中盆地、西乡牧马河阶地和汉阴月河阶地上均有膨胀土分布;在西北地区干旱、半干旱气候条件下,第三系、白垩系棕红色、灰白色的泥岩、黏土岩、页岩和断层泥,浸水时软化、风干后收缩,出现大量微裂隙,碎裂。

1.2.3　西 南 区

西南地区地势西高东低,山地、高原、丘陵、盆地均有分布,主要包括西藏高原、云贵高原、川西山地高原、四川盆地、渝东山地及广西盆地等。

1. 不良地质现象

崩塌、滑坡:常发生在高陡斜坡或河谷岸坡地带,尤其是河流弯曲较大、山坡陡峭、多悬崖陡壁、新构造运动剧烈、深大张开卸荷裂隙较多的地段。在地层岩性上,它多发生在软硬交互的砂页岩,中厚层及块状砂砾岩、石灰岩,片理发育的硅质片岩、片麻岩、混合岩及岩浆岩地段,尤其是处于挤压破碎带及严重风化地段,多有崩塌、滑坡发生;在地质构造上,多发生在褶曲轴部、断层带、断层挤压破碎带、断层交会带、节理密集带及不整合接触带。其动力来源多是地表水冲刷、潜蚀、淘空山坡下部导致支撑力减小,或岩土体中软弱结构面抗剪强度降低，或人为的边坡开挖、采空、爆破与地震等。

泥石流：根据全国铁路泥石流沟普查建档资料统计(1996年)，在32 000多公里的山区铁路沿线，324个区间分布有泥石流沟1 386条。其中，西南、西北地区1 101条，占全国铁路线上泥石流沟总数的79.4%。

岩溶地裂：地裂也是岩溶区的一种灾害，主要见于桂、滇、赣、鄂中等地。按成因可分为两种：一种是石灰岩风化后残积的红黏土，因膨胀、收缩而引起地面开裂，其分布地区较广，较为典型的有广西的武宣、贵港、隆安等地；另一种则是由于岩溶塌陷而导致的地面开裂，常使建筑物、道路开裂、错移，在城镇区还威胁到地下设施的安全。

有害气体：有害气体以瓦斯为主，还包括二氧化碳、二氧化硫、硫化氢和氮气等。在煤系地层山岭地区修建隧道工程，常常在隧道掘进过程中遇到突然发生大量瓦斯、煤尘和岩粉一起喷出的现象(即煤与瓦斯突出)，造成人员伤亡、工程机械设备破坏等事故。西南地区铁路建设中已有多座隧道遇到煤与瓦斯突出。

采空区：西南地区的含煤地层较广，常遇到小煤窑采空区发生地表塌陷或开裂灾害问题。在近年修建的南昆线、内昆线、水柏线、遂渝线等都不同程度地遇到了小煤窑采空。

高地应力：西南铁路建设中，遇到过高地应力条件下的软岩隧道的大变形和硬岩隧道的岩爆问题。

2. 特殊岩土

膨胀土(岩)与红黏土：西南地区铁路建设中，几乎在各条山区铁路线上都不同程度地遇到膨胀土(岩)或红黏土的胀缩变形问题，给工程带来较大危害。

软土：西南地区遇到的软土大多分布于江、河沿岸，及内陆湖、塘、盆地和多雨的山间洼地等地区。大多呈透镜状或鸡窝状分布，深度及厚度变化较大。近年来，在西南地区内昆、株六、水柏、六盘水枢纽、沾昆、黔桂等新建、改建铁路的建设中，在煤系地层软岩(如炭质页岩、泥质页岩、泥岩、砂质泥岩、泥灰岩等)地区的山麓、斜坡台地及山前平原、山间洼地或盆地周边的坡麓地带，发现一种特殊的坡残积、坡洪积型软黏土，定名为“坡麓相斜坡软土”，即“斜坡软土”。斜坡软土的成因是在特定的煤系地层软岩及气候湿润、降雨量丰富、地下水发育的环境条件下，由于松散堆积物下伏软岩的阻水作用，导致沉积于山麓斜坡地带的堆积层或母岩强风化带被长期浸润或饱水软化而形成的产物，其特殊性在于它不属于一般“近代水下、静水或缓慢水流中沉积”的常规软土，具有特殊的工程地质特征：

(1)斜坡软土常埋藏于较厚的地表硬壳层之下，非经钻探或开挖揭露难以发现；

(2)斜坡软土的颜色主要有黑色、灰色、灰黑色、灰白色、棕黄色等；

(3)斜坡软土的物理力学性质除天然含水率不大于液限外，其余指标一般都接近或达到常规软土判别标准；

(4)具有弱～中等膨胀性；

(5)斜坡软土的主要工程地质问题是天然地基的不均匀性、非稳定性，对工程的危害较大。

盐岩：我国盐岩从寒武纪～上第三纪的许多地层时代都有分布，而主要的形成时代为三叠纪(如四川盆地、湘鄂西地区)、白垩纪(如云南、四川、江西的红层盆地)和下第三纪(从珠江三角洲到河南的红色碎屑岩含盐和石膏建造，如江汉、衡阳、南阳、东濮、洛阳等盆地)。

1.2.4 华东、华中、华南区

华东、华中、华南地区包括河南、安徽、江苏、湖北、湖南、江西、浙江、福建、广西、广东、海南、上海、台湾、香港、澳门等15个省市区。东、南两面临海,北、西两面与陆地相连,丘陵山地面积约占90%。地形地貌复杂,河湖众多,气候变化大,雨量丰沛,夏季多暴雨,东南沿海地区夏秋常受台风侵袭。

1. 不良地质现象

滑坡:为华东、华中、华南地区山区铁路最主要的不良地质现象,常见的滑坡类型为中小型的土层滑坡、岩层滑坡和顺层滑坡,有自然滑坡,也有工程滑坡。

危岩与落石:多发生在沿河陡岸、峡谷陡崖、高陡边坡、岩性软硬相间、脆性岩石、风化作用强烈及降水丰沛的地区(地段),如:金温铁路凝灰岩高陡坡地段,鹰厦铁路沿河陡坡地段,宜万铁路峡谷地段。鹰厦铁路的K340～K341段沿河高坡顶有危岩134块,1964年～2000年曾发生落石30次,中断行车4次。

岩溶:华东、华中、华南地区灰岩分布极为广泛,岩溶是铁路工程中最为常见的不良地质之一。鄂西、湘西、广西、广东是我国的主要岩溶区,岩溶非常发育,多为山地裸露型岩溶;安徽、江西、浙江等省亦有岩溶分布,多为覆盖型岩溶。此外,白垩系和第三系局部含石膏、盐岩的地层中也发现了岩溶(溶洞)。

煤矿采空区:华东、华中、华南地区煤系地层较发育,采空区多,面积大,深度从几十米到近千米。面积较大、对铁路工程有影响的煤矿采空区主要有:江苏徐州煤矿、安徽淮南煤矿、河南新郑煤矿(李粮店和李家寨煤矿)、河南平顶山煤矿、湖南邵阳牛马司煤矿和娄底恩口煤矿、江西信丰县铁石口—小江区间煤矿、广东坪石煤矿等。此外还有湖北大冶铁矿采空区,以及石长线遇到的石膏矿采空区和淘金洞采空区等。

区域地面沉降:华东、华中、华南地区已发现的区域地面沉降,有发生在长江三角洲的上海市和苏州—无锡—常州一带、黄淮冲积平原的开封—商丘地区和阜阳市等。上海市地面沉降发现于1921年,1921年～1965年地面沉降发展较快,年均沉降58.4 mm,到1965年累计最大沉降达2.63 m(西藏路北京路口)。

2. 特殊岩土

软土:华东、华中、华南地区,软土广泛分布于华夏第一沉降带西缘海州湾至钦州湾间滨海地带,多属三角洲相(长江、珠江、韩江等三角洲)、三角港相(杭州湾等)、潟湖相(射阳湖、太阳湖等)、溺谷相(定海湾、台州湾、温州湾、闽江口等)、港湾相(连云港、三都澳、罗源湾等),为第一软土沉积带,属海陆交互相建造,软土一般1～2层、单层厚度15～80 m,底板埋深18～103 m,因多属常驻性或弱氧化深水环境沉积,故以淤泥、淤泥质土为主,岩相稳定,厚度极大,分布最广。内陆则广泛分布于华夏第二沉降带内,(以鄱阳湖—巢湖—洪泽湖及洞庭湖—梁子湖—瓦埠湖为中心的北北东向两条),多属湖沼相、漫滩陆地相、牛轭湖相、山间谷地相,为软土第二、第三沉积带,属内陆河湖相建造,软土一般1～4层,单层厚度5～18 m,底板埋深8～29 m,因多属间歇性还原性浅水沉积环境,故相变较大,厚度较薄,分布不广,并常含泥炭沉积。

膨胀(岩)土:华东、华中、华南地区膨胀岩多见于白垩系、第三系泥岩、泥质岩和黏土岩中，其他时代地层的泥质岩类中偶有所见；华东、华中、华南地区膨胀土分布广泛，主要分布在黄淮冲积平原的河南南部、安徽的中北部、南京地区，湖北江汉平原（荆门、随州、枝江、宜昌、当阳、江陵）、汉江流域（郧县、襄樊），江西的九江、南昌、吉安、鹰潭等地，湖南的株洲、衡阳等地，广西、广东和海南的部分地区。不同地区膨胀土的矿物成分、膨胀潜势、大气影响深度有所不同。

红黏土：华东、华中、华南地区的亚热带～热带气候区，高温多雨，植被茂盛，红土化作用强烈，位于该气候区的湖北和江西西南部、湖南、广西、贵州、广东等地区，在石灰岩、白云岩的表部形成残坡积的棕红色、红色黏土，是一种在特定环境下生成的上硬下软、网状裂隙发育而不同于一般黏性土的特殊土。

花岗岩残积土：分布在长江以南的赣、闽、粤、桂、琼等地亚热带～热带湿润气候区，由于物理、生物、化学风化强烈，而产生保留原岩结构、含残余石英碎屑、富含以高岭石为主的黏土矿物、结构疏松、遇水易崩解，具中压缩性的粉质黏性土。花岗岩残积土堆积体内常含大小不等的球状风化岩块，勘察较难，会影响边坡稳定和桥基稳定。

黄土：华东、华中、华南地区的黄土以风积、洪积、冲积为主，主要分布于河南西部及黄淮平原、长江中下游的局部地区。河南西部的三门峡、宜阳、新安以及洛阳郑州间早更新世午城黄土、中更新世离石黄土、晚更新世马兰黄土等发育较全，郑州以东则以晚更新世马兰黄土及全新世黄土为主。黄淮平原和长江中下游的黄土不具湿陷性。

1.3 高速铁路工程地质勘察的特点

相对于普速铁路，高速铁路勘察具有以下鲜明特点：

1. 坚持科学规划、技术支撑、保护生态、人地和谐、安全可靠的总体思路

高速铁路是人类文明高度发展的产物，其本身也是人们追求健康生活、绿色出行的象征，故高速铁路建设需秉持人与自然和谐发展、工程与生态和谐共存的理念。我国铁路建设经验表明，越是目标标准高、建设难度大的铁路工程，越要坚持科学规划、技术支撑、保护生态、人地和谐、安全可靠的建设理念，无论在设计还是在勘察中都要坚定不移地坚持该思路。勘察中要科学规划勘察程序和要求，积极采用先进勘察方法和技术；勘察过程中应注意生态环境保护并提出面向和谐发展的勘察成果，采用安全高效的勘察手段并提出面向安全施工和可靠运营的勘察结果。

2. 勘探密度和深度更大

高速铁路勘察点的密度和深度大幅增加，主要原因包括：路基工程技术标准提高，要求严格控制路基变形和工后沉降，在路基、桥涵、隧道不同构筑物间均需设置过渡段；高速铁路桥隧占比大幅提高，甚至达90%以上，尤其是高墩大跨桥梁和深埋长大隧道均加大了勘探点的深度和密度；高速铁路对路基填料要求高，要求按建筑材料场地开展地质勘察，也加大了勘探工程量。

3. 勘察精细度更高

普速铁路地质勘察以查明铁路工程地基、边坡、围岩稳定性以及不良地质、特殊岩土为核心任务。高速铁路因具有行车速度快、曲线半径大、轨道平顺度高、安全要求高等显著特

点，地基处理要求更稳、变形控制要求更严、结构可靠度要求更高，其地质勘察除满足普速铁路要求外，在工后沉降控制和勘察精细度方面要求更高，如岩土层的分层勘察、岩土体的物理力学试验等均要求更精细。

4. 岩土体参数要求更高更系统

随着列车设计时速的提高，高速铁路各类工程的稳定性和变形控制更加严格，且动应力效应更加显著。这要求提供的岩土体参数能正确地反映岩土体在特定条件下的性状（如动弹性模量 E_{vd}、动泊松比等），能满足设计计算的高速铁路特征条件和计算精度（如 E_{v2} 等）。勘察成果应对实验结果进行科学的统计分析，并提出岩土物理力学参数标准值。

5. 高地震烈度区勘察针对性更强

相对于普速铁路，高速铁路对轨道平顺性的要求极大提高，其中也包括平面内的顺直性。除了《中国地震动参数区划图》(GB 18306—2015)的要求外，高地震烈度区的高速铁路勘察应进行沿线地震小区划安全性和场地稳定性评价，应结合地质条件、工程类型划分地震动峰值加速度及地震动反应谱特征周期，并进行场地剪切波速测试。

6. 勘察手段的先进性、综合性要求更高

高速铁路的地质勘察技术继承了普速铁路的传统，同时针对高速铁路特点又与普速铁路有差异，其主要表现在勘察理念的创新、新技术的运用和工作的深细度与精细度上。一般来说，高速铁路更注重“空、天、地”一体化勘察技术的综合运用，在对新技术的使用上更贴近现代科技的成果，勘探工作量要比普速铁路大得多，勘探技术更加丰富，大量采用原位测试技术和精准测量技术，采取大量的岩、土、水样，开展更多的专项勘察和专题研究工作。

1.4 高速铁路空间环境安全监测的特点

高速铁路空间环境变化对高铁建造和运营的影响，主要体现为不同空间环境下的地质灾害事件导致的安全隐患。我国地域辽阔，工程地质条件复杂多样，频繁多发的各类环境地质灾害对高铁运营安全造成很大威胁。因此，我国高铁面临的地质灾害具有多样性、复杂性和监测困难性等特点。地质灾害有多种不同的分类方式，根据诱发地质灾害的原因，可将其大致分为自然环境条件变化引起（如土壤冻融、地震、泥石流、盐碱土等）和人类活动引起的地质灾害（如地下资源开采导致的诱发地震、地表沉降等）。受不同地形、地质特征和孕灾条件影响，地质灾害具有多种呈现形式，对高铁的影响也不尽相同。在地势起伏大和降雨量丰富地区，高铁沿线的山体可能发生崩塌、滑坡和泥石流等典型地质灾害；高铁途径气候干旱，土壤荒漠化地区，面临一系列干旱地区特有的地质灾害，如盐碱土、流动沙丘等；在高寒高纬度地区，气候寒冷、冬季漫长，土壤的冻胀融沉则是高铁面临的主要灾害威胁；在喀斯特地质地貌区，高铁路基则面临岩溶塌陷，河流侵蚀坍塌等风险；在构造断裂发育活跃地区，高铁线路面临的是地裂缝、地震动破坏及地震导致的次生灾害风险。此外，人类对地下各种自然资源（如水、气、油、矿）的开采，会导致高铁沿线区域不均匀地表沉降，从而影响高速列车行车安全。

高速铁路包括路基、轨道、桥梁、隧道、线路设备和列车等多个不同构件，不同的地质灾害对这些构件的影响也不尽相同，表现形式具体包括路基（桥隧）基础沉降、轨道板开裂或拱起、车体抖动、轨道异物侵限和高铁安全防护缺失等，这些隐患贯穿高铁的设计、施工、运营等多个阶段。例如，地下水开采可能引起地表不均匀沉降和地裂缝，并导致高铁路基的混凝土基础开裂、桥梁的桥柱倾斜、桥梁面板挤压变形等工程结构病害；土壤不均匀冻胀可能引起高铁路基开裂和上拱；溶岩和岩爆可能威胁隧道施工安全；隧道进出口的边坡可能发生崩滑灾害造成轨道上的异物侵限；断裂活动和河水的腐蚀可能影响高铁桥梁的稳定性和寿命。

高速铁路空间环境变化与地质灾害监测的主要任务为最大程度获取连续的灾害体时空变形信息，并侧重于时间域动态信息的获取，应用于地质灾害的稳定性评价、预测预报和防治工程效果评估。对变形体进行高精度、高可靠性和周期性监测以获取其真实多维度和长时间序列的变形规律，是开展地质灾害监测预警进行地质灾害减灾防灾的一项长期重要基础工作，也是有效减灾、防灾的必要前提。随着现代科学技术的发展和学科间的相互渗透，全球导航卫星系统（GNSS）、合成孔径雷达干涉（InSAR）、激光扫描、光纤应变分析等技术相继不同程度的应用于地质灾害的调查与监测中。

地质灾害监测技术基本可以分为两大类，一类属于地球物理勘探技术，另一类则是属于空间对地观测与遥感技术。随着计算机的高速发展，地球物理勘探方法的数据采集、信号处理和资料处理能力大幅度提高，可以实现高分辨率、高频率采样，并不断向二维、三维采集系统发展，实现时间序列的地质灾害监测。现代空间对地观测与遥感技术在大范围地质灾害监测预警方面具有独特优势，可提供大范围内灾害体连续实时监测数据，极大提高了对地质灾害的监测与预警能力。

我国高铁运营里程长、空域跨度大，沿线空间环境条件复杂，诸如冻土、地热、断层活动、地下水开采、滑坡等多种地质灾害并存。近年来，我国高铁的发展，为环境变化及地质灾害监测积累了丰富的经验。高速铁路空间环境变化与地质灾害监测仍面临不同监测手段的适应性、不同监测技术本身局限性、监测技术选择与数据处理专业门槛高等挑战。如何对大数据进行快速、自动化以及智能化处理，依然是在高铁空间环境地质灾害监测中面临的一大挑战。

2 高速铁路综合勘察技术

高速铁路列车运行速度快、密度大，运营安全问题尤为突出。线路曲线半径大，绕避不良地质相对困难，线路对地质条件的适应性差，对场地的稳定性要求高。高速度依赖轨道的高平顺度，对线下工程严格的工后沉降控制表明高速铁路对地基岩土体适宜性要求高。

高速铁路的上述特点决定地质勘察工作的目的与内容。地质勘察工作除满足普速铁路对地质工作的要求外，其重点就在于要满足各类结构物在沉降计算中所需要的基础地质资料与参数，必要时开展重大不良地质和特殊地质现象对高速铁路工程的影响与对策研究。

高速铁路对场地的适应性差，对场地稳定性及地基岩土体的适宜性要求高，这就要求地质勘察在宏观上要把握地质条件，实现线路方案总体地质条件最优；微观上保证地质资料的深细度与岩土设计参数的可靠性。高速铁路地质勘察必须采用综合勘探方法，合理组合各种勘察手段，相互印证，避免单一的勘探方案。高速铁路一般都有较大的勘探工作量，较多的岩土样试验与现场原位测试，因此，需对勘察成果资料进行综合分析，对试验资料进行统计，确保地质资料准确无误。

高速铁路地质勘察手段主要有：遥感图像地质解译、工程地质调绘、工程地质勘探、工程地质试验以及工程专项勘察和研究等。

2.1 遥感地质解译

遥感技术是一门综合性探测技术，从最初的以飞机为主要运载工具的航空遥感，已发展为现在的以人造地球卫星、宇宙飞船和航天飞机为运载工具的航天遥感。遥感图像的波谱范围也已扩展到红外、可见光、紫外等波段，目前正由紫外谱段逐渐向 X 射线和 γ 射线扩展，已从单一的电磁波扩展为声波、引力波、地震波等多种波的综合。遥感图像的获取逐渐由高空向低空发展，图像的分辨率也由低分辨率逐渐向高空间分辨率、高时间分辨率和高光谱分辨率发展。遥感技术所采用的仪器设备既有传统立体镜，也有先进的、功能强大的遥感图像处理软件。国内常用的有 VirtuoZo 全数字摄影测量系统、JX-4 DPS 微机数字摄影测量工作站、MapMatrix 新型数字摄影测量平台等。遥感图像的解译也从静态和定性的分析发展到与动态和定量相结合的分析。

遥感技术已成为工程地质勘察的重要手段之一。在工程地质勘察工作中运用遥感技术，不但可以了解测区的地质构造格局，还可以发现滑坡、错落、崩塌、岩堆、泥石流、岩溶等不良地质，对野外地质调绘工作具有宏观的指导作用，成为传统地质勘察手段的有力补充。武广、郑西、贵广、沪昆、西成、成贵等高速铁路的勘察设计工作中开展的遥感解译工作，不但提高了铁路勘察的选线质量，而且加快了铁路勘测设计速度，取得了巨大的经济效益和社会效益。

在高速铁路的工程地质勘察设计中，遥感技术主要适用于高速铁路勘察的踏勘、加深地质工作、初测等方案研究阶段。

2.1.1 基本原则

开展遥感工作，应先根据勘测阶段、调查目的和地质复杂程度，选择适用的航天遥感图像、航空遥感图像；再按照先航天后航空，先小比例尺、后大比例尺航空遥感图像的顺序进行遥感解译，并注意大小比例尺图像的综合应用。在遥感解译过程中，为提高遥感技术应用效果，应充分利用各种片种、多种波段、多种时相的遥感数据进行复合图像处理和综合解译对比，并根据工程地质勘察阶段、工程重要程度的不同，对解译成果进行现场验证。

2.1.2 遥感图像的选用

不同的遥感图像包含的信息有所不同，其适用条件也不同。在开展遥感解译工作时，建议根据不同勘察目的，按表 2.1 选用遥感图像。

表 2.1 遥感图像类别及适用范围

类　　别	适 用 范 围
航天遥感图像	分析宏观地质背景和构造格架，概略评价工程地质条件
黑白航空像片	解译地貌、地层(岩性)地质构造、不良地质、水体、植被等
天然彩色航空像片	解译裸露良好、色彩鲜艳的岩层、植被等
黑白红外航空像片	解译雾霾严重地区，水体、植被等
彩色红外航空像片	解译地貌、地层(岩性)地质构造、不良地质、水体、植被等；高含水率的近代沉积层、黄泛区等
热红外航空扫描图像	解译地下水、温泉、充水断层、隐伏断层、浅层岩溶等
机载侧视雷达图像	解译线性构造、宏观地层、水体以及森林分布地区等

2.1.3 工程地质勘察各阶段的遥感工作

1. 踏勘阶段

踏勘阶段工程地质遥感工作重点是了解测区内影响线路方案的主要工程地质问题及控制线路方案的越岭地段、大河桥渡等的工程地质条件。通过遥感解译概略查明影响线路方案的主要构造线的展布，控制线路方案的不良地质、特殊岩土的类型与分布，正在开采矿产的范围及其他影响线路方案的主要工程地质问题，为线路各方案的工程地质条件评价和方案比选提供地质资料。

遥感资料的搜集应根据工作的需要搜集近期的 1∶100 000～1∶500 000 的航天遥感图像或 1∶500 000 左右的航空遥感图像。遥感解译时，航天遥感图像应以卫星图像为主，必要时利用小比例尺航片对解译成果进行修改、补充。

踏勘阶段开展遥感解译工作具有十分重要的意义，为地质选线的重要技术手段之一。遥感解译成果资料为除基础地质资料——区域地质资料外的线路方案研究的主要地质依据，可对线路方案的优选提供宏观的地质选线建议。

2. 加深地质工作阶段

在高速铁路勘察中，对于地形地质条件特别复杂、野外测绘难度大的地段，涉及长大隧道、特大桥等重大工程项目选址时，因影响线路方案因素众多，需要开展加深地质工作，运用遥感技术，进行较大范围的方案比选。在本阶段，可以充分利用并发挥遥感技术的优势，以遥感技术为先导，与工程地质地面调绘、物探等勘察手段相结合，开展方案比选研究工作。

加深地质工作阶段遥感解译工作主要是通过多片种的遥感图像解译，结合地面调查、物探等，从宏观上初步查明控制和影响线路方案的主要工程地质问题，提出方案比选和评价意见。

加深地质工作阶段航空遥感图像的收集，以比例为 1∶50 000 左右的黑白航空像片为宜。必要时，应根据调查目的，有选择性地进行黑白、天然彩色、黑白红外、彩色红外、热红外、机载侧视雷达等片种的航空像片，比例为 1∶5 000～1∶20 000。

3. 初测阶段

在高速铁路的勘察中，初测阶段线路比选方案多，地质野外调绘范围大，特别是山区，地质复杂，地形陡峻，野外调查难度更大，可以充分利用遥感技术，结合地面调查、物探等，查明活动断裂的分布，以及严重的、难于处理的不良地质、特殊岩土比较发育的地质条件复杂的地段，为线路方案的优化和稳定提供可靠的地质依据。

初测阶段遥感资料的搜集以比例为 1∶8 000～1∶20 000 的航空像片或航天遥感图像为宜。

高速铁路初测阶段的勘察工作中，遥感技术的重点是查明影响线路方案稳定的重大不良地质、特殊岩土、活动性断裂等。本阶段工程地质遥感工作内容为：

(1)对已有的解译成果进行复判和现场验证；

(2)工程地质岩组的解译；

(3)地质构造(包括褶曲构造、断裂构造、节理密集带等)的解译；

(4)不良地质与特殊岩土的解译。

4. 定测阶段

在高速铁路的工程地质勘察中，遥感技术主要用于踏勘、加深地质工作、初测，定测阶段应用较少。当初测由于特殊原因勘察深细度不够，或者由于地震等自然灾害导致地质条件发生变化时，可针对性地对一些地段或者工点开展遥感解译工作。

高速铁路定测阶段的勘察工作中，遥感技术重点是对高墩大跨桥梁、长大深埋隧道、陡峻地形高填深挖路基等重大、复杂工点进行详细解译，影像资料可直接利用初测搜集的遥感资料，如测区内有新的遥感资料，应收集最新的航空、航天遥感图像。

定测阶段的工程地质遥感工作应在初测阶段基础上，对既有工程地质资料进行检查和评价；对复杂的地质工点进行详细解译，解译的主要内容：

(1)详细的工程地质岩组解译；

(2)详细的地质构造(包括褶曲构造、断裂构造、节理密集带等)的解译；

(3)详细的不良地质与特殊岩土的解译；

(4)详细的水文地质解译；

(5)斜坡变形特征等的解译。

2.2 工程地质调绘

2.2.1 基本要求

高速铁路工程地质调绘，应按照工程地质调绘的工作方法和程序，着力提高勘察精度和质量。首先应在既有资料和遥感解译的基础上，根据沿线地形、地貌和地质条件，结合线路方案和工程设置，采用远观近察，由面至点、点面结合和代表性剖面测绘的工作方法，将地层、岩性、成因、泉点、界线、岩层产状、地质构造、不良地质、特殊岩土等各类地质信息详细、真实地反映于调绘图件中；对岩溶、人工坑洞(采空区)地面沉降等重大工程地质问题进行大比例尺专项地质调查。工程地质调绘应贯穿各个阶段工程地质勘察工作中。

2.2.2 基本内容

工程地质调绘的基本内容即工程地质条件，包括：地形地貌、地层岩性、地质构造、水文地质、不良地质、特殊地质、工程材料等。

1. 地形地貌

地形地貌是岩性、地质构造、新构造运动和外动力地质作用的综合反映，因而需划分地貌乃至微地貌和工程地质分区，查明地貌单元的成因、地形和形态特征，各个成因类型的分布高程、物质组成、覆盖层的厚度，以及各地貌单元平面上的分布规律和工程地质问题，确定线路通过位置。地形地质条件控制地段，宜采用地质横断面选线。

2. 地层岩性

地层岩性是产生地质现象的物质基础，是铁路工程的载体，因而是地质调绘的主要内容。地层划分以区域地质图及报告为依据，地层单元一般划分至组，可溶岩、煤层、盐岩等特殊地层应划分至段；查明岩土成分、成因、岩石软硬程度及风化程度、土的密实程度、塑性状态及含水情况，结合勘探、测试，查明岩土体物理力学性质及水理化学性质、地基强度、变形特征、岩性变化、软弱层及空间分布，合理确定边坡坡率、隧道围岩分级、地基承载能力，划分填料组别及岩、土施工工程分级等。

3. 地质构造

地质构造控制着地貌、岩体特征、场地稳定性、水文地质条件、不良地质发育及分布等，因而要运用地质力学的原理和方法，分析构造发展史及近期构造运动表现特征，查明褶皱、断层破碎带、岩层节理、裂隙、软弱结构面(或软弱夹层)等的发育特征、新构造运动的特点，以及各类结构面的力学组合和历史演化规律，并对各种结构面进行统计分析，综合评价岩体稳定性和对工程的影响。

4. 水文地质

水文地质是综合评价线路工程地质条件的重要因素，通过调绘地层岩性、地质构造、地貌特征、地表水系和地下水露头的分布、性质、水量和水位量测、水质和水文地质试验，查明各含水层位置、富水程度、水位、水力联系、动态变化和地下水补、径、排特征等水文地质条件，评价因地下水影响而导致的工程地质问题。

5. 不良地质及特殊地质

崩塌、滑坡、泥石流等不良地质现象和黄土、膨胀土(岩)、冻土(岩)等特殊地质体影响铁路工程的安全、稳定,故应查明其形成原因、规模、性质、范围及其发生、发展和分布规律,评价对线路的影响程度及危害性,提出线路绕避建议,或加固防护措施建议。

6. 工程材料

对建筑砂石料及填料的调查也是地质调绘的重要内容之一,事关高速铁路工程质量、建设工期和投资成本,因而要调查落实其料源、性质、分布和分组。尤其要注意砂石料对于高速铁路的长期适应性,如红层泥岩崩解性对填料长期稳定性的影响。

2.2.3 工程地质调绘的范围及图件编制

调绘的范围应满足线路方案选择、工程设计和地质病害处理的要求。调绘宽度及比例尺一般应与线路带状地形图或工点地形图相同,不良地质发育、区域地质复杂地段应加宽调绘范围。调绘工作应沿线路中心展开,文字记录、地质照片和地质点位置均应与经纬度坐标或线路里程联系。对控制线路方案,重点工程,重大不良地质、特殊岩土工点,重要地质界线的地质点,应用仪器等方法测定。地质调绘的图件主要有:全线工程地质图(比例尺 1∶10 000～1∶500 000),详细工程地质图(比例尺 1∶2 000)及工点工程地质图(比例尺 1∶500)。

2.3 工程地质勘探

2.3.1 物　　探

物探是地球物理勘探的简称,是应用物理学的方法、原理和专门仪器来研究和解决铁路工程地质勘察和工程检测的一种手段,贯穿于铁路勘察设计各阶段,高速铁路物探工作布置密度比普速铁路更大。

1. 常用物探方法

物探方法众多,主要分为电法、地震、放射性、重力和磁力五大类。目前,在高速铁路工程地质勘探和工程质量检测中,应用较多的物探方法有直流电测深法(包括高密度电法等)、音频大地电磁法(包括 CSAMT 或 AMT 等)、地质雷达法、井间电磁波层析成像法、地震反射波法、隧道地震波预报法、井间地震波层析成像法、瑞雷面波法和地震折射波法等。表 2.2 对高速铁路勘察中应用较多的物探方法进行了介绍。

表 2.2　高速铁路勘察中应用较多的物探方法一览表

方法名称	方法主要特点	解决主要问题
直流电测深法(含高密度电法)	成本低,一套仪器价格约 3 万～5 万元。 资料定量解释精度不高,特别是勘探深度较大时,精度较低。勘探深度较小,一般约为 30 m。 在探测电性差异不大的地质体时,如在探测泥质灰岩中的岩溶或煤系地层中的煤窑采空区时,效果不甚理想。 抗干扰能力不高,当地形起伏较大、地面障碍阻挡、高压输电线干扰、隧底铺设钢筋干扰及接地条件差时,勘探效果差,存在漏判和误判问题	在探测断层、土石界面、地下水源、岩溶等方面应用较多,是高速铁路路基岩溶勘探的主要物探方法

续上表

方法名称	方法主要特点	解决主要问题
音频大地电磁法(含 CSAMT 或 AMT 等)	勘探深度大,达 100～2 000 m。 资料分辨率不高,较宏观。 成本高,一套仪器价格达 100 万～260 万元不等	在宏观探测埋深较大的地质构造、地层界线、岩溶、采空区等方面应用较多,是高速铁路隧道勘探的主要物探方法
地质雷达法	探测或检测速度快。 资料精度较高。特别是在使用空气耦合高频天线对机场跑道、高速公路路面进行检测时,其特点更为显著。 成本高,一套仪器价格 30 万～100 万元。 勘探或检测深度小,当存在低电阻的潮湿土层强烈吸收电磁波时,勘探深度只有约 5 m。 要求地面或检测面必须平整,否则无法拖动天线或干扰较大	在隧道及挡土墙衬砌的工程质量检测、地下非金属管线探测、地面平整并且没有覆盖土层时的岩溶勘探和隧道掌子面前方超前地质预报等方面应用较多,是高速铁路浅层探测的主要物探方法之一
井间电磁波层析成像法	资料精度较高并且直观。 探测成本较高,必须有两个或两个以上的钻孔作为接收孔和发射孔。 工效较低。 存在观测盲区,要求收发射线对密集并呈大角度相交	在精细探测岩溶和检测岩溶整治注浆质量等方面应用较多
地震反射波法	特别适合水(海)域中覆盖土厚度及断层探测,工作效率高。 资料精度较高。 要求地形和岩层产状比较平缓。 探测成本高,一套仪器价格约 100 万～1 000 万元不等。 要求场地没有噪声,如没有钻探、汽车、人员走动等环境噪声干扰	在探测地层界线、断层、滑坡等方面应用较多,是高速铁路水(海)域勘探的主要物探方法之一
隧道地震波预报法	精度较高,是目前隧道超前地质预报精度较高的物探方法。 预报断层及裂隙等二维地质体效果较好,但对溶洞等复杂三维地质体预报效果不甚理想。 预报距离较长,一般距离约 100 m。 预报成本较高,预报费用一次约 2 万元。 要求场地没有噪声,如没有钻探、汽车、人员走动等环境噪声干扰	主要用于预报高速铁路隧道掌子面前方的岩溶、断层、地层岩性界线等,是隧道超前地质预报的主要物探方法
井间地震波层析成像法	资料精度较高并且直观。 目前比较精细探测煤窑采空区的主要物探方法。 探测费用较高,采集数据量大、工效较低。 需要水作为激发和接收地震波的耦合介质,因此存在钻孔中封堵漏水问题。 要求场地没有噪声,如没有钻探、汽车、人员走动等环境噪声干扰。 存在观测盲区,要求接收和激发射线对密集并呈大角度相交	在精细探测煤窑采空区、断层或破碎软弱岩体等方面应用较多

续上表

方法名称	方法主要特点	解决主要问题
瑞雷面波法	探测浅层软土厚度比较有效，探测深度约 20～30 m。 在瞬态瑞雷面波资料采集和处理中，资料可重复性较差，技术不够成熟。 要求场地没有噪声，如没有钻探、汽车、人员走动等环境噪声干扰	在探测浅层软土和浅层岩溶、检测岩溶整治注浆质量以及换算剪切波速度等方面应用较多
地震折射波法	探测费用较低。 要求上覆地层地震波速小于下伏地层地震波速，即不能探测下伏软弱破碎地层。 要求地形和岩层产状比较平缓。 若不进行爆炸或人工可控震源激发地震波时，探测深度不大，仅 30～50 m。 要求场地没有噪声，如没有钻探、汽车、人员走动等环境噪声干扰	在探测土石界线以及隧道围岩分级等方面应用较多

2. 方法选择

物探方法众多，每一种方法都有其优缺点，因此每种物探方法都不是全能的。采用两种或两种以上的物探方法，即综合物探，可以取长补短，资料相互印证，增加物探资料在高速铁路勘察中的可靠性。常用物探方法选择可参考表 2.3。

表 2.3 不同地质或环境条件下物探方法选择及其组合一览表

铁路工程地质勘探或工程检测问题	优先选用或组合的物探方法
探测深度小于 30 m 的土石界线、断层、滑坡和岩堆勘探	1. 地震反射波法； 2. 地震折射波法； 3. 直流电测深法
探测深度小于 30 m 的岩溶勘探	1. 普查：直流电测深法； 2. 无覆盖土并且地面平整时探测：地质雷达法； 3. 精细探测：井间电磁波层析成像法
探测深度小于 30 m 的软土勘探	1. 瑞雷面波法； 2. 直流电测深法
探测深度小于 30 m 的冻土勘探	1. 直流电测深法； 2. 瑞雷面波法； 3. 地质雷达法
探测深度大于 50 m 的勘探	1. 探测深度小于 2 km：音频大地电磁(CSAMT 或 AMT)法； 2. 探测深度大于 2 km：大地电磁(MT)法
水(海)域勘探	地震反射波法
小煤窑采空区勘探	1. 采空区埋深大于 50 m：音频大地电磁法和放射性测试。 2. 采空区埋深小于 50 m： (1)普查：直流电测深法以及放射性测试； (2)中等精度探测：超高密度电法或地震反射与散射联合成像法； (3)比较精细探测：井间地震波层析成像法

续上表

铁路工程地质勘探或工程检测问题	优先选用或组合的物探方法
隧道掌子面超前地质预报	隧道地震波预报法为主，瞬变电磁法、地质雷达和红外线探测法为辅
隧道和挡土墙衬砌质量检测	地质雷达法
桩基检测	地震反射波法(小应变法)
道床检测	1. 瑞雷面波法； 2. 地质雷达法； 3. 直流电测深法
地下管线探测	1. 金属管线：管线探测仪法； 2. 非金属管线：地质雷达法
测试	1. 大地导电率：直流电测深法(等比装置)； 2. 土壤电阻率：直流电测深法； 3. 剪切波速度：地震横波测井或地面瑞雷面波法； 4. 围岩弹性波速度：地震纵波测井或声波测井或地面地震折射波法； 5. 放射性辐射强度：放射性测井

2.3.2 钻　　探

钻探是高速铁路地质勘探中一种常用且可靠的技术手段。通过钻探，可较准确地了解地层岩性、地质构造、岩体的风化破碎程度、岩土体的性质、地下水的特征等。钻探常用于验证地质调绘以及其他勘探手段的推断、解释，进行孔内物探、测试、水文地质试验，获取岩、土、水试样等。当勘探深度较浅，或当钻探方法难以准确查明地质情况，或难以保证原状土样质量时，可采用坑探方法，坑探包括探槽、探井等。

1. 常用钻进方法

根据破碎岩土的方式，高速铁路钻探钻进方法的种类如图 2.1 所示。

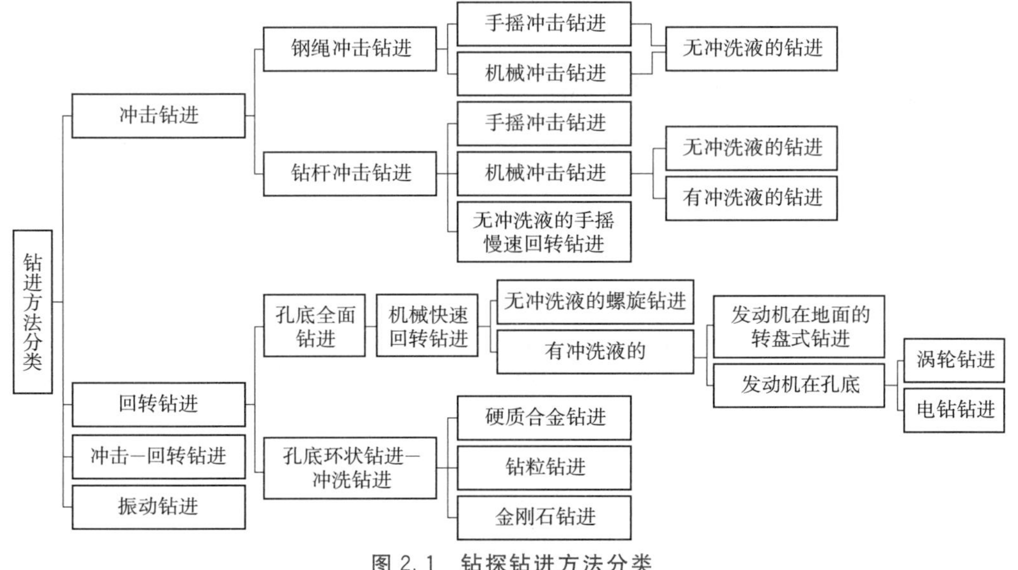

图 2.1　钻探钻进方法分类

选择钻探方法应考虑的原则包括:地层特点和钻探方法的相关性,能保证以一定的精度鉴别地层,了解地下水情况,尽量避免或减轻对取样段的扰动影响。具体根据钻进地层和勘察要求按表 2.4 选择。

表 2.4 常用钻进方法的适用范围

钻进方法		钻进地层					勘察要求		
		黏性土	粉土	砂土	碎石土	岩石	直观鉴别,采取不扰动试样	直观鉴别,采取扰动试样	不要求直观鉴别,不采取试样
回转	螺旋钻进	适用	部分适用	部分适用	不适用	不适用	适用	适用	适用
	无岩芯钻探	适用	适用	适用	部分适用	适用	不适用	不适用	适用
	岩芯钻探	适用	适用	适用	部分适用	适用	适用	适用	适用
冲击	冲击钻探	不适用	部分适用	适用	适用	不适用	不适用	不适用	适用
	锤击钻探	适用	适用	适用	部分适用	不适用	适用	适用	适用
振动钻探		适用	适用	适用	部分适用	不适用	部分适用	适用	适用
冲洗钻探		部分适用	适用	适用	不适用	不适用	不适用	不适用	适用

2. 钻探新技术

高速铁路勘察过程中,采用的钻探新技术主要有:单动双管岩芯管、SM 植物胶、绳索取芯、水平及斜孔钻探等。

(1)单动双管岩芯管钻进

单动双管钻具是一种外管转动,内管不转动的双层岩芯管钻具。钻进时冲洗液通过内外管之间构成的环形通道,可以防止冲洗液直接冲刷岩芯,由于内管不转动,还可以避免钻具转动造成对岩芯的机械破坏,有效提高和改善岩芯采取率、完整度、真实性,如图 2.2 所示。

(2)SM 植物胶

对于松散的堆积层,常规岩芯钻探只能采取部分大粒径漂砾石,薄砂层和细颗粒往往被冲洗液冲走。钻进中护壁困难,冲洗液流失严重,取芯取样难。SM 植物胶是钻探工程中新兴的一种辅钻材料,遇水能溶胀、水化,形成高黏度的溶胶液;既可作为冲洗液,又可作为一种增稠、降失水及提高润滑减阻作用的泥浆处理剂,能在岩土样表面形成一层保护膜,从而获得较高的岩芯采取率,如图 2.3 所示。

(3)绳索取芯

绳索取芯是一种不提钻取芯的方法。即在钻进过程中,当岩芯管装满岩芯或岩芯堵塞时,不需要把孔内钻杆柱全部提升到地面,而是借助专用的打捞工具用钢丝绳从钻杆柱内把岩芯管捞取上来,钻进效率高。

(4)定向钻探

在陡倾角地层隧道、超深埋隧道、斜拉桥锚索工程等特殊结构工程钻探中,采用水平及斜孔钻探,与垂直钻孔相比可提高钻探工作的针对性和利用率,如图 2.4 所示。

图 2.2 单动双管钻具采取的岩芯

图 2.3 用植物胶技术采取的卵石土岩芯

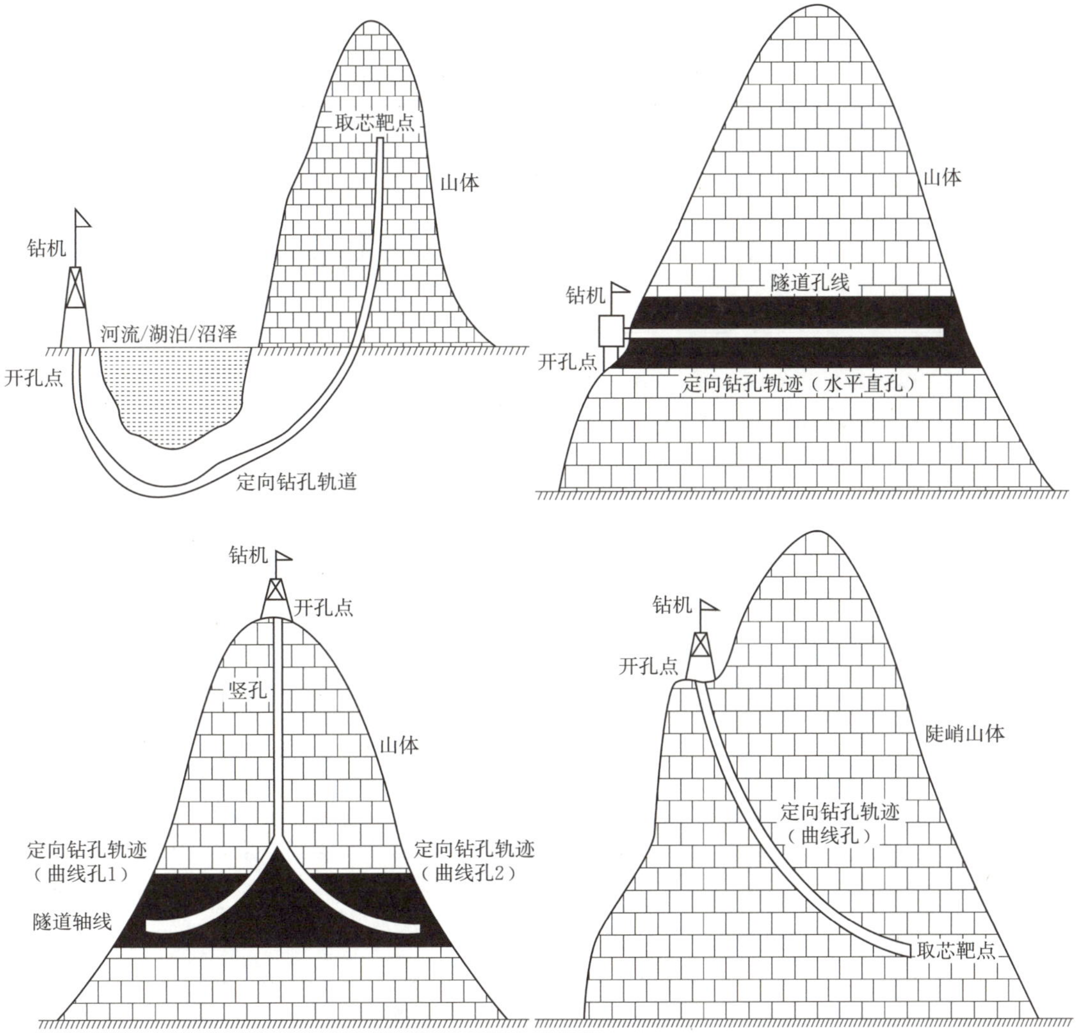

图 2.4 定向钻探应用示意图

2.4 工程地质试验

工程地质试验包括原位测试和室内试验。其中,原位测试是指在工程场址区代表位置为了特定工程目的开展的指标性或功能性测试;室内试验是指利用原状样或重塑样在实验室开展的指标性测试。

2.4.1 原位测试

根据岩土条件、设计对参数的需要、地区经验和测试方法的适用性等因素综合确定原位测试方法。原位测试成果应与原型试验、室内试验及工程经验等结合使用,并应进行综合分析。对重要工程或缺乏使用经验的地区,应与工程反算参数作对比,检验其可靠性。常用原位测试方法的选用详见表2.5。

表2.5 常用原位测试方法的选用

原位测试方法	适用条件	主要成果	备注
标准贯入试验	适用于砂土、粉土、黏性土、残积土、全风化岩及强风化岩	判断砂土密实程度、黏性土塑性状态,评价砂类土、粉土的地震液化,确定地层剖面并可取扰动土样进行一般物理性质试验	
圆锥动力触探试验	轻型圆锥动力触探试验适用于浅部的黏性土、粉土、砂土及填土。重型圆锥动力触探试验和超重型圆锥动力触探试验适用于强风化、全风化的硬质岩石、各种软质岩石及砂土、圆砾(角砾)和卵石(碎石)	轻型动力触探可确定一般黏性土地基承载力;重型和超重型动力触探可确定中砂以上的砂类土和碎石类土地基承载力,测定圆砾土、卵石土的变形模量。动力触探还可用于查明地层在垂直和水平方向的均匀程度和确定桩基持力层	动力触探可分为轻型、重型、超重型
静力触探试验	适用于软土、一般黏性土、粉土、砂土和含少量碎石的土。静力触探可根据工程需要和地区经验采用单桥探头、双桥探头或带孔隙水压力量测的单、双桥探头,可测定比贯入阻力(p_s)、锥头阻力(q_c)、侧壁摩阻力(f_s)和贯入时的孔隙水压力(u)	结合相邻钻孔资料和地区经验划分土层,划分土层界面、土类定名、估算地基承载力、变形参数和单桩极限荷载、判定地基土液化的可能性及测定地基土的物理力学参数等	
十字板剪切试验	适用于均质饱和软黏性土	计算土的不排水抗剪强度峰值、残余值和灵敏度	
旁压试验	适用于黏性土、粉土、砂土、碎石土、残积土、极软岩和软岩等	确定初始压力、临塑压力和极限压力,地基极限强度 f_L 和临塑强度 f_y,旁压模量 E_m、旁压剪切模量 G_m	旁压试验分为预钻式和自钻式

续上表

原位测试方法	适用条件	主要成果	备注
现场直剪试验	适用于各类岩土层，可用于岩土体本身、岩土体沿软弱结构面和岩体与其他材料接触面的剪切试验	确定比例强度、屈服强度、峰值强度、剪胀点和剪胀强度	现场直剪试验分为抗剪断试验、抗剪试验(摩擦试验)、抗切试验
波速测试	适用于各类岩土层	确定压缩波与剪切波的波速，确定地层小应变的动剪切模量、动弹性模量、动泊松比和动刚度。判定砂土地震液化、碎石土的密实度、岩石风化程度、划分围岩分级	波速测试分为单孔法、跨孔法或面波法
载荷试验	平板载荷试验适用于各类土、软质岩和风化岩体。浅层平板载荷试验适用于浅层地基土；深层平板载荷试验适用于深层地基土和大直径桩的桩端土；螺旋板载荷试验适用于深层地基土或地下水位以下的地基土	评定地基土承载力 P_u、变形模量 E_0、竖向基床系数 K_s	载荷试验分为平板载荷试验和螺旋板载荷试验
应力铲试验	适用于确定软塑～流塑状饱和黏性土	确定软塑～流塑状饱和黏性土的静止土压力系数 K_0 和水平固结系数 C_h 等	
扁铲侧胀试验	适用于软土、一般饱和黏性土、黄土和松散或稍密的砂土及粉土	可用于判定土层名称和状态，确定饱和黏性土的不排水杨氏模量、静止土压力系数 K_0、水平基床系数 K_h 等。	
岩体应力测试	适用于无水、完整或较完整的岩体	可采用孔壁应变法、孔径变形法和孔底应变法测求岩体空间应力和平面应力	
地温测试	适用于各类岩土层。可采用钻孔法、贯入法、埋设温度传感器法	地温随深度变化曲线、不同气温条件下地层测温结果对比，推算地层稳态温度	

2.4.2 室内试验

室内试验是按规范等技术规定及工程需求，在现场取有代表性的试样(包括岩样、土样和水样等)，细心妥善运送至试验室，进行有关项目的试验。室内试验包括岩石试验、土工试验、岩石矿物理化分析试验、水质分析及天然建筑材料试验等。应根据岩土性质、土样质量和工程设计、施工需要确定试验项目及试验方法。

1. 室内试验项目及获取的参数

高速铁路各类构筑物对地基承载力、沉降变形、稳定性、耐久性要求高，设计需要的参数多；试验项目齐全，特殊试验项目多，而且设计参数精度要求高。因此，岩土试验数量大幅增加。试验项目及获取的参数见表 2.6～表 2.9。

表 2.6 土工试验项目及获取的参数表

物理性质试验	常规	天然含水率、天然密度、湿密度、干密度、比重、液限、塑限、塑性指数、含水比、有机质含量、自由膨胀率	
		颗粒分析试验	各粒径含量百分数、不均匀系数、曲率系数、有效粒径、控制粒径及颗粒级配曲线
	特殊	相对密度试验	砂的相对密度、最大干密度、最小孔隙比、最小干密度、最大孔隙比
		渗透试验	渗透系数及孔隙比与渗透关系曲线
		膨胀土试验	阳离子交换量、蒙脱石含量
		冻土试验	含冰量及未冻水含量、比热容、热导率、热扩散系数
		盐渍土试验	含盐量、吸湿性、溶解度、冰点
		热物理性测试	比热容、导温系数、导热系数
		放射性测试	放射性物质种类及含量
力学性质试验	常规	直接剪切试验	黏聚力、内摩擦角及抗剪强度与垂直压力关系曲线
		压缩试验	压缩系数、压缩模量，e—p 曲线
	特殊	固结试验	先期固结压力、固结系数、压缩系数、压缩模量、压缩指数、回弹指数、渗透系数及 e—p 曲线、e—$\lg p$ 曲线
		无侧限抗压强度试验	无侧限抗压强度
		三轴压缩试验	内摩擦角和黏聚力、有效内摩擦角和有效黏聚力及固结排水剪强度包络线、固结不排水剪强度包络线、不固结不排水剪强度包络线、有效应力路径曲线、主应力差和轴向应变关系曲线等
		膨胀土试验	无荷载（或有荷载）膨胀率、膨胀力、膨胀率与压力关系曲线、线缩率、体缩率、收缩系数
		黄土湿陷性试验	湿陷系数、湿陷起始压力、溶滤变形系数、自重湿陷系数及湿陷系数与压力关系曲线、土样变形与压力关系曲线、溶滤变形系数与压力关系曲线、自重湿陷系数与压力关系曲线
		击实试验	最大干密度、最优含水率及 ρ_d—ω 关系曲线、饱和曲线
		冻土试验	冻土融化压缩试验、冻胀量、切向冻胀力、冻结力

表 2.7 岩石试验项目及获取的参数表

物理性质试验	常规	含水率、颗粒密度、密度、孔隙率、吸水率及饱和吸水率、自由膨胀率
	特殊	膨胀率、膨胀力、冻融损失率、耐冻系数、硫酸钠浸泡损失率、耐崩解指数、波速、黏粒含量、薄片鉴定、年代测定、黏土矿物鉴定、放射性测试、TBM 所需的测试、热物理参数测试等

续上表

力学性质试验	常规	单轴抗压强度试验	分为烘干、烘干饱和、天然、天然饱和四种状态单轴抗压强度
		单轴压缩变形试验	弹性模量和泊松比、岩爆倾向指数
	特殊	点荷载试验	点荷载强度指数
		抗拉试验	分为烘干、烘干饱和、天然、天然饱和四种状态抗拉强度
		抗剪断强度试验	凝聚力和内摩擦角
		三轴抗压强度试验	应力应变关系曲线、凝聚力和内摩擦角、弹性模量和泊松比

表 2.8　水质分析项目及获取的参数表

简 分 析	pH 值、溶解性固体、游离二氧化碳、侵蚀性二氧化碳、酸度、碱度、重碳酸盐、碳酸盐、氢氧化物、总硬度、钙离子浓度、镁离子浓度、氯离子浓度、硫酸盐、钾钠离子浓度等
全 分 析	溶解氧、二氧化硅、氨氮含量，亚硝酸盐氮含量，硝酸盐氮含量，硫酸盐含量，硫化物、氟化物、氰化物、碘化物、化学需氧量、五日生化需氧量、酚含量，铁、锰、铜、铅、锌、镉、铬、砷、硒、银、汞、铝含量等
特殊分析	放射性（铀、镭、氡、总 α、总 β）、同位素[氧（^{18}O）氕、氘、氚、^{34}S]等

表 2.9　天然建筑材料试验项目及获取的参数表

填料试验	天然含水率、比重、液限、塑限、有机质含量、自由膨胀率、级配曲线、最大干密度、最优含水率、无侧限抗压强度、CBR、压缩系数、黏聚力、内摩擦角等
级配碎石试验	单轴抗压强度、级配曲线、洛杉矶磨耗率、含泥量等
粗细骨料试验	级配曲线、含泥量、坚固性、碱活性、氯离子含量、单轴抗压强度、压碎指标、有机质含量等
道砟试验	单轴抗压强度、冲击韧度、抗磨耗性能指标、抗压碎性能指标、抗大气腐蚀性能指标等 18 项指标
石料试验	单轴抗压强度、软化系数、吸水率、抗冻性指标等

2. 试验数据统计分析及岩土参数取值

高速铁路勘探工作量大，取样多，试验数据丰富，为更好地进行试验数据统计分析提供了条件。应根据地质条件、试验方法，分别汇总同类岩土参数，剔除有明显异常的数值，再进行数理统计分析。岩土物理力学指标一般应提平均值、标准值、标准差、变异系数、数据分布范围和样本数；岩土物理指标一般提平均值；岩土力学指标一般提标准值（但压缩系数提平均值）。

岩土设计参数取值原则：对试验结果进行统计分析，其结果作为岩土设计参数取值的基础。室内试验结果宜与原位测试成果或原型观测反分析成果比较，经修正后确定取值；考虑实际工况、不利条件、安全性、投资大小等情况，对统计分析值进行部分修正后确定取值；无测试数据或偏少时，参照相应规程规范、手册、经验进行岩土参数取值。

2.5　工程地质长期观测

工程地质条件在各种因素的影响下，随时间的推移将不断发生变化，尤其在工程活动影响下，某些变化可能是明显的，会影响到工程建筑的安全、稳定和正常使用。但是这些变化及其规律性，以及对工程可能产生的影响程度，单凭工程地质调绘、勘探及试验等工作，有时尚难以作出预测或定量的判断。因而在工程地质勘察中，还需采用工程地质长期观测手段。长期观测的主要任务是检验调绘、勘探和试验对工程地质条件评价的正确性、查明工程地质条件随时间的变化规律，以便准确预测工程地质问题，以及检验整治不良地质现象的工程效果等。目前铁路工程地质勘察中的长期观测工作大致可分为三个方面：

（1）与工程有关的地下水动态观测。因为地下水动态的变化对地基土的允许承载力、基坑排水和坑壁稳定都有很大影响。

（2）不良地质现象的观测，如滑坡动态、黄土湿陷和风沙运动规律等的观测。

（3）建筑物修建与周围环境相互作用及动态的观测等。

长期观测点的布置，应能有效地将变化的不均匀性和方向性表现出来，总的布局是由观测点、观测线及观测网组成，以控制观测对象在时间和空间上的变化规律。观测点的疏密应视观测对象的变化差异大小和重要性来决定。观测线应按变化差异大的方向布置，如滑坡动态的观测，观测线应按滑动方向布置。观测对象与地形变化随时间而异的长期观测，一般均于观测点处设立标桩(或称为观测桩)。根据观测目的，标桩可设于地表或地下某一深度。滑坡动态观测时间间隔应选择合适，一般情况是按观测对象变化情况或者按促使变化因素的强弱而定，变化大时，观测时间间隔短，观测次数多。对滑坡动态观测，在雨季应增加观测次数，旱季可以适当减少观测次数。

3 高速铁路各类建筑物工程地质勘察

与普速铁路类似，高速铁路工程类型主要有路基、桥梁、隧道、站场、房屋建筑及各类附属建筑物。高速铁路主体结构中，多以桥隧为主，尤其在不良地质及特殊地质发育地段，多采用桥隧通过。

3.1 路基工程

3.1.1 工程类型及特点

路基工程包括路堤、路堑，以及路基防排水、路基防护和路基支挡工程。与普速铁路路基相比，高速铁路路基具有更严格的工后沉降控制要求，因而具有勘察精度高的特点。针对地基、边坡的复杂性和填料性质的变异性，必须通过地质调绘和足够的勘探、测试工作，查明其工程地质和水文地质条件，在取得可靠地质资料的基础上开展设计工作。

3.1.2 勘察重点

首先，自然山坡及开挖堑坡的工程地质条件及稳定性。需查明自然山坡、路堑边坡状态，岩土类型，岩体风化破碎程度，各种结构面特征及其组合形式，地下水活动特征，岩土体和岩体结构面的物理力学指标；特别是对顺层及地形地质复杂的深路堑，加强边坡稳定性评价，提出边坡防护、加固工程措施建议。在此过程中，应强调路基基底的岩土工程地质条件的重要性，如软土、松软土、膨胀土(岩)、黄土、填土等特殊岩土类型、特征及其分布范围、空间位置，压缩层厚度以及满足地基变形、稳定计算的各层岩土物理力学指标。

其次，路堤边坡的稳定性及变形压缩特性。填方路堤边坡工后沉降是高速铁路的难点，应查明高路堤、陡坡路堤的斜坡坡度、地层结构、地质构造、岩土界面、地下水活动情况、岩土工程性质、软弱面的分布范围和特征，获取土层、岩土界面或不利结构面的抗剪或固结等物理力学指标，综合评价地基稳定性。

再次，地质灾害的类型、分布及防治。地质灾害对高速铁路的影响较普速铁路更大，造成的社会效应更显著，经济损失更严重。勘察工作应重点查明滑坡和错落、危岩落石和崩塌、岩堆、泥石流、岩溶、人工坑洞(采空区)、水库坍岸、顺层等不良地质的分布范围、性质、特征，评价其对路基工程的影响程度，提出线路方案绕避或满足整治设计需要的地质资料。

最后，高速铁路路基填料的性质。如前所述，高速铁路较普速铁路对路基填料的要求更高，这也是高速铁路勘察工程量更大的原因之一。勘察工作中，应针对高速铁路的设计时速及相关要求，查明填料的来源、特性、类别、料场地质条件、剥采率和储量、质量评价，选用合格填料用于路堤填筑。

3.1.3 勘察方法及原则

1. 主要勘察方法

在地质调绘的基础上，结合路基所处的地形、地貌和工程地质特征，合理选用原位测试(静力触探、标准贯入试验、动力触探试验、十字板剪切、载荷试验等)、钻探、坑(槽)探、水文地质试验、室内试验等相结合的综合地质勘察方法，对地质条件复杂、严重影响工程安全的不良地质，如岩溶、采空区、地面沉降等进行专项地质勘察。各种勘察手段合理应用，相互补充，相互印证，综合分析评价，为路基设计提供充分、详实、可靠的地质资料。

由于高速铁路对路基基底变形控制要求高，需要基底土体详细、准确的地质参数进行沉降控制检算。基底土体地质参数的获取，宜以原位测试方法为主，并应与其他勘探、试验手段获取的地质参数进行对比、分析，综合确定恰当的地质参数提供设计使用。

2. 勘探布置原则

一般路基结合涵洞、通道、工点及特殊路基布孔，原则上 50～100 m 间距布置 1 个勘探点。当两勘探点之间地层变化较大时，应适当增加勘探点，必要时可布置横断面勘探。

高路堤、陡坡路堤应按地质横断面布置勘探，地质条件简单时，每隔 40～70 m 布置一个代表性地质横断面；地质条件复杂时，每隔 30～50 m 布置一个代表性地质横断面。地质横断面宜垂直线路布置，必要时可按基底稳定最不利方向布置，每个地质横断面上的地质勘探点不应少于 3 个，间距应满足控制基底范围的要求。

深路堑、地质复杂路堑及顺层路堑应按地质横断面布置勘探。地质条件简单时，每隔 40～70 m 布置一个代表性地质横断面；地质条件复杂时，每隔 30～50 m 布置一个代表性地质横断面。每个地质横断面上的地质勘探点 2～3 个，一般间距 20～30 m，可根据地质条件适当加密或放宽。

特殊地质的勘察应尤其注重软土、松软土、黄土及膨胀性岩土。软土、松软土地段，地质横断面间距 30～50 m，地质条件复杂时，可适当加密勘探点；每个地质横断面上的勘探点一般不少于 3 个，其数量和间距可根据地质条件和路基宽度适当增减。膨胀土(岩)地段，勘探点间距宜为 50～100 m，斜坡地带布置代表性勘探横断面，其断面上勘探点一般不少于 2 个。黄土地段，一般场地勘探点间距宜不大于 100 m，复杂地段宜不大于 50 m。

不良地质中的岩溶和人工坑洞(采空区)一直是困扰高速铁路勘察的难题。采用地质调绘及物探为主，辅以钻探验证。物探测线一般沿线路左、中、右布置，可根据岩溶、人工坑洞(采空区)的分布、发育特征、发育程度，调整测线位置和数量。物探异常带应有代表性钻孔验证，每个工点一般布置 2～4 个验证孔，工点地质复杂和段落较长时，应增加验证孔。

高速铁路相对普速铁路的一个显著特点就是设置了过渡段，桥路、涵路、隧路等过渡段应布置至少 1 个勘探点；当两端为桥隧工程且地质条件简单时，过渡段可利用桥台和隧道洞门勘探点资料。

各类勘探孔深度应满足工程地质、水文地质条件评价及路基稳定和沉降变形检算等设计需要，一般应在设计检算深度以下 5～10 m；取样位置和数量，应满足各层岩土数值统计分析的需要并具有代表性。路堤地段孔深一般不宜小于 25 m，当基底下为碎石类土或基岩时，勘探深度可适当减少；路堑地段孔深应至路基面以下不小于 5 m，当基底为硬质岩时，应至路基面下 3 m；当存在软弱层或软弱结构面，钻孔应至软弱层或软弱结构面以下稳定地层内 5 m；路基支挡工程应至基础下硬地层或风化层内不小于 5 m。当软土、松软土很厚时，软土地段孔深应不小于附加应力相当于土层自重应力 10％处的位置，且孔深不宜小于35 m；松软土地段孔深应为附加应力相当于土层自重应力 15％处的位置，且孔深不宜小于 25 m，或达硬层以下 5～10 m。

3.2 桥涵工程

3.2.1 工程类型及特点

桥梁包括大中桥、高桥、特大桥及小桥涵。高速铁路桥基勘察应重点查明场地各层岩土的类型、厚度、分布、工程特性和变化规律。查明基岩的岩性、构造、风化程度，确定其坚硬程度、完整程度，判定有无洞穴、临空面、破碎岩体或软弱夹层；查明水文地质条件，评价地下水对桩基设计和施工的影响，判定水质对建筑材料的腐蚀性；查明不良地质作用，可液化土层和特殊岩土的分布及其对基础的危害程度，并提出防治措施的建议；论证基础施工条件及其对环境的影响。

3.2.2 勘察重点

高速铁路桥位应选择在水流较稳定，河床较窄，岸坎明显、岸坡稳定，岩层完整、地质构造简单，基底地质条件良好的地段。桥位宜避开断层破碎带，难以绕避时，宜正交或以大角度通过；对通过的活动性断裂，应进行稳定性评价或专题研究。桥位宜避开大型不良地质体，必须通过时应对其稳定性进行评价，并采取工程防护措施。

桥基勘察应重点查明场地各层岩土的类型、深度、分布、工程特性和变化规律。查明基岩的岩性、构造、岩面变化、风化程度，确定其坚硬程度、完整程度，判定有无洞穴、临空面、破碎岩体或软弱夹层；查明水文地质条件，评价地下水对桩基设计和施工的影响，判定水质对建筑材料的腐蚀性；查明不良地质作用，可液化土层和特殊岩土的分布及其对基础的危害程度，并提出防治措施的建议；论证基础施工条件及其对环境的影响。

3.2.3 勘察方法及原则

高速铁路桥梁勘察与普速铁路的要求区别不大，其主要区别表现在勘探及试验的布置上。地质条件复杂的桥宜开展综合勘探，应以钻探为主，辅以坑探、原位测试和物探方法。勘探点一般沿桥址纵断面方向并结合墩台位置，在墩台基础轮廓线以内沿周边或中心布置。当桥址有不良地质或特殊岩土发育，并可能影响桥梁墩、台稳定时，勘探点的布置范围应酌情扩大。桥基地层为粉土及砂类土时，其密实程度及地基强度的确定宜以原位测试方法为主；桥基地层为黏性土时，其压缩性和承载能力的确定宜采用室内试验与原位测试相结合的方法。地震动峰值加速度为 0.1g 及以上地区的饱和粉土、砂土层，还应判定其地震液化的可能性。遇砂土、粉土、混合土和残积土时，应进行标贯试验并利用其采取的扰动土样测定土的颗粒组成。当需要估算桩的侧阻力、端阻力和验算下卧层强度时，宜进行三轴剪切试验或无侧限抗压强度试验；三轴剪切试验的受力条件应模拟工程的实际情况；对于需要估算沉降的桩基工程，应进行压缩试验，试验最大压力应大于上覆自重压力与附加压力之和。当桩端持力层为基岩时，应采取岩样进行饱和单轴抗压强度试验，必要时还应进行软化试验；对软岩和极软岩，可进行天然湿度的单轴抗压强度试验。对无法取样的破碎和极破碎的岩石，宜进行原位测试。

勘探点应根据场地地质条件和桥跨设置，以能探明地基各岩土层分布及地基强度，满足场地稳定性评价要求为度。为探明深部地层结构，可根据需要布置加深钻孔。勘探点的数量，原则上每个墩、台应有 1 个勘探点，地质条件复杂的高桥、特大桥及采用复杂基础类型的桥梁应适当增加勘探点。地质条件简单且桥跨不大于 32 m 时，可隔墩布置钻孔。

基础置于土层时，勘探深度一般可根据基础类型参照表 3.1。为探明深部地层结构时，应布置适量的加深钻孔。

表 3.1 特大桥、大中桥勘探深度

基础类型	黏性土、粉土、粉砂、细砂	中砂、粗砂、砾砂、碎石类土
桩基	40～70 m	25～40 m
明挖基础	20～40 m	15～35 m

特殊岩土地段勘探深度，应同时满足桥基场地评价和地基强度评价要求。基底以下有软弱夹层时，勘探深度应至稳定持力层以下不小于 5 m。

在岩溶发育及地下采空地段，应钻至基底以下不小于 10 m，在此深度内如遇溶洞及空洞，勘探深度应专门研究确定。

基岩地段的勘探深度，当风化层不厚或为硬质岩时，应穿透强风化带，钻至弱风化层（或微风化层）2～3 m；当风化层很厚或为软质岩时，应根据其风化程度，按相应的土层确定钻探深度；遇到第三纪以后多次喷发的火山岩时，钻孔应适当加深；当河床有大漂（块）石，则钻入基岩的深度应不小于 5 m，并应超过当地漂（块）石最大粒径的 2 倍。

当桥结构复杂或跨度 64 m 以上、墩高 50 m 以上以及地基为流塑状态的黏性土、饱和粉土、粉砂、软土时，勘探深度应专门研究确定。

当地层岩性、地质构造复杂，或不良地质现象发育时，可采用物探、原位测试等手段补充、验证勘探资料，并加强综合分析评价。

工程地质条件复杂且控制线路方案的特大桥、高桥、大桥，应按工点进行勘察；一般地段的大、中桥进行代表性地质勘探、测试；当地形地质条件适宜时，宜采用简易勘探、静力触探、物探等勘探手段，综合评价桥址区工程地质条件。小桥涵应以调绘为主，只进行代表性勘探、测试。

3.3 隧道工程

3.3.1 工程类型及特点

由于建设标准的不断提高，铁路隧道的长度、埋深不断加大，穿越地区的自然条件越来越复杂，建设工程的规模和难度不断提高，面临的新问题越来越多，铁路隧道地质勘察工作面对越来越艰巨的挑战。

3.3.2 勘察重点

隧道施工中，以下地质问题对隧道安全施工影响较大：深埋长隧道高压富水、岩溶突泥涌水、围岩岩爆及大变形；中、浅埋隧道侵入岩脉破碎岩体大塌方、顺层大塌方、老黄土崩塌、第三系弱胶结岩突泥、塌方、岩溶地面塌陷；特殊地质为可燃气体燃烧爆炸、新构造剪胀缝涌水突砂、页岩逆掩断层突泥。

高速铁路的隧道工程除具有普速铁路隧道的特点外，还具有开挖断面大、防水及沉降要求高、洞内设施复杂等特点，因此，须开展综合地质勘察。

3.3.3 勘察方法及原则

(1)高速铁路隧道地质勘察工作坚持宏观定性与微观定量相结合的原则。

工序为先搜集、熟悉区域地质资料，再进行遥感图像地质解译、地质调绘，而后分阶段、分步骤进行各种勘探、原位及室内测试，最后综合分析、整理资料。

(2)大力贯彻复杂山区铁路地质选线原则，合理选择隧道位置。

加深地质工作安排在初测前，为线路方案比选进行大范围的区域地质调查和地质选线工作，以航测遥感、综合物探和地质调绘为主要手段，以 1∶50 000 和 1∶10 000 工程地质资料为主要成果，对所有可能的线路方案进行工程地质条件比选，合理选择隧道位置。

可研阶段，对长大隧道和地质条件特别复杂的隧道进行深入的地质调查，布置足够数量的物探测线，必要时进行地质钻探，开展地质综合选线，合理确定隧道通过的位置与高程。对于地质条件特别复杂的困难山区及特长铁路隧道，应开展专门的地质勘察与研究工作，在一般可研阶段初步勘察的基础上加深地质工作，从宏观上为隧道的设计与施工创造有利的条件。如郑万铁路花庄至兴山段、大瑞铁路高黎贡山越岭段高黎贡山隧道。

(3)对地质特别复杂的地段和控制线路方案的重大工程地质问题，视需要开展专题地质研究工作，达到线路方案与工程设置稳定的目的。

专题地质研究工作主要针对不同地区的特殊、重大的疑难工程地质问题，研究其发育规律及解决的工程措施，优化线路和工程设计方案。如郑万铁路隧道岩溶突水，大瑞线高黎贡山越岭段水热活动特征研究，成兰线活动性断裂研究，渝利线岩溶水文地质研究，云桂线岩溶水文地质研究，兰渝线软岩大变形研究等。专题地质研究工作应聚焦于查明控制线路方案和工程建设遇到的主要地质问题，大幅度提高铁路地质工作的技术水平，发挥重大技术、经济效益，规避重大工程风险。

3.4 站场工程

3.4.1 工程类型及特点

站场及房屋建筑地质勘察原则上应按《岩土工程勘察规范》(GB 50021)等相关规范执行。勘察阶段与设计阶段对应关系执行建设部有关标准，见表 3.2。

表 3.2 勘察与设计阶段对应表

勘察阶段	可研	初勘	详勘
设计阶段	可研	初步设计	施工图设计

站场及房屋建筑岩土工程勘察应在搜集建筑物上部荷载、功能特点、结构类型、基础形式及埋置深度、变形限制等方面资料的基础上进行。

3.4.2 勘察重点

高速铁路站场工程应重点查明以下内容：场地和地基的稳定性、地层结构、持力层和下卧层的工程特性、土的应力历史和地下水条件以及不良地质作用等。在此基础上，提供满足设计、施工所需的岩土参数，确定地基承载力并预测地基变形性状；提出地基基础、基坑支护、工程降水和地基处理设计与施工方案的建议；提出对建筑物有影响的不良地质作用的防治方案建议。另外，对于抗震设防烈度等于或大于 6 度的场地，进行场地与地基的地震效应评价。

3.4.3 勘察方法及原则

站场的选择是高速铁路设计的关键之一，设计铁路运营本身也关乎社会经济发展，应综合考虑社会、经济、运能、运量能各方面。站场的勘察应循序渐进，不可一蹴而就，急于求成。可行性研究勘察应对拟建场地的稳定性和适宜性做出评价。初步勘察应对场地内拟建建筑地段的稳定性做出评价。勘探点、线布置应结合地质单元、地质构造、地层界线、地层变化、地方标准、工程经验等合理布置。勘探线、点间距应按表 3.3 确定。勘探孔深度应按表 3.4 确定。采取土试样及进行原位测试的勘探点应结合地貌单元、地层结构和土的工程性质布置，其数量可占勘探点总数的 1/4～1/2；每层土均应采取土试样或进行原位测试，其数量不宜少于 6 个。

表 3.3 初勘阶段勘探线、点布置间距表

地基复杂程度等级	勘探线间距/m	勘探点间距/m
一级（复杂）	50～100	30～50
二级（中等复杂）	75～150	40～100
三级（简单）	150～300	75～200

注：控制性勘探点宜占勘探点总数的 1/5～1/3，且每个地貌单元均应有控制性勘探点。

表 3.4 初勘阶段勘探孔深度控制表

工程重要性等级	一般性勘探孔/m	控制性勘探孔/m
一级（重要工程）	≥15	≥30
二级（一般工程）	10～15	15～30
三级（次要工程）	6～10	10～20

详细勘察应按单体建筑物或建筑群提出详细的岩土工程资料和设计、施工所需的岩土参数，对建筑地基作出岩土工程评价，并对地基类型、基础形式、地基处理、基坑支护、工程降水和不良地质作用的防治等提出建议；应论证地下水在施工期间对工程和环境的影响。对情况复杂的重要工程，需论证使用期间水位变化并提出抗浮设防水位时，应进行专门研究。详细勘察勘探点布置和勘探孔深度，应根据建筑物特性和岩土工程条件确定。对岩质地基，应根据地质构造、岩体特性、风化情况等，结合建筑物对地基要求，按地方标准和当地经验确定；对土质地基，勘探点间距可按表 3.5 确定。

表 3.5 详勘阶段土质地基勘探点间距控制表

地基复杂程度等级	勘探点间距/m
一级（复杂）	10～15
二级（中等复杂）	15～30
三级（简单）	30～50

勘探点宜按建筑物周边线和角点布置。勘探孔深度应满足变形计算深度、稳定性验算要求；当采用桩基时，土质地基勘探点间距：对端承桩宜为 12～24 m，相邻勘探孔揭露的持力层层面高差宜控制为 1～2 m；对摩擦桩宜为 20～35 m；当地层复杂，影响成桩或设计有特殊要求时，勘探点应适当加密；复杂地基的一柱一桩工程，宜每桩设置勘探点。

详细勘察采取土试样和进行原位测试，应满足岩土工程评价要求。采取土试样和进行原位测试的勘探孔数量不应少于勘探孔总数的 1/2，钻探取土试样孔的数量不应少于勘探孔数的 1/3；每个场地每一主要土层的原状试样和原位测试数据不应少于 6 组，当采用连续记录的静力触探或动力触探为主要勘察手段时，每个场地不应少于 3 孔；在地基主要持力层内，对厚度大于 0.5 m 的夹层或透镜体，应采取土试样或进行原位测试。对基坑工程应进行土的抗剪强度试验。

3.5 天然建筑材料场地

天然建筑材料场地类型分为路基填料集中取土场地、级配碎石（或级配砂砾石）场地、混凝土骨料场地、砌体石料场地、铁路碎石道砟场地等。

3.5.1 勘察重点

高速铁路天然建筑材料场地的勘察，首先配合有关专业在沿线及附近区域选好场地，在选定的场地进行地质调绘、勘探、测试等工作，评价建筑材料的质量和储量，为设计提供依据。

3.5.2 勘察方法及原则

调绘场地的地形地貌、地层岩性、地质构造、不良地质，以及场地设置是否符合国家环境保护的有关规定。根据场地特点结合开采范围布置勘探点（如填料场地勘探点间距和断面间距 50～200 m；碎石道砟场勘探点间距 50～300 m），查明开采范围内的地层结构、水文地质条件、风化程度、各种结构面的产状、节理裂隙发育情况、有无软弱夹层等，确定可用层、剥离层、夹层性质和剥采比、有用层的储量和质量等。分段分层或每种材质取 2～3 组代表性样品进行试验，确定筑材类型、质量等级等。

填绘满足储量计算要求的代表性地质断面，以及必要的平面图，计算建筑材料储量。各类料场场地均要进行场地稳定性评价和开采可能引发的地质灾害评估。必要时（如碎石道砟场）在具备条件的地区进行物探。

试验是高速铁路天然建筑材料场地勘察的重要组成部分。高速铁路全线所需填料方量大，投资大，涉及的岩土种类多，所以填料试验是高速铁路天然建筑材料试验中最普遍、最重要的。高速铁路填料大多要求 A、B 组填料，基床以下路堤可以使用较好的 C 组填料，其试验项目包括：

土：一般样品做天然含水率、液塑限、黏粒含量、粉粒含量，代表性样品做击实试验、无侧限抗压强度、压后快剪、承载比试验（CBR）。

砂、卵、砾石：做筛分（不均匀系数、曲率系数）和小于 0.5 mm 颗粒的液塑限，粉、细、中砂加做压实试验、承载比试验（CBR）。

级配砂砾石：做筛分、中细长及扁平颗粒含量、黏土团及有机物含量和粒径小于 0.5 mm 颗粒的液塑限。

风化岩石：风化成土状或砂状的做筛分试验、压实试验、承载比试验（CBR），小于 0.5 mm 颗粒的应做液塑限；风化成块状的硬质岩石应对其压碎性和压实性进行试验；易风化的软质岩测试其压实性、膨胀性、无侧限抗压强度、耐久性（干湿循环、抗崩解性、崩解量）等指标。

4 高速铁路不良地质工程地质勘察

4.1 重力不良地质

危岩、落石、崩塌、滑坡、泥石流主要在重力作用下产生和运动，将其统称为重力不良地质。

4.1.1 危岩、落石、崩塌

线路通过斜坡地区，当山高坡陡，坡面不平整不连续，上陡下缓，岩土体的节理、裂隙发育，结构面多张开，坡脚、坡面有崩塌物停积时，应按危岩、落石、崩塌进行工程地质勘察。

1. 工程地质勘察内容

危岩、落石和崩塌区地质调绘包括危岩的地质背景和支挡建筑物的设置条件。

危岩的地质背景：地形、地貌特征，危岩的周界、空间分布，裂缝的位置、性质、形状、宽度、深度、延伸长度、充填和变化情况；岩层层序、岩性、岩体结构、软弱结构面、软弱夹层特征，层间错动、岩石风化破碎程度、含水情况；褶皱、断层、节理、劈理等的性质、产状、组合情况、发育程度；崩塌和落石的范围、数量、岩块直径、滚落方向、影响范围以及防治经验；坡脚崩落块石粒径、分布特征；划分危岩区、危岩带和危岩单体。

按危岩所处相对高度、崩塌形成机理对其进行类型划分，见表 4.1 和表 4.2。相对高度指危岩单体重心距威胁对象撞击点的最大垂直高度。按该分类及崩塌落石规模、单体粒径提出防治措施建议。

表 4.1 危岩按所处相对高度分类表

危岩相对高度 H/m	$H<15$	$15\leqslant H<50$	$50\leqslant H<100$	$H\geqslant 100$
危岩类型	低位	中位	高位	超高位

表 4.2 危岩按崩塌形成机理分类表

崩塌机理	滑移—崩塌	倾倒—崩塌	拉裂—崩塌	错断—崩塌	鼓胀—崩塌
危岩类型	滑移型	倾倒型	拉裂型	错断型	鼓胀型

支挡建筑物的设置条件：结合支挡防护工程，查明支挡建筑物地基情况和锚固条件。

2. 不同阶段工程地质勘察工作的主要任务

踏勘阶段：危岩、落石和崩塌勘察应搜集区域地质、工程地质、水文地质、气象、地震及遥感图像资料，了解大型危岩的类型、规模和成因。

初测阶段:勘察范围内危岩、落石和崩塌的分布范围、规模、类型及稳定程度;控制和影响线路方案的危岩、落石和崩塌,应重点进行地质调绘,查明工程地质、水文地质、地震、水文、气象条件,微地貌特征、裂隙发育、变形情况等;控制和影响线路方案的危岩、落石和崩塌工点,宜结合工程设置进行勘探和测试,必要时应进行变形观测。

定测阶段:地形、地貌、微地貌形态与植被,地层岩性及风化程度,地质构造、各种结构面特征及组合关系、层间软弱夹层,地表、地下水对危岩稳定的影响;必要时应进行简易岩块滚落试验。

施工阶段:核对危岩、落石和崩塌工点地质资料;施工引起工程地质环境改变,造成危岩、落石和崩塌时,应提出指导性施工建议及施工注意事项;危岩、落石和崩塌严重地段,应进行观测,并提出整治措施建议,保证施工人身、机具及公共安全。

运营阶段:危岩、落石和崩塌严重地段应进行监测和预报工作,为工程加固积累资料;危岩、落石和崩塌发展趋势明显的地段应调查原因,提出整治措施建议;新发生的危岩、落石和崩塌应查明其原因,提出整治措施建议,必要时应进行地质勘察工作。

4.1.2 滑　　坡

山坡呈明显的圈椅状地貌、有较陡的后壁、坡面不顺直成台阶状、前缘成舌状凸出、侵占或挤压沟(河)床、坡脚出露泉水或湿地、两侧地层有扰动或不连续现象时,应按滑坡进行工程地质勘察。滑坡区工程地质勘察主要内容:

1. 地质调绘

地质调绘前应搜集地形图,区域地质资料,遥感图像,气象、地震、水文资料,既有滑坡的调查和观测资料,以及地方志、地震史料中有关滑坡灾情的记载。

黏性土滑坡应查明地貌形态、裂隙的性质与发育程度;地表水的聚集与排泄,地下水活动情况;层间的软弱层、砾石层、结核层,上覆土层与下伏岩层接触面的形态;海相黏土中高塑性黏土层的分布、倾斜、富水与夹砂状况,含盐黏土中盐分的淋滤与湿化;河相黏土中高富集高岭土或蒙脱土层的埋藏、分布和产状;膨胀土应搜集当地降雨、蒸发、气温、日照资料,确定大气影响深度。

黄土滑坡应查明新、老黄土的分界面,古土壤层、粉细砂层、砂卵石层、钙质结核等夹层的分布和产状,与下伏岩层接触面的形态,含水情况;黄土柱状节理、卸荷裂隙等的分布、发育程度、组合情况;黄土底层积水软化带的厚度和分布;新构造发育地区老黄土中构造裂隙的组合分布,特别是倾向斜坡的裂隙产状和受水汽作用的情况。

堆积土滑坡应查明堆积土的成因类型、岩性、地层结构、分布情况;不同堆积土顶底面、软弱夹层、下伏岩层顶面等的形态特征与富水情况;地表、地下水的活动情况,以及补给、排泄条件;新构造发育地区老黄土中构造裂隙的组合分布,特别是倾向斜坡的裂隙产状和受水汽作用的情况。

填土滑坡应查明填土类型、特征,以及填土的方式;软弱土层分布、含水条件,以及下伏岩层顶面形态特征;原地面形态、坡度,填土两侧积水与地下水出露位置、排泄条件;路堤坡面变形、冲蚀情况,堤前积水可能形成的堤内渗流情况;填筑岩土的风化情况,雨水下渗和振动对路堤稳定的影响。

破碎岩体滑坡应查明破碎岩体的分布范围、厚度、风化破碎程度与胶结情况；断层产状、性质，上下盘接触面特征，断层泥、糜棱岩带的部位；可能形成主滑动带岩土的分布、厚度、松散程度和含水条件；地下水发育情况及其与滑坡的关系。

岩体滑坡应查明沟谷和陡坎的分布、形态特征、与岩层走向的关系；岩层结构特征、性质、成层与节理发育情况；软岩与硬岩接触带、顺坡结构面等在斜坡上的产状变化，层间错动情况，软弱夹层在临空面上出露的位置；构造裂隙面的组数、组合、产状、宽度、长度、贯通性、充填情况、力学性质，地下水活动。

按滑体（潜在滑体）所处相对高度对其进行类型划分，见表4.3。相对高度指滑体（潜在滑体）重心距威胁对象（或所在坡脚、谷底）的垂直高度。

表4.3 滑坡按所处相对高度分类表

滑坡相对高度 H/m	$H<15$	$15\leqslant H<50$	$H\geqslant 50$
滑坡类型	低位	中位	高位

2. 工程地质勘探与测试

滑坡勘探应采用物探、钻探、坑探相结合的综合勘探方法，必要时可采用井探或洞探，查明滑动面（带）的空间分布和性质、地下水及其变化情况。

滑坡勘探点布置应根据滑坡的规模，沿滑坡轴向和垂直轴向方向，结合测试和整治工程需要布置勘探点；主轴断面上的勘探点不应少于3个，地质条件复杂地段应适当加密；滑坡体外必要时应布置勘探点；滑坡勘探深度应穿透滑动面以下至稳定岩土层内不小于3 m，多次滑动或滑面有向深部发展的可能时应适当加深，钻入基岩的深度不小于滑坡体中最大块石直径的1.5倍。

3. 不同阶段工程地质勘察工作的主要任务

踏勘阶段：踏勘阶段应搜集区域地质、水文地质、地貌、气象、地震及遥感图像资料，了解巨型、大型和地质复杂的滑坡在山体构造格局中所处的位置及其与四周坡块之间的稳定关系，明确山体、坡体不连续部位及特征。

初测阶段：查明勘察范围内滑坡的分布范围、规模、类型和稳定程度；控制线路方案的滑坡地段应重点进行地质调绘，查明工程地质条件、水文地质条件、微地貌特征、软弱夹层、变形情况等；与线路方案有关的、可能形成新滑坡的地区，应进行地质调绘。

定测阶段：应查明地形、地貌、微地貌形态，地表裂缝和建筑物的破坏变形及其发展进程，井、泉、池塘、湿地等的分布与变化，植被、滑坡要素；滑体的规模、物质成分、性质、厚度，滑动带的位置、个数、形态特征；测区地层岩性、地质构造、各种结构面特征及组合关系、层间软弱夹层，含水层性质、厚度、补给源等水文地质条件。

施工阶段：核对滑坡工点的工程地质资料，开挖地质条件与地质资料不符时，应进行补充地质勘察；施工引起工程地质环境改变，造成既有滑坡失稳及工程滑坡时，应提出指导性施工建议及施工注意事项；施工过程中观察滑坡的动态变化，发现失稳迹象应及时提出应对措施、建议；地质条件复杂的大型滑坡，稳定性差的滑坡，必要时应进行动态观测。

运营阶段：需要长期进行监测的大型滑坡，应继续进行位移和变形监测；运营阶段新发生的滑坡应进行工程地质勘察。

4.1.3　泥石流

线路通过山区纵坡较陡的沟谷，符合下列条件之一时，应按泥石流进行工程地质勘察：沟口或沟谷中存在大量无分选的堆积物；沟谷两谷坡或源头坡面存在较厚的松散堆积层，同时存在坍塌、滑坡等不良地质现象；有泥石流发生的历史记录或泥石流活动的痕迹；沟谷内存在高悬冰湖、堰塞湖或大型冰川。

1. 地质调绘

地质调绘前应搜集地形图、区域地质资料、遥感图像、地震动峰值加速度、地震持续时间与地震频率资料，年降雨量及其分配、暴雨强度分布及降雨强度等气象与水文资料，既有泥石流调查和观测资料，以及地方志、地震史料中有关泥石流灾情的记载，与泥石流有关的环境变化资料，包括兴修水利、道路、采矿弃渣、农垦开荒、植被破坏等。

泥石流地质调绘应包括以下内容：冰雪融化和暴雨强度、前期降雨量、最大降雨量，地表河流平均及最大流量，地下水活动情况；地层、岩性、地质构造和地震活动特征；沟谷的地形、地貌特征，包括沟谷的发育程度、切割情况，坡度、弯曲、粗糙程度，并圈绘沟谷的汇水面积，进行泥石流流域分区；山坡的坡度、风化破碎程度，滑坡、崩塌、岩堆等不良地质现象的发育程度，可能形成泥石流固体物源的分布范围和储量；泥石流流动状态的痕迹与残留物，沟谷弯曲处泥石流超高泥痕，狭窄处最高泥痕、泥痕坡度及沟槽宽度；泥石流沟床堆积物的分布范围、形态特征、物质组成和厚度，粒径组成与最大粒径，对主河床的影响，植被发育情况；弃渣、切坡、毁林、陡坡开荒与过度放牧等人类活动情况；对线路工程影响较大时，还应包沟床溯源侵蚀趋势与摆动情况及冲淤变化幅度，松散固体物质补给和潜在补给储量、补给方式、可能参与泥石流的数量及一次补给的可能数量，流域内湖泊、水库、地表径流状态及对泥石流的影响；地下水露头的分布、流量，以及对坡沟稳定的影响；冰川 U 形谷地貌特征、冰川演化趋势；冰湖规模、冰体厚度、演化趋势；堰塞湖面积、水量、水深。

2. 工程地质勘探与测试

泥石流地区勘探应采用物探、钻探、挖探相结合的综合勘探方法，查明泥石流沉积区堆积物的组成、厚度和泥石流流体性质。泥石流堆积物勘探深度应至基床下稳定岩土层内不小于 3 m，且不小于最大块石直径的 1.5 倍。需要整治的泥石流补给源，应根据整治工程需要布置勘探测试工作。泥石流流体的密度、固体颗粒密度、颗粒分析试验宜在现场进行，黏度和静切力试验可在室内进行，堆积物土样应在有代表性的地点采取。

3. 不同阶段工程地质勘察工作的主要任务

踏勘阶段：搜集区域地质、地貌、气象、地震及遥感图像资料，了解大型泥石流的分布、类型、规模、发育阶段。

初测阶段：查明勘察范围内泥石流的分布、范围、规模、类型和发展阶段；控制和影响线路方案的泥石流应对全流域及其主河影响范围进行区域地质调绘，查明工程地质条件、水文地质条件、地震、水文、气象条件，微地貌特征，坡面松散堆积物，沟内冲、淤特征，泥石流堆积物性质与分布特征；当泥石流的主要补给源为滑坡、崩塌时，应查明滑坡、崩塌规模；控制和影响线路方案的泥石流勘探与测试应查明历次泥石流流体性质、组成物质和堆积厚度。

定测阶段：桥渡上、下游影响范围内的沟坡稳定性，沟床纵坡和断面的变化，泥石流补给区物质组成;建筑物基础地质情况;桥位附近泥痕高度和坡度,泥石流输移的最大块石粒径,冲蚀、淤积情况;治理泥石流的经验和既有跨越泥石流沟建筑物遭受泥石流破坏情况;线路通过泥石流扇应查明其物质组成与冲淤特点,建筑物基础地质情况,泥石流扇上沟床摆动情况;当泥石流流域的滑坡、崩塌等不良地质现象需要整治时,应根据整治所需的工程地质资料情况。

施工阶段:核对泥石流工点的工程地质资料;施工引起工程地质环境改变诱发泥石流时,应提出工程措施建议及施工注意事项;工程地质条件与设计地质资料不符时,必要时应进行补充地质勘探;必要时可设置雨量观测站和主要补给区不良地质体的观测点,观测降雨过程、降雨量和不良地质体稳定性的变化;记录施工中发生泥石流的降雨过程、降雨量,泥石流流体性质、规模、破坏情况;监测冰湖、堰塞湖动态。

运营阶段:调查铁路运营后环境改变对泥石流的影响,并对跨沟建筑物的安全做出评价;施工阶段设立的观测站,必要时应继续进行观察;必要时对建筑物跨越的泥石流沟进行监测、预警;运营中发生的泥石流应查明工程地质条件、成因,预测发展趋势,提出整治措施、建议。

4.1.4 重力不良地质区工程地质减灾选线

重力不良地质区的选线应重视地质不连续不平顺现象,如地形地貌不连续不平顺、地层岩性不连续不平顺、水系不连续不平顺等。此类区域大型重力不良地质往往较发育,如已发生的大型高速远程滑坡、大型岩崩、大规模泥石流多与此类现象有关。在高速铁路工程地质减灾选线中,应采用合适的方式绕避此类区域。

1. 危岩、落石、崩塌区工程地质减灾选线

控制或影响线路方案,以及危及施工和运营安全的危岩,宜进行裂隙、危岩变形观测,必要时宜设立观测点长期观测。落石滚落的方向、途径、跳跃高度、影响范围等难以判明时,宜在现场作简易岩块滚落试验。危岩、落石和崩塌评价应阐明其分布范围、类型、发生发展原因及影响因素、稳定程度及发展趋势。

岩堆评价应包括其发展阶段、自身的稳定性,及其作为建筑物地基、路堑边坡和隧道围岩等周边环境的稳定性。岩堆的稳定性评价应包括岩堆沿地面或软弱夹层变形失稳的可能性,岩石成分、岩块大小与均匀性、岩块结构的密实程度及不均匀下沉量,地下水对岩堆稳定性的影响。

线路应绕避山高坡陡、地形地貌显著不连续不平顺、岩层受结构面切割严重、危岩密集分布、可能产生大规模崩塌或治理难度极大的危岩、落石和崩塌地段,且不应长距离设置在不稳定的陡崖下。危岩、落石及潜在崩塌体规模小,防治方案技术可行、经济合理时,线路可选择在有利部位经整治后通过。

线路应绕避补给来源丰富、结构松散、处于发展阶段或具有软弱夹层、地面和岩堆基底横坡较陡、地下水丰富、极易产生变形或滑动,且工程处理困难的大型岩堆。线路可采取工程措施从规模较小、边界条件清楚或停止发展和稳定的古岩堆体适当部位通过。

大型危岩、落石、崩塌区工程地质减灾选线应充分应用遥感地质解译方法,必要时采用空天地一体化勘察方法,宏观查明高位、超高位大型危岩带的分布和规模。

2. 滑坡区工程地质减灾选线

滑坡稳定性的综合评价应根据滑坡的规模、主导因素、滑坡前兆、滑坡区的工程地质和

水文地质条件，以及稳定性检算结果进行，并应分析发展趋势及危害程度，提出防治方案建议。

线路应绕避地形地貌显著不连续不平顺、巨型大型(古)滑坡(群)及(潜在)高位远程滑坡和其灾害链可能影响的区域；滑坡规模小、边界条件清楚，整治方案技术可行、经济合理时，线路可选择在有利于滑坡稳定的部位通过；线路通过稳定的滑坡时，合理确定线路标高，不宜在其上部填方或下部挖方；确保山体稳定条件不受到削弱或破坏；线路不应与大断裂平行，不可避免时，应距断裂有足够的安全距离；不宜切割松散堆积体或风化破碎岩的坡脚，特别是地下水发育的地段；线路宜绕避岩层顺层或贯通节理等不利结构面倾向线路的地段，特别是受河水强烈冲刷的傍河顺层地段；越岭地段线路应绕避岩层严重风化破碎带或构造破碎带形成的垭口；在山坡的同一侧展线时，上、下行线位宜避免相互影响。滑坡区工程地质减灾选线应充分应用遥感地质解译方法，必要时采用空天地一体化勘察方法，宏观查明大型及以上，尤其是高位滑坡(群)的分布和规模。

3. 泥石流区工程地质减灾选线

泥石流评价应首先确定其类型。在此基础上确定其发育阶段、发生频率，松散堆积物的稳定性和储量，设计使用年限内累计淤积厚度及对线路的影响。对于冰川型、溃决型泥石流应评价冰川、冰湖、堰塞湖等的动态演化规律及其影响因素。

线路应绕避地形地貌显著不连续不平顺、处于发展期的特大型泥石流沟、大型泥石流沟或泥石流群，淤积严重的洪积扇区和大面积分布山坡型泥石流地段，以及大型冰川型、溃决型泥石流易发区。线路应远离泥石流堵河严重地段的河岸。峡谷河流线路应在查明泥石流活动痕迹、判明泥石流规模和发展趋势的基础上以高桥大跨通过。宽谷河段线路方案及工程类型应根据主河床与泥石流沟淤积率、主河摆动趋势确定。绕避沟床纵坡由陡变缓的变坡处和平面上急弯部位。跨沟建筑物应有足够的孔径，不应压缩河床断面、改沟并桥，沟中设墩。

线路高程应根据泥痕高度、残留层厚度、沟床淤积高度、设计保证年限内累计淤积厚度和输移大漂石所需高度等确定，并留足净空。隧道下穿泥石流沟时，应预留足够的抗冲蚀顶板厚度。以明洞、渡槽通过泥石流时，应预留防止泥石流外溢的长度。线路通过泥石流扇应根据扇面淤积率确定线路高程，不应在泥石流扇上挖沟设桥或施作路堑。泥石流区工程地质减灾选线应充分应用遥感地质解译方法，必要时采用空天地一体化勘察方法，宏观查明大型泥石流的分布和规模。因冰碛湖溃决后能量大，产生的冰湖溃决型泥石流破坏强，对线路危害极大，应避免以明线形式通过湖水溃决通道及流通区。

4.2 活动断裂与地震

4.2.1 活动断裂

随着我国西部铁路建设的推进，像青藏铁路、拉日铁路、成兰铁路、丽香铁路、大瑞铁路、川藏铁路等一批在建或已建铁路多修筑在新构造运动活跃的区域，线路经过区域分布大量全新世活动断裂。活动断裂带来的工程效应对铁路选线、设计、运营安全等都有显著甚至密集的影响。川藏铁路、川青铁路等几条规划研究的铁路更是位于印度板块与欧亚板块相互碰撞汇聚接触带及其附近，穿越多个板块缝合带，活动断裂更是异常发育。需面对的活动断裂所带来的工程地质问题也极为复杂。

1. 活动断裂工程地质效应

一般认为活动断裂的工程地质效应主要包括：黏滑位错（地震）、蠕滑变形及地震次生灾害三种类型。此外，还存在断裂循环型水热热害问题等。

（1）黏滑位错工程地质效应

断裂黏滑（地震）位错即活动断裂的震害效应，其进一步可分为强震地面破裂效应和强震地震动效应。对地表破裂效应而言，按目前的抗震设防措施还难以阻止其错动对铁路工程的直接毁坏；其破坏形式表现为：路基开裂，桥梁纵向、横向移位，桥梁墩台破坏，隧道洞体横向剪断、纵向错动或剪切裂缝。

对强震震动效应而言，如果地震烈度超过其设计烈度，地表工程震动损坏较大，各种工程形式其破坏方式有所区别。

路基可能出现：轨道自身稳定性不够，移位、扭曲现象，此外，还可能出现路堤下沉。

桥梁可能出现：

①桥梁纵向、横向移位；

②支座损坏严重：受地震作用梁体发生纵横向移位，造成支座帽栓弯曲、被拔出或被剪断，支座脱离梁体、支承；

③桥梁墩台破坏。

隧道的破坏形式分为：

①衬砌成片剥落掉块，洞体横向剪断，纵向错动或剪切裂缝；

②边墙上斜裂缝与竖向裂缝，衬砌内鼓、开裂，拱顶外翘、衬砌压碎、剥落。

对于震动效应，根据地震烈度进行相应设防是最基本手段之一。

（2）蠕滑变形工程地质效应

不伴随地震的断裂错动即断裂蠕动，是可以通过测量发现。这种变形都是三维空间变形，兼具张拉、剪切和扭动的性质。变形过大时，直接错断其上的建筑结构或者影响正常使用。大量实例证明，活动断裂的不断活动，会使得浅表地质体发生变形、位移和破裂，从而导致地面建筑物的破坏、道路变形、桥梁损坏。最典型的是美国西部的圣安德烈斯断裂，其缓慢蠕滑引起当地房屋开裂，道路错动、位移等现象。我国青藏公路的路基、桥梁，也有活断裂蠕滑变形效应的典型实例。此外活断层发育在铁路边坡上，它不仅成为分割边坡岩土体的变形破坏界面，而且其蠕滑活动还可直接启动边坡崩塌；活断层较老断层的切割性与连通性好，对山体和地貌的控制作用强，充填物少，断裂带胶结差，破碎强，力学强度低，而且溶水性和导水性极强，因而常成为隧道突水和坍塌灾害发生的集中带。

（3）地震次生灾害

地震次生灾害对铁路的损坏，相对于强震地面破裂效应和强震震动效应来说，有时破坏程度更大。地震次生灾害对铁路路基、桥梁、隧道均造成破坏，归纳起来可分为以下六种：

①山体坡面由强震造成次级地震裂缝，次级地震错台，继而发展成山体滑坡、崩塌等次生灾害。在 2008 年“5 · 12”汶川地震中，成灌、广岳、德天、宝成铁路均受到地震诱发滑坡、崩塌的破坏。

②强震导致山体破碎，为泥石流形成丰富物源，导致强震区泥石流频发。我国近几年发生的几次强烈地震，都不同程度地激发了泥石流活动。最近的典型例子是 1999 年 9 月 21 日集集地震和 2008 年 5 月 12 日的汶川地震。国内外学者的研究表明，大地震之后诱发泥石流的临界雨量和雨强也会大大降低，就是说泥石流更易形成。此外，如频发地震的鲜水河断裂，其仁达至充古一带共有 29 条泥石流沟分布在距破裂带 5 km 的范围内，说明强震是区域内泥石流发育的主控因素。

③地震形成的危岩崩落对地面的冲击破坏。地震中许多地形陡峻、裂隙发育、危岩较多的山体产生大量崩塌落石，体积大小不等，其撞击能量巨大，对铁路路基、桥梁均产生破坏。

④地震导致雪崩、冰川湖泊溃决等次生灾害。冰湖溃决是我国喜马拉雅地区十分普遍的现象，近 50 年来发生过超过 20 起较大的溃决事件，造成大量的人员伤亡及财产损失。未来川藏铁路、川青铁路均可能存在该方面的问题。在终年积雪区域，地震可能诱发大型雪崩，对地表建筑也会产生严重破坏。

⑤活动断裂形成构造裂缝及工程破坏。青藏铁路和青藏公路沿线沿活动断裂发育了大量宽达 100～800 m 的构造裂缝密集带，如楚玛尔河、可可西里、风火山、二道沟、乌丽、沱沱河、开心岭及通天河等活动断裂诱发的构造裂缝带。沿清水河活动断裂发育了宽达 1 250 m 的构造裂缝带，沿北麓河活动断裂发育了宽达 1 780 m 的构造裂缝带。单条构造裂缝宽达 3～10 cm，沿活动断裂斜列或平行分布，平面延伸数百至数千米，能够穿切铁路和公路，导致路面开裂和路基破裂。因此，川藏铁路、川青铁路等多次跨越活断裂的工程在设计和施工过程中，应考虑构造裂缝带对铁路路基、钢轨和地下配套设备的影响，并应采取一定的防护措施，车站建设应避开构造裂缝带。

⑥断裂裂隙型循环水热热害。地热形成主要分为岩热型及水热型。青藏高原、川西高原等活动断裂发育地区，受区域大地构造及温度场的控制，地下热水的形成是由大气降水通过岩石的断裂裂隙系统循环至地下深处，受地热增温，以及放射性物质衰变热和岩浆岩余热加热后，在静水压力和热动力的驱动下，回升至地表形成温热泉或埋藏在一定深度形成热水层，属水热对流型热水系统。如大瑞铁路高黎贡山隧道，其热害类型也是在较高的大地热流背景的地质环境下，丰富的大气降水沿断裂、裂隙下渗，进行深循环加热而成的对流型中低温地热系统。青藏铁路风火山北断裂铁路穿越区域存在温泉出露。川藏铁路也多位于构造异常活跃区，川西地热出水点和地热异常区都与地质构造的关系密切，温、热泉大多出露和分布在构造断裂带，特别是挽近期活动断裂带上，西部地槽区和康滇地轴区便是如此。西部地槽和西南部康滇地轴构造域内的一些主干断裂带，如金沙江、德格—乡城、甘孜—理塘等断裂带，均已经影响到上地幔。挽近以来，这些断裂仍处于活动状态，地应力集中，地震频繁，是地球深部热载特质源向上溢出的主要窗口，也是地下水进行水热活动的良好通道。因此，地热水多沿这些断裂带成带状有规律分布，温、热泉出露多，温度高。可见，断裂带控制本构造区域内的热储构造分布，是寻找地热水的重要标志。河谷是当地切割最低最深的侵蚀面，是地下热储的隔热盖层最薄和地热水最低、最易外泄的窗口，所以地热水很大部分都在河谷附近出露。

高温热害对工程的影响主要集中在隧道工程，路基、桥梁工程则影响较小。当线路无法彻底绕避导热活动断裂时，合理选线对于减小地热风险极其重要。选线尽量绕避其高温通道，选择相对低温带通过。因此线路通过活动断裂分布区域基本以傍山隧道通过，在断裂交汇处尽量减少隧道埋深，减少与导热活断裂并行，从而降低热害治理难度，将热害风险降低。

2. 活动断裂勘察重点

活动断裂区应重点查明以下内容：活动断裂的性质，了解其活动性、位移量；通过调查、资料收集了解断裂活动时历史最大位移量、破裂长度，为避让距离研究提供素材；破碎带宽度、支断裂分布情况，以及是否产生构造裂缝；断裂附近是否存在水热活动，通过取样分析明确其与断裂活动关系；线路附近不良地质分布及与活动断裂关系。对滑坡、危岩落石等重力不良地质在地震动荷载或振动脉冲作用下的稳定性进行评价；活断裂不同地段覆盖层厚度，明确不同地段活动断裂对地表建筑的影响程度；断裂带地下水与地下流体富集和运移的规律；高寒地区明确是否存在雪崩。调查线路附近是否存在冰碛湖，判明其稳定情况，判断其在地震作用下的稳定性。

4.2.2 地　　震

地震常常造成严重人员伤亡和建筑物损毁，能引起火灾、水灾、有毒气体泄漏、细菌及放射性物质扩散，还可能造成海啸、滑坡、崩塌、地裂缝、砂土液化等次生灾害。地震影响区称为地震区，工程上常指地震动峰值加速度大于等于 0.10g 地区。

地震区震害主要反映在两个方面：第一，是由地震造成地面破坏而导致铁路工程建筑物破坏，如由于地震引起的斜坡失稳、山坡变形及饱和砂土、粉土液化等造成建筑物破坏，这种震害属于间接的。第二，是由地震的振动直接造成工程建筑物的破坏，这种破坏虽然是直接的，但也受场地工程地质条件的影响，不同的场地土，地震惯性力不同，破坏程度也不同。

地震次生灾害主要为滑坡和崩塌，这类地震的次生灾害主要发生在山区，由于地震的强烈振动，使得原已处于欠稳定状态的山崖或斜坡发生崩塌或滑坡。这类次生灾害虽然是局部的，但往往是毁灭性的，使整村整户人财全被埋没。其次为水灾，地震产生堰塞湖，使水库的坝体开裂倒毁或使大河的堤坝决裂，都会造成水灾。此外，地裂、泥石流、喷砂冒水、地面塌陷、有毒液体和气体的外溢泄漏、地面变形等也都是地震的次生灾害，都可能破坏交通运输、破坏建筑物和致人死伤等。

1. 地震区工程地质勘察

地震区的工程地质勘察，应搜集区域县志、区域地质、地震地质、水文、遥感图像、活动断裂、地球物理、区域布格重力异常、航磁异常等资料。地震研究程度较差或地震地质条件复杂的地段，应开展沿线地震安全性评价，确定专门的地震动参数详细区划，必要时开展活动断裂专题研究。地震安全性评价应由具有相应资质机构承担，除划分沿线地震动参数之外，尚应对重大工程进行专门评价，重大工程包括：穿江隧道、海底隧道或水深大于 20 m、墩高大于 80 m、跨度大于 1 500 m 及其他技术复杂、修复困难的铁路桥梁。建筑所在地区遭受的地震影响，应采用相应于地震烈度的设计基本地震加速度和特征周期表征，地震烈度和地震动峰值加速度对照应符合表 4.4 的规定。地震影响的特征周期应根据建筑所在地的设计地震分组和场地类别确定。

表 4.4 地震烈度和地震动峰值加速度对照表

地震烈度值	Ⅵ	Ⅶ		Ⅷ		Ⅸ	≥Ⅸ
地震动峰值加速度值	0.05g	0.10g	0.15g	0.20g	0.30g	0.40g	≥0.40g

地震勘察成果应包括以下内容：

(1)确定铁路沿线 50 年 10%超越概率水准的地震动峰值加速度及场地地震动反应谱特征周期，车站工程应提供设计地震分组。

(2)重点工程应与相关单位、专业协商，开展专门地震安全性评价，提供考虑地形、岩土剪切波速、地下水等特征的设防及罕遇地震动参数，包括 50 年和 100 年超越概率为 63%、10%、2%的地面水平峰值加速度、水平加速度反应谱和工程结构全动力分析时程等地震动参数。

(3)工程场地一定范围内的断裂评价，确定其全新世活动性，凡判别为活动断裂的，应确定分布位置及特征。对线路穿越的全新世活动断裂，则应确定最新活动的详细位置及活动量，对发震断裂应论证地表地震断错的危险性，并进一步评估未来百年的发震能力及最大可能突发位错量。

(4)以土层等效剪切波速和场地覆盖层厚度确定工程场地土类型，并划分建筑场地类别。

(5)应根据工程需要和地震活动情况、工程地质和地震地质的有关资料，划分对抗震有利、一般、不利和危险的场地地段。

(6)确定场地地基可液化土层液化可能性，凡判别为可液化的场地应确定其液化指数和液化等级。

(7)抗震设防烈度等于或大于 7 度的厚层软土分布区，宜判别软土震陷的可能性和估算震陷量。

(8)评价场地岩土体地震作用下的地基稳定性及地震可能诱发或改变工程场地环境的其他地震地质灾害，如山崩、滑坡、泥石流、塌陷的危险性。

2. 地质调绘

地震区地质调绘包括：查明区域地质构造，尤其是主要断裂带和活动断裂带与线路的关系。调查各类不良地质的分布、稳定状态，分析地震时发生次生地质灾害的可能性。调查河流的变迁、古河道的分布、第四系的特征、地下水位和可液化土的分布范围。

3. 工程地质勘探与测试

地震区的勘探与测试应采用钻探、物探、综合测井、原位测试和室内试验、年代测定、物质测年等综合勘探与测试方法，查明地质构造、岩土特征。勘探与测试应查明地震时不稳定地带和液化土层的分布范围和厚度，活动断裂的具体位置、宽度、产状及破碎带物质组成、胶结程度及含水情况等。

饱和砂类土和粉土地段，宜进行标准贯入试验、静力触探、剪切波速测试、土的物理力学性质等试验。地震液化的进一步判别应在地面以下 15 m 的范围内进行；对于桩基和基础埋深大于 5 m 的天然地基，判别深度应加深至 20 m。对判别液化而布置的勘探点不应少于 3 个，勘探孔深度应大于液化判别深度。当采用标准贯入试验判别液化时，应按每个试验孔的实测击数进行。在需作判定的土层中，试验点的竖向间距宜为 1.0～1.5 m，每层土的试验点数不宜少于 6 个。

4. 地震区场地评价

(1)地震动参数的确定

抗震设防区划的审批权限由国家主管部门规定,抗震设防要求指的是建设工程抗御地震破坏的准则和在一定风险水准下抗震设计采用的地震动参数。一般情况下抗震设计可直接采用国家标准《中国地震动参数区划图》(GB 18306)规定的地震动参数。对做过专门地震研究的地区,可采用抗震设防区划提供的抗震设防烈度或设计地震动参数进行抗震设计。铁路工程属长距离线性工程,往往涉及某些地震研究程度和资料详细程度较差的区域;同时往往跨越一个甚至几个地震动参数分区或沿着地震动参数区划分界线建设,而国家标准《中国地震动参数区划图》(GB 18306—2015)的比例尺非常小,因此,在实际划分界线时会存在一定的误差,直接导致多计或少计工程数量,特别是在地震动峰值加速度大于等于 $0.10g$ 和小于 $0.10g$ 的界线,划分的准确与否对投资影响比较大,故对此类地区应提出请相关部门进行专门的地震动参数详细区划或复核的建议,划分时应结合工程地质和水文地质条件及工程设置进行综合确定。

重大铁路建设工程应当按照国家有关标准进行地震安全性评价,划分铁路沿线 50 年 10%超越概率水准的地震动峰值加速度及场地地震动反应谱特征周期。综合考虑经济、安全和修复的难易程度及工程在路网中的影响等因素。特别重要的铁路工程应对其场地所在位置进行地震安全性评价。特别重要的铁路工程包括:穿江隧道、海底隧道或水深大于 20 m、墩高大于 80 m、跨度大于 1 500 m 及其他技术复杂、修复困难的铁路桥梁,并提供包括 50 年和 100 年超越概率为 63%、10%、2%的地面水平峰值加速度、水平加速度反应谱和工程结构全动力分析时程等地震动参数。

(2)场地地段危险性划分

地震造成建筑的破坏,除地震动直接引起结构破坏外,还有场地条件的原因,诸如:地震引起的地表错动与地裂,地基土的不均匀沉陷、滑坡和粉砂土液化等。因此,选择有利于抗震的建筑场地,是减轻场地引起的地震灾害的第一道工序,抗震设防区的建筑工程宜选择抗震有利的地段,应避开抗震不利的地段并不在危险的地段建设。场地地段的划分,要根据地震活动情况和工程地质资料进行综合评价。地震区工程场地可按表 4.5 划分抗震有利、一般、不利和危险的地段。

表 4.5 场地地段危险性划分

地段类别	地质、地形、地貌
有利地段	稳定基岩,坚硬土,密实、均匀的中硬土;开阔、平坦的地段
一般地段	不属于有利、不利和危险的地段
不利地段	软弱土,液化土,条状突出的山嘴,高耸孤立的山丘,陡坡,陡坎,河岸和边坡的边缘,平面分布上成因、岩性、状态明显不均匀的土层(含古河道、疏松的断层破碎带、暗埋的塘浜沟谷和半填半挖地基),高含水率的可塑黄土,地表存在结构性裂缝等地段
危险地段	地震时可能发生滑坡、崩塌、地陷、地裂、泥石流等及发震断裂带上可能发生地表位错的地段

(3)场地类别划分

大量的宏观调查资料证实,同一基本烈度区由于地基岩性不同造成的烈度差异可达 2~

3 度，故划分场地类别是十分必要的。建筑场地的类别划分，应以土层等效剪切波速和场地覆盖层厚度为依据。场地土类型划分和剪切波速范围应符合表 4.6 的规定。

表 4.6 场地土类型划分

场地土类型	岩土名称和性状	剪切波速 v_s 范围 /(m·s^{-1})
岩石或坚硬土	岩石、密实的碎石类土	$v_s>500$
中硬土	中密、稍密碎石类土，密实、中密砾、粗、中砂，基本承载力 $\sigma_0>250$ kPa 的黏性土、粉土和老黄土(Q_1、Q_2)	$250<v_s\leqslant500$
中软土	稍密砾、粗、中砂，除松散外的粉细砂，基本承载力 $\sigma_0\leqslant250$ kPa 的黏性土、粉土和可塑状黄土(Q_3、Q_4)，$\sigma_0\geqslant140$ kPa 的填土	$150<v_s\leqslant250$
软弱土	淤泥和淤泥质土，松散的砂，新近沉积的黏性土，粉土和流塑状黄土，基本承载力 $\sigma_0<140$ kPa 的填土	$v_s\leqslant150$

(4)活动断裂评价

重大工程场地应进行活动断裂勘察，查明断裂的位置和类型，分析其活动性和地震效应，评价断裂对工程建设可能产生的影响，并提出处治建议。

全新活动断裂为在全新世地质时期(一万年)内有过地震活动或近期正在活动，在今后一百年内可能继续活动的断裂；全新活动断裂中、近期(近 500 年来)发生过地震震级 $M\geqslant5$ 级的断裂，或在今后 100 年内，可能发生 $M\geqslant5$ 级的断裂，可定为发震断裂；非全新活动断裂：一万年以前活动过，一万年以来没有发生过活动的断裂。全新活动断裂可按表 4.7 分级。

表 4.7 全新活动断裂分级

断裂分级		活动性	平均活动速率 v/(mm·a^{-1})	历史地震或古地震(震级 M)
Ⅰ	强烈全新活动断裂	中或晚更新世以来有活动，全新世以来活动强烈	$v>1$	$M\geqslant7$
Ⅱ	中等全新活动断裂	中或晚更新世以来有活动，全新世以来活动较强烈	$1\geqslant v\geqslant0.1$	$7>M\geqslant6$
Ⅲ	微弱全新活动断裂	全新世以来有微弱活动	$v<0.1$	$M<6$

线路应避开主要活动断裂带。难以避开时，应选择在其较窄处且宜采用简单易修复工程通过活动断裂。重点工程应建议避让全新活动断裂和发震断裂。避让距离应根据断裂的等级、规模、性质、覆盖层厚度、地震烈度等因素，按有关标准综合确定。非全新活动断裂可不采取避让措施，但当浅埋且破碎带发育时，可按不均匀地基处理。饱和粉土、砂土属可液化土层，地面下存在饱和粉土、砂土时，6 度及以上地区，应进行液化判别。

4.2.3 地裂缝

地裂缝多是由区域破裂或断裂蠕滑形成的隐伏裂隙，也可因地震时地下断层错动使岩层发生位移或错动而形成。其走向一般和地下断裂带一致，规模大、常呈带状分布。地裂缝所经之处，多见地面及地下各类建筑物开裂，路面破坏，地下供水、输气管道错断及一些农田和水利设施等的直接破坏。地裂缝作为一种独特的地质灾害，已成为国内外地学界和工程界研究的重要环境地质问题之一。不同的地裂缝有不同的活动速率，同一条地裂缝各段的活动速率也可能存在显著差别，宜分区分段进行评价。地裂缝的发展趋势主要是两端沿走向方向扩展破裂，横向破裂不明显。

1. 地裂缝场地勘察

(1)勘察内容

调查既有建筑物及工程设施受地裂缝的影响程度、破坏现状和破坏形式；调查环境工程地质条件，包括采空区、水库蓄水、区域性地下水位变化等；了解拟建场地构造地貌形态、地表破裂产生的时间、发展过程；地表破裂的形态、活动方式、垂直位移；追踪地表破裂的延伸方向和距离。

(2)勘察方法

地裂缝常见的勘察方法主要有四种：现场地裂缝调查、钻探、槽探和浅层地震反射波法。利用钻孔可以确定地裂缝的倾向、倾角。对隐伏地裂缝，有一定断距的情况下，可布置较密集的钻孔，在有断裂处即为地裂缝位置，但此法在断距较大时才适用，断距较小时易与地层倾斜相混淆，因此在可能条件下常与槽探配合使用。勘探点一般沿横切地裂缝延展方向的勘探线布置。勘探线和勘探点间距应视具体情况而定。

以我国地裂缝发育最典型的西安市为例，根据地裂缝场地勘探标志层的不同，将地裂缝场地分为三类，每类场地勘探要求各有不同。一类场地以地面调查为主，配合一定量的钻探和槽探，确定地表破裂与隐伏地裂缝的关系；二类场地以钻探为主，结合地面调查，勘探线间距不宜大于 30 m，地裂缝拐弯幅度较大地段，勘探线间距不宜大于 15 m，每个场地的勘探线数量不宜少于 3 条，地裂缝每一侧的勘探孔数不宜少于 3 个，勘探线的长度不宜小于 30 m，确定二类标志层错断的勘探孔间距不宜大于 4 m；三类场地采用地面调查、钻探方法，对区域地层结构清楚的场地，可采用人工浅层地震反射波法，钻探孔的深度宜为 60～80 m，一般孔间距 40～80 m，确定三类标志层错断的勘探孔间距不宜大于 10 m，地裂缝每一侧的勘探孔数不宜少于 3 个，勘探线间距宜为 50～80 m，每个场地的勘探线不宜少于 3 条。

2. 地裂缝的工程评价

(1)地裂缝的破坏机理与性状

地裂缝有三向位移形变，建筑物遭受其破坏主要因素是位移量最大的形变。地震裂缝主要是水平扭动位移；构造地裂缝可能是沿走向的水平滑移，也可能是沿倾向的滑移；沉陷地裂缝主要因素是垂直的差异沉降。例如西安地裂缝年平均差异沉降为 15.58 mm，3 倍于水平拉张位移，12 倍于水平左旋扭动位移，建筑物的主要破坏力是差异沉降，其次是水平拉张，年扭动量很小，很长历史时期才能看到它的破坏形迹，故水平扭动不是破坏建筑物的主要应力。

地裂缝破坏建筑物有三个主要特征：建筑物上的破裂有很强的方向性，基本上沿着地裂缝的走向破裂；破裂变形缝连续性好，在走向方向上延伸相当长的距离；建筑物上破裂形迹多为斜裂缝，与地下的地裂缝产状呈镜像构造关系。例如西安地裂缝是南倾南降的正断层运动，它穿过东西向墙体时，建筑物上裂缝倾向西，只有当墙体与地裂缝平行时，才会在墙体的下缘或上缘出现水平裂缝。当地裂缝穿过耕地、地坪、马路时表现为一条有一定落差的张裂缝，或呈有一定宽度陡倾的破碎带。根据这些特征可与黄土湿陷、不均匀沉降等局部重力形变裂缝相区别。

(2)地裂缝建筑安全避让距离

地裂缝建筑安全避让距离与地裂缝影响宽度有关，上下盘影响范围不一样。西安将地裂缝影响区范围划分为主变形区和微变形区，从主裂缝或次生地裂缝起算，上盘影响区0～20 m，其中主变形区0～6 m，微变形区6～20 m；下盘影响区0～12 m，其中主变形区0～4 m，微变形区4～12 m。大同将地裂缝影响带按破坏程度分为强破坏带和弱破坏带，平均总宽度为17.4 m。其中强破坏带上盘5.6 m，下盘3.3 m；弱破坏带上盘5.2 m，下盘为3.3 m。

根据地裂缝影响宽度，一些地方制定了适应当地地裂缝条件的建筑安全距离。《西安地裂缝场地勘察与工程设计规程》(DBJ 61-6—2006)规定建筑物基础底面外沿(桩基时为桩端外沿)至地裂缝的最小避让距离按表4.8执行。表4.9是大同市规定的建筑物安全距离。

表4.8 西安地裂缝场地建筑物最小避让距离

结构类型	构造位置	建筑物重要性类别		
		一	二	三
砌体结构	上盘	—	—	6 m
	下盘	—	—	4 m
钢筋混凝土结构、钢结构	上盘	40 m	20 m	6 m
	下盘	24 m	12 m	4 m

注：1. 底部框架砖砌体结构、框支剪力墙结构建筑物的避让距离应按表中数值的1.2倍采用。
2. 各类地裂缝场地的勘探精度修正值Δ_k大于2 m时，实际避让距离等于最小避让距离加上Δ_k。
3. 桩基础计算避让距离时，地裂缝倾角统一采用80°。

表4.9 大同市地裂缝建筑安全距离

安全距离分带		宽度/m		容许建筑物类型	建筑适应性
		上盘(SE)	上盘(NW)		
避让带	不安全带	0～6	0～4	简易临时建筑，露天场地、公园、绿地、停车场	避让场地
设防区	次不安全带	6～15	4～9	三层以下民用建筑，小型单层厂房	有条件适应性场地
	次安全带	15～25	9～16	24 m以下多层民用建筑，跨度<18 m单层厂房	有条件适应性场地
安全带	安全带	>25	>15	高层建筑及特殊建筑(烟囱、水塔、油库、立交桥)	按常规兴建的适应性场地

4.2.4 活动断裂与地震区工程地质减灾选线

1. 活动断裂区工程地质减灾选线

对于活断层，线路应绕避；无法绕避时，应选择活动性相对较弱的安全岛通过，或在断层宽度较窄处以大角度通过。铁路重大、复杂工程应尽量绕避断裂带，线路不宜在断裂带中，特别是断裂密集处、交汇处及活动断裂的端点、拐角处，设置大中桥、高桥、隧道、高填深挖等难以修复的大型建筑物。

线路跨越活动断裂时，应选择断裂相对稳定的部位或者岩质较硬区域通过。线路不应在活断层主动盘迂回展线，工程尽可能布置于断裂被动盘。选择以简单路基、桥梁形式通过，减小修复难度。特殊结构、高墩、大跨桥梁不得跨越活动断裂。

当活断裂沿宽缓河谷展布时，铁路选线以规避河谷两侧地震次生灾害风险为主，避免线路在边坡坡脚通过。工程选择以简单易修复的路基、简支梁桥等为主。与断裂距离尽量保持在 50 m 以外，条件允许地带可考虑 200 m 以外。

线路应绕避可能大范围出现严重热害的高温地区，选择在低温带或地温相对较低地带通过。尽量选择明线通过高温地区。以隧道通过高温地区时，宜傍山浅埋通过；退而求其次，还可选择分水岭、补给区通过，或选择在热泉出口附近，拔高线路通过。

活动断裂产生的构造裂缝对车站、房屋有明显的破坏效应，在铁路建设中，不仅应避免将车站和房屋建在活动断裂带上，也应避免建在沿活动断裂发育的构造裂缝带上。

2. 地震区工程地质减灾选线

目前，我国地震区的工程地质减灾选线原则，是基于汶川地震及地震次生地质灾害对铁路工程的影响和铁路地震减灾防灾对策，并结合规划建设的成兰等高烈度地震山区铁路选线工作实践以及中铁二院主持开展的“成兰铁路地震次生地质灾害特征及分布规律研究”“成兰铁路高烈度地震山区铁路综合选线关键技术研究”等课题研究成果总结得出。

高烈度地震区，往往地形上受大江大河切割强烈或地壳隆升显著(如我国青藏高原地区)导致山高谷深，多“V”形河谷。高烈度地震山区铁路选线，应综合考虑地质、地震因素，重视活断层、不良地质等特殊场地的地震放大效应、近场区的地震近场效应，线路应绕避大型不良地质发育地段、绕避地震及潜在地震次生震害严重地段；必须通过时，应以简单易修复的工程形式通过。

隧道洞口宜接长明洞，降低地震产生的危岩落石、滑坡对线路造成的危害程度。洞口位置的选择应贯彻“早进晚出”的原则。峡谷地段，应避免采用傍山明线或短隧道群方式通过。河谷地段应选择合理线路高程，避免地震形成堰塞湖衍生洪水灾害对铁路的破坏。线路应绕避易孕育大型滑坡、崩滑的顺层地段。线路通过泥石流发育区时，应选择合理平面位置和高程，从有利部位以合理工程类型通过，避免地震诱发泥石流灾害对铁路的破坏。

线路应绕避潜在不稳定斜坡、松散的山坡堆积层以及可能发生大规模滑坡、崩塌的不稳定悬崖深谷、高耸孤立山丘等易发生地震次生地质灾害地段。隧道洞口应避开崩塌、滑坡、错落等不良地质发育地段和单薄的山脊、孤立山头等不利地段，洞口宜选择在坡面顺直，岩体完整地段。以隧道穿越活动性断裂时，从有利于救援角度，应选择合理位置通过，双线铁路宜分修。特殊结构、高墩、大跨桥梁不得跨越活动性断裂。

3. 地裂缝区工程地质减灾选线

目前尚无成熟选线原则，选址和设计时对地裂缝一般都采取以避让为主的综合措施。过去铁路由于标准较低，路基工程对地裂缝的适应性较高，故未开展详细针对性研究。近年来由于客运专线及高速铁路对线路的平顺性及沉降标准要求较高，对地裂缝进行了专题及综合选线研究，积累了一定经验。

参照西安和大同地裂缝的标准，根据地裂缝的成因、活动特征、变形危害程度，结合工程的重要性和适应性，将地裂缝场地划分为不稳定区（主变形带）、次不稳定区（微变形带）和稳定区（安全带）三个区，各区的影响范围及建筑工程安全避让距离见表 4.10。

表 4.10 地裂缝场地稳定性分区及铁路建筑工程安全避让距离表

分　区	影响范围及安全避让距离/m		容许建筑工程类型举例
	上盘	下盘	
不稳定区（主变形带）	0～6	0～4	一般路基工程
次不稳定区（微变形带）	6～25	4～15	涵洞和一般建筑工程
稳定区（安全带）	＞25	＞15	桥梁、隧道及其他建筑工程

地下水开采也会引起地裂缝，同时也会导致地面沉降。地面沉降区工程地质减灾选线应坚持以下原则：

(1)线路应绕避正在开采或规划集中开采的地下水水源地等；在地下水开采过程中可能出现地表变形或沉降漏斗急剧变化带；由于地面沉降引起的地裂缝发育区，及其他地表变形区。

(2)线路通过地面沉降地区，应避开沉降漏斗中心，并从地面沉降等值线稀疏的地段沿等值线通过。

4. 高地温地区工程地质减灾选线

构造活跃区或构造集中发育区往往伴随地热及高地温现象。高地温地区，深埋长隧道可能会遇到高温高压热水（汽）及高温岩体等热害问题。应做好方案比选研究，主要坚持遵循以下高地温地区地质选线技术原则：

(1)线路隧道工程应绕避可能大范围出现严重热害的高地温地区。

(2)线路隧道工程必须通过高地温地区时，应尽量绕避或远离中高温带及高温带，选择在常温带和低温带通过。

(3)线路通过高地温地区时，宜以桥与路基形式通过；当必须以隧道通过时，应尽可能减少隧道埋深。

4.3 岩溶及岩溶水

4.3.1 岩溶对铁路工程的危害

岩溶对铁路工程的危害主要包括：岩溶地面塌陷、岩溶洞穴坍塌以及岩溶水的影响三个方面。

岩溶地下水下降，使地下水的坡降和流速加大，对溶洞充填物和裂隙通道中的松散物质发生潜蚀和真空吸蚀作用，造成土体失稳、地表开裂、下沉或塌陷。岩溶地面塌陷可能毁坏路基、站房、桥梁等铁路建筑物。

岩溶洞穴对工程的危害，主要表现为建筑物基础悬空，洞穴顶板过薄，不能承受负荷而发生突然坍塌，致使建筑物破坏。

岩溶地下水的影响，最常见的是隧道大量涌水或突水，且伴随涌泥、涌沙，危及施工和工程建筑安全。

4.3.2 隧道岩溶工程地质勘察

岩溶工程地质条件复杂，应采用多种勘察方法和手段相互补充、相互验证，以提高勘探效果，选用勘探方法时应注意其适用条件，主要的勘探方法有：遥感、工程地质及水文地质调绘、物探、钎探、钻探及孔内测试、水土石试验及长期观测等定性与定量方法。根据勘探成果，综合分析评价岩溶工程地质及水文地质条件。

隧道岩溶工程地质勘察，主要采用地质调绘、物探、钻探等综合勘探方法，结合洞内超前探测，查明隧道洞身及周边岩溶的具体位置、充填物性质，岩溶水的水量、水压及其动态变化特征等岩溶工程地质及水文地质条件，为隧道岩溶处理提供可靠依据。

岩溶隧道勘察的目的是确定隧道工程穿越地区的地形地貌、地层岩性、地质构造情况；特别是岩溶发育情况及其与隧道工程的关系，岩溶水的补给、径流、排泄条件，岩溶水的水量、水压及其动态变化特征，岩溶充填物性质等。

岩溶隧道工程地质勘察的深广度应与设计阶段相适应。铁路设计一般分为预可行性研究、可行性研究、初步设计和施工图设计四个阶段；因此，岩溶隧道的地质勘察按踏勘、初测、定测、补充定测的程序分阶段进行。对地质条件控制和影响线路方案的越岭地段，线路可能通过的最大区域范围内在初测前开展加深地质工作，提出初测方案范围和评价意见。

1. 岩溶隧道涌水量预测

由于岩溶水文地质条件的复杂性，使得岩溶隧道涌（突）水预测成为一个技术难题。岩溶隧道涌水量预测必须结合不同隧道的工程地质和水文地质条件，根据不同的勘察、施工阶段工作程度的深广度要求，因地制宜，体现“原理科学可信、方法实用可行、计算可操作性强”的原则。

（1）岩溶隧道分类

根据隧道围岩岩溶含水介质类型及其径流方式、接受降雨补给方式及岩溶发育程度级别，可将岩溶隧道分为Ⅰ、Ⅱ两类岩溶隧道（表 4.11）。Ⅰ类岩溶隧道围岩含水介质类型以溶隙系统为主，水体流动以裂隙流为主，降雨补给方式以“渗入”式补给为主，岩溶发育强度为“弱发育”或“微弱发育”；Ⅱ类岩溶隧道围岩含水介质类型以溶管系统为主，水体流动以管道流为主，降雨补给方式以“灌入”式或“灌入～渗入”混合补给为主，岩溶发育强度为“强烈发育”至“中等发育”。

表 4.11 岩溶隧道分类表

岩溶隧道类别	围岩含水介质类型	径流形式	降雨补给方式	岩溶发育程度级别
Ⅰ类	溶隙系统：微小岩溶裂隙、层间裂隙、溶孔及成岩过程中形成的各种原生孔隙和缝隙等，有效直径以厘米和毫米计	裂隙流为主	渗入式	微弱发育或弱发育，未见或少见岩溶结构面通过。物探圈定的岩溶异常区以Ⅲ类低阻异常为主
Ⅱ类	溶管系统：岩溶管道及巨大的溶蚀裂隙，通常有效直径以米计；或张开的岩溶裂隙及各级构造裂隙，通常有效直径以分米计	管道流为主	灌入式、灌入～渗入式	中等发育或强烈发育，有岩溶结构面通过。物探圈定的岩溶异常区以Ⅰ、Ⅱ类低阻异常为主

(2)岩溶隧道涌水量预测方法

目前，国内外采用水均衡法、流域水文模型法、数理统计法、水文地质比拟法、地下水动力学法、地下径流模数法、降水入渗法等方法预测隧道涌水量。

不同工作阶段的涌水量预测方法，宜按加深地质工作、初测、定测、施工及运营阶段进行选择，见表 4.12。

表 4.12 不同工作阶段选择岩溶隧道涌水量预测方法

隧道涌水量预测方法	适用阶段		隧道类型	应用条件
	勘察阶段	施工阶段		
水均衡法	√	√	Ⅰ Ⅱ	具有独立的地表水流域或水文地质单元，有较丰富的气象、水文观测资料，水文地质条件复杂
流域水文模型法	×	√	Ⅱ	隧道掘进遭遇地下暗河，暗河地下水是隧道突水点的主要水源，利用暗河在不同降雨条件下的水文过程预测隧道涌水量
数理统计法	×	√	Ⅰ Ⅱ	隧道涌水点有较详细的降雨量、涌水量观测数据，用统计相关的数学方法预测突水点涌水量的近期变化趋势
水文地质比拟法	√	√	Ⅰ Ⅱ	隧道附近有既有隧道或矿井(坑道)的涌水量观测资料，预测隧道与其水文地质条件相似
地下水动力学法	√	√	Ⅰ	不受附近水文网直接影响的浅部和深部循环带内的隧道，地下水为均匀的裂隙岩溶水
地下径流模数法	√	√	Ⅱ	只在管状地下河地区适用，且所评价的水点，必须是泉、地下暗河的天窗，或与地下暗河有密切的水力联系
降水入渗法	√	√	Ⅰ Ⅱ	也适用于非岩溶(基岩裂隙水)隧道计算隧道涌水量

不同阶段的涌水量预测方法，宜按加深地质工作、初测、定测、施工及运营阶段进行选择，见表 4.13。

表 4.13 不同勘察阶段选择岩溶隧道涌水量预测方法

序　号	工作阶段	岩溶隧道涌水量预测方法
1	加深地质工作	地下径流模数法、降水入渗法
2	初测	地下径流模数法、降水入渗法、水文地质比拟法
3	定测	地下径流模数法、降水入渗法、水文地质比拟法、地下水动力学法
4	施工	数理统计法、流域水文模型法、地下水动力学法、降水入渗法、水文地质比拟法
5	运营	数理统计法、降水入渗法

2. 岩溶隧道施工地质超前预报

隧道施工地质超前预报，就是利用一定的技术和手段收集隧道的有关资料，经研究分析，对施工掌子面前方岩土体情况或成灾可能性做出预测预报。由于岩溶地质条件的复杂性，目前尚无一种有效的地面勘察方法确定隧道深部大小不一、形态各异的岩溶地质条件，为了良好探测隧道掌子面前方及周边岩溶地质情况，需建立完整的超前预报体系，开展针对性的超前探测。

(1)岩溶隧道施工地质超前探测方法

隧道施工地质超前探测方法，依据预测预报的距离，可将预测预报方法划分为长期(长距离)超前地质预报和短期(短距离)超前地质预报两类。无论长距离超前地质预报还是短距离超前地质预报，其目标都是为隧道施工提供较为准确的掌子面前方近距离内的具体地质情况和围岩级别变化情况。将预测预报方法分为地质分析方法、地球物理方法(物探方法)、超前水平钻探法、平行导坑法，如图 4.1 所示。

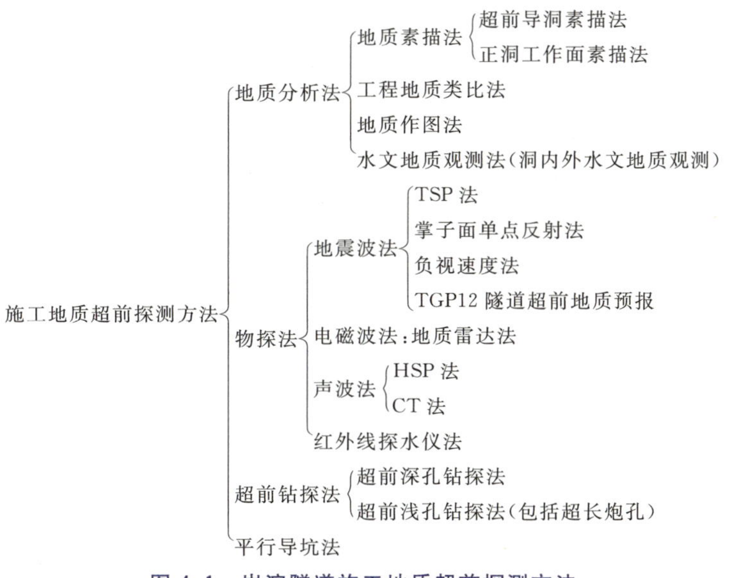

图 4.1 岩溶隧道施工地质超前探测方法

(2)岩溶隧道施工地质超前探测技术体系

为了有针对性开展施工地质超前探测工作，确定突水(泥)地质灾害风险源的具体位置、规模、充填物性质、水量及水压等工程地质及水文地质条件，发挥各种超前探测方法的优点，达到节约成本、节省时间、规避施工风险又能保证施工进度的目的，有必要建立岩溶隧道施工地质超前探测技术体系，针对性地开展超前地质探测工作。

首先，收集和利用隧道勘察阶段的地质成果，根据岩溶发育程度、地质灾害危害程度、断层带稳定程度、物探异常等进行岩溶隧道地质复杂程度分级，见表 4.14。

表 4.14 岩溶隧道地质复杂程度分级

<table>
<tr><th colspan="2">地质复杂程度分级</th><th>A 级</th><th>B 级</th><th>C 级</th></tr>
<tr><td colspan="2">风险程度</td><td>严重</td><td>较严重</td><td>一般</td></tr>
<tr><td rowspan="4">分级因子</td><td>岩溶发育程度</td><td>岩溶管道、暗河、大型岩溶腔体</td><td>密集溶隙管道，中小型岩溶腔体</td><td>溶隙、溶孔、局部小型溶隙管道</td></tr>
<tr><td>突水(泥)程度</td><td>大型突水、突泥；高水压</td><td>中～小型突水、突泥，可能成小型灾害</td><td>小型涌水、涌泥</td></tr>
<tr><td>断层带性质</td><td>大型断层带、性态差、富水，形成大型失稳坍方，可能酿成大型事故</td><td>中型断层带，软弱，中～弱富水，个别中型坍方，可能酿成中～小型事故</td><td>中小型断层，弱富水，小型坍方</td></tr>
<tr><td>物探异常</td><td>重大物探异常</td><td>较大物探异常</td><td>较小物探异常</td></tr>
</table>

第二，按不同分级确定施工地质超前探测组合模式，合理选择超前探测方法，确定超前探测方案(表 4.15)，进行施工地质超前探测，并根据超前探测成果动态调整分级。

表 4.15 岩溶隧道施工地质超前探测组合模式

<table>
<tr><th colspan="3" rowspan="2">探测方法</th><th colspan="3">地质复杂程度</th></tr>
<tr><th>A 级</th><th>B 级</th><th>C 级</th></tr>
<tr><td colspan="3">地质素描</td><td>√</td><td>√</td><td>√</td></tr>
<tr><td rowspan="3">物探</td><td>长距离</td><td>TSP203</td><td>√</td><td>√</td><td>*</td></tr>
<tr><td rowspan="2">中短距离</td><td>地质雷达</td><td>√</td><td>*</td><td>*</td></tr>
<tr><td>红外探水</td><td>√</td><td>*</td><td></td></tr>
<tr><td rowspan="3">超前钻探</td><td colspan="2">长距离</td><td>1 孔</td><td>1 孔</td><td></td></tr>
<tr><td colspan="2">中距离</td><td>5 孔</td><td>*</td><td>*</td></tr>
<tr><td colspan="2">短距离</td><td>*</td><td>*</td><td></td></tr>
<tr><td colspan="3">超长炮孔</td><td>17 孔</td><td>12 孔</td><td>*</td></tr>
<tr><td rowspan="3">洞内外
水文监测</td><td colspan="2">水量</td><td>√</td><td>√</td><td></td></tr>
<tr><td colspan="2">水压</td><td>√</td><td>√</td><td></td></tr>
<tr><td colspan="2">降雨量</td><td>√</td><td>*</td><td></td></tr>
</table>

注：√—必须探测项；*—选择探测项，包括：长距离物探异常处增加中距离地质雷达探测，长距离物探与钻探发现的岩溶增加中短距离钻探详细探测等。

第三，施工地质超前探测资料综合分析，编制超前探测成果，作为动态设计的依据。施工地质超前预测预报技术流程，如图 4.2 所示。

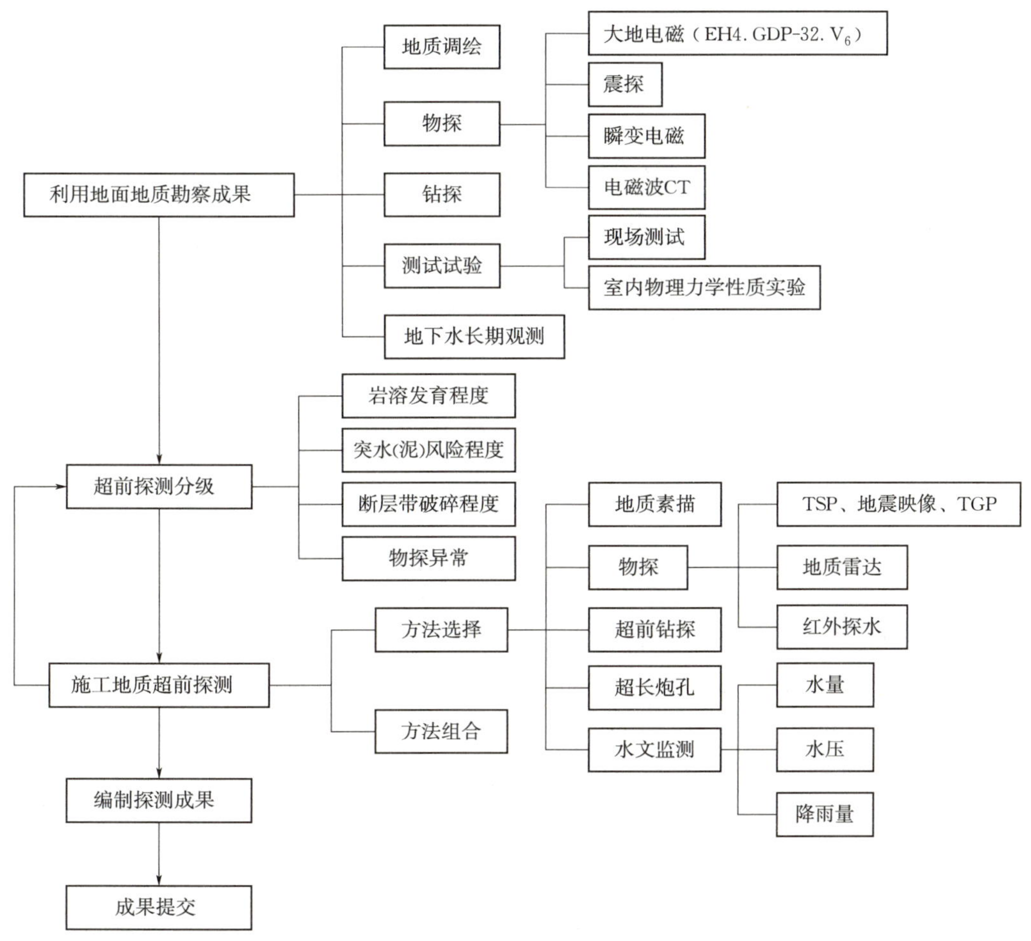

图 4.2　施工地质超前预测预报技术流程图

4.3.3　岩溶区工程地质选线

随着国民经济的发展，铁路工程建设向复杂山区延伸，岩溶工程地质问题更为复杂，因此，岩溶地区线路位置的选择应更加慎重。

岩溶区工程地质选线的一般原则：

1. 根据岩性及地质构造选择线路位置

(1)综合考虑地区的岩溶程度和岩性条件，确定线路位置。应尽量将线路选择在较难溶解的岩层中通过。

(2)应尽量避开地质构造破碎带，使线路方向与主要构造线垂直或大角度相交，以减少破碎带岩溶对线路的影响。

(3)岩溶地区的地质构造线，一般有明显的地貌特征。例如垭口、干谷、溶蚀洼地、坡立谷经常发育于构造带，对这些地貌上的薄弱点，须查明是否有构造破碎带和岩溶的存在，从而决定线路的正确位置。如图 4.3 所示，两条平行断层之间的垭口，其下有沿断层发育的暗河，某线大致沿断层方向以路堑通过这一地段，致使大段路堑位于暗河顶上，给铁路带来安全隐患。如将线路外移至断层外侧以隧道通过，可既不受暗河的影响，线路条件也较好。

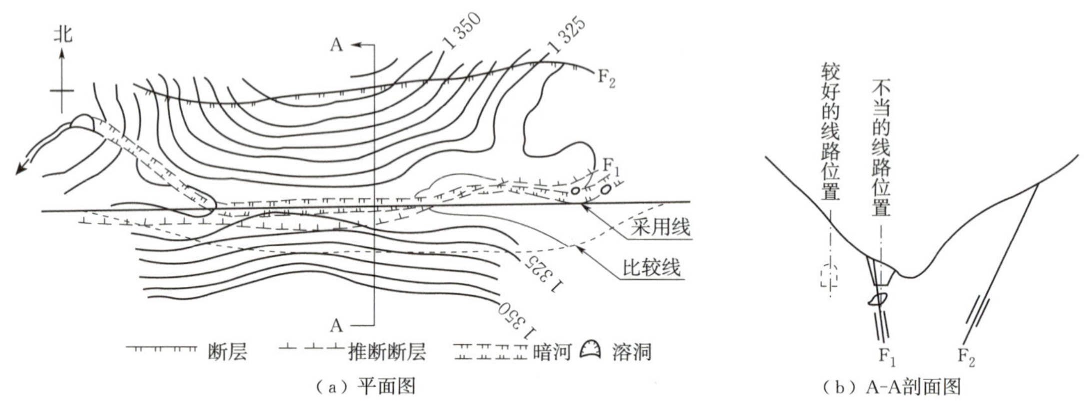

图 4.3　某线路在岩溶地区断层带通过略图

(4)线路应尽量避开可溶岩层与非可溶岩层和不透水层的接触带。因落水洞、漏斗、塌陷及暗河等岩溶形态，常成群沿此带发育，故应尽量绕避。

2. 根据岩溶地貌选择线路位置

(1)在岩溶平原区，应注意洞穴顶板厚度及河流沿岸低地季节性岩溶水的侵蚀对路堤基底稳定性的影响。在岩溶丘陵区，峰林及孤峰的顶部常有早期岩溶水平通道，而谷底则为现代岩溶水平通道，常见塌陷、暗河等。线路最好选在峰腰通过。

(2)在岩溶低山坡立谷区垭口附近多溶洞暗河。坡立谷及大型溶蚀洼地地区，一般排水不畅，且谷内多落水洞及间歇性上升泉，设置线路应注意排水条件，尽量抬高路肩标高或傍山通过。

(3)岩溶山地的分水岭地段，该地区很可能修建长隧道，故应调查清楚暗河和溶洞的分布情况，为正确选定线路位置提供基础资料。

3. 线路跨越暗河时位置的选择

(1)线路高程低于暗河时，有三种可能方案，如图 4.4 所示：Ⅰ方案线路在暗河下游，可将顶板揭开，设桥涵通过；Ⅱ方案以长路堑通过，挖方工程大，路基排水需特殊处理；Ⅲ方案以隧道通过，水文地质条件不佳，顶板也要求有足够厚度。可根据具体条件进行选择。

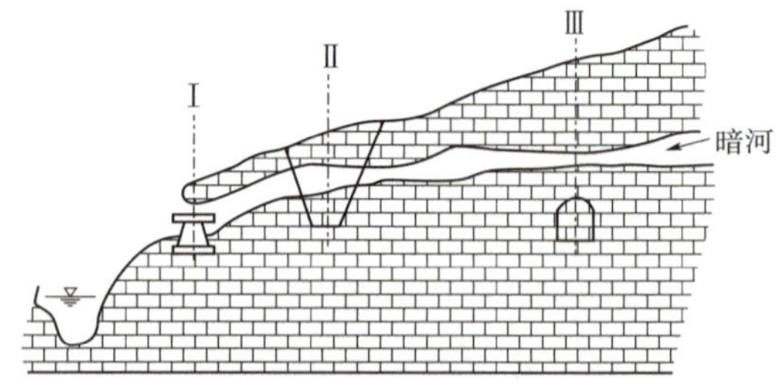

图 4.4　线路高程低于暗河高程示意图

(2)线路高程接近于暗河高程时，如图 4.5 所示，应将线路选定在暗河出口下游稳定地层通过。若受条件限制不可行时，则最好揭开暗河，以桥或涵代替路基通过。

(3)线路高程高于暗河时，当暗河顶板岩层较完整且有一定厚度时，可采用低填或浅挖方式通过，如图 4.6 所示。如顶板岩层厚度太薄，应对路基下部的暗河加固。

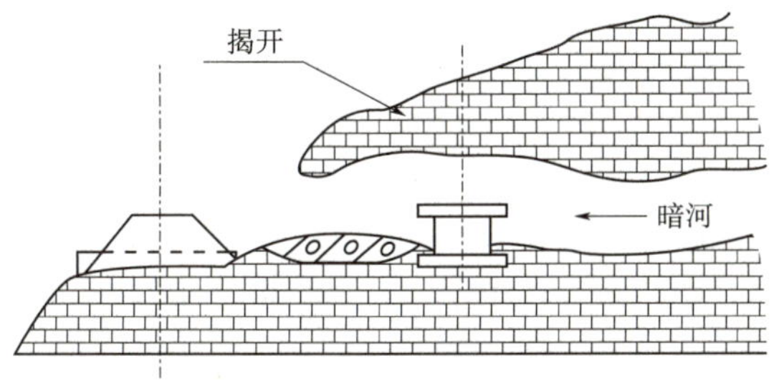

图 4.5 线路高程接近暗河高程示意图

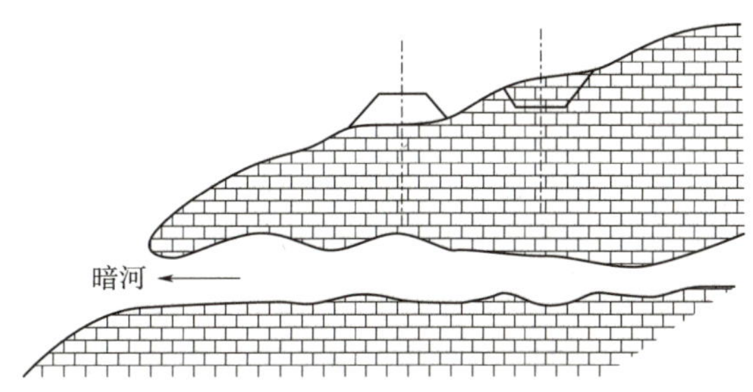

图 4.6 线路高程高于暗河高程示意图

4.4 采 空 区

4.4.1 采空区的分类

地下矿层被开采后形成的空间及其围岩失稳而产生的变形破坏区域，统称采空区。

采空区根据开采时间可分为古老采空区、现代采空区和未来采空区。古老采空区是指历史上已经开采过的，现已经停止开采的采空区，一般指距今 40～50 年以前开采的采空区；现代采空区是指地下正在开采或开采时间不长的采空区，一般指在近 40～50 年内或正在开采的采空区；未来采空区是指计划开采而尚未开采的采空区。

采空区根据采空规模、采空程度可分为大型采空区和小型采空区。大型采空区一般是有计划开采，时间较长、采空规模大、采空程度高的大中型有色金属与非金属矿采空区(常见为煤矿)。小型采空区主要包括掏煤洞、掏沙洞、掏金洞、坎儿井等采空规模小、采空程度不高的采空区。

铁路线路长，途径区域多，难免要遇到各种矿区和采空区。鉴于采空区变形难于控制，对铁路建筑物的危害极大，在勘察过程中应特别重视综合勘探和选线工作。

4.4.2 采空区勘察技术

1. 铁路沿线采空区勘察现状

如前所述，鉴于采空区变形难于控制，对铁路建筑物的危害极大，在选线阶段就十分重视采取绕避矿区和采空区，特别是绕避大型采空区的线路方案。因此，既有铁路沿线采空区大多为小型采空区，如南昆线、内昆线、胶济线、黔桂线、梅七线、阳涉线、孝柳线、侯月线、神朔线、包西线等经过小煤窑小型采空区。

随着铁路建设的发展，遇到的采空区种类越来越多，勘察采用的技术方法经过了从单一的调查测绘到多种方法的综合勘察历程。南昆线威红段小煤窑采空区均采用物探与钻探相结合的方法予以复查落实后加以处理。如皂角村特大桥先以综合物探对全桥进行探查，采用了电测深法、地质雷达法和地震折射波法 3 种物探方法，在此基础上，逐墩台布孔钻探并取样试验，最终查明了煤层和采空的分布，取得了相应地质参数。黔桂线的堂杖隧道、贵阳枢纽的云关隧道使用高密度电法、单点地震反射法和地震反射与散射联合成像法等地面物探方法取得了较好的勘探效果，宏观划分出采空区的发育地段并进行异常分级。在玉蒙线龙排冲隧道隧底的煤窑采空区探测中，采用较高精度的跨孔弹性波层析成像(CT)法取得较好效果。

近年来高速铁路发展较快，高速铁路站位、曲线半径等要求高，线位不得不穿越较大规模的采空区，如广西沿海铁路(客货共线)、长昆客运专线等。为了保证高速铁路安全，均采用综合勘察方法、综合治理措施。广西沿海铁路南钦段 D2K93～D2K95 煤矿采空区涉及稔子坪煤矿(国有煤矿)、大垌煤矿(县办煤矿)、横岭煤矿(乡办煤矿)，采深跨度大，分别为 300 m、110～150 m、30～130 m。稔子坪煤矿现在仍在开采，其余停产 20 多年，采空区十分复杂，为此采用综合勘察方法。先加强收集各煤矿和既有铁路资料、加强现场地质测绘，绕避采深大的稔子坪煤矿，确定线位在稔子坪煤矿采空区移动盆地外缘、既有南防铁路远离稔子坪煤矿一侧通过，穿越大垌煤矿、横岭煤矿采空区。在线位及附近采用高密度电法、大地电磁法、跨孔层析成像法(CT)等多种物探方法，钻探(21 个深孔和 30 个浅孔)以及钻孔测井、抽水试验、取样试验等综合勘探手段，查清了采空区空间分布特征，获取了采空区各种地质参数。按照 D2K 线路基变形隐患分区采用不同的处理参数进行注浆整治、设置沉降变形观测及预警系统、限制地下水抽排量等综合治理措施，以沉降观测成果和铁路运行情况看，取得了较好效果。

2. 采空区综合勘察技术

国外在煤矿采空区(或空洞)勘察实践中采用了以物探为主的勘察技术。我国对采空区(或空洞)的勘察早期以调查测绘、钻探为主。近年来随着工程物探对探测采空区(或空洞)的作用越来越大，逐步形成了同时采用多种勘察方法，互相验证、互相弥补不足，提高勘察精度的综合勘察技术。

(1)地质调绘

采空区地质调绘是采空区勘察的基础，其成果对采空区选线、勘探、测试具有重要的指导意义。其内容主要包括地质调查、采矿情况及采空区调绘、地表变形和建筑物变形调绘等，见表 4.16～表 4.20。

表 4.16　工程地质条件调查内容一览表

地形地貌	岩土性质	地质结构	水文地质	不良地质现象
1. 地形特点、地貌单元； 2. 可能因地表变形失稳的边坡； 3. 由地表变形导致的塌陷洼地、裂缝等微地貌	1. 采空区岩、土类型及性质； 2. 采空区顶、底板岩性； 3. 软弱岩、土层分布情况； 4. 上部地层受地表变形扰动情况； 5. 新近堆积物分布情况	1. 地层结构； 2. 矿层类型、埋深、厚度、产状、平面分布； 3. 采空区顶板硬层与软层组合关系、分层厚度、产状、第四系地层厚度； 4. 岩层产状，节理、裂隙发育情况、性质等； 5. 断层性质、类型、产状、破碎带宽度及其与空洞的关系	1. 地下水埋藏条件、水位变化规律及变化幅度； 2. 地下水流向、流速、流量、水力坡度； 3. 地下水类型及补给来源； 4. 地表水及其下渗情况； 5. 透水层、隔水层分布、组合情况与采空区分布的关系	1. 地震动参数，近期有无地震； 2. 滑坡、崩塌、泥石流、岩溶等发育情况及其对铁路的危害程度； 3. 各种物理地质现象与采空区地表变形的关系

表 4.17 采矿调查内容一览表

开采方法	顶板管理方式	开采时间及其他
1. 巷道式：巷道分布，主巷道位置、走向，切面形状、尺寸，有无支护； 2. 长壁式：平面分布、采高、工作面长度、开挖方向； 3. 房柱式：开采顺序、平面分布、采高	1. 垮落法：垮落后顶板破坏情况； 2. 矿柱支撑法：矿柱尺寸及分布、垮落区分布； 3. 填充法：充填区分布、充填效果	1. 开采起始时间、开采结束时间； 2. 各时间段采取率； 3. 开采规模，采空(空洞)位置、面积； 4. 地表变形特征； 5. 未来开采计划； 6. 有无开采工程图； 7. 开采中发现的断层、裂隙等情况

注：采矿调查方法包括收集资料和走访、踏勘。

表 4.18 采空区(空洞)现场调绘内容一览表

成　因	分　布	稳定性
1. 人类活动：采矿、地下防空设施、隧道等； 2. 其他原因	1. 采空区(空洞)埋深、高度、宽度、空间形态； 2. 采空区(空洞)的平面分布	1. 对采空区(空洞)，注意顶板支护、垮落情况，规模、平面分布，采空区垮落物质充填情况、有无近期垮落痕迹、有无断层等构造形迹，地下水滴漏情况； 2. 对于溶洞，注意洞体有无近期崩塌痕迹，洞底有无近期崩塌物，洞壁是否胶结完整

注：现场调绘方法包括现场踏勘，走访，测绘，绘制采空区(空洞)平面图。

表 4.19 采空区地表变形调绘内容一览表

地表变形特征值 (观测或收集观测资料)	地表变形特征及分布规律	地表移动盆地特征 (仅对大型采空区)
1. 最大下沉值； 2. 最大倾斜值； 3. 最大曲率值； 4. 最大水平移动值； 5. 最大水平变形值	1. 地表陷坑、台阶和裂缝的形态、宽度、深度、分布规律； 2. 地表变形分布与地质结构的关系； 3. 地表变形分布与采矿方式(开采边界、工作面推进方向、巷道分布)的关系	1. 均匀下沉区； 2. 移动区； 3. 轻微变形区

注：地表变形调绘方法包括收集资料，现场踏勘，走访，测绘，变形观测，航卫片判译。

表 4.20 采空区建(构)筑物调绘内容一览表

变形情况	建(构)筑物情况	地基土情况
1. 地面建(构)筑物地基不均匀下沉情况，不同位置下沉量、相邻柱间差异沉降、局部倾斜值； 2. 建(构)筑物裂缝性质、形态、宽度、深度、分布规律及基础与地基不均匀下沉的关系	1. 建(构)筑物类型、整体刚度，对地基变形的适应能力； 2. 地基基础解决方式、基础类型、尺寸、埋深、地基处理情况(查阅有关设计资料，必要时设探井)	1. 地基持力层承载能力； 2. 地基压缩层变形性质； 3. 建(构)筑物建成以来地基条件改变情况； 4. 基础下与基础外土性差异(定性)(查阅有关勘察资料，必要时设探井)

注：建(构)筑物调绘方法包括收集资料，现场踏勘，走访，裂缝统计，摄影，挖探。

(2)工程物探

根据地质调绘成果，确定物探范围，选择相应的物探方法；必要时，同时采用多种物探方法互相验证、互相弥补不足。用于采空区(或空洞)探测的工程物探方法主要有电法勘探、电磁勘探、地震勘探。

电法勘探是一项非常实用的勘探方法，以高密度电法和电测深法在采空区勘察中较为常用，适用于浅层采空区(空洞)探测。高密度电法结合了电剖面法和电测深法的优点，成为高信息量的勘探方法，已成功地运用于采空区勘察中。

电磁勘探方法中以大地电磁法、地质雷达法、跨孔电磁波CT法在采空区勘察中较为常用。电磁法对于采空区(空洞)大面积普查取得了良好的效果，并可反映较深的采空区(空洞)。地质雷达的应用大大增强了浅层采空区(空洞)探测能力。跨孔电磁波CT法可以比较准确地确定采空区(空洞)的空间形态，探测深度随井孔深度而定。

地震勘探方法中以地震折射波法、地震反射波法、跨孔地震波层析成像(地震CT)法在采空区勘察中较为常用。地震折射波法适用于浅层(地下水面以上)采空区(空洞)大面积低精度普查，探测深度仅在20 m左右。地震反射波法探测深度可以很深，但探测速度慢、成本高。跨孔地震波层析成像(地震CT)法探测深度随井孔深度而定，探测精度高，但探测速度慢、成本高，要求测试时孔中必须有水作为介质来进行弹性波的激发和接收，孔间距一般要求小于30 m。20世纪末，我国在地震勘探领域崭露头角的一项新技术即多波勘探技术正在从试验室走向工程实践。其特点是在减少放炮的情况下，充分利用各种振相进行分析，预期将会提高采空区(空洞)的勘探精度，降低勘探成本，具有极好的发展前景，目前我国在这一领域的研究居国际领先水平。

(3)工程钻探

工程钻探除了对采空区地质调绘及工程物探成果进行验证确认外，还要查明工作区地层结构，查明采空区埋深、厚度、顶底板性质，查明采空区冒落带、裂隙带、弯曲带的埋深、厚度及发育情况，查明地下水及地层水理性质，并满足原位测试、水文地质试验、物探综合测井和跨孔CT、取样试验的要求。

钻探孔位布设及钻孔数量，直接关系到勘察精度和经济效益，应依据地质调绘和工程物探成果布设。依据采空区地质调绘成果可初步确定钻孔位置和数量，再结合工程物探异常确定钻孔具体位置，有时为了检查物探效果，还要在非异常区布置适量钻孔。另外，根据形变观测资料，形变沉降中心可能是空洞及采空区的位置，可布钻孔验证。当然，勘察阶段不同，孔间距不同。可行性研究一般不钻探；初勘阶段，地质调绘及工程物探对采空区了解很充分，不必钻探，对那些不能判定有无采空区(空洞)的范围应布设钻孔验证，孔间距一般50～200 m；详勘阶段，为了详细查明采空区空间分布、三带特征、变形特征及设计所需各种地质参数，钻孔除依据地质调绘和工程物探成果布设外，还要满足各工程类型对钻探的要求，路基孔间距一般20～50 m，桥基孔间距适当减小。

钻探深度应为最底层洞底以下不小于2 m；采空区范围内桥梁、隧道、路基工程的钻孔，其勘探深度还应满足各类工程设计的要求。

钻探施工及地质描述至关重要，这不但需要精细的钻探工艺，而且需要钻探记录人员认真鉴定岩芯和编录，施工过程中稍有不注意，就有可能遗漏空洞或埋深位置等。

(4)原位测试

采空区勘探中选取代表性钻孔进行原位测试，原位测试主要包括综合测井(波速测试、放射性测试等)、水文地质试验(压水试验、注水试验等)、水泥浆灌注试验等，必要时进行有害气体、旁压试验、超重型动力触探等测试工作。纵波速度可用于判定岩层完整性，横波速度可用于场地岩土类型的划分；水文地质试验可获取岩土水文地质参数；钻孔内压水试验、注水试验、水泥浆灌注试验都是与采空区整治直接有关的试验项目，获取整治设计参数；旁压试验、超重型动力触探测定采空区冒落带、裂隙带、弯曲带的高度和工程性能等。

(5)室内试验

钻孔内取样试验的目的是确定岩性特征，确定岩土物理力学性能，利用试验得到的参数分析研究顶板的稳定性，为设计提供必要的地质参数。

当采空区(空洞)埋深小于 50 m 时，孔内各种地层岩性都要采取试样。对采空区顶板必须取样，确定其物理力学性能。取样位置原则上以深度相近、岩性一致的作为一组，采取量和采样过程应符合有关规程规范要求。

岩样的试验项目主要有：密度、颗粒密度、含水率、孔隙率、吸水率、饱和吸水率、抗压强度、抗剪强度、弹性模量、泊松比、波速等。

土样的试验项目主要有：密度、颗粒密度、含水率、压缩系数、压缩模量、抗剪强度等。

4.4.3　采空区工程地质减灾选线

采空区高速铁路选线应遵循以下基本原则：

(1)高速铁路或无缝线路要求轨道平顺性高、工后沉降控制标准高，宜绕避任何采空区。

(2)线路应绕避大型、重要矿区或规划矿区，宜设置在采空区范围外一定距离。

(3)线路宜绕避密集分布的小型采空区和时间久远难以查明的古代采空区密集地带。

(4)线路通过规划矿区(未来采空区)时应了解矿区具体规划，分析对铁路工程的影响，并应采取安全工程处理措施。

(5)线路必须通过采空区时，应绕避采空区地表变形活跃、移动盆地边缘地带和因地表移动、变形可能引起边坡失稳和山崖崩塌的地段。

4.4.4　采空区定位观测

线路通过大面积采空区需要定量评价下伏采空区的稳定性时，宜布设高精度水准定位观测网和水平形变定位观测网，进行地表变形速率及变形特征观测；难以查明影响铁路工程安全的复杂采空区，宜采用长期定位观测的方法，直接观测和长期监测采空区地表变形特征、变形规律，预测地表形变发展的趋势。

定位观测网布置应满足地表移动和变形观测、建筑物变形观测的需要；测线宜平行或垂直矿层走向成直线布置，其长度应超过移动盆地的预计变形范围；平行矿层走向时，应有一条测线通过预计最大下沉值的位置；垂直矿层走向时，测线不宜少于 2 条；观测点间距宜相等；观测周期宜根据地表变形速度或开采深度确定。

地表移动和变形定位观测内容：地表裂缝的位置、数量、长度、宽度、深度、延伸方向、张开程度，发生时间、发展速度和趋势等；塌陷坑和碟形洼地的位置、形态、大小、坑深，塌陷发生的时间、发展速度和趋势等；台阶的错高、位置、宽度、长度、延伸方向、排列方向。

建筑物变形定位观测内容：裂缝的分布位置、走向、长度、宽度，必要时包括裂缝的数量与发展史；水平和垂直位移量、倾斜度、倾斜方向、倾斜速度及发展趋势等；沉降量、沉降速度和趋势。

4.5 有害气体

4.5.1 有害气体的分类

有害气体是指对人体或工程会造成危害的天然气体。习惯上将从岩(土)层内逸出的各种有害气体总称为瓦斯，石油系统多称为天然气，其主要成分为甲烷(CH_4)、二氧化碳(CO_2)、氮气(N_2)，还有少量的硫化氢(H_2S)、一氧化碳(CO)、氢气(H_2)、二氧化硫(SO_2)及其他碳氢化合物(多为烷族烃类)和稀有气体。有害气体常造成可燃气体(CH_4)的燃烧、爆炸事故，缺氧气引起的窒息事故，毒性气体(H_2S、CO)的中毒事故，施工时突然遭遇将可能发生严重事故，危及人身或工程安全。

根据有害气体的成因和特征，一般可按表 4.21 分类。

表 4.21 有害气体的分类

分 类	含 义	形成特征
生物气	沉积物中的有机质在还原环境下经厌氧微生物作用形成的富甲烷气体	第一阶段：发酵菌分解类脂化合物和大分子聚合物，如纤维素、蛋白质等，并将其降解为有机酸、醇及 CO_2 和 H_2 等； 第二阶段：脱氧菌进一步脱去上一阶段形成的长链酸(和乙醇以上的醇)的氢，生成 H_2、乙酸和 CO_2； 第三阶段：产甲烷菌利用前两阶段的产物，经过“CO_2”还原或“乙酸醇解”转化为终极产物 CH_4
煤成气	植物的残骸，在高温、高压、缺氧的条件下，由其中的有机物质发生化学分解而产生的，或是腐殖型有机物在成煤的过程中生成的	第一阶段：泥炭化阶段：浅表堆积的植物体转化为泥炭、腐泥，且生产大量瓦斯； 第二阶段：煤化阶段：泥炭、腐泥转化为褐煤、油页岩； 第三阶段：变质阶段：褐煤转化为烟煤、无烟煤，并产生大量瓦斯
油成气	海洋和湖泊等沉积物中动、植物遗体的有机物质，在缺乏氧气的环境下得以保存。随着环境的还原程度不断加强，有机物质在一定的物理、生物化学作用下进行分解，完成“去氧加氢、富集碳”的过程，形成分散的碳氢化合物——石油和天然气	第一阶段：生物化学阶段：沉积层中的动物、植物体等有机质经过生物化学作用，转化为干酪根和大量天然气，亦称热解气； 第二阶段：主要成油阶段：在适当的温度、压力及催化剂的作用下，干酪根转化为石油； 第三阶段：热裂解阶段：已生成的石油热裂解成天然气，亦称热裂解气。如果该阶段持续很长时间，会使石油大部，甚至全部热裂解，最终产物为天然气和石墨
深源气	指来自地壳深部和上地幔的无机成因天然气，或称原生天然气	地球在形成和沉积岩沉积过程中，沉积有碳、氢元素及其简单化合物，其在地壳内部的高温、高压、缺氧的条件下会以无机方式合成饱和的碳氢化合物，在岩层、岩浆上升冷凝过程中分离成油和气

续上表

分　类	含　义	形成特征
缺氧气体	气体中无氧气或氧气浓度较小，造成缺氧，致使人呼吸困难，以致窒息死亡	瓦斯的组成中无氧气，当大量瓦斯出现时，将排挤空气，造成局部缺氧
毒性气体	对人体、动物有毒、有害的气体	瓦斯中的 CO、NO、H_2S、NH_3、含硫的气体、乙醛、汽油蒸汽、汞和砷的蒸气等，吸入后对人体有害；瓦斯中的 CO_2、N_2、Ar 及其同系物、部分惰性气体，大量吸入后对人体有害

铁路工程遇到的主要有害气体为煤成气（煤层瓦斯）和油成气（天然气），城市轨道交通遇到生物气较多，主要产生于富含有机质的第四纪湖沼层、生活垃圾等层中，俗称沼气。

4.5.2 有害气体工程地质勘察

有害气体的工程地质勘察，应重视对既有地质和有害气体资料的收集、分析，通过调查访问，了解线路经过地区是否存在有害气体及其种类和分布情况，以指导下一步勘察工作。

1. 收集既有地质资料

主要包括既有区域地质资料、矿区矿点开发地质资料。

矿区、矿点的开发地质资料，包括有关地质报告、各阶段井田勘察报告、勘探线剖面、钻孔资料等；煤炭部门既有矿井的分布、开采水平、通风方式、瓦斯实测参数、矿井瓦斯等级、采空区、瓦斯突出的具体资料；石油部门油气、油气苗、含油构造等资料。

在有害气体分布地区，经常会在地表出现一些油、气苗，应加强这方面的调查与访问，了解煤层瓦斯或天然气出露与利用情况，及有害气体的危害情况。

2. 工程地质测绘

加强隧道地区煤田、油气田及气苗的调查，重点查明以下内容：煤田、油气田及气苗的分布位置；隧道通过煤层、油气层的具体位置、层数、厚度及其变化，确定瓦斯风化带深度；隧道通过地区的地质构造条件，及其对煤层、油气层分布和有害气体赋存条件的影响，尤其应注意分析聚煤构造、含煤建造以及油气层在后期改造中形成的各种构造形迹（褶皱断裂及其组合）对有害气体赋存条件的影响；煤层、油气层沉积环境、沉积环境演化、沉积相组合和围岩的孔隙性、渗透性和孔隙结构等岩性特征对有害气体赋存和运移的影响；有害气体生、储、盖组合及其特征；有害气体的圈闭构造，即是被盖层封闭的储气场所，包括构造作用、地层岩性等形成的各种圈闭类型；地下水的特征，观察地下水颜色、透明度、气味等物理性质；有害气体区含水层水压力的大小；地下水的补、径、排条件，地下水与有害气体占有空间的互补性，确定地下水量，水、气运移和分布特征对有害气体的影响。

3. 工程地质勘探

1）布孔原则

孔位可结合煤层或油气层圈闭构造确定，岩心采取率不宜小于 80%，煤层不得小于 90%；钻孔应揭示隧道通过的主要煤层，并能查明洞身段各煤层的空间位置，或圈闭中最有利于储气的部位，注重在背斜圈闭的长轴方向、轴线高点、背斜陡翼、转折带、沿断层地应力集中等部位布置钻孔；孔深一般应至隧底下，必要时揭穿煤层或油气层，以满足工程设计需要；钻进过程中应观察冲洗液异常情况，井场内及其周围严禁烟火。

2）岩相分析

（1）应收集的岩相资料

①岩石颜色

沉积岩在沉积过程中，自生矿物、有机质和胶结物等形成的颜色能说明沉积环境、水介质的物化条件。一般说来，暗色（黑色、灰色、深灰色等）表示还原环境，红色（紫、棕、褐、黄等）表示氧化环境，绿色（绿、灰绿、黄绿等）介于二者之间属弱还原—弱氧化环境。

②岩石成分

岩石的成分是沉积相与生、储、盖条件分析的基础。碳酸盐岩除确定方解石、白云石外，还应注意有无石膏、盐类、泥质、生物化石及其他碎屑混入物；碎屑岩要确定碎屑成分，胶结物类型及含量；泥岩要注意有无钙质、碎屑及其他化学物质的混入物。

③岩石结构

碎屑岩要注意碎屑颗粒大小、形状和分选程度；碳酸盐岩要注意生成方式，区分生物的、碎屑的和结晶粒状等类型。岩石结构可反映水动力条件的储气物性。

④层理类型

层理是沉积岩成因的重要标志，一般要注意区分是水平的（表示静水下形成的）、倾斜的、波状的（表示水的动荡或流水状态等）和过渡的等类型。除此以外，其他的构造如波痕、泥裂、印痕等都应仔细观察和描述。

⑤自生矿物和沉积矿产

自生矿物和沉积矿产是水介质物化条件的重要标志。如黄铁矿、煤为强还原环境；菱铁矿为弱还原环境；氧化铁（鲕状绿泥石等）为氧化环境；赤铁矿、磷铁矿为浅水条件下的沉积；石膏、芒硝为干燥气候条件下潟湖或闭塞海湾沉积。

⑥煤层或古生物化石

煤层或古生物化石是划分地层、恢复沉积环境和判断生气条件的重要标志。如有孔虫、三叶虫、腕足类等生活在正常浅海的陆棚区；珊瑚生活在海水温暖、阳光充足、水流畅通的浅海区；个体变小，种类稀少和瓣鳃类化石，可能为咸化或淡化的潟湖相沉积。

⑦油、气显示

在观察碎屑岩（主要为砂岩和粉砂岩）含油时，要注意含油状态及等级（油砂饱含油、油浸和油斑等）；碳酸盐岩储集层主要是缝、洞储油，亦要注意含油状态及分布特点。

（2）应确定的岩相类型

根据收集的岩相资料，经过综合分析，确定岩相类型，如河床相、沼泽相、清水湖泊相、滨海沼泽相、淡化潟湖相、浅海相、滨海相等，以确定有害气体是否具有生成的地质环境。

（3）在岩相类型的基础上，判断生、储、盖层

根据岩相、岩段，可正确判断生、储、盖层，找出生气的有利层段。

（4）多个钻孔的岩相分析对比

根据多个钻孔的岩相分析，可找出不同层段的岩相类型及其在纵、横向上的变化规律，从而更好地恢复古地理环境，划分出生、储、盖层。正确进行岩相分析与对比，掌握岩性、岩

相的纵、横向变化规律，是研究生、储、盖层发育与分布的基础。

3)钻孔中的取样分析

根据已确定的生、储、盖层，分别取2组以上代表性石样作能确定生、储、盖层性质的试验。取2组以上代表性水样进行能判定含油、气的相关试验及水质分析。取冲洗液分析混入油、气成分。

4.5.3 有害气体评价

高速铁路隧道有害气体评价主要指瓦斯危险性预测和评价。

(1)瓦斯隧道应划分煤层瓦斯风化带，分段分煤层预测隧道和辅助导坑瓦斯涌出量，进行瓦斯工区等级划分。等级划分时应遵循“就高不就低”的原则。

①煤层瓦斯风化带可用瓦斯中 CH_4 含量≤80%，瓦斯压力≤0.15 MPa，相对瓦斯涌出量≤2 m^3/t 的标准划分。

②铁路瓦斯隧道以石门形式揭露煤层，不存在采煤问题，瓦斯涌出量为通风设计参数，以绝对瓦斯涌出量判定隧道瓦斯工区分类。瓦斯隧道工区等级可分为非瓦斯工区、微瓦斯工区、低瓦斯工区、高瓦斯工区和瓦斯突出工区5级。

非瓦斯工区：无瓦斯。

微瓦斯工区：全工区的瓦斯涌出量小于0.5 m^3/min。

低瓦斯工区：全工区的瓦斯涌出量小于1.5 m^3/min。

高瓦斯工区：全工区的瓦斯涌出量大于或等于1.5 m^3/min。

瓦斯突出工区：隧道中只要有一处瓦斯突出，该处所在的工区即为瓦斯突出工区。

(2)煤与瓦斯突出危险性预测

勘察期间应结合邻近矿区突出的实际情况，根据瓦斯实测资料确定，其单项指标临界值见表4.22。

表4.22 预测煤层突出危险性单项指标值

煤层突出危险性	煤的破坏类型	瓦斯放散初速度 ΔP	煤的坚固性系数 f	煤层瓦斯压力 P/MPa
突出危险	Ⅲ、Ⅳ、Ⅴ	≥10	≤0.5	≥0.74
无突出危险	Ⅰ、Ⅱ	<10	>0.5	<0.74

当全部指标均达到或者超过上述临界值，确定为突出煤层。

煤的破坏类型见表4.23。

表4.23 煤的破坏类型

破坏类型	光 泽	构造与构造特征	节理性质	节理面性质	断口性质	强 度
Ⅰ类(非破坏煤)	亮与半亮	层状构造，块状构造，条带清晰明显	一组或二三组节理，节理系统发育，有次序	有充填物(方解石等)，次生面很少，节理、劈理面平整	参差阶状、贝状、波浪状	坚硬，用手难以掰开

续上表

破坏类型	光泽	构造与构造特征	节理性质	节理面性质	断口性质	强度
Ⅱ类（破坏煤）	亮与半亮	1. 尚未失去层状，较有次序。 2. 条带明显，有时扭曲有错动。 3. 不规则块状，多棱角。 4. 有挤压特征	次生节理面多，且不规则，与原生节理呈网状交叉分布	节理面有擦纹、滑皮，节理平整，易掰开	参差多角	用手极易剥成小块，中等硬度
Ⅲ类（强烈破坏煤）	半亮与半暗	1. 弯曲呈透镜体构造。 2. 小片状构造。 3. 细小碎块层理较乱，无次序	节理不清，系统不发达，次生节理密度大	有大量擦痕	参差及粒状	甩手捻之成粉末，松软，硬度低
Ⅳ类（粉碎煤）	暗淡	粒状或小颗粒胶结而成，似天然煤团	节理失去意义，成粉块状		粒状	用手捻之成粉末，偶尔较硬
Ⅴ类（全粉煤）	暗淡	1. 土状构造，似土质煤。 2. 如断层泥状			土状	可捻成粉末，疏松

4.5.4 有害气体区工程地质减灾选线

线路应绕避地质复杂、有害气体具有突出危险的地段。线路无法绕避规模较大的有害气体地质体时，应选择矿床较薄、构造简单、有害气体突出危险性小的地段以路基、桥梁、短隧道短距离通过。线路穿越油气田区应按规定要求绕避工业油气井。

隧道揭煤施工前，当掌子面临近煤层时应开展工作面突出危险性预测工作。当判定为突出危险工作面时，必须采取工作面防突措施，并进行措施效果检验。经检验证实措施有效后，即判定为无突出危险工作面；当措施无效时，仍为突出工作面，必须采取补充防突措施，并再次进行措施效果检验，直到措施有效。

工作面的突出危险性预测应当选用综合指标法、钻屑瓦斯解吸指标法或其他经试验证实有效的方法进行。综合指标法与钻屑瓦斯解吸指标法的临界值见表 4.24 和表 4.25。

表 4.24 综合指标 D、K 参考临界值

综合指标 D	综合指标 K	
0.25	无烟煤	其他煤种
	20	15

综合指标 D,K 的计算公式：

$$D=\left(\frac{0.0075H}{f}-3\right)\times(P-0.75)$$

$$K=\frac{\Delta p}{f}$$

式中 D,K——工作面突出危险性预测综合指标;

H——煤层埋藏深度,m;

P——瓦斯压力,取各个测压钻孔实测瓦斯压力的最大值,MPa;

Δp——软分层煤的瓦斯放散初速度;

f——软分层煤的坚固性系数。

当测定的综合指标都小于临界值,或者指标 K 小于临界值且计算 D 值的公式中两括号内的计算值都为负值时,若未发现其他异常情况,该工作面即为无突出危险工作面;否则,判定为突出危险工作面。

表 4.25 钻屑瓦斯解吸指标法参考临界值

煤样	指标临界值	
	Δh_2/Pa	K/(mL·g^{-1}·$min^{-1/2}$)
干煤样	200	0.5
湿煤样	160	0.4

如果所有实测的指标值均小于临界值,并且未发现其他异常情况,则工作面为无突出危险工作面,否则为突出危险工作面。

5 高速铁路特殊岩土工程地质勘察

5.1 软　　土

5.1.1 软土成因类型及工程性质

1. 软土定义

软土一般指天然含水率大、压缩性高、承载力低、呈软塑～流塑状态的黏性土。该概念是对软土的一种定性认识，即力学性质“软弱”的一类黏性土。不同领域对软土的认定标准也有差异，如岩土工程领域的认定标准为“天然孔隙比大于或等于1.0，且天然含水率大于液限的细粒土应判定为软土，包括淤泥、淤泥质土、泥炭、泥炭质土等”。铁路行业认为“对于在静水或缓慢流水环境中沉积形成的粉土、黏性土，具有含水率大（$w \geqslant w_L$）、孔隙比大（$e \geqslant 1.0$）、压缩性高（$a_{0.1\sim0.2} \geqslant 0.5\ \text{MPa}^{-1}$）、强度低（$P_s < 800\ \text{kPa}$）等特点，应按软土进行勘察。软土按其物理力学特征可分为软黏性土、淤泥质土、淤泥、泥炭质土及泥炭等类型。当粉土大部分指标满足软土指标时，可定为软粉土。”

相比其他行业，铁路行业所给出的软土定义更加定量化、判别条件更加明确，这是多年来软土地区铁路工程行业研究和实践的成果。中铁第四勘察设计院集团有限公司在山区铁路勘察设计中，发现并提出了具软土工程性质的“斜坡软弱岩土”分类，改变了以往软土仅“在静水环境下沉积形成”的传统认识，进一步丰富了软土定义的内涵。

2. 软土成因类型

按照软土的成因环境，软土的成因分类见表5.1。按软土的地域性可分为沿海软土、内陆软土和山区软土。一般来说，沿海软土分布较为稳定，厚度较大，土质松软；内陆和山区软土则零星分布，沉积厚度小，性质变化大。特殊类型软土还包括斜坡软土和洞穴软土。

表5.1　软土成因类型

地貌特征	成因类型	沉积特征
滨海平原	滨海相	土质不均匀，极松软，常与砂砾层混杂
	潟湖相	颗粒细、孔隙比大、强度低，常夹有泥炭薄层
	溺谷相	孔隙比大、结构疏松、含水率高
	三角洲相	分选性差，结构疏松，多交错层理
湖积平原	湖积相	沉积物中粉土颗粒成分高，呈明显的层理。结构松软，表层硬壳厚度不均匀
河流冲积平原	河漫滩相	沉积物成层情况较复杂，成分不均一，以淤泥及软黏土为主，间与砂或泥炭互层。高海拔（尤其是在海拔大于3 000 m地区）软土含丰富成熟度极低的有机质
	牛轭湖相	

续上表

地貌特征	成因类型	沉积特征
山间谷地	谷地相	软土呈片状、带状分布，靠山边浅，谷地中心深，厚度变化大。颗粒由山前到谷地中心逐渐变细。下伏硬底坡度大
泥炭沼泽地	沼泽相	以泥炭沉积为主，且常出露于地表。孔隙极大，富有弹性。下部有淤泥层或薄层淤泥与泥炭互层
热融沼泽地	热融沼泽相	热融沼泽沉积，常出露于地表，高海拔温热水出露区常见发育。有机质含量高，夹有砂、粉粒层
丘间凹槽 封闭洼地 岩溶洞穴	残积型 坡积型	软岩风化物长期浸水软化；封闭洼地坡、残、洪积物长期浸水软化；以及岩溶洞穴残、沉积物；工程性质均具软土特征
山区斜坡	坡洪积型 坡残积型 冲洪积型	空间分布具有非均匀性和非连续性，厚度变化大。颜色及成分变化大，土质不纯，多夹砂及碎石角砾等。具隐蔽性，地表硬壳层厚度变化大。多具弱膨胀性

《铁路工程特殊岩土勘察规程》(TB 10038—2012)按软土的物理力学特征分类见表5.2，可分为软黏性土(软粉土)、淤泥质土、淤泥、泥炭质土和泥炭等不同类型。

表5.2　软土分类及物理力学特征

参数类别	软黏性土(软粉土)	淤泥质土	淤泥	泥炭质土	泥炭
有机质含量 W_u/%	$W_u<3$	$3\leqslant W_u<10$		$10\leqslant W_u\leqslant 60$	$W_u>60$
天然孔隙比 e	$e\geqslant 1.0$	$1.0\leqslant e\leqslant 1.5$	$e>1.5$	$e>3$	$e>10$
天然含水率 w/%	$w\geqslant w_L$			$w\gg w_L$	
渗透系数 k/(cm·s^{-1})	$k<10^{-6}$			$k<10^{-3}$	$k<10^{-2}$
压缩系数 $a_{0.1\sim0.2}$/MPa^{-1}	$a_{0.1\sim0.2}>0.5$			—	
不排水抗剪强度/kPa	$C_u<30$			$C_u<10$	
静力触探比贯入阻力/kPa	$P_s<800$			—	
标准贯入试验锤击数/击	$N<4$	$N<2$		—	

注：1. 软土及其类型划分，应以天然孔隙比、天然含水率及有机质含量为主，并结合其他指标综合判别。外业勘察时，可用 P_s 作为初判标准。
2. 有机质含量测试采用灼失量法。

3. 软土工程性质

(1)一般工程性质

①天然含水率大

软土的天然含水率一般大于液限，呈软塑～流塑状态。液限一般40%～60%，天然含水率大于35%，最高可达80%～90%，目前查明的极值达573%；饱和度一般大于95%。

②大孔隙比

软土的孔隙比大于1.0，一般介于1.0～2.0之间，目前查明的极值达10；谷地相、滩涂相、沼泽相的软土孔隙比要稍大一些，如沿海铁路滨海滩涂相软土的孔隙比最大值可达到2.50。

③低渗透性

虽然孔隙比大，但由于孔隙尺寸小，软土透水性能很低，渗透系数一般为10^{-8}～10^{-6} cm/s，固结系数为10^{-5}～10^{-3} cm^2/s。垂直方向渗透系数通常比水平方向渗透系数要小一些，对地基排水固结不利，使建筑物沉降持续时间延长；同时，在加载初期，地基土中易出现较高的超孔隙水压力，影响地基的固结。

④强度低

软土的抗剪强度很低。不排水剪切时，$\varphi \approx 0°$，c一般小于20 kPa；排水固结条件下，$\varphi = 10° \sim 15°$，$c = 20$ kPa左右。抗剪强度的大小与施加荷载的速率、排水固结条件、试验方法等多种因素有关，软土抗剪强度的合理取值，目前仍是一个有待深入研究的课题。

⑤高压缩性

软土属高压缩性土，压缩系数$a_{0.1\sim0.2} > 0.5$ MPa^{-1}，且其压缩变形大部分发生在垂直压力为0.1 MPa左右，对工程的直接影响是建筑物基础沉降量大，从而影响到建筑的使用功能，甚至是安全性。

⑥结构性

软土的结构性普遍存在。表现为：

a. 力学特性与应力水平密切相关，应力水平较低时压缩性较低，应力水平较高时结构性受到破坏，压缩性较高，二者可以相差3～4倍，甚至更高。

b. 结构性不可逆，一旦被破坏很难恢复。

c. 应力一应变关系具有一定的剪胀特性。

⑦触变性

土的含水率和密度不变，因重塑而软化，又因静置而逐渐硬化，强度有所恢复的性质，称为土的触变性。触变性的大小常用灵敏度S_t表示。结构性愈强的土，灵敏度愈大。某些近代沉积的黏性土灵敏度可以达到50～60，甚至更大，土的结构受到扰动后，强度几乎完全丧失。表5.3为业界公认的灵敏度界限分类。

表5.3 灵敏度划分界线表

灵敏度S_t	1	1～2	2～4	4～8	8～16	>16
灵敏程度	非灵敏土	低灵敏土	中灵敏土	高灵敏土	特别灵敏土	流动土

⑧流变性

软黏土在受荷后土体内应力、应变状态随时间而变化的性质称为土的流变特性。主要表现在四个方面：

a. 蠕变特性：在恒定的荷载作用下变形随时间不断发展的特性。

b. 流动特性(或黏滞特性)：土的变形速率随应力变化的特性。

c. 应力松弛特性：在变形恒定的条件下，应力随时间减小的特性。

d. 长期强度特性：在长期受荷的条件下，强度随受荷历时的增长而降低的性质。

铁路工程涉及软土的流变性质主要是蠕变特性和流动特性两个方面。

⑨不均性

由于沉积环境的变化，软土层中常局部夹有厚薄不等的黏土、粉土层，使其在水平和垂直方向上都具有明显差异，作为建筑物地基极易产生差异沉降。地面或下伏地层横坡较大时，也容易出现横向滑动等工程问题。

(2)我国部分地区(铁路)软土物理力学指标

铁路通过区域，软土分布广泛，在华东、华南地区的杭甬、广茂、徐连、新长、宣杭、广珠、武广、京九、京沪(南段)、沪宁、沪杭、沪通、甬台温、温福、福厦、厦深、广深港等铁路，西南地区南昆、大丽等铁路，华北、东北地区京津、秦沈、哈大等铁路均遇到大量软土，勘察揭示软土最大厚度达 50 余米。我国部分地区(铁路)软土主要物理力学指标见表 5.4。

表 5.4　我国部分地区(铁路)软土主要物理力学指标

地　区	成因类型	地层岩性	厚度/m	天然含水率/%	快剪强度		压缩系数/MPa^{-1}	固结系数/(10^{-3} $cm^2\cdot s^{-1}$)
					黏聚力/kPa	内摩擦角/°		
东北、华北地区	冲积、滨海相	淤泥质黏性土	10	25.4～42.3	4.3～13.0	3.5～14.0	0.32～0.80	1.22～7.23
长江三角洲	冲积、湖积相	淤泥质黏性土	4～49	28.9～65.5	3.4～16.0	1.5～7.1	0.46～0.90	0.86～4.72
黄淮平原	冲积、洪积相	淤泥质粉质黏土	5～23	25.7～55.4	2.3～15.0	1.4～17.2	0.31～0.64	1.53～4.64
东南沿海	滨海、潟湖相	淤泥、淤泥质土	20～50	50.9～85.2	1.0～8.0	3.8～14.7	0.62～3.40	0.88～1.73
青藏高原	冲积、坡积相	淤泥质粉质黏土	0.3～2.5	298～62.4	14～19	5～7	0.70～0.90	—

东南沿海铁路局部滩涂溺谷相淤泥强度极低，$\varphi_u=1°\sim3°$，$c_u=3\sim4$ kPa，$P_s=0.1\sim0.4$ MPa，最大天然含水率高达 90%；昆明地区(南昆铁路)，所遇软土有机质含量高达 66.2%；西南地区铁路勘察中，在软质岩(炭质页岩、泥质页岩、泥岩等)分布的山麓斜坡或斜坡台地地带，揭示一种与传统沉积成因不同的软黏土，其物理力学性质，$w=23\%\sim94\%$，$e=0.9\sim1.8$，$a=0.5\sim2.0$ MPa，$c_u=5\sim28$ kPa，$\varphi=3°\sim19°$，有机质含量 4%～10%，与沉积软土相近，分类为“斜坡软土”。

在掌握软土基本工程特性的基础上，近年来铁路行业更加注重软土特殊工程性质的测试和研究。特别是对软土路基，主要开展了软土结构性和蠕变特性的测试。提出了考虑软土结构屈服强度的变形特性和基于 e—lg$P$ 曲线的沉降分析方法；以及不同地区、成因的次固结变形对工后沉降控制的影响，如京沪高速铁路的三角洲相、冲湖积相软土次固结变形一般占主固结沉降的 5%左右，而沿海铁路的海相软土，次固变形在使用期限内可占主固结沉降的 10%以上。

5.1.2 工程地质勘察技术

1. 工程地质勘察各阶段重点

软土工程地质勘察，应按踏勘、初测、定测、补充定测、施工阶段、运营阶段等开展工作。踏勘、初测阶段重点是初步查明软土的分布、性质，为软土地区工程地质选线，确定工程类型或拟定地基处理方案提供依据；定测、补充定测阶段重点是在前期工作的基础上，分工点查明软土的分布、厚度、性质及物理力学指标，为地基处理设计提供翔实的工程地质、水文地质及环境地质等资料。施工阶段工程地质工作重点是核实地质资料，为验证设计，优化施工措施，确保施工及工程安全提供保证。运营阶段工程地质工作的重点，是监测和预报可能发生软土地质病害及时提出防治对策，确保运营安全。

2. 工程地质勘察

1）工程地质勘察内容与方法

（1）软土地区工程地质勘察应采用遥感判释、调查测绘、钻探取样与原位测试相结合的综合勘探方法；

（2）软土地区工程地质勘察前应收集沿线近代地形地貌资料、古地形地貌图或历史河流变迁图，区域地质、遥感图像及解译成果；

（3）调查地形地貌及第四系沉积层特征，划分地貌单元并进行工程地质分区，分析地貌单元的形成过程与地层、场地稳定性的关系，特别要注意微地貌对软土分布的影响；

（4）既有堤防、桥涵、道路、房屋、地下洞室等建筑物的修建时间、基础类型、处理深度、施工方法、处理效果及其现状；

（5）查明沿线软土成因类型、分布范围、空间埋藏规律及分层物理力学性质，获取满足构筑物沉降与稳定检算所需的各项参数，并注意加强土固结状态、应力历史参数测试。

2）勘探测试

（1）勘探测试点布置

软土地段一般沿线路长度小于 50 m 时，应布置一个勘探横断面；当软土地段长 50～300 m 时，应有 2～3 个勘探横断面；当地层结构复杂，土质不均匀，下卧硬层顶面坡度较大，勘探、测试孔应酌情加密；湖积软土地区，中部较疏，边缘应加密；河谷软土地区，平行河谷方向可较疏，垂直河谷方向则应加密。一般滨海平原地区勘探横断面间距可以适当加大；对软土路堤，静力触探孔应不少于总勘探孔数的 50%，并必须有足够的取样试验；对深厚软土地区桥涵工程，应以机动钻孔、取样试验为主；代表性地貌单元、工程地质分区要采用多种手段原位测试与钻探取样、土工试验进行对比分析；原位测试包括静力触探、十字板剪切、扁板侧胀、应力铲、孔内旁压、螺旋板载荷试验等。

（2）勘探测试深度

一般应穿透软土层至硬层、主要持力层或下伏基岩一定深度；当软土层较厚时，勘探测试孔深度通常应达到预估地基附加应力与自重应力比 0.1 所对应的深度；勘探时在已确定的计算深度以下仍分布软土，则应加大勘探深度；当采用深基础时，勘探测试孔深度应至桩尖或持力层 5 m 以下，地层结构控制性钻孔不小于 10 m。

(3)取样要求

软土地区钻孔直径应满足取样、原位测试或土工试验需要;要控制钻进回次进尺,岩芯采取率应大于 90%;软土取样宜采用均匀连续压入法及下击式重锤少击法;采取原状土样应使用薄壁取土器。取土器的直径不宜小于 108 mm;采取原状土样前,应将孔内钻进过程中残存的余土清除干净。取土器的入土深度,严禁大于取土器的有效长度;取样时,严禁向钻孔内注水。钻孔中的水也不能浸泡或压入样品中。

3. 工程地质评价

软土工程地质评价的内容包括:判定地基产生失稳和不均匀变形的可能性;当工程位于池塘、河岸、边坡附近,或需临近取土、开挖沟渠时,应检算其稳定性;软土地基力学参数应根据室内试验、原位测试和当地经验,并结合软土成层条件、应力历史、结构性等力学特性和排水条件综合确定;上部结构类型、刚度、荷载性质和分布,对不均匀沉降的敏感性;基础类型、尺寸、埋深和刚度等;施工方法和工序;当相邻建筑物荷载相差较大时,要分析其变形差异和相互影响;当地面有大面积堆载时,应分析对相邻建筑物的不利影响;地基沉降计算可采用分层总和法,并根据当地经验进行修正。必要时,应考虑软土的次固结效应;提出基础形式和持力层的建议;对于双层土地基应进行下卧软弱层验算;软土地基参数选取应采用概率统计分析方法。物性指标一般选用平均值,强度指标选用标准值,压缩指标选用平均值,承载力选用特征值。强度指标选取时,应根据铁路设计标准、建(构)筑物施工过程及施工方法、现场排水条件选取相应土工试验方法确定的指标;压缩指标选取时,应选取实际压力段对应的试验指标。

5.2 膨胀性土(岩)及红黏土

5.2.1 膨胀土(岩)基本概念

膨胀土是指土中黏粒成分主要由蒙脱石、伊利石等亲水矿物组成,随环境的干湿变化,具有吸水显著膨胀、软化、崩解和失水急剧收缩、开裂、硬结现象,并能产生往复胀缩变形的高液限黏性土。膨胀土与一般黏性土相比,具有显著胀缩性、多裂隙性、超固结性,主要包括新第三纪和第四纪以来沉积型(湖积、洪积、冲积、坡积、冰水沉积)膨胀土和风化残积型膨胀土。

膨胀岩是指含有较多的蒙脱石或硬石膏、无水芒硝等亲水矿物,具有含水率增加时,体积膨胀、岩质软化、饱水后崩解泥化,失水时体积收缩、岩体破碎,新鲜岩石在空气中具有鳞片状剥落特性的软质岩;主要包括上侏罗统(J_3)、白垩系(K)、第三系(R)沉积型泥质膨胀岩,蒙脱石化火成岩(侵入岩)类膨胀岩,蒙脱石化凝灰岩类膨胀岩,断层泥类膨胀岩,含硬石膏、无水芒硝类膨胀岩。

5.2.2 膨胀土(岩)勘察技术、方法

膨胀土(岩)工程地质勘察技术、方法与一般工程地质勘察基本相同,但由于膨胀土(岩)的特殊性,在地质调绘和勘探与测试等方面的勘察要求又有所区别。

1. 地质调绘

膨胀土(岩)地区的工程地质调绘,是按照资料收集、遥感图像解译、野外地质调绘,以及

在不同的勘察阶段及不同比例尺的工程地质填图，综合分析、应用各类资料及成果，尤其是膨胀土（岩）野外地质特征和工程特性，划分其分布范围和进行工程地质分区，为勘察区工程规划、线路方案比选、工程设置及勘探、测试布置提供依据。

地质调绘的重点是地形地貌特征、地层岩性、成因、结构、裂隙发育程度、地表水和地下水发育情况、不良地质现象、既有建筑物使用及变形情况，以及气象资料和大气影响深度、大气影响急剧层深度。

2. 勘探与测试

膨胀土（岩）地区采用钻探、挖探、物探、原位测试和室内试验相结合的综合勘察方法。

钻探、挖探为主要勘探手段，用于探明地层岩性、土体结构、裂隙发育程度、地下水埋藏条件及采取原状土样；勘探点布置应根据地质条件、工程类型和勘察阶段确定；勘探孔深度应根据膨胀土（岩）厚度和工程基础类型确定，一般应大于大气影响深度和满足设计要求。物探主要用于碳酸盐地区查明其表层红黏土厚度和岩溶发育情况。

膨胀土（岩）地区的原位测试有现场载荷试验、静力触探试验、标准贯入试验、动力触探试验、旁压试验，主要用于确定地基承载力。

膨胀土（岩）的室内试验，除应测试岩土的常规物理、力学指标外，膨胀土应测定自由膨胀率、蒙脱石含量和阳离子交换量，必要时测定黏土矿物成分、化学成分、收缩率和残余强度等；膨胀岩应测定膨胀率、膨胀力和饱和吸水率，宜作风干样和烘干样的崩解试验，必要时测定矿物成分、化学成分、薄片鉴定、抗压强度等。

5.2.3 膨胀土（岩）的判别与分类

膨胀土（岩）的判别与分类，是解决膨胀土（岩）问题的前提，是采取合理工程措施及避免和防治膨胀土（岩）危害的关键。膨胀土（岩）的判别方法，一般采用现场调查、鉴定与室内物理性质和胀缩特性试验指标相结合的原则。目前，国内外提出作为判别膨胀土（岩）的指标达百余种，且至今仍有分歧，但大体上可以归纳为两类：一类反映土（岩）的天然结构与状态，另一类反映土（岩）的物质组成成分与水的相互作用。结合铁路工程的特点，宜进行初判与详判。初判只要判断是否是膨胀土（岩）即可，采用自由膨胀率指标及结合膨胀土（岩）野外地质特征进行判别；详判是在初判的基础上，采用主要特性（蒙脱石含量、阳离子交换量、胀缩量、强度衰减性、岩石的崩解性、饱和吸水率等）试验指标，结合具体工程加以判定和分类。

（1）铁路房屋及其他站场设备等建筑物或构筑物，膨胀土的判别与分类遵循现行国家标准《膨胀土地区建筑技术规范》（GB 50112—2013）。

（2）铁路路基、站场、桥涵、隧道工程，膨胀土（岩）的判别与分类遵循现行铁路标准《铁路工程特殊岩土勘察规程》规定，见表 5.5 和表 5.6。

表 5.5 铁路工程膨胀土判别标准及分类表

阶段	项　目	划分标准及分类等级		
		弱膨胀土	中等膨胀土	强膨胀土
初判	膨胀土的野外地质特征			
	自由膨胀率 F_s	≥40%		

续上表

阶段	项　　目	划分标准及分类等级		
		弱膨胀土	中等膨胀土	强膨胀土
详判	自由膨胀率 F_s	$40\% \leqslant F_s < 60\%$	$60\% \leqslant F_s < 90\%$	$F_s \geqslant 90\%$
	蒙脱石含量 M	$7\% \leqslant M < 17\%$	$17\% \leqslant M < 27\%$	$M \geqslant 27\%$
	阳离子交换量 CEC(NH_4^+)/(mmol・kg^{-1})	170≤CEC(NH_4^+)<260	260≤CEC(NH_4^+)<360	CEC(NH_4^+)≥360

表 5.6　铁路工程膨胀岩判别标准

阶　段	项　　目		划分标准
初判	膨胀岩的野外地质特征		
详判	不易崩解岩石	膨胀率 V_H	$V_H \geqslant 3\%$
	易崩解岩石	自由膨胀率 F_s	≥30%
	膨胀力 P_p/kPa		$P_p \geqslant 100$
	饱和吸水率 w_{sa}		$w_{sa} \geqslant 10\%$

5.2.4　红 黏 土

红黏土是热带、亚热带湿热气候条件下，碳酸盐系岩石经历了不同程度的红土化作用而形成的一种含较多黏粒、富含铁铝氧化物的红色黏性土。它具有较特殊的工程性质，虽然孔隙比较大、含水较多，但却常具有偏低的压缩性和较高的强度，失水裂隙发育，是一种区域性特殊土。

部分红黏土的工程性质与一般黏性土相似，可不作为特殊土考虑，但大部分红黏土具有膨胀土的特性，应按膨胀土开展工作。

5.3　冻岩及冻土

5.3.1　冻岩及冻土类型

温度等于或低于 0 ℃，并含有冰的各类岩和土，称为冻岩或冻土(以下均称为冻土)。工程地质勘察意义上的冻岩及冻土是指在高纬度或高海拔寒冷地区，遇地层温度在 0 ℃以下，冻结状态持续 2 年或 2 年以上并含有冰晶或冰层的土层或岩层时，应按多年冻土进行工程地质勘察。

根据冻土形成与存在的地理位置特征，可分为高纬度多年冻土和高海拔多年冻土；根据冻土平面的分布特征，可分为连续片状多年冻土、岛状融区和岛状多年冻土；根据冻土剖面的分布特征，可分为衔接多年冻土和不衔接多年冻土；根据冻土层的年平均地温特征，可分为高温多年冻土和低温多年冻土；根据冻土中含有易溶盐和泥炭的特征，可分为盐渍化多年冻土和泥炭化多年冻土；根据多年冻土层的含冰量特征可分为少冰冻土、多冰冻土、富冰冻土、饱冰冻土、含土冰层和纯冰层。

多年冻土地区应结合工程规模设置一定数量的监测站点，研究冻土工程地质条件的变化规律，监测气温、地温的变化对多年冻土的影响。

5.3.2 工程地质勘察技术

1. 工程地质勘察各阶段重点

冻土工程地质勘察，应按踏勘、初测、定测、施工阶段、运营阶段等开展工作。踏勘、初测阶段重点是初步查明冻土的分布、区域地质、水文地质特征，提供冻土的物理、力学参数及围岩级别、土石施工分级和基本承载力等，重点勘探控制线路方案的地段、不良冻土现象分布地段和重点工程地段，为冻土地区工程地质选线提供依据。定测、补充定测阶段重点详细查明沿线的冻土类型、分布范围、工程性质、物理和力学性质，以及各类不良冻土现象的分布、产生的原因与发展的规律，以及不良冻土现象对工程稳定性的影响，调查既有工程的使用、病害及治理情况。施工阶段工程地质工作重点是验证各类工点的工程地质资料，发现冻土层上限和下限的变化范围超过正常变化范围时应补充勘察，验证勘察期间确定地质条件的适宜性及设计的合理性，预测施工中可能发生的工程地质问题，提出施工注意事项。施工验槽中发现多年冻土的含冰量明显增大，基底由少冰、多年冻土变为饱冰、含土冰层或纯冰层时应补充勘察，确定变化的范围，核对原有工程措施的适宜性，确保施工及工程安全。运营阶段应根据环境地质条件的变化、气温升高或地下水位升高的趋势，对重要建筑物及高温极不稳定区和不稳定区的地基，进行气温、地温变化和地基沉降、建筑物变形的监测，评价其对工程的影响，及时提出加固处理的措施建议，并总结经验教训。

2. 工程地质勘察

(1)地质调绘

冻土地区的地质调绘，应包括下列内容：第四系地层的成因类型、地层结构、土质成分、斜坡的堆积厚度等特征；各类冻土的分布范围，确定多年冻土的边界；气温和地温的分布特征，特别是平面和剖面上年平均地温的分布特征及冻土的上、下限深度；冻土的类别及冻土总含水率，地层的结构特征、物理力学性质，划分富冰冻土、饱冰冻土、含土冰层和纯冰层的分布范围或层位，确定冻土的融沉性分级；井、泉的分布规律；地表水与地下水的水文地质特征、矿化度；多年冻土层上水、层间水、层下水的存在状态、相互关系及对工程建筑物的影响；冻土地区各种不良冻土现象及厚层地下冰、冻土沼泽的形态特征、形成条件、分布范围、发生与发展规律；大河桥渡融区的分布情况；隧道地区地下水的埋藏、迁移条件，冻土融化圈对围岩强度的影响及冰层融化、水分转移可能引起的工程地质问题；季节融化层土的成分、含水率以及最大融化深度；气候条件的变化趋势，预测冻土变化及其对工程的影响，必要时应设置站、点进行长、短期观测；取、弃土位置，避免选址不当引起环境工程地质问题。

(2)勘探测试

冻土地区应根据冻土的环境条件，采用以钻探及钻孔测温为主，物探、挖探为辅的综合勘探方法。

①采用物探查明冻土的分布特征和各种不良冻土现象，应包括下列内容：冻土类型及其分布；季节融化层的深度及多年冻土的上限，必要时应探明多年冻土的下限深度；厚层地下冰的类型及分布特征；冻土地区地下水的类型及其赋存条件与变化规律；多年冻土的波速、弹性模量。

②冻土地层的钻探，应符合下列规定：冻土地层为含冰粗颗粒土时，宜采用低速干钻的方法，回次进尺不大于 0.5 m；冻土地层为含冰黏性土时，宜采用快速干钻的方法，回次进尺

不大于 0.8 m；冻土地层为含冰块石、碎石土或基岩时，宜采用低温冲洗液钻进；短期测温钻孔和长期观测钻孔，应进行钻孔结构设计和安装测温管。

③冻土地区的勘探及取样，应符合下列规定：多年冻土的物理地质现象、多年冻土下限的勘探宜在 2～5 月进行；多年冻土上限深度的勘探宜在 9～10 月进行；勘探和测温期间应减少对场地地表植被的碾压破坏，不需要保留的观测、测温孔和试坑应及时回填，恢复地貌形态；冻土地区的取样应自地表以下 0.5 m 开始逐层采取，不得从爆破的碎土样中取样；土层厚度小于 1.0 m 时，每米取样一个；上限附近或含水率变化时应加密取样；冻土地区的取样应满足表 5.7 的分级要求。

表 5.7　冻土试样的等级

试样级别	冻融及扰动程度	试验内容
Ⅰ	保持天然冻结状态	冻土的各项物理、力学性质试验
Ⅱ	保持天然含水率，容许融化	土类定名，含水率
Ⅲ	不限制冻融扰动	土类定名

④冻土地区的现场测试宜根据工程需要确定，应包括下列项目：地温测量、多年冻土上限、下限深度测量；地下水位、季节融化层深度测量；季节融化层岩土的冻胀及融化过程测量；动力触探试验、动弹性模量、波速测试等；多年冻土区的融区以及多年冻土区边缘的深季节冻土区的勘探、测试，应按非多年冻土区进行地质勘察。

(3)工程地质评价

冻土区的工程地质评价，应包括下列内容：施工及运营方式对环境的影响程度，季节融化层融化深度变化范围对自然环境的破坏因素，工程影响下以及消除雪盖和植被后冻土融化深度的可能变化；工程修建后冻土地质条件的变化情况及预测，施工中产生的次生冻土工程地质问题；预测区域气候条件的变化趋势及其对冻土工程的影响；冰锥、冻胀丘、热融湖塘、热融溜坍等不良冻土现象的动态变化趋势研究和评价；根据预测的冻土工程地质条件变化，提出地基土的利用原则及其相应的环境保护和防治措施建议；多年冻土边缘的深季节冻土区，可参照多年冻土的融沉、冻胀性分级，评价深季节冻土的工程特性。

5.4　湿陷性黄土

5.4.1　黄土地区主要工程地质问题

1. 黄土湿陷性

黄土的湿陷性是由于黄土的成分和结构原因而具有的一种特殊性质。黄土在天然含水率条件下，一般具有较高的强度，且压缩系数不大。但是，在上覆土层的自重压力下，或在其他荷载如列车荷载的附加压力的共同作用下，一旦受水浸湿，土的结构迅速破坏，承载力急剧降低，随之产生显著的附加下沉，这种特性即为湿陷性，具有这种性质的黄土即为湿陷性黄土。产生湿陷的外在因素是湿陷性黄土受水浸湿，它所表现出的特点主要有三：

①湿陷在瞬间发生；

②造成建筑物的局部破坏；

③破坏程度较一般压缩变形引起的破坏强烈得多。

1)湿陷机理分析

关于黄土的湿陷原因及机理，国内外学者进行了大量研究，提出了毛细管力丧失说、水膜加厚说、海绵骨架结构破坏说、盐类溶解说等诸多见解，但各类假说都存在一些难以解释的疑问，因此，有关研究和探讨，既在争论中，也在继续着。但是，国内大多数学者对产生湿陷所具备的条件是相对统一的，即：

(1)黄土的疏松结构、多孔性，特别是其中结构性孔隙的存在是黄土湿陷性的首要条件，是湿陷性的第一层次原因。

(2)黄土中不抗水的粒间联结，是湿陷性的第二重要条件，第二层次的原因。黄土中不抗水的联结主要是黏土的水—胶联结，可溶盐的存在及溶液中离子的种类和浓度都会给湿陷造成影响。

2)湿陷性评价

(1)基本概念

某些黄土受水浸湿后在自重压力作用下即产生湿陷，称为自重湿陷性黄土；另一些黄土受水浸湿后只有在自身重力和附加压力共同作用下才产生湿陷，称为非自重湿陷性黄土。

反映黄土湿陷变形特性的主要指标是湿陷系数。湿陷系数是指单位厚度土样在自重压力或自重压力与附加压力共同作用下受水浸湿后所产生的湿陷量。前者称为自重湿陷系数，用 δ_{zs} 表示；后者称为湿陷系数，用 δ_s 表示。

(2)湿陷性评价标准

我国对黄土湿陷性的评价，从1988年修订《湿陷性黄土地区建筑规范》(TJ 25—78)起，规定了评价黄土湿陷性的四个指标：查明有无湿陷性；判定湿陷程度；划分场地的湿陷类型；确定地基的湿陷等级。这四项指标作为认识和评价黄土工程性能的准则。

(3)湿陷性评价方法

黄土的湿陷性通常是采取原状样进行室内浸水(饱和)压缩试验，在一定压力下测定湿陷系数 δ_s 和自重湿陷系数 δ_{zs}，再根据 δ_s 和 δ_{zs} 计算总湿陷量 Δ_s 和总自重湿陷量 Δ_{zs}。湿陷性、湿陷程度及场地湿陷类型判定方法见表5.8。

表5.8　黄土的湿陷性分类及湿陷程度分级

湿陷性评价内容		评价指标 (湿陷系数 δ_s，湿陷量 Δ_{zs}、Δ'_{zs})
湿陷性	非湿陷性黄土	$\delta_s<0.015$
	湿陷性黄土	$\delta_s\geqslant0.015$
湿陷程度	轻微湿陷性黄土	$0.015\leqslant\delta_s\leqslant0.03$
	中等湿陷性黄土	$0.03<\delta_s\leqslant0.07$
	强烈湿陷性黄土	$\delta_s>0.07$
场地湿陷类型	非自重湿陷性黄土场地	$\Delta_{zs}\leqslant70$ mm 或 $\Delta'_{zs}\leqslant70$ mm
	自重湿陷性黄土场地	$\Delta_{zs}>70$ mm 或 $\Delta'_{zs}>70$ mm

注：Δ'_{zs}为现场试坑浸水试验确定的实测值。

湿陷性黄土地基的湿陷等级，按表 5.9 判定。

表 5.9 湿陷性黄土地基的湿陷等级

<table>
<tr><td colspan="2">湿陷类型</td><td>非自重湿陷性场地</td><td colspan="2">自重湿陷性场地</td></tr>
<tr><td colspan="2">自重湿陷量计算值 Δ_{zs}/cm</td><td>$\Delta_{zs} \leqslant 7$</td><td>$7 < \Delta_{zs} \leqslant 35$</td><td>$\Delta_{zs} > 35$</td></tr>
<tr><td rowspan="3">总湿陷量计算值 Δ_s/cm</td><td>$\Delta_s \leqslant 30$</td><td>Ⅰ(轻微)</td><td>Ⅱ(中等)</td><td>—</td></tr>
<tr><td>$30 < \Delta_s \leqslant 70$</td><td>Ⅱ(中等)</td><td>* Ⅱ(中等)或
Ⅲ(严重)</td><td>Ⅲ(严重)</td></tr>
<tr><td>$\Delta_s > 70$</td><td>Ⅱ(中等)</td><td>Ⅲ(严重)</td><td>Ⅳ(很严重)</td></tr>
</table>

注：* 当总湿陷量的计算值 $\Delta_s \geqslant 60$ cm、自重湿陷量的计算值 $\Delta_{zs} > 30$ cm 时，可判定为Ⅲ级；其他情况可判定为Ⅱ级。

(4)厚层 Q_2 黄土的湿陷特性

以往对黄土湿陷性的研究，主要集中在 Q_3、Q_4 新黄土地层中，Q_2 黄土涉及较少，一般认为其不具湿陷性。随着工程建设规模的不断扩大，厚层非饱和 Q_2 黄土湿陷特性已成为工程中亟待解决的问题。近年来国内多家单位对黄土台塬 60 m 以内的厚层 Q_2 黄土，进行了室内及现场试验研究，对其湿陷特性得出了如下几点认识：

①室内实验结果表明，厚层 Q_2 黄土按物理力学性质的差异可分为上、下两层，上层 Q_2 黄土在常规压力、自重压力及更大的压力下均可显示湿陷性。具体表现在：

a. 峰值湿陷系数随深度的增加而逐渐变小，深部土层要在相当高的压力下(如 400 kPa)才显示湿陷性。

b. 同一深度的湿陷系数通常随压力的增大而增大，在低压力下不湿陷，而在高压力下可能湿陷，并在一定压力时显示峰值。

c. 湿陷土层与非湿陷土层错综交叉，湿陷性极不均匀。

②现场大面积(直径 40 m 试坑)浸水试验结果显示：

a. 试坑浸水期间大部分观测点出现上升"回弹"现象，停水一段时间后，各点才普遍下沉。室内试验在压力小于自重时，也出现类似情况，通常认为是浮力及黏土矿物膨胀所致，可见 Q_2 黄土地基中有抑制湿陷的因素存在。

b. 现场试验结果与室内试验结果差别很大，实测自重湿陷量仅为室内计算自重湿陷量的 1/7，可见 Q_2 黄土的湿陷特性、机理及影响因素尚需进一步深入研究。

③由于厚层 Q_2 黄土地基具多层组合结构，湿陷效应远比新黄土复杂，室内理想的湿陷条件与实际地基状况相差甚远。因此，对厚层 Q_2 黄土湿陷性的评价，应从以下三个方面考虑：

a. 地基湿陷性的全面分析和整体评价，即要作出天然和饱水的 e—$\lg P$ 曲线及 δ_s—P 曲线，确定湿陷起始压力及峰值湿陷系数和峰值湿陷压力随深度的变化规律，并用一个建筑地段的平均指标来评价湿陷性。

b. 考虑多层结构黄土的湿陷效应，对其中的非湿陷性土层进行必要的处理。

c. 湿陷指标处于临界状态波动时，宜通过现场效应试验(大面积试坑浸水试验及浸水载荷试验等)进一步加以校验，以得出可靠的评价结论。

3)湿陷性分区

我国的湿陷性黄土分布地域广阔，虽然黄土的成因略有差异，但黄土的某些特征和湿陷性由西北到东南具有一定的规律性：西部和北部湿陷性黄土的厚度较大，天然含水率较低，黄土中砂粒和粉土粒含量多而黏粒含量较少，黄土骨架薄膜状态胶结成分多，可溶盐含量较多，所以黄土的湿陷性比较敏感而且湿陷等级较高，多表现为自重湿陷；与之对应的东部和南部湿陷性黄土则较薄，天然含水率较高，砂粒和粉土粒含量少而黏粒含量较多，黄土骨架镶嵌状态胶结成分多，可溶盐含量较少，所以黄土的湿陷性不敏感且湿陷等级较低，属非自重湿陷类型。

《湿陷性黄土地区建筑规范》(GB 50025—2018)将我国湿陷性黄土分为七个区：陇西地区；陇东—陕北—晋西地区；关中地区；山西—冀北地区；河南地区；冀鲁地区和边缘地区。各个地区具体区划及主要特点：

(1)陇西地区

陇西地区包括甘肃、青海和宁夏部分地区。西自青海东部东至六盘山，北自祁连山东部的乌鞘岭，南到西秦岭。该地区黄土天然含水率低，湿陷性强烈，湿陷量大，湿陷敏感，发展快，多具自重湿陷性，而且自重湿陷或非自重湿陷均较其他地区为强烈，湿陷性黄土厚度一般大于 10 m，地基湿陷等级多为Ⅲ～Ⅳ级。建筑物湿陷事故多而且严重。

(2)陇东—陕北—晋西地区

西临六盘山，东接吕梁山，北界白于山南麓，南至渭河谷地北侧的北山，子午岭和黄龙山一带，包括宁夏南部，甘肃庆阳，陕北黄山高原和山西西部，属典型黄土高原地带。该地区黄土黏粒含量少，湿陷性强烈，也较敏感，多属自重湿陷性黄土。湿陷性黄土层厚度通常大于 10 m，地基湿陷等级一般为Ⅲ～Ⅳ级。在坡脚处有非自重湿陷性黄土，甚至有非湿陷性黄土分布。陡坡处黄土易崩塌，对工程危害大。

(3)关中地区

关中地区包括陕西关中、山西西南部和河南西部。西界宝鸡，东临三门峡和中条山的北支附近，北抵北山—黄龙山，南界秦岭北麓。黏粒含量高于陇西地区和陇东—陕北—晋西地区，湿陷性和湿陷敏感中等。低阶地多属非湿陷性黄土，高阶地及塬区多属自重湿陷性黄土。自重湿陷性黄土层一般埋深较大，自重湿陷发展较缓慢，湿陷较小。湿陷性黄土层厚度：渭北高原一般大于 10 m；渭河两岸多为 4～10 m，秦岭北麓地带有的小于 4 m。地基湿陷等级一般为Ⅱ～Ⅲ级，自重湿陷对工程的危害比陇西地区及陇东—陕西—晋西地区为轻。

(4)山西—冀北地区

南界中条山北支，北至内蒙古高原，东临太行山，西临吕梁山。分为两个亚区：汾河流域区和晋东南区。

汾河流域区内低阶地多属非自重湿陷性黄土，湿陷性黄土层厚度一般为 2～10 m，新近堆积黄土分布较普遍，结构疏松，压缩性高；高阶地多属自重湿陷性黄土，湿陷性黄土层厚一般为 5～20 m。湿陷性和湿陷敏感性中等，比关中地区稍高。冀北部分地区黄土含砂量大。地基湿陷等级一般为Ⅱ～Ⅲ级。

晋东南区湿陷性黄土层厚度一般为 2～12 m，黏粒含量低，湿陷敏感性弱，多为非自重湿陷性黄土。

(5)河南地区

北至中条山、太行山南麓，南达伏牛山、熊耳山，东邻华北平原，西抵三门峡。湿陷性黄土主要分布在三门峡以东，郑州以西和豫北沿太行山一带。湿陷性黄土层厚度一般为4～8 m，黏粒含量较高，胶结程度也较高，湿陷敏感性较弱，为非自重湿陷性黄土，但在个别湿陷性黄土层较厚的地区，也存在自重湿陷性，但湿陷等级较低。部分地区浅部分布有新近堆积黄土，压缩性较高。

(6)冀鲁地区

冀鲁地区包括太行山东麓以东的广阔地区，又分为山东区和河北区两个亚区。该区湿陷性黄土层薄，黏粒含量高，土质密实，湿陷性弱，多为非自重湿陷性黄土，仅个别地点有自重湿陷性黄土。

(7)边缘地区

边缘地区为黄土高原北部黄土与沙漠过渡地带，黄土断续分布，包括宁—陕区、河西走廊区、内蒙古中部—辽西区、新疆—甘西—青海区。湿陷黄土层厚度一般小于10 m，多为非自重湿陷性黄土。

4)湿陷性黄土的地基处理

当黄土地基的湿陷变形、压缩变形或承载能力不能满足设计要求时，应针对不同的建筑类别和黄土的湿陷特点，采取经济、合理的处理措施。

防止或减少建筑物地基浸水湿陷的设计措施，可分为地基处理措施、防水措施和结构措施三种。应采用以地基处理为主的综合治理方法，防水措施和结构措施一般用于地基不处理或用于消除地基部分湿陷量的建筑，以弥补地基处理的不足。

(1)铁路路基工程

下列地基均应采取减少或消除湿陷性的地基处理措施：

对于自重湿陷性黄土场地，当地基湿陷量的计算值大于或等于路基工后沉降量容许值时。

对于非自重湿陷性黄土场地，当地基内各土层的湿陷起始压力值小于其附加压力与上覆土的饱和自重压力之和，且地基湿陷量的计算值大于或等于路基工后沉降量容许值时。

挡土墙地段在非自重湿陷性黄土场地，应至基础底面外侧不小于1 m；在自重湿陷性黄土场地，应至基础底面外侧不小于2 m；路堤地段应至坡脚排水沟外侧不小于1 m，路堑地段为路基的整个开挖面。湿陷性黄土地基的处理深度，一般根据荷载的大小和沉降限量要求通过检算确定。

(2)铁路桥涵工程

湿陷性黄土地区桥涵建筑物应根据湿陷性黄土的等级、建筑物分类和水流特征，采取相应的设计措施满足基础沉降控制的要求。其中，采取强夯法、重锤夯实、桩孔挤密和换填灰土措施后，干容重不小于16 kN/m^3。重锤夯实和桩孔挤密地基处理的宽度应超出基础边缘不小于0.5 m。强夯法处理时，宽度应超出基础边缘的尺寸为：圆形夯锤底面的直径或方形夯锤底面的边长。换填灰土处理的宽度应超出基础边缘不小于厚度的30%，并不小于0.3 m。

(3)房屋建筑工程

局部处理时的范围应大于基础底面的面积。在非自重湿陷性黄土场地，每边应超出基础底面宽度的1/4，并不小于0.50 m；在自重湿陷性黄土场地，每边应超出基础底面宽度的3/4，并不小于1 m。当为整片处理时，其处理范围应大于建筑物底层平面的面积，超出建筑物外墙基础外缘的宽度，每边不宜小于处理土层的厚度，并不小于2 m。处理深度要求见表5.10。

表 5.10 房屋建筑工程湿陷性黄土地基处理深度

建筑物类别	处理原则	处理深度
甲类建筑物	消除地基土的全部湿陷性	1. 非自重湿陷性黄土地基，应处理基础底面以下附加压力与上覆土的饱和自重压力之和大于或等于湿陷起始压力的所有土层。当缺乏湿陷起始压力资料时，其处理深度宜为自基础底面起至压缩层下限深度，矩形基础宜为其短边长度的 2 倍，条形基础宜为其短边长度的 3 倍。 2. 自重湿陷性黄土地基，应处理基础底面以下的全部湿陷性黄土层
乙类建筑物	只消除地基的部分湿陷量，然后根据剩余湿陷量再采取相应的防水措施和结构措施，加以弥补	1. 非自重湿陷性黄土地基不小于地基压缩层深度的 2/3，且下部未处理湿陷性黄土层的湿陷起始压力值不小于 100 kPa。 2. 自重湿陷性黄土地基不小于湿陷性黄土层深度的 2/3，且下部未处理湿陷性黄土层的剩余湿陷量，不大于 150 mm。 3. 如基础宽度大或湿陷性黄土层厚度大，处理地基压缩层深度的 2/3 或全部湿陷性黄土层深度的 2/3 确有困难时，在建筑物范围内应采取整片处理。整片处理地基的深度，对于非自重湿陷性黄土地基，不应小于 4 m，且下部未处理湿陷性黄土层的湿陷起始压力值不宜小于 100 kPa；对于自重湿陷性黄土地基，不应小于 6 m，且下部未处理湿陷性黄土层的剩余湿陷量不宜大于 150 mm
丙类建筑物		1. 地基湿陷等级为Ⅰ级时：单层建筑可不处理地基；多层建筑的地基处理厚度不应小于 1 m，且下部未处理湿陷性黄土层的湿陷起始压力值不宜小于 100 kPa。 2. 地基湿陷等级为Ⅱ级时：非自重湿陷性黄土场地的单层建筑，地基处理厚度不应小于 1 m，且下部未处理湿陷性黄土层的湿陷起始压力值不宜小于 80 kPa；对于多层建筑，地基处理厚度不应小于 2 m，且下部未处理湿陷性黄土层的湿陷起始压力值不宜小于 100 kPa；在自重湿陷性黄土场地，地基处理厚度不应小于 2.5 m，且下部未处理湿陷性黄土层的剩余湿陷量，不应大于 200 mm。 3. 地基湿陷等级为Ⅲ级或Ⅳ级时，多层建筑宜采用整片处理，地基处理厚度分别不应小于 3 m 或 4 m，且下部未处理湿陷性黄土层的剩余湿陷量，单层及多层建筑均不应大于 200 mm

2. 黄土斜坡变形

黄土斜坡变形广义上包括滑坡、崩塌、坍塌和坡面流泥等多种形式。其中，对人民生命财产和各类工程危害较严重、可列为地质灾害的主要是黄土滑坡和崩塌。对工程而言，黄土滑坡的危害更大。

1)黄土滑坡

黄土滑坡是滑坡的一种特殊类型，它是黄土地区某些斜坡地段不稳定土体在重力作用下沿一定的软弱面(或带)整体向下滑移的地质现象。

(1)黄土滑坡的分布规律

黄土地区的滑坡是极为发育的，黄河支流河谷斜坡、沟谷岸边、破碎塬区都分布有不同地质历史时期的大量古老滑坡体，或者正在发育的新滑坡。滑坡体积从十几万到几千万立方米不等；而且多为群集出现，甚至有连续数十公里的滑坡带；多具有区域分布特征，以泾河、洛河、渭河、汾河几条干支流河岸最为突出。

总观黄土高原黄土滑坡，地貌类型不同，黄土滑坡活动强度亦不同：黄土塬—土石低山区—土石丘陵区—残塬长梁区—梁峁区对应的滑坡分布密度由小到大，活动强度由弱到强；地形剧烈起伏的黄土高原，阴坡比阳坡潮湿，阴坡黄土滑坡多于阳坡；沟壑丘陵区滑坡分布呈散点状，比较均匀；残塬长梁区，滑坡沿残塬长梁边缘呈带状分布；河流的支沟缓坡分布密度大于主流两岸；黄土塬、黄土台塬区的黄土滑坡分布在塬边陡坡及塬内深切沟谷两岸，呈带状。近河道处，新生的切层黄土滑坡活动强烈；当河流远离塬边时，滑坡剧烈活动期已结束，坡体由古老滑坡体组成，总体坡度较缓，多表现为古老滑坡体的整体或局部复活。

(2)黄土滑坡的地质结构类型

按滑坡所涉及的地层与结构，黄土滑坡可分为三种类型，即黄土内滑坡、黄土与基岩接触面滑坡和黄土—基岩滑坡。

黄土内滑坡的滑动面(带)一般位于有上层滞水的古土壤顶部，此类滑坡多为规模小于 1.0×10^5 m^3 的小型滑坡。黄土与基岩接触面滑坡的滑动面(带)一般位于黄土与第三纪、三叠纪或侏罗纪泥岩或砂页岩接触面上，此类滑坡规模多在 1.0×10^5 m^3 以上，个别规模超过 1.0×10^6 m^3。黄土—基岩滑坡的滑动面(带)在以陡倾角穿过黄土层后以一定的倾角斜切下伏的第三纪地层，最后在相当长的距离内表现为近水平顺层滑动，此类滑坡往往规模较大。

(3)黄土滑坡的形成机制

黄土滑坡的形成与演化过程，既受构成滑坡岩土体物理力学性质变化等内在因素的控制，又受气候、地表(下)水、人类工程活动等外部因素的强烈影响，且各种因素都是动态变化的，致使其形成机制十分复杂。按黄土滑坡的主控因素，大致可分为以下四类形成机制。

“牵引”错落机制：黄土节理相当发育，将土体切割成板块状或楔形体；节理走向与斜坡走向近于一致；斜坡较陡，具有临空条件；滑动位移小，且以垂直位移为主。这类滑坡的形成一般分为3个阶段，因风化、侧蚀或人工开挖，斜坡整体卸荷松动，在坡顶形成拉张应力区，节理张开并不断向纵深发展；降水或地表水沿裂缝渗入，使土体含水率增大、强度降低，或在古土壤层顶面形成上层滞水，土体有向临空面蠕动趋势；节理进一步向下扩展，前缘土体垮落，“牵引”后部板块状土体沿节理面呈阶梯状错落。

剪切滑动机制：此类变形破坏模式常见于人工开挖形成的黄土高边坡。其破坏过程可分为四个阶段，人工开挖使边坡应力重新分布，坡顶出现张裂，坡脚应力集中，出现局部剪切破坏(塑性区)；坡体蠕动，边坡中部应力集中，出现局部的剪切破坏；剪切带自边坡中部向两侧扩展；剪切带贯通，坡体突滑。该类滑坡也可因边坡土体含水率逐渐增大而引起。

崩滑—液化机制：此类变形破坏模式可认为是剪切滑动机制的特例，常产生于黄土塬与河流阶地接触带，但其滑动距离大、危害更大。其变形破坏过程可分为三个阶段，塬边高陡黄土斜坡因自然或人为因素产生剪切崩滑；巨大的滑坡体高速冲击到河流阶地表面，因地下水位较浅，阶地浅部松散砂层产生瞬时液化；滑坡物质随液化土层长距离漂移，至能量全部耗尽，滑坡体完全解体，形成波浪状地形。

蠕滑—平移机制：此类滑坡的典型特征是滑面一般发育在近于水平或缓倾坡外的砂、泥岩层顶面，属黄土—基岩接触面滑坡。其形成一般分为三个阶段，黄土斜坡沿软弱基岩面蠕动，坡面出现弧形裂缝并经降水侵蚀局部发育落水洞；强暴雨沿裂缝或落水洞灌入，在静水压力和孔隙水压力联合作用下，土体顺软弱层面平移滑出；前缘土体因临空条件好，滑移速度快，中部和后缘土体受牵引呈分块式解体，表现出多个次级滑面。

(4)黄土地区滑坡的防治

滑坡的防治应作为一个系统工程，从多学科、多方面进行综合研究；既要研究其自然科学的发生发展规律，又要研究其社会和经济方面，这样才能全面论证其防治对策，减少灾害。同时，在易发生滑坡地区，必须控制和限制人类工程、经济活动的规模和范围，如控制开挖、有控制的灌溉等，使之适应于自然条件变化。

滑坡防治必须贯彻以预防为主、整治为辅的原则。新建工程应绕避大型滑坡，而对中小型滑坡，无法绕避时，应采取排水、支挡、减重、压脚等措施，考虑一次性根治。

2)黄土崩塌

黄土崩塌是指黄土体从陡峻斜坡上向下倾倒、崩落和翻滚的地质现象。它与黄土滑坡的区别主要表现在：

(1)完全与黄土山体脱离，且发生迅猛；

(2)不形成明显的滑动面；

(3)堆积在坡脚处形成“倒石锥”，杂乱无章。

3. 黄土陷穴

黄土陷穴是指黄土地区地表形成的穴状凹地；有的地区称其为龙眼，还有的地区将深度较大的黄土陷穴称为黄土竖井(或落水洞)。垂直节理发育的黄土层，在地表水和地下水作用下，下部被水流蚀空后，表层黄土发生湿陷或塌陷后形成。黄土陷穴分布较广，常呈串珠状分布在冲沟两侧以及沟缘和冲沟跌水的上方，陷穴的不断发展，常形成冲沟。

黄土陷穴按成因分为两大类：一是自然陷穴，这类陷穴是在自然因素作用下，如排水不良、雨水渗入路基而逐渐形成的；二是人工陷穴，包括少数生物陷穴，主要是墓穴，也有泄水洞、鼠洞及淘砂洞(如甘肃兰州部分地区)等发展而成。

黄土陷穴的形成发展条件：黄土的物质组成和结构是陷穴形成发育的物质基础；黄土的透水性、湿陷性、崩解性是陷穴形成发展的重要因素；充足的水源是陷穴形成发展的必要条件；地形起伏，特别是陡坎地形是黄土陷穴形成发展的又一重要条件。

黄土路基陷穴的形成发展阶段：路基局部浸水湿陷下沉阶段；水通道形成和暗洞发展扩大阶段；路基洞穴突然塌陷阶段。

4. 饱和黄土

饱和黄土是位于地下水位以下、饱和度大于 80%、已失去湿陷性的一种特殊黄土，具有较低强度和较低变形模量。饱和黄土可以分两类：第一类常被称为软黄土，是以往湿陷性较强的黄土在近期浸水饱和(当饱和度达到 85%以上即认为饱和)后，土的湿陷性消失并转化为高压缩性；这类土一般处于欠压密状态，土的压缩性高、承载力低、工程性质差，但在土的含水率降低以后，湿陷性还会不同程度的恢复。第二类是较早形成的饱和黄土，经受过较大和较长期的上覆压力的充分压密作用，处于超压密状态；黄土的高孔隙度和高压缩性已完全改变，这类土承载力相对较高，土的工程性质相对较好。

5.4.2 黄土地区的工程勘察

1. 勘察目的和一般要求

黄土地区的工程勘察在常规地质工作的基础上重点查明以下内容：

(1)黄土的地层时代、成因、地貌特征，与下伏地层的接触关系；湿陷性土层的厚度、场地的湿陷类型、地基的湿陷等级以及湿陷性随深度和平面的变化特征；地下水埋藏深度、季节变化幅度、升降趋势和地表水的分布及径流条件、灌溉情况。

(2)邻近建筑物的使用现状，地基处理措施，有无湿陷事故发生；工程影响范围内可能存在的掩埋窑洞、墓穴、井、坑、掏砂井洞及人防工程等地下坑穴的分布情况。

(3)结合工程特点，对场地、地基做出评价，提出针对湿陷性黄土地基处理措施的建议，对预测工程完工后地基土可能出现的变化提出预防措施。

2. 各类工程勘探测试的重点要求

1)一般路基工程及小桥涵

(1)勘探点间距：路基勘探点宜兼顾小桥涵布设，黄土地基强度及湿陷性评价的勘探取样孔，可根据黄土地貌单元、地层年代、成因类型、土质特征等分段布置。相同地质条件地段的取样孔数不应少于3个，地段较长或短距离内变化较大时，应适当增加取样孔数；孔位一般布置在代表性地质横断面、桥涵、挡墙等构筑物纵断面上。高速铁路的地质勘探点间距，简单场地不宜大于100 m，复杂场地不宜大于50 m。

(2)勘探深度：勘探深度应同时满足地基沉降计算和湿陷性评价的要求。普速铁路在大于地基压缩层深度的基础上，非自重湿陷性黄土场地应大于基础底面以下10 m，自重湿陷性黄土场地在陇西、陇东、陕北、晋南、豫西地区应至基础底面以下不小于15 m，其他地区不小于10 m；高速铁路应穿透湿陷性黄土层，并大于25 m。

(3)黄土路堑地段的勘探孔深，应根据挖方深度及湿陷土层的厚度确定，并应满足路基基底湿陷性评价的要求；路堑边坡范围及路肩以下应分层采取原状土样，分别进行物理、力学性质试验分析。

2)大、中桥及特大桥工程

(1)勘探点间距：高速铁路简单场地且桥跨不大于32 m时，可隔墩勘探，其他情况应逐墩勘探。双线以上桥墩台下伏基岩横坡较陡时应在墩台范围内增加一个勘探点。

(2)勘探深度：勘探深度应同时满足桥基强度和湿陷性评价的要求，一般应穿透湿陷性黄土层。当为桩基时，应至桩端以下，高速铁路为10～20 m；当为扩大基础时，应至基础底面以下，为20～40 m。

(3)取样及测试：应按场地进行物理、力学和湿陷性评价的要求取样试验和测试。高桥、大跨度桥梁，必要时还应进行桩基浸水试验，Q_2 顶层黄土的湿陷性试验等。

3)隧道工程

(1)勘探点间距:黄土隧道的勘探孔位,宜布置在中心线两侧 8～10 m 处;隧道洞口和通过岩土界面、含水地层处的洞身位置应布置勘探点;对于埋深小于 100 m 的浅埋隧道或洞身段沟谷发育的隧道,勘探孔间距不宜大于 500 m。

勘探深度应穿透湿陷性黄土层,并至路肩以下 3～5 m。

(2)取样及测试:隧道洞身及路肩以下应分别取原状土样做物理、力学性质实验。顶部的土层与洞身和洞门工程无关时,可不做与湿陷性有关的试验。特殊设计可根据地层情况做湿陷、渗透、固结系数和基床系数的试验。

4)房建(站场)

(1)勘探点间距:应根据建筑物平面和建筑物类别以及工程地质条件的复杂程度等因素,按表 5.11 的要求确定。

勘探点的布置范围、数量、深度和间距应根据建筑物的基础类型、建筑面积和场地复杂程度,参照表 5.12 确定。房屋建筑场地勘探点的间距根据地质条件复杂程度:简单场地 50～75 m,中等场地 20～50 m,复杂场地小于 20 m。

表 5.11　湿陷性黄土区房建(站场)工程勘探点的间距

场地类别	初步勘察/m	详细勘察/m			
		甲	乙	丙	丁
简单场地	120～200	30～40	40～50	50～80	80～100
中等复杂场地	80～120	20～30	30～40	40～50	50～80
复杂场地	50～80	10～20	20～30	30～40	40～50

注:在单独的甲、乙类建筑场地内,勘探点不应少于 4 个。

表 5.12　湿陷性黄土区站场建筑和房屋建筑场地勘探数量与深度表

建筑物名称	勘探数量/孔	勘探深度/m
各种车库、动力车间、动车段、发电厂、1 000 人以上站房、5～6 层楼房	4～10	10～35
地道、天桥、信号楼、雨棚、修配车间、400～1 000 人站房、3～4 层楼房	2～6	10～35
给砂塔、烟囱(高 15～24 m),照明塔、灰塔、地磅	1～3	10～35
油罐、轨道衡、转车盘、水塔、烟囱(高 25～40 m)及其他对沉降要求较高的建筑物	1～3	15～40

(2)取样及测试:采取原状土样和原位测试的勘探点不得少于全部勘探点的 2/3,其中采取原状土样的勘探点不宜少于 1/2。对甲、乙类建筑物,应有一定数量的取样勘探点穿透湿陷性土层。宜按建筑物场地分别进行物理力学和湿陷性试验。

3. 勘察中应重点注意的问题

1)重视黄土地貌特征的研究

不同的黄土地貌类型,其地层、构造也有不同,而地层构造又与工程建设密切相关。冲洪积扇地貌中的黄土,由于地层分选性差,黄土多呈透镜体状,并与砂砾层交互成层,这种混合层地基,其危害性大于单纯的黄土地基;不同阶地的黄土,因其沉积年代不同,成岩作用程度各异，因而地基性质差异悬殊。不同地貌的黄土层分布不均，厚度变化大，遇水湿陷变形差值大，跨地貌建设即使结构刚度很大的建筑，也极易出现上部结构严重开裂、局部下沉或整体倾斜的问题。

2)正确区分饱和黄土的类型

饱和黄土是饱和度大于 85%，湿陷性有所退化的黄土。按其特征可分为两个类型，一类是湿陷性黄土经短暂浸水，上覆压力小，未经过湿陷压密作用，称为未压密饱和黄土；其大孔隙结构基本未破坏，呈软塑～流塑状态，压缩性高，承载力低，失水减湿后，尚可恢复部分湿陷性。另一类是黄土经过较长时间浸水且上覆压力较大，已经过湿陷压缩作用，称为已压密饱和黄土；其大孔隙结构已被破坏，呈可塑状态，失水后湿陷性不可恢复，其压缩性和承载力相对较高。

3)注意黄土湿陷性评价的季节影响因素

在特定条件下，季节性降水或定期灌溉等因素会影响黄土湿陷性的评价。受灌溉影响或雨后取样试验所确定的湿陷等级和承载力往往偏低；而相反条件，又会偏高。在勘察和评价时，要综合考虑这些因素的影响。

4)黄土陷穴的调查

黄土陷穴在黄土地区是普遍存在的一种不良地质现象。自然情况下主要分布在黄土台塬的边缘地带、沟谷岸坡等地形陡峻处。在黄土塬边缘或地面横坡较大处，修筑路基后形成的三角坑积水有可能形成陷穴，引起边坡坍塌。查明线路两侧 100 m 范围内黄土陷穴的分布、规模和发展趋势，作出对线路危害程度的分析评价，提出处理措施。

5)黄土岸坡的稳定性评价

铁路跨越黄土地区千沟万壑的地貌形态时，高填深挖司空见惯。以往铁路跨越深度几十米，甚至上百米，坡度可达 50°～60°的冲沟时，为节省投资，多以高路堤形式通过。由于路堤沉降或边坡滑坍，造成了很多难以根治的路基病害。现今修建高标准铁路时虽以桥跨沟、以隧穿梁的工程，但还需要做好相关工程黄土岸坡的稳定性评价，查明岸坡附近是否有浅层滑动、错落、陷穴、坡脚冲蚀等不良地质现象；处理好位于岸坡上的桥台、洞门位置和基础埋置深度之间的关系。

6)增湿变形的预测和评价

增湿变形是指黄土在某种压力作用下下沉稳定后，由于湿度增大(不是直接浸水引起)而产生的附加下沉量。新黄土作为工程地基时，除有湿陷变形、压缩变形外，当其偏低的含水率有所提高，但没有达到产生湿陷的程度时，还会产生增湿变形。由于这种增湿有一个过程，所以这种变形基本上发生在运营期间，成为工后沉降的一部分。部分路堑及隧道进出口地段的新黄土地基，虽基本不具浸水条件而不产生湿陷变形，但运营期间仍将有增湿变形的可能，而且该变形将很可能大于对工后沉降的要求。

7)探井取样

勘察中采取原状土样，有钻孔和探井两种方式。实践表明采用钻孔取样，只有借助黄土专用薄壁取土器，同时严格控制钻进方法和取土工艺，才能取出合格的样品。由于钻孔采样不慎导致湿陷性评价错误的事例时有发生，探井取样能较好地保障采取原状土样的质量，在黄土地区勘察中的井探不能简单地理解为落后的勘察手段。从掘进形式上它似乎不够先进，但从直观的地层结构和保证原状土样质量的角度出发，它却是一种简单易行的勘察手段。

8）重要建筑在勘察中进行现场试坑浸水试验是非常必要的

由于黄土本身的特殊性、复杂性和区域分布的差异性，试验表明黄土的室内外自重湿陷量，一般不成等值关系；采用“取样试验计算法”认识和评价黄土湿陷性存在着一定的局限性。用现场试坑浸水试验实测的自重湿陷量，判定场地湿陷类型的可靠度高于室内试验结果。郑西客运专线在勘察阶段曾进行了 8 处黄土地基现场试坑浸水试验，查明了代表地段湿陷性黄土的深度、自重湿陷量，并取得了黄土场地浸水影响范围、渗透性、湿陷敏感性、桩基负摩擦力设计深度、（因地区土质而异的）修正系数 β_0 等多项地基处理所需的设计参数，为优化黄土地基处理方案，提供了可靠的依据。

同时，也出现了一些超越现有认识的特例，如凤凰岭隧道出口至砖场特大桥段，为长约 6 km 的渭河一、二级阶地，平坦开阔，上部为 Q_3 风积黄土，依据现行黄土规范的分区，该段湿陷性黄土应为 4～10 m 厚，属湿陷等级为Ⅱ、Ⅲ级的非自重湿陷性黄土场地，β_0 取值 0.9。但经浸水试验实测，湿陷性黄土层厚 12～30 m，实测自重湿陷性黄土层下限 23.5 m，自重湿陷量均值 145.9 cm，最大 160.3 cm，根据实测值推算的 β_0 值为 2.86。为此加强了郑西客专在本段的地基处理措施，避免了工程事故的发生。这一实例说明，重要建筑在勘察中进行现场试坑浸水试验是非常必要的。

5.5 盐渍土

5.5.1 盐渍土的特点

盐渍土是盐土和碱土的总称。铁路行业规定，盐渍土是指在地层中易溶盐含量大于 0.3%，具有吸湿、溶陷、膨胀、腐蚀等特性的土。

盐渍土的形成、发展与演变，是所在地区自然条件综合作用的产物，人类活动也有着较大的影响，其中气候条件是引起土质盐渍化的主要外在因素。在干旱半干旱环境中，由于缺乏降水的淋滤作用，土中积累的易溶盐逐渐增多，加上强烈的蒸发，不仅地表水蒸发浓缩，同时矿化的地下水沿土层的毛细管升高至地表或接近地表，经蒸发作用后水中盐分被析出并聚集于地表或地下土层，形成盐渍土。

盐渍土主要分布于干旱及半干旱地区的青海、新疆、甘肃、宁夏、内蒙古等地，在华北平原、松辽平原、大同盆地和青藏高原的一些湖盆洼地也有分布。在滨海地区，遇海水侵袭也常形成盐渍土；在平原地带，由于河床淤积或灌溉等原因，也可使土地盐渍化，形成盐渍土。

5.5.2 盐渍土的分类与工程性质

1. 盐渍土的分类

按含盐类型可分为氯盐渍土、亚氯盐渍土、硫酸盐渍土、亚硫酸盐渍土、碱性盐渍土；按含盐程度可分为弱盐渍土、中盐渍土、强盐渍土、超盐渍土；按分布区域可分为滨海盐渍土、内陆盐渍土、冲积平原盐渍土。

按含盐类型进行盐渍土的分类见表5.13。

表5.13 盐渍土按含盐类型分类

盐渍土名称	盐分比值 D_1	盐分比值 D_2	路基基底和填料容许含盐量
氯盐渍土	$D_1>2$	—	5%～8%(一般为5%,如加大夯实密度,可提高其含盐量,但不得超过8%)
亚氯盐渍土	$1<D_1\leqslant 2$	—	5%(其中硫酸钠的含量不得超过2%)
亚硫酸盐渍土	$0.3<D_1\leqslant 1$	—	5%(其中硫酸钠的含量不得超过2%)
硫酸盐渍土	$D_1\leqslant 0.3$	—	2.5%(其中硫酸钠的含量不得超过2%)
碱性盐渍土	—	$D_2>0.3$	2%(其中易溶的碳酸盐含量不得超过0.5%)

表中:

$$D_1=\frac{c(Cl^-)}{2c(SO_4^{2-})};$$

$$D_2=\frac{2c(CO_3^{2-})+c(HCO_3^-)}{c(Cl^-)+2c(SO_4^{2-})}$$

式中 $c(Cl^-)$,$c(SO_4^{2-})$,$c(CO_3^{2-})$,$c(HCO_3^-)$——氯离子、硫酸根离子、碳酸根离子、碳酸氢根离子在0.1 kg土中所含括号中离子摩尔数,mmol/0.1 kg。

2. 盐渍土的盐渍化程度分级评价标准

盐渍土的盐渍化程度可按表5.14进行评价。

表5.14 盐渍土的盐渍化程度分级

盐渍土名称	土层的平均含盐量 $\overline{DT}$/%		
	氯盐渍土及亚氯盐渍土	硫酸盐渍土及亚硫酸盐渍土	碱性盐渍土
弱盐渍土	$0.3\leqslant\overline{DT}<1$	—	—
中盐渍土	$1\leqslant\overline{DT}<5$	$0.3\leqslant\overline{DT}<2$	$0.3\leqslant\overline{DT}<1$
强盐渍土	$5\leqslant\overline{DT}<8$	$2\leqslant\overline{DT}<5$	$1\leqslant\overline{DT}<2$
超盐渍土	$\overline{DT}\geqslant 8$	$\overline{DT}\geqslant 5$	$\overline{DT}\geqslant 2$

3. 盐渍土的工程特性

盐渍土中所含易溶盐主要有氯盐类、硫酸盐类和碳酸盐类三种,各盐类的基本性质见表5.15。

表5.15 溶盐的基本性质

盐类名称	基本性质
氯盐类 ($NaCl$、KCl、$CaCl_2$、$MgCl_2$)	1. 溶解度大; 2. 有明显的吸湿性,如氯化钙能从空气中吸收超过本身重量4～5倍的水分,且吸湿水分蒸发缓慢; 3. 从溶液中结晶时,体积不发生变化; 4. 能使冰点显著下降

续上表

盐类名称	基本性质
硫酸盐类 (Na_2SO_4、$MgSO_4$)	1. 没有吸湿性，但结晶时有结合一定数量水分的能力； 2. 硫酸钠从溶液中沉淀重结晶时，结合 10 个水分子形成芒硝($Na_2SO_4 \cdot 10H_2O$)，体积增大；在 32.4 ℃时芒硝放出水分，又成为无水芒硝(Na_2SO_4)，体积减小。硫酸镁结晶时结合 7 个水分子形成结晶水化合物($MgSO_4 \cdot 7H_2O$)，体积也增大，在脱水时逐渐转化为无水分子的结晶，体积随之减小； 3. 硫酸钠在 32.4 ℃以下时溶解度随温度增加而增加，在 32.4 ℃时溶解度最大，在 32.4 ℃以上时溶解度下降
碳酸盐类 (Na_2CO_3、$NaHCO_3$)	1. 水溶液有很大的碱性反应； 2. 能使黏土颗粒发生最大的分散

影响盐渍土工程特性的主要因素是土中易溶盐的含量，根据易溶盐种类和含量的不同，盐渍土具有如下工程特性：

(1)溶陷性：盐渍土中的可溶盐经水浸泡后溶解、流失，致使土体结构松散，在土的饱和自重压力下出现溶陷，有的盐渍土浸水后，需在一定的压力下才会产生溶陷。盐渍土溶陷性的大小，与易溶盐的性质、含量、赋存状态和水的径流条件以及浸水时间长短有关。当溶陷系数 $\delta<0.01$ 时，称为非溶陷性土；$\delta\geq0.01$ 时，称为溶陷性土。

(2)盐胀性：硫酸(亚硫酸)盐渍土中的无水芒硝在 32.4 ℃以上时为无水晶体，体积较小；当温度下降到 32.4 ℃时，吸收水分称为芒硝晶体，使体积增大，如此不断的循环反复作用，使土体变松。资料证明，当路堤填料中硫酸钠含量超过 2%时，盐渍土的盐胀性明显增强。膨胀量的大小，与含盐量、含水率、温度及土质有直接关系，其中温度起着主导作用。

(3)腐蚀性：硫酸盐渍土具有较强的腐蚀性，当硫酸盐含量超过 1%时，对混凝土产生有害影响，对其他建筑材料，也有不同程度的腐蚀作用。氯盐渍土具有一定的腐蚀性，当氯盐含量大于 4%时，对混凝土产生不良影响，对钢铁、木材、砖等建筑材料也具有不同程度的腐蚀性。碳酸盐渍土对各种建筑材料也具有不同程度的腐蚀性。腐蚀的程度，除与盐类的成分有关外，还与建筑物所处的环境条件有关。

(4)吸湿性：氯盐渍土含有较多的钠离子，由于其水解半径大，水化能力强，在其周围能够形成较厚的水化薄膜，因此氯盐渍土具有较强的吸湿性和保水性。这种性质，使氯盐渍土在潮湿地区土体极易吸湿软化，强度降低；而在半干旱地区，使土体易于压实。氯盐渍土吸湿的深度一般仅限于地表，深度不超过 12 cm。

5.5.3 盐渍土地区的铁路勘测

1. 盐渍土地区的铁路勘测阶段应查明的地质条件

调查沿线盐渍土的成因、类型、性质、范围、发育程度、盐分积聚特点及分布规律；查明沿线水文地质特征及水库、人工渠道的渗漏情况，毛细水上升高度的一般规律；滨海盐渍土地区，尚应查明咸水区的分布范围。

控制线路方案或需做代表性设计的盐渍土地段，应查明地层结构、各种类型盐渍土在水平、垂直方向上的分布；地下水常年最高水位或冻前地下水最高水位、水质及地下水的年变化幅度和规律，地下水的流向，地表水与地下水的补给关系等；土层的毛细水强烈上升高度，最大季节冻结深度或有害冻胀深度等。

2. 勘测中盐渍土的毛细水与冻结深度问题

(1)盐渍土中毛细水上升高度

毛细水是由毛细力支持充填在土体中细小孔隙中的水，同时受到重力和毛细力的作用，当毛细力大于水的重力时，毛细水即上升并达到一定高度，直到水的重力等于毛细力时为止。盐渍土中毛细水上升能直接引起路基填土的浸湿软化和次生盐渍化，进而使路基填土的强度下降，产生盐胀、冻胀等病害。

影响毛细水上升高度的主要因素是土的颗粒粒径，不同直径的粒组具有不同的毛细水上升高度。土的粒径越大，毛细水上升高度越小，中砂、粉细砂、粉土、粉质黏土、黏土的毛细水上升高度逐渐增大，一般在 15～500 cm。地下水含盐量对黏性土毛细水上升高度的影响不明显，一般起着抑制的作用。

勘测中毛细水上升高度现场观测及试验方法见表 5.16。

表 5.16　毛细水上升高度现场观测及试验方法

方　法	原　理	优　点	适用条件
直接观测法	在开挖试坑 1～2 d 后，观察坑壁的干湿变化情况，变化明显处至地下水位的距离，即为毛细水强烈上升高度	简便易行	地层复杂或遇阴雨天气时不适用
曝晒法	分别在开挖的当时和暴晒 1～2 d 后，沿坑壁分层(间距 15～20 cm)取样，测定其含水率并绘制含水率曲线，两曲线最上面的交点至地下水位的距离即为毛细水强烈上升高度，两曲线交点至地面距离为蒸发强烈影响深度	能够较快测定土中毛细水强烈上升高度	精度低，干扰因素较多，阴雨天不能使用
塑限、含水率曲线交汇法	于试坑壁每隔 15～20 cm，取土样作天然含水率的测定，并根据现场土质变化情况分层作塑限、最大分子吸水量(砂类土)试验，然后绘制含水率曲线，再用竖直线标出相应土层的塑限，竖直线与曲线最上面的交点至地下水位的距离即为毛细水强烈上升高度	简便易行，测定数值较为准确	地下水位埋深大于毛细水强烈上升高度与强烈蒸发深度之和的情况下适用

(2)盐渍土的冻结深度

盐渍土地区修建铁路需考虑盐渍土含盐量对土层冻结深度的影响，避免各类建筑工程基础埋置过深，增加不必要的工程投资。为了合理确定盐渍土地区的冻结深度，开展对盐渍土冻结深度的研究，对各种类型的建筑工程都是非常必要的，而且具有现实的经济意义。影响盐渍土冻结深度的因素见表 5.17。

表 5.17　影响盐渍土冻结深度的因素

影响因素	影响效应
地温	如果当地的最冷月平均地温低于土的起始冻结温度时，土冻结，反之，土不冻结
土的性质	在地温、含盐性质、含盐量、含水率相同的情况下，粉砂层比黏性土容易冻结，而且冻结深度要大些

续上表

影响因素	影响效应
含盐量	当土的性质、含水率、含盐性质相同时，随着含盐量的增加，土的起始冻结温度降低。起始冻结温度高于地温时，土冻结；起始冻结温度低于地温时，土不冻结
盐类的性质	在地温、土质、含盐量、含水率等条件相同时，亚硫酸盐渍土比氯盐渍土（包括亚氯盐渍土）的冻结深度大
水	盐渍土地区的地下水位愈高，地下水流动速度愈快，在相同条件下土的冻结深度愈小

5.6 特殊土地区工程地质减灾选线

1. 黄土区工程地质减灾选线

黄土地区的线路应选择在地层单一、土质干燥、湿陷性较小的地带；应避免与长大干渠、输水管道等近距离并行。线路应绕避地质复杂的黄土滑坡、崩塌、陷穴、人为坑洞等不良地质发育地段。线路通过黄土地区既有或拟建水库、池塘地段时，应考虑水库溃坝、坍岸的影响，以及地下水位升高引起黄土地基的湿陷下沉问题。

黄土塬、梁及丘陵区，线路优先选择在山坡稳定、排水条件较好的地带；应绕避地形地貌复杂、深切冲沟发育、向源侵蚀趋势明显的沟头地带和下伏地层层面倾向不利、地下水发育的斜坡地段。斜坡地段应根据山坡的稳定性确定线路的通过部位、形式和应采取的工程措施。黄土沟、梁相间地段，应进行路堑与隧道、路堤与桥梁等方案比选。

河谷区线路优先选择地形平坦、地层单一、工程地质条件较好的宽阔阶地，不宜靠近坡面不稳的高陡黄土谷坡。在高陡黄土边坡挂线或设置较深路堑时，应与隧道方案作比选。横跨沟（河）谷线路应选择在沟床下切缓慢、沟（河）谷顺直、岸坡稳定的地段通过；不可在狭窄的不稳定三面临空山嘴设置桥墩、桥台；应绕避凹凸不平的谷坡及坡面滑动、错落变形明显的地段。通过泥流沟谷或有岸坡变形的沟谷时，应进行多种线路方案的比选。

黄土隧道的洞门应选择在山体稳定、地表排水条件较好的山坡，不宜选择在山坡零乱、陷穴发育的斜坡部位。洞身应选择在埋深较大、顶面平整的塬、梁等地形凸起地带，不宜在有封闭洼地的地段浅埋，以及黄土与黏土、黄土与基岩、黄土与沙砾、卵石土的分界面或其他含水层的分界处通过。

2. 膨胀土区工程地质减灾选线

膨胀土地区线路应选在地形平缓、坡面完整、植被良好的地带，并宜垂直垄岗的轴线通过；宜绕避山前斜坡及不同地貌单元的结合带。线路应绕避中、强膨胀土发育区，不宜深挖方通过膨胀土地段。填方通过地面横坡较陡的膨胀土山坡时，地基应作稳定性检算。线路应绕避红黏土或膨胀土覆盖下的岩溶发育带，无法绕避时，应以最短距离通过。线路不宜在红黏土地区的地裂密集带或深长地裂缝、裂隙含水层地段以浅埋隧道或深挖方通过；必要时路基应以浅挖、低填的方式通过地裂发育带。线路宜绕避地下水发育的膨胀土地段。路堑边坡外建有重要建筑物时，应留出一定的安全距离。

膨胀岩地区应绕避地下水发育的膨胀岩地段、稳定性较差的顺层山坡地段、具有临空面易产生工程滑坡的倾斜结构面和倾角较大的不同岩层接触地段；隧道、深挖方工程宜绕避盐岩富集的膨胀岩地段；线路或重要建筑物位于较陡的膨胀岩边坡上部时，应留出一定的安全距离。

3. 软土区工程地质减灾选线

线路应选择在软土分布较窄、厚度较小、埋藏不深、硬底横坡较缓的地段通过；应绕避厚度大、分布广、处理困难的软土、松软土地带及泥沼地区。新建铁路宜选择在地势较高，软土的顶、底硬壳较厚，填、取土条件较好的地带。

增建二线铁路与既有线距离较近时：增建工程应不影响既有线的稳定，并有利于既有线软土地基病害的整治；增建第二线宜选在硬层顶面较低的一侧。

软土地区的路基宜限制零断面和浅路堑路基。采用高路堤通过方案时，应与桥梁方案进行综合经济、技术比选。

滨海平原、冲积平原和湖积平原区，线路位置宜远离湖塘、人工渠道、河流及其河口地段，宜沿河流的较高阶地通过。宜绕避古牛轭湖、埋藏谷及溺谷等软土埋藏地带。通过沿河谷分布的软土地带或古盆地时，应避免从其中部通过。

丘陵和山间谷地区，线路宜避开有软土分布的封闭或半封闭洼地，避免在硬底横坡较陡处通过。桥位应选择在两岸地势较高的部位，路桥分界点不应设置在淤泥、软土、古河道等地段，路桥过渡段应选择在基岩或硬土埋藏浅、软弱地层厚度较薄的地段。

4. 盐渍土区工程地质减灾选线

线路应选择在排水条件较好、土中含盐量低及盐渍土分布范围小的部位通过，宜绕避强、超盐渍土、硫酸盐渍土和碱性盐渍土发育的地段。线路应选择在地势较高、盐渍土处理工程简易的地段通过，宜绕避低洼潮湿、地下水位高、水质矿化度高的盐沼地段。

线路以路堤通过时，应根据当地冻结前最高地下水位、基底及填土的毛细水强烈上升高度、最大冻结深度等因素，确定路堤的最小高度及采取的工程措施。

线路位置选择应充分考虑地貌和地形条件：山前倾斜平原区的前缘，宜选择在灌丛沙堆与盐渍土的过渡地带；山间盆地区宜利用微地形条件，结合盐渍土的类型，选择在地势较高、盐渍化程度较轻的氯盐盐渍土地段；河谷区宜选择在有利于排水的一侧；平原区宜绕避积水洼地、背河洼地（地上悬河两岸之洼地）等存在地下水危害的地段和地下水位较高的地段；滨海区宜绕避盐田、咸水区、虾池、鱼塘等地段；在盐渍土和软土共生地段，除应考虑盐渍土选线的有关要求外，还应满足软土地区工程地质选线的要求。

5. 多年冻土区工程地质减灾选线

多年冻土地区的选线应重视生态环境的保护，线路宜选择在地形平缓、干燥、含冰少的岩石、粗颗粒土地带，或在少冰、多冰冻土分布的阳坡地带通过。宜绕避泥炭化冻土、盐渍化冻土、富冰及饱冰冻土、含土冰层或纯冰层地段；宜采用路堤，不宜采用路堑，必须用路堑时，应降低挖方高度，且线路纵断面不宜采用平坡。根据冻土类型采取与其相适应的路堤设计高度，不宜设置零断面或低填方。山前线路应选择在缓坡地段上部以路堤通过；线路走向沿大河河谷时，宜选择在高阶地或台地上；应绕避大河融区及融区附近的多年冻土不稳定地带。不宜设置高填、深挖路基工程，防止取土场或弃土堆积位置不当引起次生冻土环境地质问题。

多年冻土地区的线路宜绕避不良冻土地段，无法绕避时应符合下列规定：厚层地下冰、冻土沼泽、冻土湿地、热融湖塘地段，线路宜选择在宽度较窄、冰层较薄、基底稳定处，应以高度不低于 1.5 m 的路堤或桥梁通过；斜坡上方具有冰椎、冻胀丘及泉水露头的地下水发育地段，线路不宜设置路堑；路堤左右具有冰椎、冻胀丘及泉水出露点时，应设置防止涎流冰漫上路基的导流工程；沟口融冻泥流扇和山坡热融坍塌发育地段，线路宜选择在其外缘下方，以桥或路堤通过。

多年冻土地区的线路位置及高程，应结合工程类型确定：宜减少斜坡地段的路基工程；跨越河流的桥梁宜选择在有河流融区的地段，并避免将一座桥设在融区和多年冻土两种不同的地基上；桥址宜绕避有较大河冰椎分布的地段；隧道宜避免穿过地下水发育、有厚层地下冰分布的地层；洞口不宜设置在热融滑塌、冰椎、冻胀丘、含土冰层的发育地段；大型站房、厂房、站场及生活房屋工程应考虑地表排水条件，选择在地形平坦、地层为基岩或粗颗粒土的地段。

6　高速铁路空间环境安全监测

高速铁路作为现阶段我国重要的基础设施、国民经济的大动脉和大众化的交通工具，保障其安全运营尤为重要。我国国土幅员辽阔，高铁沿线的空间环境条件复杂多样，各种自然和人为因素导致的地质灾害对高铁的建造和运营提出了挑战。科学地认识高铁沿线空间环境及其变化对高铁规划、建造和运营的影响，发展新型、高效的灾害防御技术，是高铁防灾减灾最有效的途径和手段。遥感技术作为一种新兴的对地观测手段，能够以非接触方式高效地获取地表关键地理特征信息（如地理位置、三维地貌、岩层岩性、地质构造、边坡坡度、水系、植被等），在监测高铁沿线空间环境及其变化方面具有独特的优势。本章将从空间环境对高铁安全运营潜在影响的角度，阐明高铁沿线典型地质灾害类型和特征；并针对目前主要的地质灾害遥感监测技术及其应用现状做简要介绍。

6.1　高速铁路空间环境变化与潜在地质灾害风险

6.1.1　高速铁路沿线空间环境安全隐患分类

随着我国高速铁路营业里程的不断增加，高速铁路运营网络的不断扩大，高铁与普通大众的联系越来越紧密，高铁的运营安全也成为人们日益关注的焦点。如何保障高速铁路安全运营，降低安全隐患风险，已经成为铁路系统乃至全社会普遍关心的问题，同时也是当前科研人员、工程技术人员急需解决的课题。尤其是沿线环境安全隐患方面，由于过去在铁路安全系统研究中涉及的要素还不系统，同时也缺少全面的监测网络，因此其对高速铁路安全运营的威胁正不断突显。如 2013 年 5 月 28 日发生的武广高铁大风危树事件，2016 年 11 月 29 日发生的京沪高铁济南段厂房爆炸事故等。造成这些安全事故除了有管理方面的原因，还包括铁路部门和地方政府之间对于隐患认知的不统一以及隐患排查不及时等原因。因此，为防止因铁路沿线环境安全隐患诱发铁路交通事故，对高铁沿线空间环境变化进行定期监测势在必行。

原铁道部副部长胡亚东指出高铁沿线存在九大环境安全隐患，即：

（1）高铁沿线安全保护区范围内存在大量非法建筑物、构筑物及生产、经营场所。

（2）高铁线路两侧 200 m 范围内，存在易燃易爆等危险品生产、经营场所。

（3）高铁线路两侧 1 000 m 范围内，存在采矿、采石及爆破作业场所。

（4）部分上跨高铁的道路桥梁限速、限重等标志不齐，机动车辆超重、超速、超限行驶严重，存在坠落高铁线路的危险。

（5）高铁部分地段存在挖砂取土、打井取水现象，损坏线路基础，造成铁路路基、桥墩沉降，危及桥梁安全。

(6)跨越、穿越高铁线路、站场或在邻近高铁线路施工不与铁路运输企业协商、不遵守铁路施工安全规范,危及高铁运输安全。

(7)损毁、移动高铁线路两侧防护围墙、栅栏,拆盗、割盗铁路行车设施设备,机动车辆超重、超限、超速通行下穿铁路道路桥涵、公铁并行路段等,影响高铁运营安全。

(8)部分上跨高铁的道路桥梁和公铁并行路段的防护桩等,未按照国家有关规定移交地方道路管理部门管理,无法落实养护、维修、管理责任。

(9)高铁线路安全保护区尚未由地方政府依法划定,安全保护区标桩还不能埋设。

考虑到我国高铁空间跨度之大且横跨各种复杂地质环境区域的客观条件,面向上述隐患类别的普查需求,开展高效的高速铁路沿线空间环境变化监测,及时排查和控制各类环境隐患,是当前亟待解决的研究任务。目前,铁路单位大多采用实地踏勘的方式,监测沿线空间环境变化,继而排查安全隐患。但是,高铁沿线环境具有广域、带状的空间特性,并且我国高铁建设速度快、民众法制意识不强,沿线环境安全隐患会不断出现,排查要不停地进行,这样就显得效率低下,而结果也受人为因素影响。对这些沿线环境安全隐患,需要有独立动态监测手段,正如国家对土地利用监测一样。

6.1.2 空间环境及其变化对高铁建造及运营安全的影响

高铁空间环境变化对高速铁路建造和运营的影响,主要体现为不同空间环境下的地质灾害事件导致的安全隐患。我国地域辽阔,工程地质条件复杂多样,频繁多发的各类环境地质灾害对高铁运营安全造成很大威胁。因此,我国高铁面临的地质灾害具有多样性、复杂性和监测困难性等特点。地质灾害有多种不同的分类方式,根据诱发地质灾害的原因,可将其大致分为自然环境条件变化引起(如土壤冻融、地震、泥石流、盐碱土等)和人类活动引起的地质灾害(如地下资源开采导致的诱发地震、地表沉降等)。

受不同地形、地质特征和孕灾条件影响,地质灾害具有多种呈现形式,对高铁的影响也不尽相同。在地势起伏大和降雨量丰富地区,高铁沿线的山体可能发生崩塌、滑坡和泥石流等典型地质灾害;高铁途经气候干旱、土壤荒漠化地区,面临一系列干旱地区特有的地质灾害,如盐碱土、流动沙丘等;在高寒高纬度地区,气候寒冷、冬季漫长,土壤的冻胀融沉则是高铁面临的主要灾害威胁;在喀斯特地质地貌区,高铁路基则面临岩溶塌陷,河流侵蚀坍塌等风险;在构造断裂发育活跃地区,高铁线路面临的是地裂缝、地震动破坏及地震导致的次生灾害风险。此外,人类对地下各种自然资源(如水、气、油、矿)的开采,会导致高铁沿线区域不均匀地表沉降,从而影响高速列车行车安全。例如,由于我国华北和东部地区大范围开采地下水资源,京沪高铁沿线经过的大部分地区都存在着不同程度的地面沉降,在北京段、天津段、沧州段、德州段和上海段等均发现了大面积的沉降漏斗;对京张高铁沿线 20 km 里内地质灾害进行考察发现了多种发育中的灾害隐患点,其中岩石崩塌点 60 处,滑坡 14 处,泥石流 9 处,大部分灾害点处于次稳定状态。如何快速有效地监测并排查我国高速铁路沿线的空间环境中的安全隐患,是保证高铁安全运营面临的首要问题。

高速铁路包括路基、轨道、桥梁、隧道、线路设备和列车等多个不同构件,不同的地质灾害对这些构件的影响也不尽相同,表现形式具体包括路基(桥隧)基础沉降、轨道板开裂或拱起、车体抖动、轨道异物侵限和高铁安全防护缺失等,这些隐患贯穿高铁的设计、施工、运营等多个阶段。例如,地下水开采可能引起地表不均匀沉降和地裂缝,并导致高速路基的混凝土基础开裂、桥梁的桥柱倾斜、桥梁面板挤压变形等工程结构病害;土壤不均匀冻胀可能引起高铁路基开裂和上拱;溶岩和岩爆可能威胁隧道施工安全;隧道进出口的边坡可能发生崩滑灾害造成轨道上的异物侵限;断裂活动和河水的腐蚀可能影响高铁桥梁的稳定性和寿命。

高铁沿线诸多地质灾害具有随机性和突发性的特点,如果发生将造成巨大的经济损失,更严重威胁人们的生命安全。为消除这些威胁,在高速铁路选线设计时一般选择空间环境条件较好的地区。例如,在隧道进出口、桥梁墩台及路基工程应避开斜坡不稳定、不良地质发育或可能发生重大地震次生灾害的地段;尽量绕避岩溶区或以最短距离穿越,对岩溶危害要避重就轻,以安全高度跨越岩溶区;尽量避让地震及地震次生灾害严重地段;尽量避开断裂带,当无法绕避时应以大角度简易工程通过断裂带。但是考虑到我国高铁空间跨度之大,且横跨各种复杂空间环境区域的客观条件,时有不良地质区域无法完全避开。因此,对高铁沿线地质灾害进行高效的普查和监测、及时排查和控制各类安全隐患,是保障高铁安全运营的首要任务。

6.1.3 高铁沿线常见的地质灾害类别

高铁面临的安全隐患主要来自沿线环境中的各种地质灾害。常见的地质灾害主要指崩塌、滑坡、泥石流、地面塌陷、地裂缝、地面沉降等与地质作用有关的灾害。并且,人类越来越多的工程和经济活动(如道路建设、水利和水电建设)会破坏原有空间环境,从而促进和诱发地质灾害的形成与发育。

地质灾害的分类十分复杂,根据不同的标准有多种分类方法。就成因而论,主要由自然环境条件变化导致的地质灾害称自然地质灾害;主要由人为作用诱发的地质灾害则称人为地质灾害。就空间环境或地质体变化的速度而言,可分突发性地质灾害与缓变性地质灾害两大类,前者如崩塌、滑坡、泥石流等,即习惯上的狭义地质灾害;后者如土壤冻融、土地沙漠化等与发育环境相关的灾害。根据地质灾害发生区的地理或地貌特征,可分山地地质灾害(如崩塌、滑坡、泥石流)和平原地质灾害(如地质沉降和围海造陆地表沉降)等。图 6.1 展示了几种典型的地质灾害。

高山地区一般板块运动活跃、地质构造复杂、易滑地层广泛出露,再加上降水充沛以及人类活动等因素的共同作用,地质灾害分布极为广泛,对高铁线路安全威胁巨大。崩塌、滑坡、泥石流是高山地区常见的发生在地壳表层的地质灾害,这几种灾害具有基本一致的形成条件与分布规律,常常在同一区域或地区相伴而生,因此经常把这三种灾害统称为崩滑流灾害。崩滑流发生的一般条件是:地形高差大,切割剧烈;断裂构造发育,地震和新构造活动强烈;岩石裂隙发育,岩体破碎或土体结构松散;植被稀少;降水集中,暴雨、洪水及地下水活动强烈。此外,突发性山体滑坡、泥石流灾害还将诱发堰塞湖等次生灾害,形成“灾害链”持续放大危害效应。在空间环境复杂多样的艰险山区,进行高铁沿线地质灾害的快速识别与监测是工程建设和确保铁路安全运营的一项极具挑战性的工作。

多数地质灾害的发生是空间环境载体(如滑坡体)缓慢地从量变到质变的过程,这一过程往往伴随着不同程度的地表形变。因此,对于单一地质灾害体的监测评价及预警预报,形变监测是一种至关重要的信息。一般情况下,地质灾害体的形变(蠕动)速率是很小而且稳

（a）崩塌

（b）滑坡

（c）泥石流

（d）土壤冻融

图 6.1 几种典型的地质灾害

定的，当突然增大时预示着灾害的即将到来。遥感技术已被广泛用来获取地质体表面的形变或运动情况，常用的遥感技术为全球导航卫星系统（global navigation satellite system，GNSS）和合成孔径雷达干涉（interferometric synthetic aperture radar，InSAR）；其中，GNSS的定位精度可达毫米级，能准确地监测出地质灾害体的形变或蠕动情况，可以达到对蠕动灾害体监测的精度要求。InSAR 技术则可以探测大面积的地表形变，测量精度可达到厘米级，能够有效弥补类似 GNSS 测量单点监测的不足。此外，配合光学卫星遥感或航空摄影测量可以快速获取灾害区域的大量图形和属性数据变化信息，如地表植被覆盖变化、水体淹没区域、土地利用变化和工程建设进展等，可快速对成灾原因、影响范围、危险等级等进行分析，进而使灾害的防治工作有的放矢。

1. 崩　塌

崩塌是指较陡的斜坡上的岩土体在重力的作用下突然脱离母体崩落、滚动堆积在坡脚的地质现象。崩塌一般发生在节理裂隙发育的、坚硬岩石组成的陡峻山坡或峡谷陡岸上，在55°～75°的陡坡前易发生崩塌。易发生崩塌的陡坡地段其纵断面形态上陡下缓，崩塌体堆积在谷底或斜坡平缓地段，表面坎坷不平，具粗糙感，有时可出现巨大块石。崩塌轮廓线明显，崩塌壁颜色与岩性有关，通常色调比周围浅，多呈浅色调或接近灰白色；新近发生的崩塌不长植被，而老崩塌多有灌草植被滋生。崩塌体上部外围有时可见到张节理形成的裂缝影像。有时巨大的崩塌可堵塞河谷，在崩塌处上游形成堰塞湖。

2. 滑　　坡

滑坡是指斜坡上的岩土体由于某种原因在重力的作用下沿着一定的软弱面或软弱带整体或分散向下滑动的现象。典型的滑坡一般呈簸箕形、舌形、不规则形等形态，色调较深；滑坡壁、滑坡周长、滑坡台阶、滑坡舌、封闭洼地等滑坡要素清晰可见。除了可以直接从滑坡本身的影像特征进行解译外，还可以间接从大范围的地貌形态进行判断，如滑坡多发育在分水岭地段的阴坡和侵蚀基准面急剧变化的主、支沟交汇地段及其源头等处。

3. 泥 石 流

泥石流是山区特有的一种自然现象，它是持续时间很短，突然发生的，夹有泥沙、石块或巨砾等大量固体物质与水组成的混合流体。泥石流的形成必须同时具备三个要素：

(1)汇水区内有丰富的松散固体物质；

(2)有陡峻的地形和较大的沟床纵坡；

(3)流域中上游有强大的暴雨或急骤的融雪、融冰、水库的溃决等。

上述三个要素是控制泥石流形成的基本条件，又与区域水文、气象、地形地貌、构造、地表松散固体物质组成、植被、不良地质现象等因素密切相关。

泥石流形态在遥感图像上极易辨认，通常典型泥石流流域可清楚地看到三个区：即形成区、流通区和堆积区。在光学遥感影像特征上表现为：泥石流沟口堆积扇呈扇形，多挤压河道；沟道形态清楚，分水岭清晰；沟内不良地质现象特征明显；在色调上，堆积区新近堆积与老堆积区以及沟内不良地质现象会有差异；在堆积区新近堆积区上基本无植被，老堆积区部分有较好植被覆盖，沿沟道两侧一定高度以下有植被发育。

在我国西部高山发育区域，存在着大量的泥石流灾害。在川藏铁路沿线区域，根据空间环境情况，又可将泥石流分为暴雨型泥石流、冰川型泥石流和冰川—暴雨型泥石流。其中，冰川型泥石流又可分为冰雪融水型、冰崩雪崩型和冰湖溃决型。图 6.2 展示了川藏铁路沿线目前已识别的泥石流及其所属类型。

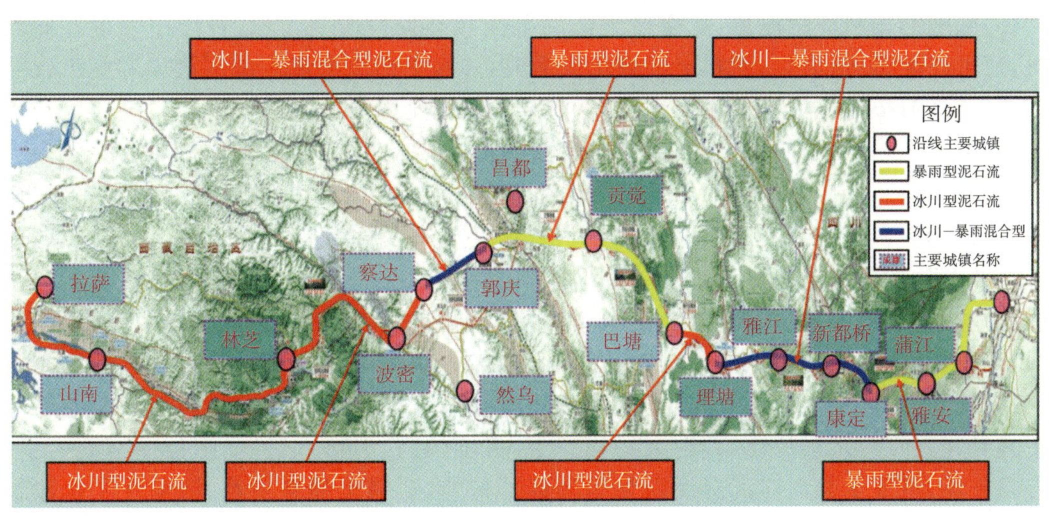

图 6.2　川藏铁路沿线泥石流分布特征

4. 活动断层和地震

活动断裂又称活断层，是指地壳中的岩石或土层在地应力作用下，在近来某段时间内相对某一界面(断面)发生两盘位移而产生的一种地质现象。我国从 80 年代以来对活动断裂的研究成果来看，绝大多数活动断裂都在缓慢地进行着断裂位移。我国地震记录的 86 次 6 级以上地震中有多数是发生在原活动断裂上，这些遍及我国大陆且正在缓慢蠕动的活动断裂是重大工程建设和运营的安全隐患。

地震作用下地表的破坏机理十分复杂，当地震波到达地表后因地表处的地形、地貌、地层岩性、地质构造、防护工程等环境地质条件的不同而表现出复杂各异的破坏景象。根据灾害引起与被引起的关系，地震灾害可以分为原生灾害和次生灾害两种类型：原生灾害是指地震造成的建筑物、工程设施的破坏以及由此引起的人员伤亡和财产损失，如房屋倒塌、桥梁与道路破坏和地裂缝等；次生灾害是指由于强烈地震使山体崩塌，形成滑坡、泥石流、堰塞湖等。高铁沿线发生地震对高速铁路可能造成的安全隐患是非常严重的，可能会导致地面产生裂缝、桥梁毁坏和隧道塌方等，或致使高铁电网设施损毁，导致火车无法安全运营。

5. 土壤冻融

土壤冻融是指土层由于温度降到零度以下和升至零度以上而产生冻结和融化的现象。土壤冻融是地质灾害的种类之一，它可产生一系列灾害作用，从而给生产建设和人民生活造成危害。冻融灾害在我国北方冬季气温低于零度的各省区均有发育，但以青藏高原、天山、阿尔泰山、祁连山等高海拔地区和东北北部高纬度地区最为严重。我国东北北部冻土区有 10%的路段存在冻融病害，个别线路病害路段达 60%～70%。

土壤冻融对高铁的危害性是不容忽视的，由土壤冻融产生的主要灾害作用和现象通常包括三类，分别为：

(1)冻胀和融沉：土层冻结产生体积膨胀，融化使土层变软产生沉陷，甚至土石翻浆，从而形成冻胀和融沉作用。它常造成建筑物基础破坏，房屋开裂，地面下沉；道路路基变形，威胁行车安全，影响交通运输等。

(2)冻融滑塌和冻融泥流：冻融使土体的平衡状态发生改变，当这种作用发生在斜坡地区时，便可产生滑坡、崩塌；而在土层融化成为液态时，则形成泥流。冻融滑塌和泥流在我国西南、西北高海拔地区极为常见，是工程建造的重大安全隐患。

(3)冻融塌陷：土层的强烈冻融，使地表下沉，从而引起塌陷。这种作用也常见于广大的季节性冻土区，并造成了大量的路基破坏、工程建筑物毁损等恶性事件。

6. 盐 碱 土

盐碱土是指含盐量超过 0.3%的土壤类型，在我国主要分布在华北平原、东北平原和西北内陆地区。导致土地盐碱化的影响因素很多，包括自然因素和人为因素。自然因素包括气候、地质、地貌、水文及水文地质等；人为因素表现为人类改造自然和适应自然的各种活动，其中气候因素(强烈的蒸发作用)是形成土壤盐碱化的根本因素。盐碱土在盐的胶结作用下具有其独特的工程特性，其在天然状态下，强度较高；但遇水后，易溶盐的溶解，土体结构容易破坏，造成承载力与沉降性能显著降低。另外，盐碱土的腐蚀性、溶陷性及盐胀性对高速铁路路基设计提出了更高的要求。盐碱土作为高铁路基填料时，如处理不当将出现路基塌陷、挤出变形等病害，严重影响行车安全。

6.2 高速铁路空间环境变化与地质灾害监测技术分类

虽然很多学者对面向对象变化监测技术进行了大量的研究和试验，并且在很多领域中面向对象的变化监测方法已经在一定程度上得到了有效的应用，但在高铁沿线安全隐患应用中仍然面临着一些问题与挑战，主要表现在：

(1)缺乏通用的面向对象变化监测处理流程。

(2)遥感影像分辨率的提高带来的信息尺度化差异和算法适应性问题。

(3)自动化和智能化程度低。

(4)目前方法效率不够高。

此外，传统的直接变化监测方法仅能获取变化、未变化的信息，无法进一步获取变化类型。而分类后比较方法又需要较多的计算时间，同时其监测精度受分类体系、分类算法的综合影响，因此目前的变化监测技术也无法满足高速铁路典型环境隐患动态监测的需求。随着高分辨率影像智能分析中纹理、空间、上下文等多特征综合应用的不断深入，特征级变化监测技术得到了极大的发展。尤其是在植被、水体、建筑物等目标的变化检测方面，已经在理论上建立了多种算法，并且其区域性实验也获得了较好的效果。但是面对高铁沿线环境隐患类型多样性的特点，科学有效地定义目标特征形式，构建特征变化检测方案，将理论方法应用于实际的工程中去，还存在诸多技术细节需要完善。

地质灾害监测技术是指专业技术人员在专业调查的基础上借助于专业仪器设备和专业技术，对地质灾害变形动态进行监测、分析和预测预报等一系列专业技术的综合应用，是集地质灾害形成机理、监测仪器、时空技术和预测预报技术为一体的综合技术。地质灾害监测的主要工作内容为监测地质灾害在时空域的相关信息(包括形变、地球物理场、化学场等)和诱发因素动态信息。地质灾害监测的主要目的是：查明灾害体的变形特征，为防治工程设计提供依据；施工安全监测，保障施工安全；防治工程效果监测；对不宜处理或十分危险的灾害体，监测其动态，及时报警，防止造成人员伤亡和重大经济损失。当前地质灾害的监测技术方法研究与应用，多是围绕崩塌、滑坡、泥石流等突发性地质灾害进行的。

高速铁路空间环境变化与地质灾害监测的主要任务，是最大程度获取连续的灾害体时空变形信息，并侧重于时间域动态信息的获取，应用于地质灾害的稳定性评价、预测预报和防治工程效果评估。对变形体进行高精度、高可靠性和周期性监测以获取其真实多维度和长时间序列的变形规律，是开展地质灾害监测预警和进行地质灾害减灾防灾的一项长期重要基础工作，也是有效减灾、防灾的必要前提。随着现代科学技术的发展和学科间的相互渗透，全球导航卫星系统(GNSS)、合成孔径雷达干涉(InSAR)、激光扫描、光纤应变分析等技术相继不同程度的应用于地质灾害的调查与监测中。

地质灾害监测技术基本可以分为两大类，其中一类属于地球物理勘探技术，另一类则是属于空间对地观测与遥感技术。随着计算机的高速发展，地球物理勘探方法的数据采集、信号处理和资料处理能力大幅度提高，可以实现高分辨率、高频率采样，并不断向二维、三维采集系统发展，实现时间序列的地质灾害监测。现代空间对地观测与遥感技术在大范围地质灾害监测预警方面具有独特优势，可提供大范围内灾害体连续、准实时监测数据，极大提高了对地质灾害的监测与预警能力。充分利用各种对地观测技术，从信息化角度支持防灾救灾行动，已被列入政府重要工作内容。

具体地讲，地质灾害监测技术获取的灾害体相关主要信息包括：

(1)地表相对位移监测：主要方法有机械测缝法、伸缩计法、遥测式位移计监测法和地表倾斜监测法。

(2)地表绝对位移监测：主要方法有大地形变测量法、近景摄影测量法、激光微小位移测量法、地表位移 GPS 测量法、激光扫描法、遥感测量法和合成孔径雷达干涉测量法。

(3)深部位移监测：主要方法有测缝法、钻孔倾斜测量法和钻孔位移计监测法。

(4)地下水动态监测：主要监测法为地下水位监测法、孔隙水压力监测法和水质监测法。

(5)相关因素监测：主要方法有地声监测法、应力监测法、应变监测法、放射性气体测量法和气象监测法(雨量计、融雪计、湿度计和气温计)。

高精度、自动化、实时化是地质灾害监测技术的发展趋势。光学、电学、信息学、计算机技术和通信技术发展的同时，给地质灾害监测仪器的研究开发带来勃勃生机；能够监测的信息种类和监测手段将越来越丰富，同时某些监测方法的监测精度、采集信息的直观性和操作简便性有所提高；充分利用现代通信技术提高远距离监测数据信息传输的速度、准确性、安全性和自动化程度；同时提高科技含量，降低成本，为地质灾害的经济型监测打下基础。

总的来看，高速铁路发展速度快、历时短，高速铁路空间环境变化与地质灾害监测目前还处于起步阶段。典型的应用案例一方面集中在利用高分辨光学遥感影像对沿线地物以及环境特征进行变化检测；另一方为利用微波(雷达)遥感监测高铁沿线的不均匀地表沉降。例如，基于 InSAR 遥感的高铁沿线地质灾害监测与风险评估，在我国高速铁路成功建设与安全运营中展现出了具有应用潜力。国内相关学者研制了适用于长大线路地质灾害 InSAR 遥感监测与预警技术体系，并在京沪高铁、郑西高铁、兰新高铁等国家重大工程建设与安全运营中发挥重要作用。由于我国高铁跨度大，沿线空间环境条件复杂，诸如冻土、地热、断层活动、地下水开采、滑坡等多种地质灾害并存。高速铁路空间环境变化与地质灾害监测仍面临一些问题与挑战，主要表现在以下几个方面：

1. 不同监测手段的适应性

对于各种监测方法所使用的监测仪器设施，均有各自的应用方向和使用技术要求；针对不同地质灾害灾种、类型其使用技术要求(包括测点布设模式、安装使用技术要求等)不同。在大数据时代，为了充分的利用不同监测手段获取的数据，可能需要进行数据融合，但对于不同的遥感数据，它们的空间分辨率、成像参数、参考系统等均可能不同，融合难度大，而目前多源数据融合仍处于理论完善和方法探索阶段。

2. 不同监测技术本身局限性

由于地质灾害种类繁多，不同监测技术本身均有自己的局限性。例如，高分辨率遥感影像地物信息丰富，地物空间结构和分布信息更加精细，但也相对复杂。数据量巨大、背景信息复杂、噪声干扰严重、“同物异谱”和“异物同谱”现象明显。这对现有模式识别及信息提取理论和算法提出了很大的挑战。在高山峡谷等地势复杂区域，由于气候条件复杂，空中云雾缭绕的现象屡见不鲜，光学遥感技术难以穿透这些云雾，难以获取高质量的遥感影像，这无疑给光学遥感在地质条件复杂区域的高铁沿线空间环境监测提出了巨大挑战。近年来，以合成孔径雷达(SAR)为代表的微波遥感技术在高速铁路不均匀沉降方面到了广泛的运用，但该技术仍面临着干涉失相关、大气延迟误差、SAR 影像几何畸变等自身局限性。

3. 监测技术选择与数据处理

不同地质灾害监测技术获取的数据类型众多，不同传感器、不同获取平台、不同轨道和不同处理等级等因素使遥感数据具有显著的大数据特征。如何因地制宜，从海量数据中选取合适的监测数据以满足需要的信息，需花费大量的时间。例如，对于利用 SAR 影像监测地表形变来说，要获取高质量的形变监测结果，需选择覆盖监测范围内干涉相关性好，受大气、噪声影响小，叠掩、阴影几何畸变不严重的数据，而这对从业人员的专业技术素质有一定的要求。

我国高速铁路跨度大，路线长，由于卫星多次变轨，使得同一区域可能需要多景影像才能覆盖，如京沪高铁全长 1 318 km，为了获取 2015 年～2018 年铁路沿线的年平均沉降速率场，需 10 个幅宽的 Sentinel-1A/B 数据共 385 景影像才能形成完整覆盖。庞大的遥感数据量对处理的效率提出了挑战，否则与利用遥感进行快速、实时监测的目标有所偏离。另外，数据处理一般需要人为根据经验配置某些参数，这势必存在由人为因素引起的误差。因此，如何对大数据进行快速、自动化以及智能化处理，依然是在高铁空间环境地质灾害监测中面临的一大挑战。

6.3 高速铁路空间环境变化与地质灾害遥感监测技术手段

高速铁路沿线空间环境变化监测方法的发展经历了人工、传感器、检测车等多个阶段，目前已经向着多平台/多技术集成化检测、监测的方向发展。下面主要针对现有监测技术和方法进行评述。

6.3.1 人工巡检

传统的铁路沿线空间环境变化的探查主要采用人工调查的方式进行，包括巡道工、重点区域人工巡检、定期组织专业人员沿线路进行巡查等。如京沪高铁全线设立了 18 个铁路公安派出所和 652 个值勤岗亭，按照每公里一名安保人员的配备进行线路巡防等，如图 6.3 所示。

图 6.3　高速铁路沿线环境现场巡检

根据铁路线路维修规则，早期铁路线路巡检的主要内容包括：

(1)钢轨、道岔及主要联结零件有无伤损，已有标记的伤损有无变化。

(2)有无侵入限界、胀轨跑道及其他线路故障。

(3)未设路基、桥隧巡守人员的路基沉陷、坍方落石、水害、雪害、砂害、冻害及桥头护锥、河岸冲刷等情况。

此外，对确定的春融、水害、雪害、沙害及冻害等处所，应采取慢走细看的策略加强检查。

传统的人工巡检方式在早期的普通铁路安全保障方面发挥了重要作用，但是其检查的效率较低，时效性也较差。随着铁路网络中高速铁路比例的不断增加，传统的人工巡检方式已经无法满足高铁运营安全保障的要求。高速铁路沿线巡检的作业范围有了极大的变化，已经从线路两侧廊道扩展至两侧 500～1 000 m 范围，对于特殊区域，甚至所需监测的空间范围更大(泥石流易发区、跨江/跨河区域)。同时，巡检的工作内容也有了极大的变化，增加了噪声监测、电磁扰动监测、高危作业区监测等。因此，面对高速铁路运营里程的不断增加，急需先进的技术手段来提高高铁运营环境的监测能力。

6.3.2 传感器网络监测技术

随着物联网技术的不断发展，传感器网络自动监测与监测系统开始逐步应用于铁路沿线空间环境变化的日常监测任务中来。利用传感器监测铁路沿线的风速、雷电、地震、雨、雪、洪水、滑坡、泥石流等，确保第一时间掌握周边环境动态。目前已经在高铁沿线布设了大量的雨量监测、雪深监测、地震监测、异物监控、边坡监测等子系统。如京沪高铁全线铺设 2.85 m 高的防护网，共设置地震监控点 31 处、风速监测点 167 处、雨量监测点 50 处，严密监视“天地”动向，如图 6.4 所示。

(a) 风速/雨量监测系统

(b) 视频监测系统

图 6.4 传感器网络高铁沿线安全隐患监测

6.3.3 全球卫星导航定位系统

具有全球导航定位能力的卫星导航定位系统称为全球卫星导航定位系统(GNSS)。目前，国际上有多个 GNSS 系统，如美国的 GPS、俄罗斯的 GLONASS、欧洲的 GALILEO、中国的北斗卫星导航系统等。GNSS 系统一般由三部分组成，以美国 GPS 为例，其包括空间部分(GPS 星座)、地面控制部分(地面监控系统)和用户设备部分(GPS 信号接收机)。

GPS 导航系统的基本原理是测量已知位置的卫星到用户接收机之间的距离，然后综合多颗卫星的数据推算接收机的具体位置(x、y、z)。其中，卫星的位置信息可以根据星载时钟所记录的时间由卫星星历给出，而用户到卫星的距离则通过纪录卫星信号传播到用户所经历的时间得到。图 6.5 为 GPS 测量原理示意图。按定位方式，GPS 定位分为单点定位和相对定位(差分定位)。单点定位就是根据一台接收机的观测数据来确定接收机位置的方式，它只能采用伪距观测量，可用于车船等概略导航定位。相对定位(差分定位)是根据两台以上接收机的观测数据来确定观测点之间的相对位置的方法，它既可采用伪距观测量也可采用相位观测量。

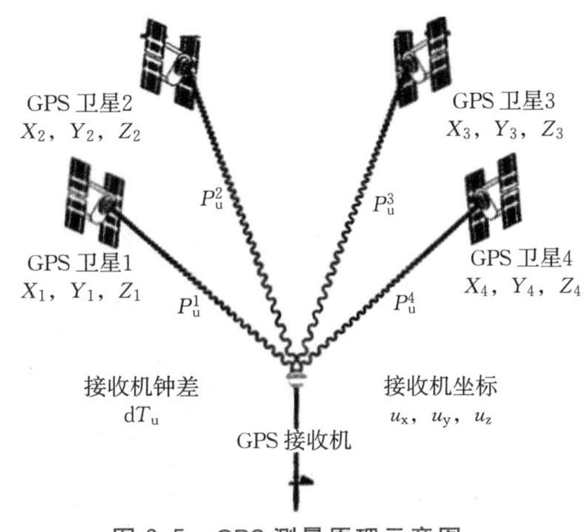

图 6.5　GPS 测量原理示意图

GPS 具有高精度、观测时间短、测站间不需要通视和全天候作业等优点，使地球表面任何一点的三维坐标测定变得简单。此外，依赖精密定位能力，GPS 具有高精度测量地表三维形变的能力。目前 GPS 已广泛应用于人类社会各个领域，如国防建设、灾害预警、智慧城市和精准农业等。在工程测量领域，GPS 从一般的控制测量(如城市控制网、测图控制网)到精密工程测量，都显示了极大的优势，是对传统大地测量手段(如水准测量和经纬仪测量)的一种革新。在监测各种与形变有关的地质灾害领域，GPS 不仅可满足高精度连续形变监测，而且通过监测工作自动化极大提高监测效率，为多种地质灾害(如滑坡、泥石流)的预警提供可能。GPS 已广泛应用于我国高铁建设和运营，如线路勘探、施工控制测量、高铁沿线隐患边坡监测等。

6.3.4　三维激光扫描精密测量

三维激光扫描是一种激光测距技术，其采用非接触式高速激光扫描方式，获取地形或者复杂物体的几何形态。三维激光扫描的核心是激光发射器、激光反射镜、激光自适应聚焦控制单元、CCD 技术、光机电自动传感装置等。三维激光扫描系统组成部件包括三维激光扫描仪、数码相机、后处理软件、电源以及附属设备等，如图 6.6 所示。按照扫描平台的不同，三维激光扫描可以分为机载(或星载)激光扫描系统、车载激光扫描系统、地面型激光扫描系统和便携式激光扫描系统。三维激光扫描仪则是对确定目标的整体或局部进行完整的三维坐标数据测量，即意味着激光测量单元必须进行从左到右，从上到下的全自动高精度步进测量(即扫描测量)，进而得到完整的、全面的、连续的、关联的全景点坐标数据，这些密集而连续的点数据也叫作“点云”。

三维激光扫描得到的每一个云点测量值都是基于三角测量原理进行的，并且根据激光扫描的传感驱动进行三维方向的自动步进测量，如图 6.7 所示。三角测量原理的实现是通过激光发射器发出的激光束经物体表面漫反射后，沿几乎相同的路径反向传回到接收器，可以计算目标点 P 与扫描仪距离 S；控制编码器同步测量每个激光脉冲横向扫描角度观测值 α 和纵向扫描角度观测值 β，即可实现对目标表面的扫描测量。三维激光扫描获取的“点云”位置可通过自定义测站坐标进行定义，X 轴在横向扫描面内，Y 轴在横向扫描面内与 X 轴垂直，Z 轴与横向扫描面垂直。在扫描测量过程中，激光扫描系统需要考虑到视场深度、扫描线宽、视场、最佳距离、视角、三角角度和视场角度等影响因素。

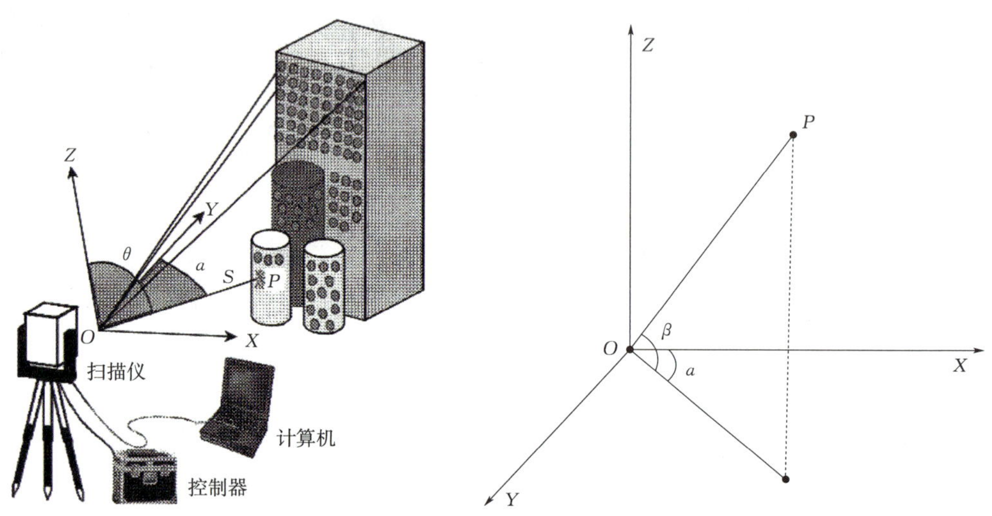

图 6.6 地面激光扫描仪系统组成图

图 6.7 三维激光扫描三角测量原理示意图

点云数据的一大特点就是数据量庞大，得到的三维模型经常包含很多冗余信息，因此一般需要对模型进行简化。一般点云简化方法包括基于曲率和基于空间分割两大类方法。其中，基于曲率方法有角度偏差法、最小距离法等；基于空间分割方法有均匀网格法、包围盒法和三角网格方法等。两类方法各有局限，基于曲率的简化算法虽能很好地保留几何特征，但是简化效率低；基于空间分割的简化算法则不适用于复杂特征和多曲率的散乱点云数据。

随着三维激光扫描技术的发展，其在高铁相关部件监测和沿线空间环境监测中的应用也开始兴起。激光扫描传感器被广泛地安装到机械手臂或高精密移动平台装置上，并经常与立体视觉技术相结合，构建简单、快捷、灵活有效的移动测量系统。例如：高速列车动态包络线测量系统、步阶管道内径监测系统等，能够精确监测出列车轮轨或铁路钢轨的变形；在高铁施工过程中，三维激光扫描可有效监测施工沿线危岩或边坡，保障施工安全。

6.3.5 光学遥感

光学遥感利用可见光、近红外和短波红外传感器，对地物进行特定电磁波段的成像观测，属于被动式遥感。光学遥感基本原理如图 6.8 所示，地球表面接受太阳光的辐照后，带有地表图像信息的反射光经过大气层，进入光学遥感器，在光学系统像面上，形成地物的像，并被接收器接收，经进一步处理后便可得到图像产品。随着光学成像、电子学与空间技术的飞速发展，高空间、高光谱和高时间分辨率遥感技术不断取得新突破，进一步增强了光学遥感的对地观测能力。

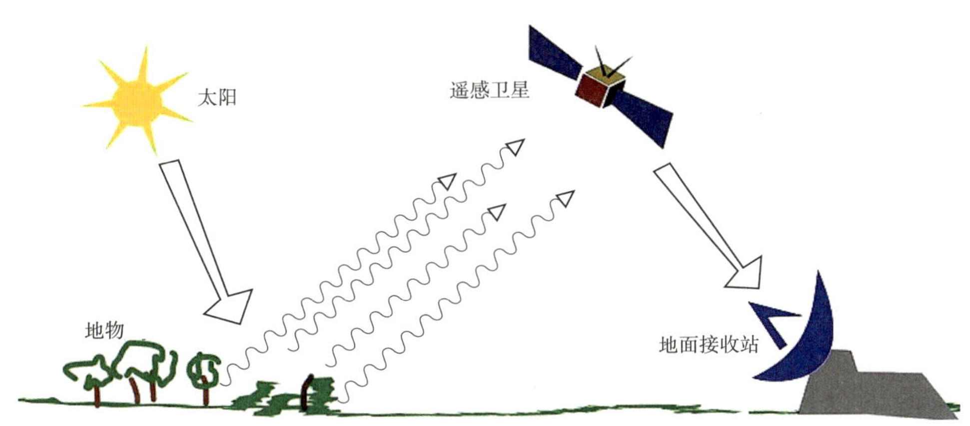

图 6.8 光学遥感成像示意图

辐射校正是光学遥感图像应用的必要步骤，这是由于电磁波在传播过程中与大气中各成分相互作用，导致图像观测值与地表反射辐射值存在一定偏差。根据不同卫星数据中各传感器的成像条件差异和波段设计特点，现有大气校正模型各不相同，但其核心均是以获取高精度模型参数来提高图像大气校正的精度，准确反映地表真实信息，进而加速推动定量化遥感研究的进展。

目前，光学遥感图像最重要的应用之一是目标探测和分类。结合人为选取的各类地物典型样本，以分类器模型为依托的大尺度遥感图像自动化分类，可以实现地物类型及其分布的高效准确获取。随着遥感大数据时代的来临，基于机器学习的图像分类方法逐渐占据主导地位，支持向量机、浅层神经网络、深度学习等一系列典型算法成为高精度图像分类的领航者。目标探测相对于图像分类来说具有更强的针对性，根据待探测目标的光谱、纹理结构特征等先验信息，可以通过构建目标模型在大场景中准确发现低概率出露目标。

空间分辨率是指能够被光学传感器辨识的单一地物或两个相邻地物间的最小尺寸，它代表传感器对地物进行空间表达的能力，一直是光学遥感发展中持续追求的一项重要技术指标。近年来迅速发展的高分辨率卫星遥感在高铁建设中展现了巨大的应用潜力，为高铁建设提供了丰富的基础数据资料，得益于光学遥感卫星独特的对地观测能力，世界各国积极发展光学遥感卫星及相关技术。美国先后发射 IKONOS、QuickBird、Geoeye、WorldView 等系列高分光学遥感卫星，形成了空间分辨率为 0.31～1 m、时间分辨率 1～3 d 的对地观测能力。法国光学遥感卫星主要是 SPOT 系列卫星，在轨运行的有 SPOT6/7 和 Pleiades-1A/B 共 4 颗，SPOT6/7 卫星在保留 SPOT 系列卫星特点的基础上将空间分辨率提升至 1.5 m，Pleiades-1A/B 则实现了更高的空间分辨率和观测灵活性，其空间分辨率达 0.5 m。我国的光学遥感卫星事业近年飞速发展，特别是在“高分对地观测系统”国家科技重大专项建设的推动下，高分光学遥感时空分辨率得到大幅提升。我国在 2013 年和 2014 年相继发射“高分一号”(GF-1)和“高分二号”(GF-2)卫星，标志着中国遥感卫星进入亚米级高分时代。而 2016 年发射的“高景一号”(SuperView-1)是由 2 颗空间分辨率为 0.5 m 的高分光学遥感卫星组成的，使我国商业遥感数据水平进入国际一流行列。

遥感技术具有宏观性、实时性、周期性及综合性等技术优势，为快速、客观、动态监测高铁沿线空间环境变化、判识环境安全隐患提供了有效的技术手段。特别是高分辨率光学遥感影像的可获取性日益增强，使得在较精细的空间尺度上判识隐患区域成为可能。利用光学遥感技术开展空间环境变化监测，本质上是实现遥感影像上相应环境要素的解译或变化监测。前者依赖于人工目视解译或者计算机自动分类技术实现遥感影像上地物目标的提取，后者则通过多时相遥感影像的对比分析实现感兴趣区域的发现。随着模式识别与机器学习技术的不断发展，将先进的机器学习技术应用到遥感影像目标提取和变化监测中，并充分考虑影像本身的光谱信息、空间信息、时间序列信息以及各类地理辅助信息可以大大提高特征提取与目标识别的精度，为实现自动化高铁沿线空间环境变化遥感监测、判识环境安全隐患奠定了基础。

目前，光学遥感已在我国高铁建设中得到广泛应用，例如高铁线路选线阶段，为了满足铁路设计要求，必须利用铁路沿线的地形、地物、地貌、地质、水文等资料，而光学遥感是提供这些资料的非常有效的技术手段。特别是随着高分辨率的遥感技术以及计算机技术的快速发展，光学遥感正成为高铁沿线空间环境监测的核心关键技术，从而为铁路部门开展高铁沿线环境安全检查提供科学依据和技术支持。

6.3.6 摄影测量

摄影测量是20世纪初发展起来的一项测量技术，经过了漫长的发展历程，伴随着科技的进步和测量事业发展的需要，摄影测量的操作方式也从初期的人工计算测量发展到今天的全自动、全数字化操作测量。根据技术处理手段的不同和历史发展阶段的不同，摄影测量可分为模拟摄影测量、解析摄影测量和数字摄影测量三个发展阶段。模拟摄影测量的结果通过机械或齿轮传动方式直接在绘图桌上绘出各种图件来，如地形图或各种专题图，它们必须经过数字化才能进入计算机；解析和数字摄影测量的成果是各种形式的数字产品和可视化产品。其中，数字产品包括数字地图、数字高程模型、数字正射影像图、测量数据库、地理信息系统和土地信息系统等；可视化产品包括地形图、专题图、纵横剖面图、透视图、正射影像图、电子地图、动画地图等。

摄影测量根据测量方式的不同，分为地面摄影测量、航空摄影测量和航天摄影测量，其基本原理是利用同一地物目标在不同影像上的成像，根据成像几何计算出该点的三维坐标。具体的操作原理如下：

(1)首先通过摄像机等获取摄影对象的信息和包括相机参数、地面控制点在内的相关数据参数等，并将摄影信息转换成需要的文件格式。

(2)对模型进行定向分析。将获得的模型信息初始化，并进行参数设置，然后对模型按先后顺序分别进行内定向、相对定向和绝对定向，以此确定所获得影像的坐标系与扫描坐标系之间的参数、数量关系以及发现的影响可能存在的仿射变形等，并建立测量对象的几何模型和进行地面参考坐标系的转换。

(3)影像的匹配处理，又分为预匹配处理和匹配处理。预匹配处理主要针对影像中一些匹配困难地区的处理，如沟壑、山脊、阴影遮盖区域、大片水域等影像色彩、灰度不一致的地方。将预匹配后的影像信息按核线方向排列成立体影像后进行影像匹配，为保证匹配的精度与正确性，应注意选用合理的匹配方法。

(4)建立三维模型。影像匹配完成后，再进行纹理编辑和细部处理，建立起三维模型后，即可利用测量软件进行计算，以满足各种生产、建设活动对地籍信息的需要。根据摄影测量的基本原理可以知道，影响摄影测量的两大要素问题是物点的几何定位和影像解译。摄影测量的几何定位是根据两个已知的摄影站点及摄影方向线，以两线交会构成两条摄影线的待确定点的三维坐标，其中包括内方位元素、外方位元素、模型定向、等高线测绘等要素和控制要点；影像解译就是根据影像信息确定影像地面、物点的性质，主要包括正摄影像、测图、三维重建。这些要素和控制要点确保了摄影测量的完成，并关系到测量的精度、效率等。

航空摄影测量可以提供多种尺度分辨率、多时态、局部或者大面积范围的4D产品，即数字正射影像(DOM)、数字高程模型(DEM)、数字线划地图(DLG)和数字地形模型(DTM)等。丰富的地理信息资源以二维、三维数据相结合的表现形式，不仅能够更加生动的表达测区的现实状况，也方便用户更直观的了解、理解测区的具体情况，甚至可以模拟铁路建设的效果和成果状态，为智能化科学化的工程决策提供支撑和基础保障。

摄影测量在铁路建设中的应用主要在三个方面：一是铁路勘察选线，二是铁路沿线地质灾害识别监测，三是轨道平稳性监测。从20世纪50年代开始，我国就将摄影测量与遥感技术应用于铁路选线中，已有很多成功的实例。如：兰新铁路的选线，在缺乏相关地形资料和地质资料的条件下，利用航空像片很容易地勾绘出沙漠、沼泽、盐湖、碱滩等不良地质的分布范围，从而大大加快了兰新铁路的勘测工作。在地质灾害识别和监测方面，摄影测量可提供高分辨率大比例尺数字地形图，为铁路沿线陡峭边坡识别，大坝蓄水模拟等提供有效的基础数据。利用近景摄影测量技术监测铁路轨道平顺性已得到广泛应用，其原理为采用近景摄影测量和数字图像处理技术挖掘影像中蕴含的轨道信息，以无接触方式完成轨道目标的各项监测工作。

6.3.7 合成孔径雷达干涉测量

合成孔径雷达干涉(InSAR)是近半个世纪发展起来的定量微波遥感技术。InSAR是一个嵌套式的英文缩写，即 radio detection and ranging (radar，无线电探测与测距，简称雷达)，synthetic aperture radar (SAR，合成孔径雷达)，interferometric SAR (InSAR，合成孔径雷达干涉)。这正说明了InSAR的发展先后经历了“地面探测雷达—成像合成孔径雷达—合成孔径雷达干涉”的过程，同时也说明了InSAR是合成孔径雷达遥感成像与电磁波干涉两大技术的融合。

SAR是一种主动遥感方式，在搭载SAR平台运行过程中，其在每个位置发射一个电磁脉冲，在与观测目标交互后产生回波信号，回波信号通过接收机接受并被记录下来。由于SAR搭载平台相对于地面目标存在一个移动速度，每个地面目标的反射信号对应一个唯一的多普勒频移，“合成孔径”即通过调整每个地面目标回波的频移量实现解调，并同时对多普勒频移进行匹配，进而实现高空间分辨率成像。假设某卫星SAR系统沿着重复轨道对某一区域进行侧视成像，对同一个地面分辨元来说，两次成像便形成了两条雷达视线，也就是说形成了地面分辨元至传感器的两个几何距离，这种情形与“杨氏双缝干涉实验”非常类似，两个雷达传感器的位置类似于“双缝”，两个距离对应着两个雷达波程，因波程差导致两个微波相遇时形成增强、削弱、甚至相互抵消的情况，其实质是由相位差异(对应着波程差)所引起，导致“干涉”现象的发生。

合成孔径雷达差分干涉测量(differential inSAR,DInSAR)通过处理覆盖同一地区不同时刻获取的两幅 SAR 影像的相位信息,生成干涉相位图得到两次成像中微波的路程差,从而计算出目标地区的地表微小形变(厘米级)。目前,DInSAR 已经成为监测地表形变的一种重要技术手段,并已被广泛应用于城市地表沉降、地震及地壳活动、火山岩浆活动、冰川运动和滑坡位移监测等领域。特别是随着欧洲空间局的 Sentinel-1A/B、日本宇航局的 ALOS-2 PALSAR-2 等新一代雷达卫星的陆续发射升空,同时具有高空间、时间分辨率的 SAR 数据越来越丰富,这为 DInSAR 技术的进一步推广提供了重要的数据保障。随着对 InSAR 理论、方法和应用研究的不断深入,国内外有关学者也逐渐意识到应用该技术所存在的缺陷,如干涉失相关、大气延迟、相位噪声、相位处理误差、轨道数据误差等。尤其对于缓慢累积的地表形变监测而言,由于短时间内缓慢形变的累积量级较小,很容易被大气延迟或其他噪声所掩盖,进而导致形变监测精度降低或失败,国内外学者开始对时序 InSAR 技术进行深入研究。为解决常规 InSAR 所存在的问题,国内外学者相继提出并发展了时序/多基线 InSAR、多孔径干涉、像素偏移量跟踪等高级 InSAR 方法。

与常规大地测量形变监测技术如精密水准测量和卫星导航定位系统相比,InSAR 具有高精度、高分辨率、覆盖范围大、成本低、安全和观测连续等优越性。时序 InSAR 技术已在城市地面和大型基础设施(如水坝和桥梁等)的形变监测过程中得到较多应用,已被国土资源部门列入《地面沉降调查与监测规范》(DZ/T 0283—2015)中。针对高铁沿线空间环境调查和地质灾害普查,InSAR 技术也展现出巨大的优势,并已成功应用于多条高速铁路(如京沪高速铁路、郑西高速铁路)沿线地表沉降漏斗监测。图 6.9 为通过时序 InSAR 沉降监测方法获取的京津城际高铁沿线某段区域地表沉降速率图,可以看出,沿线不均匀沉降分布较为广泛,最大沉降速率达到 70 mm/a。

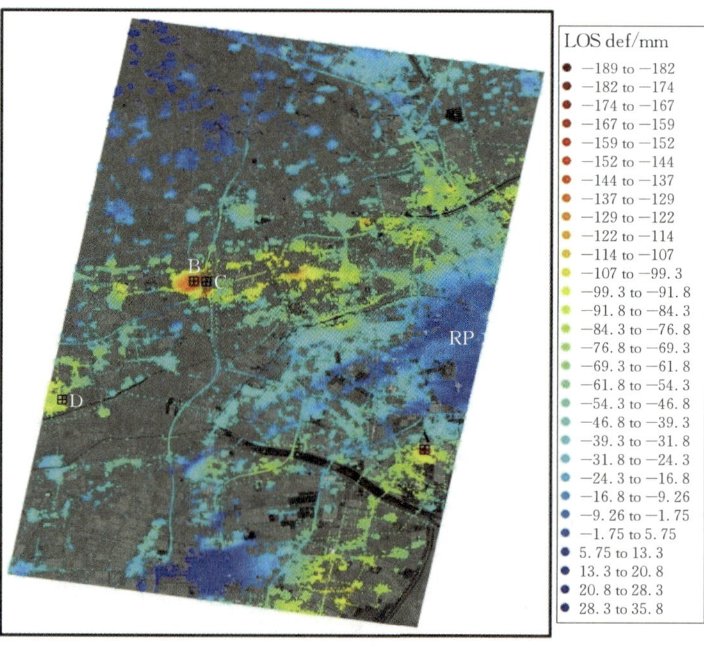

图 6.9　时序 InSAR 监测京津城际高铁沿线地表沉降图

6.3.8 激光雷达技术

激光雷达(light detection and ranging,LiDAR),即激光探测与测量,一种用于精确获得三维位置信息的传感器,能够确定物体的位置、大小、外部形貌甚至材质。LiDAR 所测得的数据以数字表面模型(DSM)的离散点表示,数据中含有空间三维信息和激光强度信息。将原始数字表面模型中建筑物、人造物、覆盖植物等地表覆盖物的高度移除,即可获得数字高程模型(DEM)。激光雷达测距精度可达厘米级,利用 LiDAR 最大的优势就是精准、快速和高效作业。根据传感器搭载平台,LiDAR 技术可分为机载激光扫描技术和地面激光扫描技术,前者主要用于快速获取大面积三维地形数据,后者在空间目标三维重建中可发挥重要作用,主要用于城市三维重建和局部区域地理信息获取。这里重点介绍基于机载的激光扫描技术。图 6.10 展示了机载 LiDAR 工作示意图。

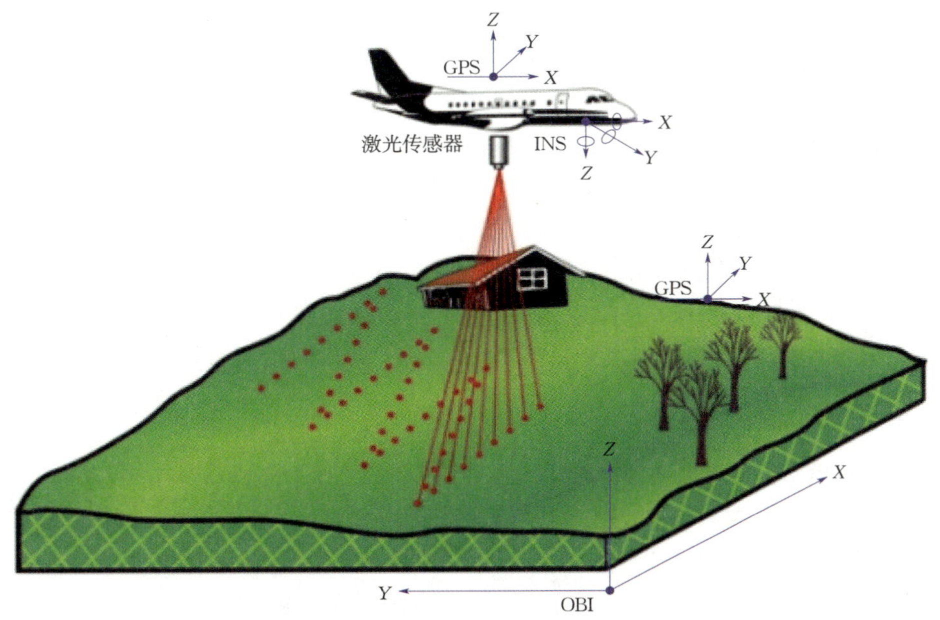

图 6.10 机载 LiDAR 系统示意图

机载 LiDAR 系统是以飞机作为测量平台,以激光扫测系统作为传感器,能实时获取地形表面的三维空间信息,还能提供一定的红外光谱信息,是获取地球空间信息的高新技术手段之一。机载 LiDAR 系统严密整合了激光测距仪(laser)、高精度惯性导航装置(inertial navigation system,INS)和全球卫星定位系统(global positioning system,GPS)三个高新技术,是激光技术、计算机技术、高动态载体姿态测量技术和高精度动态 GPS 差分定位技术迅速发展的集中体现。机载 LiDAR 系统组件主要包括:

(1)动态差分 GPS 接收机,用于确定扫描装置中心投影的空间位置;

(2)姿态测量装置,一般采用惯性测量装置,用于测定扫描装置的主光轴空间姿态参数;

(3)激光测距仪,用于测定激光雷达发射参考点到激光脚点的距离;

(4)成像装置(CCD 相机),用于记录对应的地面实况,可用于最终制作正射影像。

传统光学遥感或者摄影测量手段获取的二维遥感图像通过立体相对测量、影像相关或空间变换及地面控制点，计算传感器获取该图像时的外方位元素，从而实现对地定位。而机载 LiDAR 的定位原理是通过精确测定遥感器的空中位置，测定遥感器的姿态参数和测定遥感器到地面目标距离的方法实现三维对地观测。与微波雷达原理相似，激光雷达使用由激光器发射的红外线，或可见光，或紫外光进行测距。其基本原理是利用电磁波在空气中的传播速度，测定波在被测距离上往返传播的时间来求得距离值。具体实现方法有脉冲法、相位法和变频法，常用的是脉冲法和相位法。相位法通过量测连续波信号的相位差间接确定传播时间；脉冲法则是直接量测脉冲信号的传播时间。

LiDAR 获取数据是离散三维点云数据，不仅包括地面、建筑物、植被等，还包括其他无用信息，如飞鸟、飞机等，因而在应用时需剔除无用信息，在提取有效信息的基础上完成制图、分析等。基于机载 LiDAR 的三维激光扫描获取高于 20 点/m^2 的高密度点云，可高效解决高速铁路沿线高精度数字地形构建难题；机载激光多次回波功能，可有效地利用于植被茂密、地形复杂、常规作业难以获取有效数据的地区。在此基础上，进一步去除表面植被覆盖的影响，可快速获取高精度、高现势性数字高程模型 DEM。

高精度的三维数字地面模型又是研究与地貌相关的各种地学现象和地学过程的基础数据，因此，激光雷达已在大型工程建设、全球冰川监测、大尺度断裂带提取、滑坡稳定性评价和监测，以及海岸线提取和海岸侵蚀等领域展现出了非常广阔的应用前景。利用 LiDAR 高精度测高数据，生成大比例尺地形图已在铁路勘察设计、路基高程维护和检修方面起到重要作用。例如，目前高铁路线勘测主要采用比例尺为 1∶2 000 以上的地形图，如采用 GPS 技术、全站仪及水准测量方法进行测绘效率非常低下，并且在艰险的工程环境下可能给人员安全和勘测质量带来较大隐患，而 LiDAR 则有效解决了铁路线走廊带勘测这一难题。

6.3.9 空间遥感信息系统集成技术

近年来，随着高空间分辨率遥感数据的不断丰富，以及中小型无人机的不断普及，越来越多的行业和部门开始利用遥感技术进行铁路沿线大范围的动态监测。结合铁路系统已有的车载巡检系统和传感器监测网络，已经逐步形成了天/空/地一体化的监测网络。同时随着空间数据处理方法和技术的不断进步，空间遥感技术在高铁沿线的环境要素监测中逐步从理论研究走向行业应用。

1. 天/空/地一体化监测网络

天/空/地一体化的监测网络通常包括航天、航空及地面移动监测系统。目前，在国土、军事、测绘等行业已经发展了较为完善的技术体系。在铁路行业，由于传统的行车安全系统强调运营参数的精度及频率，使得空间遥感技术难以在线路基础参数监测方面发挥其优势。但是随着近年来行业内对铁路沿线环境隐患要素关注的不断增加，空间遥感技术已逐步发挥其动态、广域监测的优势。

天/空/地一体化的监测网络中，相对精度最高的是地面/车载巡检系统，其主要用于路基、轨道、接触网等组成部分的状态监测。其优点是获取的运营参数精度高，但同样存监测范围小的缺点。

近年来，国内外许多铁路机构已经意识到无人机在远程遥控、高分辨率影像采集、艰险区域勘察等方面的优点，并逐步开始将其应用到铁路运营管理领域。其主要用于以下几个方面：

(1)基础设施监测。包括使用无人机对线路、桥隧、车站、电力设施等基础设施中一些维修人员难以进入的区域进行监测。同时，还在钢轨裂缝、变形以及轨枕状况监测等方面进行了研究。

(2)事故调查和灾害评估。主要利用无人机快速灵活成像的特点，对自然灾害或行车事故后的带状区域进行灾情调查和评估。

(3)安全巡逻取证。如为了防范货物失窃、车站建筑及相关设备遭受人为破坏等事件发生，采用无人机进行线路巡逻并拍照取证。

虽然无人机应用于铁路领域还普遍面临着空中飞行许可、立法等一些问题，但是无人机能够解决一些既有技术手段难以解决的问题，经过近几年的推广应用，已逐渐开始在多个国家铁路得到较好的发展。可以预见，无人机作为一种辅助性监测手段，在铁路领域将会有更大的发展。

2. 遥感影像人工判识与智能解译技术

高分辨率遥感影像的可获取性日益增强，使得在较精细的空间尺度上监测高铁沿线空间环境变化成为可能。丰富的高频细节使得高分辨率遥感影像类内光谱变化加剧和类间光谱差异减少，“同物异谱”和“异物同谱”大量发生，传统基于光谱的逐像素地物分类方法，分类结果细碎且分类精度不高。因此，为了顾及像素之间的空间关系，将面向对象和基于光谱—空间的影像分析技术引入到高分辨率遥感影像的自动解译中已经成了一种自然的趋势。以 eCognition 软件为代表的面向对象分析方法蕴含的基本思想是：首先通过影像分割获得同质均一的区域图斑，即所谓的“对象”，并以此为后续分析的基元，然后利用监督或非监督学习方法实现信息提取与分类。本质上，通过“对象”的生成，该类方法实现了“对象”内像素间的空间一致性约束，因此往往能够保证分类结果拥有较好的平滑性。另外一种基于光谱—空间的影像分析方法是定义特定形式的邻域模式来对影像的结构特征进行建模，从而实现影像目标的分割识别的一体化过程。此类算法一般以像素为分析基元，通过构建面向对象的特征，将空间上下文信息融入到分类过程中。相关研究包括基于共生矩阵或 Gabor 小波的纹理特征提取、基于数学形态学的特征提取、基于形状构造(点状、线状或面状)的特征提取、基于马尔可夫随机场模型等。

面向对象和基于光谱—空间的影像分析技术，虽然在一定程度上改善了传统基于像素高分辨率遥感影像分析方法的效果，但是仍然缺乏从更高层次的语义或场景层次去理解高分辨率遥感影像，因此，为了突破这一限制，扩大解译单元，结合更大解译单元内的上下信息实施场景级影像分类是高分辨率遥感影像解译的重要发展趋势。

3. 多源遥感影像变化监测技术

在遥感变化监测方面，国际上对现有的变化监测方法，各国学者已从不同的方面进行了综述与分类。舒宁认为采用计算机的目的是为了替代人的工作，应将人的智慧与知识融于其中，即抓住主要特征，将自己所具备的先验知识与对影像的整体、局部的分析结合起来，将明显特征即色彩、纹理、位置关系十分清晰可辨、定性分析把握很大的地物判别出来。这就要求遥感影像处理和分析的理论和方法必须建立在同质区分析的基础之上，对象级变化监测处理的基本对象是具有一定含义的影像实体，更多地考虑了空间信息和对象的语义信息，能够克服像素级变化监测的缺点。许多研究表明，对象级变化监测是一种更有潜力的变化监测方法。武汉大学的龚健雅等利用面向对象变化监测技术在汶川地震灾后数据处理中提取城区建筑物倒塌、堰塞湖及滑坡面等取得不错的效果。

传统的直接变化监测方法仅能获取变化、未变化的信息，无法进一步获取变化类型。而分类后比较方法又需要较多的计算时间，同时其监测精度受分类体系、分类算法的综合影响，因此目前的变化监测技术也无法满足高速铁路典型环境隐患动态监测的需求。随着高分辨率影像智能分析中纹理、空间、上下文等多特征综合应用的不断深入，特征级变化监测技术得到了极大的发展。尤其是在植被、水体、建筑物等目标的变化监测方面，已经在理论上建立了多种算法，并且其区域性实验也获得了较好的效果。但是面对高铁沿线环境隐患类型多样性的特点，科学有效地定义目标特征形式，构建特征变化监测方案，将理论方法应用于实际的工程中去，还存在诸多技术细节需要完善。

目前，将多时相高分辨率遥感数据应用于高铁沿线空间环境变化监测的技术方案还不成熟，其中涉及带状区域遥感影像快速配准问题，也涉及多目标智能解译问题，同时还需考虑相关的技术标准规范等，因此，在现有遥感影像处理方法的基础上，针对广域带状区域高铁线路环境要素快速监测的应用特点，开展相关算法与技术方案的研究，形成较为完善的监测标准规范，可为高速铁路运营安全提供高质量的环境信息。

7　高速铁路结构目标与环境对象监测

7.1　场景解译框架下的高铁沿线建筑物高分辨率遥感监测

通过单时相高分辨率遥感影像开展高铁沿线建筑物监测本质上是实现遥感影像上结构物或建筑物目标的自动分类识别。传统基于像素或面向对象的方法在开展建筑物的分类时大多并非建立在对图像所描述的高层次语义的理解，而是建立在图像低层视觉特征的分析上，因此，存在明显的语义鸿沟，影响分类精度的提升。为了突破这一限制，需要从更高层次的场景层次去理解高分辨率遥感影像，即以高分辨率遥感影像的影像区块为分析基元，区块内包含的混合地物信息共同反映出来的语义概念作为区块的目标场景类别，这将使得从高层次语义信息上解译建筑物目标成为可能。本节讨论场景解译框架下的高铁沿线建筑物高分辨率遥感监测。

7.1.1　高速铁路地物目标分类与场景解译

在高分辨率遥感影像解译方面，以往的研究热点集中在地物分类，然而高分辨率遥感影像存在大量"同谱异物"和"同物异谱"的现象，使得分类精度的提升受到一定的限制；另一方面，对于高分辨率遥感影像，人们往往更加关注的是高层语义概念层次上的影像内容，由于地面场景十分复杂，使用单一的地物类别信息往往不能有效地表达复杂的真实地理现象，如高铁站、工业区等复杂地物场景往往包含如道路、建筑、裸地等多种地物类别。场景解译是为了得到图像的场景语义，如高铁站和工厂就是图 7.1 所示的场景语义。

（a）高铁站场景

（b）工厂场景

图 7.1　复杂场景示例

场景解译不同于地物分类，地物分类结果是目标级别的，而场景解译将整个场景看作一个整体，根据场景本身的场景语义来组织场景，并没有考虑其中的目标类别。地物分类结果同一类地物之间的差别往往并不大，但是类别之间的差别较大。然而场景通常是由多个不同类别的目标按照不可预测的布局组成，在视觉方面和空间布局上呈现多样性和不可预测性，所以同一特定场景的差异可能会比较大。

7.1.2 高速铁路环境遥感影像场景解译方法

近年来，国内外学者为了解译图像场景的内容，建立底层视觉特征与场景高级语义之间的联系，提出了多种场景解译的方法。其中常用的方法有传统的基于底层特征方法、基于中层语义特征的视觉词袋模型方法、基于中高级语义主题特征的主题模型方法、基于多层次深度特征的卷积神经网络方法。

1. 基于底层特征的方法

基于底层视觉特征是早期场景解译最常用的一种方法，这些底层特征有颜色、形状、纹理、尺度不变特征变换（scale-invariant feature transform，SIFT）等低级视觉特征，然后通过监督学习（SVM、K-NN、贝叶斯理论等）方法来达到场景解译的目的。这种方法基于不同的场景可以通过底层特征进行区分，如森林场景内的树木对象具有高度纹理化的区域，城市场景的边缘信息比较明显，因此基于底层特征解译场景必须结合实际需求选择特征进行区分。

在底层特征的提取方面，基于底层特征的场景解译方法可以分为基于全局和基于区域两种特征的提取方法。基于全局提取特征的场景解译方法是指在整个图像场景上计算底层特征来表示场景内容，基于区域提取特征的思想首先将图像进行分块，然后从各个子区域中提取底层特征，解译子区域的场景语义，最后通过子区域的场景类别共同决定整个图像的场景语义。

2. 基于视觉词袋模型中层特征方法

视觉词袋模型由词袋模型发展而来，词袋模型是文本分析中早期经常使用的一种方法，即通过统计文档中的单词分布信息来对文本进行分析。

由于底层特征无法有效表达场景特征的问题，一些学者从自然语言处理领域引入了视觉词袋模型（bag of visual words，BOVW），其关键是构建文本分析与图像解译之间的一种映射关系。在场景解译中，通过计算图像特征作为图像解译中的视觉单词，然后根据视觉单词构建视觉词典，根据视觉词典对视觉单词进行量化处理，得到图像关于视觉单词的描述，最后通过经过训练的分类器得到场景解译的结果。

视觉词袋模型基于图像场景中层特征，在一定程度上能够解决底层语义与高层语义之间的语义鸿沟问题。但是，视觉词袋模型中视觉词典容量往往比较大，导致场景解译的性能下降。

3. 基于主题模型中高层语义特征方法

在文本分析领域中，词袋模型主要关注的是单词层面，而在词袋模型的基础上发展而来的主题模型则关注文档中隐藏的主题，通过研究文档中隐含的主题概率信息来对文档进行更深层次的描述。

在文本分析中，构思一篇文章首先要思考这篇文章的主题，然后才开始用词语去完成文章。例如一个关于奥运会的文档，可能会有 75%出现运动的主题，有 10%出现奖牌的主题，剩下的可能会出现其他主题。对于运动主题而言，我们会很容易想到篮球、游泳、足球等单词，因为这些单词和运动这个主题的关系很大，也就是说在运动主题下面出现这些单词的概率比较大。因此，我们可以把一个文档看作是多个不同主题的混合比例，而这些主题又跟一些单词的关系较大，所以每一个主题都可以通过这些与主题相关性较大的单词来描述。

场景解译中，一个图像场景可以看作由多个语义主题构成，也可以把挖掘出的潜在语义主题看作目标类；那么一个包含多个目标的图像场景可以由这些语义主题构成的概率模型来描述，最后通过这些主题概率分布来完成场景语义的划分。因此，在视觉词袋模型视觉单词描述场景的基础上，对视觉单词进行主题建模，用语义主题来描述场景，最后通过分类器完成场景解译。

词袋模型是图像关于视觉单词的描述，主题模型则在视觉单词进行了进一步的抽象，用语义主题来描述图像内容，因此语义主题特征是描述场景更高层次的特征。

4. 基于卷积神经网络多层次特征方法

1962 年，Hubel 和 Wiesel 通过对猫视觉皮层神经细胞的研究，发现猫的部分大脑神经元只对一定方向上的边缘信息才能做出回应，这部分神经元通过架构在一个柱状结构中产生视觉感知。他们还发现大脑视觉神经元对视觉输入的小区域比较敏感，在整个视觉区域中都存在着这种敏感区域，从而提出了感受野的概念，这给提取图像的空间相关性特征提供了一种新思路。后来又有学者在感受野的基础上提出了神经认知机，即将图像表示为一种层次化的网络模型，这就是卷积神经网络（convolutional neural network，CNN）的原型。

卷积神经网络是一种受到视觉认知机制启发而发展来的具有多层结构的前馈神经网络模型，其主要思想是通过局部感受野、权值共享等步骤获得一定程度上具有位移、尺度、形变不变性的深度层次化特征，同时采用空间池化的方式减少了大量的运算，目前在图像场景解译中得到了广泛的应用。CNN 一般由多个卷积层、池化层以及全连接层等单元组成。

卷积神经网络场景解译方法是一种基于深度层次特征的方法。底层特征如点特征、边缘特征、光谱特征等，经过一些简单的计算就可以获取，但是这些底层特征不能够解决底层语义与高层语义之间的语义鸿沟。在卷积神经网络中，随着卷积层数的递增，卷积层包含的特征越来越抽象，特征越来越高级。相比于人工设计的底层特征和中层语义特征，CNN 得到的特征不需要人工的干预，而且组合得到的是高度抽象化的特征，具有较强的泛化能力，对目标具有良好的区分能力。

7.1.3 高铁沿线建筑物自动识别

基于 CNN 场景解译框架下的高铁沿线建筑物自动识别方法的总体流程如图 7.2 所示。方法主要包括三个部分，即：

（1）重叠影像块生成。将覆盖高铁沿线的高分辨率遥感影像重叠地划分为均等大小的矩形影像块，作为 CNN 模型的输入。

（2）CNN 模型建模。根据训练样本集，学习获得模型参数，并预测待解译影像块内各地物类别的概率分布。

(3)建筑物区域识别。顾及影像块的重叠方式,通过等权平均方法,由覆盖每个像素的所有影响块内的地物类别分布共同判定该像素的类别归属,从而实现建筑物区域的自动识别。

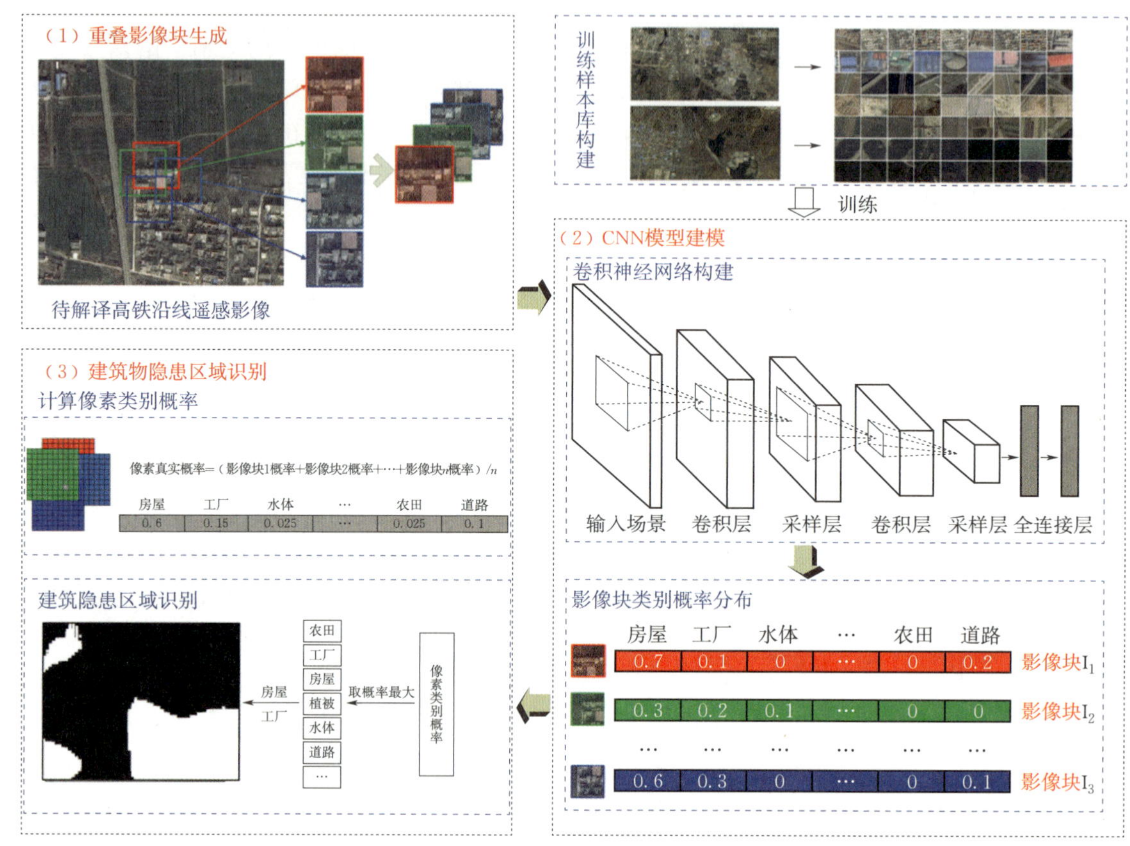

图 7.2 基于 CNN 场景解译框架下的高铁沿线建筑物自动识别方法的总体流程

1. 重叠影像块生成

自然图片内容较遥感影像简单,在进行场景分类时,单张自然图片往往可以直接作为 CNN 模型的输入。而高分辨率遥感影像上地物要素相对复杂,并且研究区往往覆盖区域广,因此,需要对大场景高分辨率遥感影像进行影像块划分,以形成 CNN 模型的输入单元。参考计算机视觉应用中的图片数据库,将研究区高分辨率遥感影像重叠地划分为均等大小的矩形影像块,作为 CNN 模型的输入。与此同时,为了顾及影像块之间的空间关系,采用重叠的影像块生成方法,即在水平方向和垂直方向分别设置两个相邻影像块的重叠度,根据重叠度对原始影像进行划分。因此,原始影像中每个像素事实上能够被多个影像块所覆盖,如图 7.2(1)所示,阴影区域的地物类别应当由覆盖该区域的所有影像块的场景类别所共同确定。

2. CNN 模型建模

2012 年 ImageNet 大赛上,卷积神经网络(convolutional neural networks,CNN)AlexNet 以

极大的优势获得图像分类的冠军。CNN 直接以原始图像块作为输入，能够从大量的监督样本中自动学习到由底层视觉特征到高层语义特征的层次化特征表达，避免了人工特征设计的盲目性，泛化能力极强，为遥感影像场景解译提供了新的分析思路。

CNN 一般由多个卷积层、池化层以及全连接层等单元组成(图 7.3)。卷积层对输入的图像或者前面层输入的特征图与卷积核进行卷积操作并加上偏置项生成新的特征图。卷积操作采用权值共享的策略，每次卷积仅需卷积核元素数量与一个偏置项的参数，显著减少了神经网络的参数量。需要注意的是，在同一卷积层中包含多个不同的卷积核，每个卷积核都对应前一层的多个特征图且能生成对应的特征图。池化层是对卷积输出的结果进行下采样，目的是突出主要特征，减少冗余计算，是一种降维操作，其结果通常比卷积生成的特征图更小。在一个卷积神经网络中，卷积层和池化层一般交替进行。全连接层是传统神经网络基本结构，在卷积神经网络中是对卷积层和池化层的结果进行连接从而得到全局描述特征。通常将卷积和池化提取的特征拉伸成为向量然后与全连接层的参数进行线性变换，最后用非线性函数进行映射。

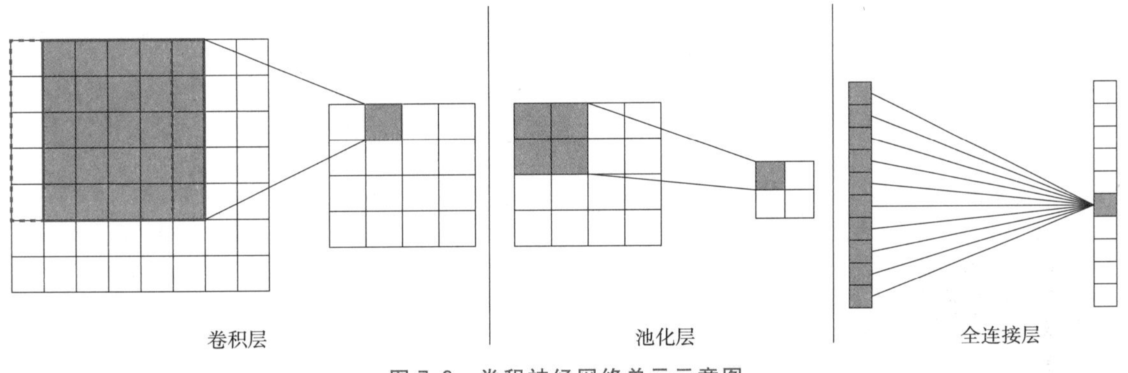

图 7.3 卷积神经网络单元示意图

卷积神经网络是一种监督学习模型，训练时输入样本图像与样本类别，通过最小化目标函数进行参数求解，其目标函数见公式(7.1)。

$$J(\boldsymbol{\theta})=-\frac{1}{M}\sum_{m=1}^{M}\lg P(c_m|\boldsymbol{I}_m;\boldsymbol{\theta}), \tag{7.1}$$

式中 P——概率(此处即输出)；

M——每次进行训练的样本数量；

c_m——样本类别；

$\boldsymbol{I}_m$——样本图像；

$\boldsymbol{\theta}$——CNN 的参数。

在公式(7.1)中，由于 CNN 模型的参数过多，直接对目标函数开展最小化求解难以做到，因此，在实际处理中，通常采用梯度下降法进行求解，即把目标函数的误差进行反向传播依次对每层神经网络的参数进行迭代更新。为了减少目标函数陷入局部最小的可能，采用一种具有动量的梯度下降算法，该方法在梯度更新的过程中加入历史更新量(动量)，当目标函数陷入局部最小时，仍有一定的动量逃离，参数更新的规则见公式(7.2)。

$$\begin{cases}\Delta\boldsymbol{\theta}_t = \mu\Delta\boldsymbol{\theta}_{t-1} - \eta g(\boldsymbol{\theta}_t) \\ \boldsymbol{\theta}_{t+1} = \boldsymbol{\theta}_t + \Delta\boldsymbol{\theta}_t\end{cases} \tag{7.2}$$

式中 t——迭代次数；

η——学习率；

μ——动量的影响值，一般设定为 0.9；

$g(\boldsymbol{\theta}_t)$——梯度向量。

CNN 通过梯度下降算法不断的训练，最终学习到模型参数 $\boldsymbol{\theta}$。输入未知场景的影像块 $\boldsymbol{I}$ 到训练好的 CNN 模型中，通过一系列卷积、池化和全连接的运算，可以获得该影像块所对应场景中包含各个类别的概率 $P(c|\boldsymbol{I};\boldsymbol{\theta})$。

3. 建筑物区域识别

由于影像块的划分采用了重叠的生成方式，因此，原始遥感影像中每一个像素事实上隶属于多个场景的影像块，其地物类别应该由所有覆盖该像素影像块的场景类别所共同决定。基于此考虑，假设像素 x 同时由影像块 $\boldsymbol{I}_1,\boldsymbol{I}_2,\cdots,\boldsymbol{I}_n$ 所覆盖，则其地物类别通过等权平均方法式，由式(7.3)所决定。

$$c_x^* = \arg\max_{1\leqslant k\leqslant K} \frac{1}{n}\sum_{i=1}^{n} P(c_x = k|\boldsymbol{I}_i;\boldsymbol{\theta}) \tag{7.3}$$

式中 $P(c_x=k|\boldsymbol{I}_i;\boldsymbol{\theta})$——影像块 $\boldsymbol{I}_i$ 所对应场景中，像素 x 被判定为类别 k 的概率；

K——总的地物类别数。

因此，通过多地物分类，建筑物区域很容易同其他地物进行区分。

7.1.4 高铁沿线建筑物自动识别案例

1. 实验区与数据

为了验证基于 CNN 场景解译框架下的高铁沿线建筑物自动识别方法的有效性，选取京沪高铁宿州—蚌埠某段高铁沿线(33.32°N,117.31°E)的 Google Earth 影像作为实验数据。该影像为经过融合处理后的 3 波段影像，大小为 2 675×6 465 像素，空间分辨率为1 m，拍摄时间为 2016 年 1 月 15 日。实验区影像中地物类型丰富，包含房屋、工厂等高铁建筑区域和植被、农田、裸地等非隐患区域，如图 7.4 所示。

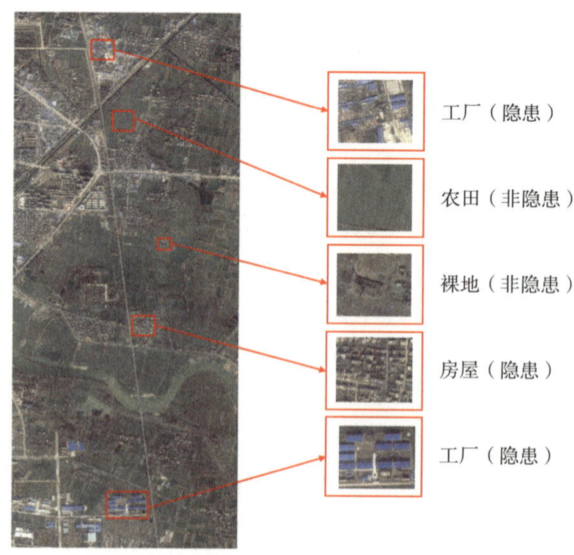

图 7.4 京沪高铁徐州—蚌埠某段实验数据

2. 结果对比与分析

房屋、工厂等建筑会严重影响到高速列车的安全运营，根据《铁路安全管理条例》，铁路线路两侧应当设立铁路线路安全保护区，在铁路线路安全保护区内不得修建房屋、工厂等建筑。通过人工解译和基于 CNN 两种方法提取建筑物隐患，其结果对比如图 7.5 所示。

为了更加准确的将人工解译方法和基于 CNN 的方法提取建筑物的结果进行对比，将图 7.5 中选取的两个局部区域进行放大精确对比分析。对比结果如图 7.6 所示。

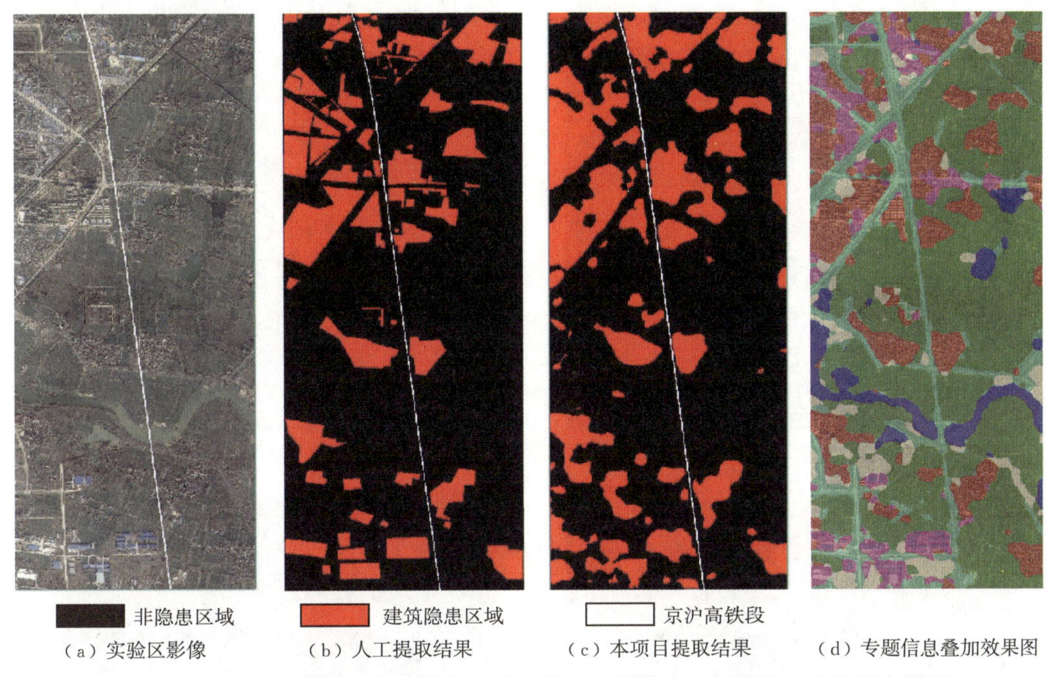

图 7.5 京沪高铁徐州—蚌埠某段沿线建筑隐患区域人工解译和自动识别专题图

图 7.6 影像数据局部放大图

如图 7.7 所示，采用基于 CNN 的方法，建筑区域的自动解译精度与地表真实值十分吻合。通过定量指标评价，识别精度达到 90%以上，目标提取的效率为 2 ms/(100 pix×100 pix)。

（a）区域1人工解译结果

（b）区域1深度学习解译结果

（c）区域2人工解译结果

（d）区域2深度学习解译结果

图 7.7 精细对比结果

7.2 面向对象变化检测框架下的高铁沿线地表环境遥感监测

通过多时相高分辨率遥感影像开展高铁沿线地表环境监测，关键在于采取合适的遥感变化监测方法来监测高铁沿线变化区域，其基本思路是根据高铁沿线变化的地表覆盖区域在不同时期的遥感影像上所存在的差异信息来监测与提取变化信息。在变化监测研究方面，传统的基于像素级的方法主要是建立在光谱信息分析的基础上，它们共同的特点是仅利用像素值的统计信息而几乎忽略地物的形状特征和结构特征，当它们应用于高分辨率遥感影像时，监测结果往往表现出严重的斑点效应。因此，将面向对象的分析思想引入到变化监测方法中来处理高分辨率遥感影像已经成为诸多研究关注的热点。目前，国内外许多学者提出了对象级变化监测方法，根据是否需要进行分类，现有的面向对象变化监测方法根据对象的获取方式可以划分为基于分割算法和利用现有辅助数据（如 GIS 矢量数据、土地利用图等）分割两种。考虑到基于分割算法的方法受限于难以选择合适的尺度来执行分割的预处理步骤，本节讨论利用现有基于 GIS 矢量数据辅助分割的面向对象变化监测方法在高铁沿线地表环境遥感监测中的应用。

7.2.1　面向对象变化监测技术框架

1. 基于GIS矢量数据辅助分割的面向对象变化监测总体框架

基于GIS矢量数据辅助分割的面向对象变化监测方法是指首先利用早期影像（T_1时刻）对应的GIS矢量分类图分别分割两期影像（T_1、T_2）得到两期影像对象层数据，然后通过自动阈值分割技术对每组对应对象的某一特征，进行比较进而自动算取最佳分割阈值，获取变化类与未变化类，并赋予变化类的灰度值为1，未变化类的灰度值为0，其总体思路流程如图7.8所示。

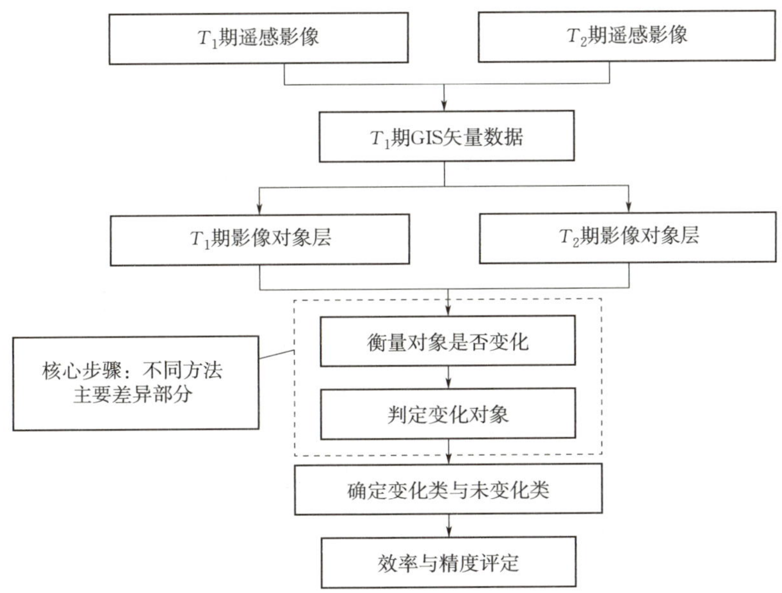

图7.8　基于GIS矢量数据辅助分割的面向对象变化监测方法流程图

如图7.8中的流程图所示，基于GIS矢量数据辅助分割的自动面向对象变化监测方法的核心在于对应对象的比较和自动阈值分割确定变化类与未变化类两个步骤，同时也是不同基于GIS辅助分割的面向对象变化监测方法的主要差别之处。

2. 衡量对象变化的指标——遥感影像特征

遥感影像经过分割后得到影像对象层数据，对象作为面向对象影像处理方法中的基本分析单元可将每一个对象视为一幅独立的遥感影像，并对其进行特征提取。特征提取是计算机视觉和图像处理中的一个概念，它指的是使用计算机提取图像信息，决定每个图像的点是否属于一个图像特征。特征提取的结果是把图像上的点分为不同的子集，这些子集往往属于孤立的点、连续的曲线或者连续的区域。一幅遥感影像包含光谱、纹理、形状等多种特征，且不同的地物具有不同的特征，提取某一类地物的特征或特征组合，就能将该类地物与其他地物类区分开来，由此可见，影像特征是判读和识别各种地物类型的依据，因此，也称为影像判读或解译标志，在遥感影像分类、目标提取、变化监测等影像处理过程中发挥着重要的作用。

遥感影像特征提取是遥感影像图像处理领域中的一个研究热点，研究者们致力于挖掘新的、性能更高的影像特征或将不同常用遥感影像特征进行组合以提高图像处理的精度。常用的遥感影像特征可分为光谱特征、纹理特征、形状特征、空间关系特征四类。

3. 判断对象变化的标准——阈值的自动确定

阈值分割技术是图像分割技术中最为经典的分割方法，而图像分割的主要任务是将一幅待分割的灰度图像分割得到一幅二值图像。在遥感影像的图像处理中，影像阈值分割就是选用阈值选取的方式将构成影像的像元划分为互不交叠的前景区域和背景区域的过程，即变化类与未变化类，分割出的两个区域内部对某种特征(例如灰度、颜色、纹理等)具有相似性，且区域内部是连通的，区域边界是明确的，区域间具有明显的差异。影像分割目的是将研究者关注的所有前景目标区域从影像中提取出来，以便进一步研究分析。影像分割技术一般是基于灰度值的两个基本特性之一：不连续性和相似性。不连续性适用于灰度不连续变化的影像分割，而相似性主要适用于依据准则将像元分割为不同的区域。

要研究自动的面向对象变化监测方法就需要在获取影像对象层数据之后选用自动的阈值分割技术得到变化类与未变化类。自动阈值分割技术主要分为两个步骤：第一步设计算法自动确定一个合适的阈值 T；第二步将影像中每个像元的灰度值与阈值进行比较判定其所属类别，若像元灰度值大于 T，则划分为前景区域，记为 1，若像元灰度值小于 T，则划分为背景区域，记为 0，即

$$g(x,y)=\begin{cases}0, h(x,y)\leqslant T\\1, h(x,y)>T\end{cases} \tag{7.4}$$

式中 $h(x,y)$——原始影像中位于(x,y)处的像元的灰度值；

$g(x,y)$——二值影像中对应位置像元的灰度值，取值范围为[0,1]。

7.2.2 面向对象变化监测常用方法

1. 特征量相关系数—接受者操作特性曲线法

特征量相关系数—接受者操作特性曲线(receiver operating characteristic curve，简称 ROC 曲线)方法是指通过 GIS 矢量数据分割两期遥感影像得到影像对象层数据后，选取对应对象间的特征量相关系数作为比较对应对象的特征指标，进而利用接受者操作特性曲线自动获取分割变化类与未变化类的最佳阈值。该算法的思路如图 7.9 所示。

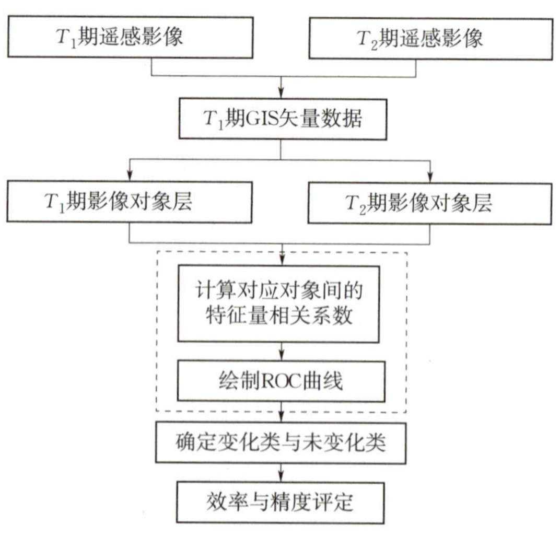

图 7.9 特征量相关系数—ROC 曲线变化监测算法流程图

对应对象间的特征量相关系数构造过程如下：

提取多光谱影像对象层中某一对象在各个波段的灰度均值、灰度标准差和灰度信息熵等特征量，设该对象在 T_1 期的特征向量为 $(x_1, x_2, \cdots, x_n)$，T_2 期的特征向量为 $(y_1, y_2, \cdots, y_n)$，则该对象两时期特征向量的相关系数的计算见式(7.5)。

$$\rho=\frac{(x_1y_1+x_2y_2+\cdots+x_ny_n)-\frac{1}{n}(x_1+x_2+\cdots+x_n)(y_1+y_2+\cdots+y_n)}{\sqrt{\left[(x_1^2+x_2^2+\cdots+x_n^2)-\frac{1}{n}(x_1+x_2+\cdots+x_n)^2\right]\cdot\left[(y_1^2+y_2^2+\cdots+y_n^2)-\frac{1}{n}(y_1+y_2+\cdots+y_n)^2\right]}} \tag{7.5}$$

选取这一指标的依据是同一区域不同时期的对应对象之间具有相似性，可以看作是离散化的空间面模式之间的相似性关系。这种关系可使用相关系数作为测度，用以衡量两期影像上对应对象之间特征向量的相似性。

ROC 曲线是以虚警概率为横轴，监测概率为纵轴绘制而成的曲线，在曲线上寻找距离监测概率为 1 的最近的点所对应的值作为最佳分割阈值，如图 7.10 所示。

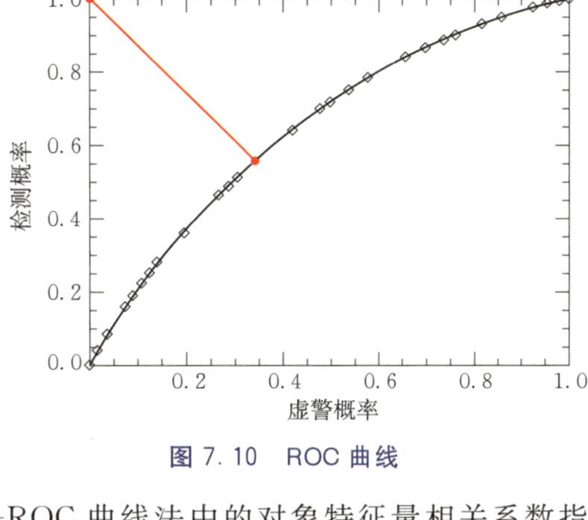

图 7.10　ROC 曲线

2. 特征量相关系数—最大目标函数法

特征量相关系数—最大目标函数法中构造的对象特征量相关系数指标与特征量相关系数—ROC 曲线法中的对象特征量相关系数指标相同，这两种方法的不同之处在于自动获取分割影像对象层变化类与未变化类最佳阈值的方法上。该算法的设计流程如图 7.11 所示。

目标函数是指所关心的目标（某一变量）与相关的因素（某些变量）的函数关系。最大目标函数，顾名思义，就是使目标函数的值最大化的过程，其阈值分割算法的设计思路如下：以 p_t、p_f、p_l 分别表示变化监测结果的正确率、误检率以及漏检率，则最大目标函数的计算方式如下：

$$O(S)=\frac{p_t}{p_f+p_l+1} \tag{7.6}$$

O(S)越大表明变化监测的整体结果越好。因此使得 O(S)最大的阈值即为最佳阈值 S_0，即

$$S_0=\arg\max_S O(S) \tag{7.7}$$

影像对象层中大于 S_0 的对象判定为发生变化的对象，反之，则为没有发生变化的对象。

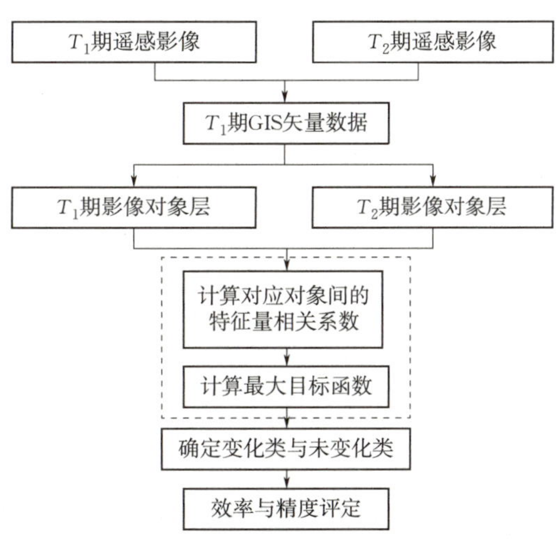

图 7.11　特征量相关系数—最大目标函数变化监测算法流程图

3. 地类光谱特征曲线拟合—变化测度直方图法

地类光谱特征曲线拟合—变化测度直方图方法是指通过 GIS 矢量数据分割两期遥感影像得到影像对象层数据后，利用三次多项式按地物类别拟合对应对象在前后两期影像间光谱特征的变化规律。这样做的理论依据是地物类别光谱变化规律能够有效辨别地物的真变化（地物类别变化）与伪变化（不变地物在前后两期影像间的光谱变化），不变地物虽然在前

后两期影像间具有光谱差异，但同时具有类内一致性，即具有一致的特征量光谱变化规律，因此，符合光谱特征变化规律的对象则可认为没有发生变化；反之，则为发生变化的对象。得到各地类光谱特征曲线后，通过构造变化测度指标，用直方图峰谷法在对象变化测度值分布直方图上寻求分割影像对象层得到变化类与未变化类的最佳分割阈值。但要注意的是，多项式拟合参数表示了某种地物类别的一个整体特征。在具体求取过程中，实际类别发生变化的对象也参与了拟合参数的求取，必然会对结果的准确性产生影响，因此，需要将上述变化监测结果视为初步监测结果，并在监测结果中将认为变化了的对象从参与拟合过程中剔除，重新计算拟合参数，再进行后续的阈值求取和变化判断，直到迭代前后两次发生变化对象数目不再改变，或者监测到的变化对象数过多已不符合变化监测中变化对象总是少数的前提时，迭代结束。地类光谱特征曲线拟合—变化测度直方图法的思路流程如图 7.12 所示。

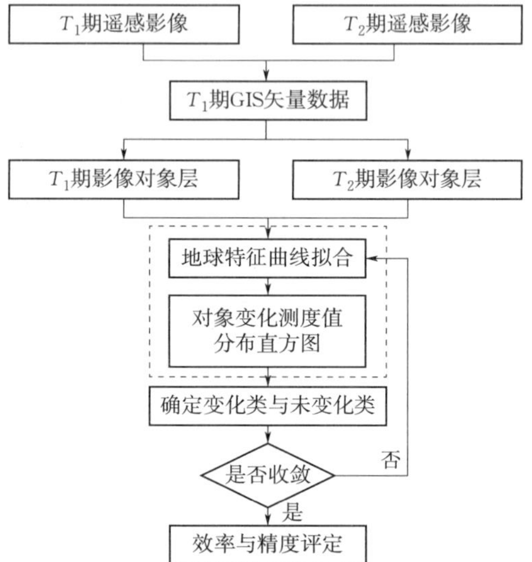

图 7.12 地类光谱特征曲线拟合—变化测度直方图变化监测算法流程图

提取某一地物类别对象的特征，特征量可以是一个或多个，例如：灰度均值、标准差等。将该类地物按某种特征值从小到大排列，这样会得到前后两期影像对应的两条该地类的某一特征值分布曲线，以绿地和城区为例，如图 7.13 所示。

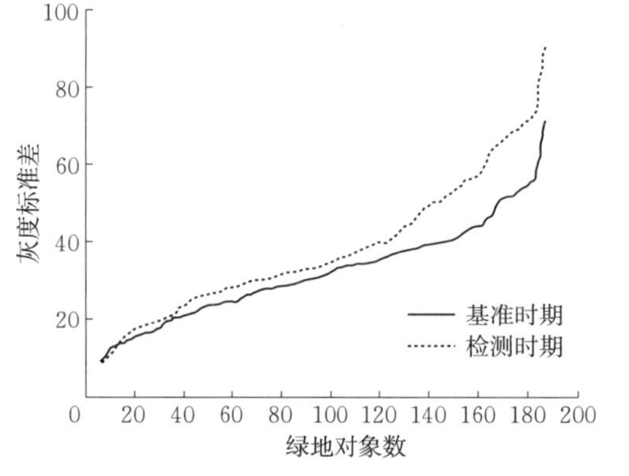

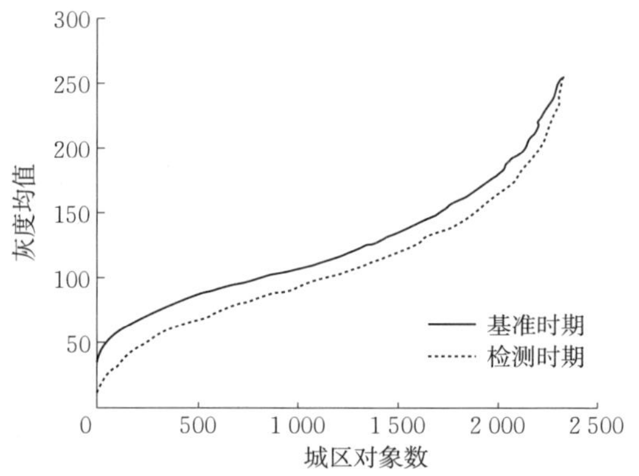

图 7.13 绿地蓝波段标准差光谱特征曲线及城区红波段均值光谱特征曲线

7.2.3 灰度差分梯度——最大熵法

基于 GIS 矢量数据辅助分割的灰度差分梯度——最大熵法的总体流程如图 7.14 所示。首先，T_1 和 T_2 时刻影像在经过必要的几何配准和相对辐射校正处理以后，进行差值运算，获得差值影像。然后，利用 T_1 时期影像所对应的 GIS 矢量土地利用分类图分割差值影像，获得差值影像对象层。其次，计算每个对象内的灰度差分梯度特征值，利用最大熵值法获取差值影像所对应的最佳分割阈值。最后，利用获取的阈值分割影像获得变化区域结果。

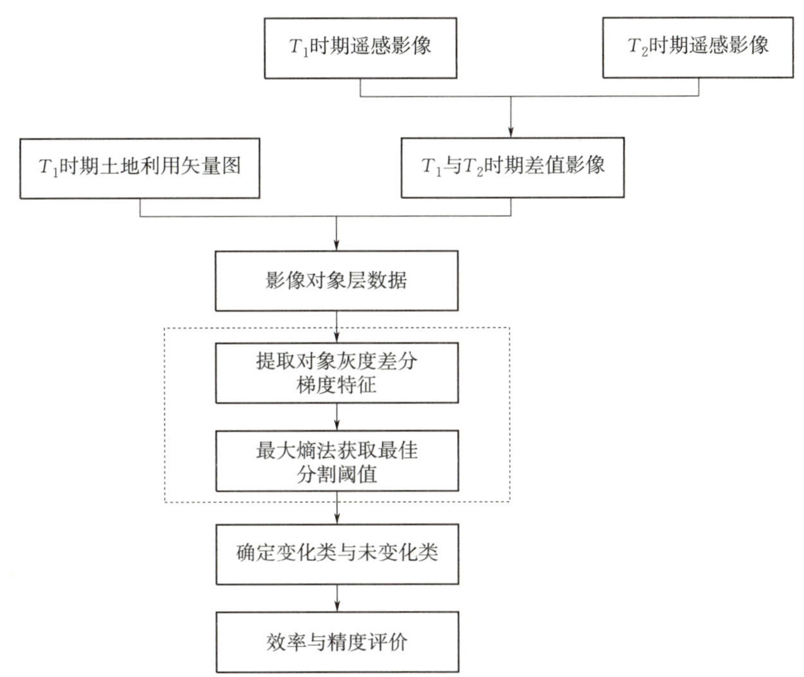

图 7.14 基于 GIS 矢量数据辅助分割的灰度差分梯度—最大熵法总体流程图

1. 灰度差分梯度特征提取

将灰度差分梯度特征定义为影像像元(x,y)与邻近像元差分运算所得差分绝对值的总和。即,计算每个像元灰度值与其上下左右邻近像元灰度值的差值,并将求得的每一像元 4 个灰度绝对差值求和,最后计算影像所有像元总差值得出影像灰度差分绝对值之和的算法。其计算公式如下:

$$D_k=\sum_{x=1}^{N_x}\sum_{y=1}^{N_y}\{|\Delta x f_k(x,y)|+|\Delta y f_k(x,y)|\} \tag{7.8}$$

$$\Delta x f_k(x,y)=f_k(x+1,y)-f_k(x,y)$$

$$\Delta y f_k(x,y)=f_k(x,y+1)-f_k(x,y)$$

式中 D_k——影像灰度差分梯度;

x,y——像元行列号;

$f(x,y)$——对应像元灰度值;

$\Delta x f_k(x,y),\Delta y f_k(x,y)$——对应像元与邻近像元灰度值差值。

每个对象可看作是内部所有像元灰度值的矩阵。

此处,将差值影像中的每个对象看成一幅影像,其中,式(7.8)中的 k 代表对应对象的对象号,计算每一对象的灰度差分梯度,并将这一特征作为衡量差值影像中对象是否发生变化的指标。引进灰度差分梯度这一特征在对对象进行变化监测时,不仅考虑到影像时间关系上下层面的比较,同时也考虑到影像同一层面的相邻空间关系。

2. 最大熵阈值确定法

在获取影像对象灰度差分梯度指标后,可通过最大熵法自动获取最佳分割阈值以确定变化与未变化对象。最大熵阈值分割算法是将信息论中的最大熵准则引进图像分割中的一种图像阈值自动分割算法。影像信息熵是像元灰度分布均匀性的量度，灰度分布越均匀，熵越大；反之，熵越小。在影像分割中，信息熵是目标区域信息熵与背景区域信息熵总和。在影像分割得到正确的目标区域与背景区域时，整个图像的信息熵会达到最大，其计算过程如下：

在一幅影像中，像元总数为 N，像元灰度值的取值范围是 $(0, L-1)$，n_i 为灰度值 i 的像元个数，p_i 是灰度值 i 的像元出现概率，即

$$p_i = \frac{n_i}{N}, i = 0, 1, \cdots, L-1 \tag{7.9}$$

$$\sum_{i=0}^{L-1} p_i = 1 \tag{7.10}$$

由此，影像的目标区域的概率分布为：$p_0/p_T, p_1/p_T, \cdots, p_i/p_T$，背景区域的概率分布为：$p_{i+1}/(1-p_T), p_{i+2}/(1-p_T), \cdots, p_{L-1}/(1-p_T)$；其中，$p_T$ 为目标区域像元总数与总像元数的比值；则目标区域与背景区域的信息熵分别为

$$H_o(i) = -\sum_{i=0}^{t} \frac{p_i}{p_T} \log_2 \frac{p_i}{p_T} \tag{7.11}$$

$$H_B(i) = -\sum_{i=t+1}^{L-1} \frac{p_i}{1-p_T} \log_2 \frac{p_i}{1-p_T} \tag{7.12}$$

整幅影像的信息熵：

$$H_T(i) = H_o(i) + H_B(i) \tag{7.13}$$

当信息熵 $H_T(i)$ 达到最大时，所对应的像元值 i 即为最佳的分割阈值 t，即

$$t = \arg\max \{H_T(t)\} \tag{7.14}$$

前文提到，变化监测实际是一个二分类问题，即变化类与未变化类。假设一幅影像同时包含变化类与未变化类，则熵将变小，若只包含变化类或未变化类，熵将变大。因此，在灰度差分梯度直方图中，将所有对象分为变化类与未变化类，分别计算两类对象的熵，使两类熵的和最大的阈值即为最佳的分割阈值，即

$$T = \arg\max_{S \in [0,255]} \{H_1 + H_2\} \tag{7.15}$$

7.2.4 高铁沿线安全隐患遥感监测案例

1. 实验区与数据

采用两组不同地区、不同分辨率、获取于不同传感器的高分辨率遥感影像数据，即：

①石武高铁郑州东站段 2009 年 12 月 27 日（T_1 时期）与 2010 年 12 月 30 日（T_2 时期）的 WorldView-2 高分辨率遥感影像（1 154×5 064 像素，4 个波段，分辨率为 2 m，如图 7.15(a)、(b) 所示）；

②郑西高铁洛阳段 2010 年 3 月 19 日（T_1 期）与 2013 年 3 月 18 日（T_2 时期）的 GeoEye-1 高分辨率遥感影像（3 564×16 724 像素，4 个波段，分辨率为 1.6 m，如图 7.16(a)、(b)所示）。

实验中所采用的 GIS 矢量土地利用分类图是对应的 T_1 时期遥感影像，在 SVM 监督分类的基础上结合人工目视解译后处理获得，尽可能的保证解译的准确性，分别如图 7.15(c) 和图 7.16(c)所示。此外，为了定量化评价不同变化监测方法的精度，通过人工目视解译与实地调绘，分别勾画出两组实验所对应的变化监测标准结果，如图 7.15(d)和图 7.16(d)所

示，其中黑色区域表示未变化区域，白色区域表示变化区域（后面各种算法变化监测的结果图颜色意义相同）。

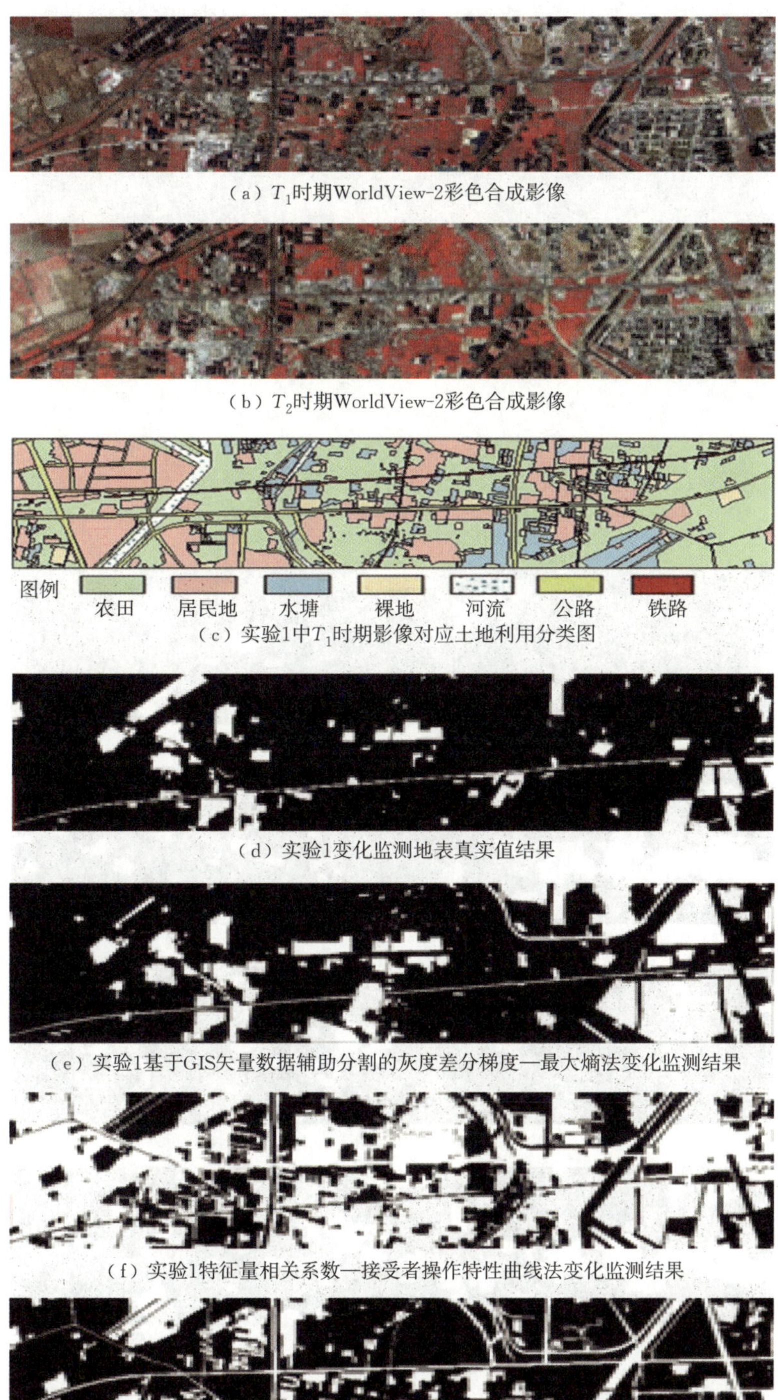

（a）T_1时期WorldView-2彩色合成影像

（b）T_2时期WorldView-2彩色合成影像

（c）实验1中T_1时期影像对应土地利用分类图

（d）实验1变化监测地表真实值结果

（e）实验1基于GIS矢量数据辅助分割的灰度差分梯度—最大熵法变化监测结果

（f）实验1特征量相关系数—接受者操作特性曲线法变化监测结果

（g）实验1地类光谱特征曲线拟合—变化测度直方图法变化监测结果

图7.15　两时期WorldView-2影像、不同方法变化监测结果

（a）T_2时期GeoEye-1彩色合成影像

（b）T_2时期GeoEye-1彩色合成影像

图例：农田 居民地 河流 铁路

（c）实验2中T_1时期影像对应土地利用分类图

（d）实验2变化监测地表真实值结果

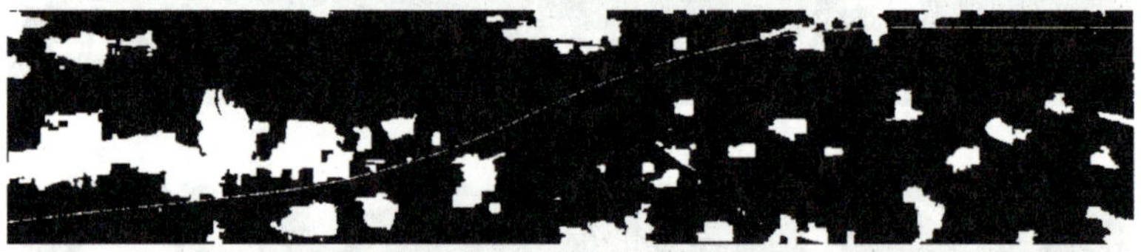

（e）实验2基于GIS矢量数据辅助分割的灰度差分梯度—最大熵法变化监测结果

（f）特征量相关系数—接受者操作特性曲线法变化监测结果

（g）实验2地类光谱特征曲线拟合—变化测度直方图法变化监测结果

图 7.16 两时期 GeoEye-1 影像、不同变化监测结果

2. 实验设计和比较

采用总体精度、漏检率、误检率 3 个指标来定量化衡量变化监测的精度，用响应时间来评价变化监测方法的计算效率。总体精度是监测结果与实际结果一致的像元占所有像元的比例；漏检率是实际变化而监测为未变化的像元占监测未变化像元的比例；误检率是监测变化情况与实际变化情况不一致的像元占总体像元的比例。总体精度越高，漏检率、误检率越低，响应时间越短，则变化监测的效果更好。

为验证基于GIS矢量数据辅助分割的灰度差分梯度——最大熵法的正确性与高效性，将其与特征量相关系数——接受者操作特性曲线法和地类光谱特征曲线拟合——变化测度直方图法进行对比分析。

3. 结果对比与分析

(1)实验1石武客专郑州东站段变化监测

由于高铁在山区常是隧道通过，遥感技术能监测的区域大致为两类，分别是城市区域、较为平坦的农村地区。本组实验中遥感影像场景为城市区域，影像中地物复杂，高铁沿线已建或在建建筑物较多，对高铁正常运营存在较多的隐患。各种方法所对应的变化监测结果分别如图7.15(d)、(g)所示。

在变化监测过程中，影像斑块的变化通常可以划分为两种形式，一是因两时相影像获取时间季节不同与而导致相应对象灰度特征不同；二是由于自身土地利用类型发生变化导致两时相影像对应斑块灰度等特征发生变化。斑块第一种变化形式并不会成为高速铁路正常运营的环境安全隐患，第二种土地利用类型所导致的斑块变化则是需要关注的重点。然而，传统的变化监测方法不能只监测出真正因土地利用类型变化的变化斑块，而本文利用斑块灰度差分梯度特征可以一定程度上解决这个问题，从而提高变化监测精度，如图7.15(e)所示。

同时，由于特征量相关系数——接受者操作特性曲线法与地类光谱特征曲线拟合——变化测度直方图法，均采用土地利用分类图辅助数据对两期遥感影像进行分割，而基于GIS矢量数据辅助分割的灰度差分梯度——最大熵法则直接通过土地利用分类图分割差值影像，有效地提高了变化监测过程的处理效率。表7.1给出了本实验的三种变化监测方法的精度指标，分别是总体精度、漏检率、误检率，以及三种方法的效率，表明基于GIS矢量数据辅助分割的灰度差分梯度——最大熵法所提出的方法在高速铁路沿线变化监测的应用中优于另外两种方法。

表7.1 实验1中三种方法效率与精度比较表

方法	计算效率	总体精度	漏检率	误检率
基于GIS矢量数据辅助分割的灰度差分梯度—最大熵法	75 s	81.69%	7.42%	10.80%
特征量相关系数—接受者操作特性曲线法	98 s	80.65%	8.64%	10.71%
地类光谱特征曲线拟合—变化测度直方图法	102 s	77.56%	10.53%	11.12%

(2)实验2郑西高铁洛阳段

与实验1场景中的高速铁路经过城市区域(建筑物居多)不同的是，实验2所选影像场景是高速铁路经过的较为平坦的农村地区(农田居多)，该场景地物单一，植被覆盖区大，成为高铁沿线隐患因子的地物较少。利用实验1同样的方法，得到郑西高铁洛阳段高速铁路沿线周边环境变化监测结果(图7.16(e))。同时，分别根据特征量相关系数——接受者操作特性曲线法与基于地类光谱特征曲线拟合——变化测度直方图法获得郑西高铁洛阳段高速铁路沿线周边环境变化监测结果[图7.16(f)、(g)]。

对于农田居多的场景，即使土地类型不改变，但由于季节变化而导致地表覆盖类型的变化使得变化监测的误差更大，而基于 GIS 矢量数据辅助分割的灰度差分梯度——最大熵法在此种情形下能得到更好的监测结果。同时，随着影像尺寸的变大，也更能说明该方法在提高变化监测的时间响应上有一定的优越性。该实验仍用变化监测精度评价的总体精度、漏检率、误检率以及响应时间来证明灰度差分梯度——最大熵法在不同场景、影像尺寸变大时仍优于另外两种方法（表 7.2）。

表 7.2　实验 2 中三种方法效率与精度比较表

方　　法	计算效率	总体精度	漏 检 率	误 检 率
基于 GIS 矢量数据辅助分割的灰度差分梯度——最大熵法	118 s	77.87%	10.12%	12.01%
特征量相关系数——接受者操作特性曲线法	152 s	74.19%	11.43%	14.38%
地类光谱特征曲线拟合——变化测度直方图法	170 s	71.96%	12.75%	15.29%

7.3　基于多尺度卷积神经网络的高铁沿线采挖区遥感识别

高铁沿线环境风险是影响高铁安全运营中至关重要的一部分。其中，高铁沿线从事采石、采矿、挖砂、取土等行为可能造成地表破坏或形变，从而可能会造成高铁路基的塌陷、沉降，最终威胁高铁的安全运营；因此，对高铁安全保护区内的上述活动进行快速监测是保障高铁安全运营的重要内容。一般而言，上述违法行为和活动会限制在一个有限的空间范围之内，可称之为“采挖区”；因此，可将对违法行为的监测转换为对“采挖区”的目标识别上来。现阶段，高空间分辨率遥感技术是识别大范围内高铁沿线安全保护区内的“采挖区”最为有效的手段（图 7.17）。但是由于高铁沿线“采挖区”结构复杂、特征差异较大，使得已有遥感目标监测技术难以满足需求。近年来，深度学习方法在复杂目标识别方面显示了巨大的潜力，比如 CNN 能够有效地提取高分遥感影像中复杂结构地物抽象的高层次特征，从而有效提高了目标识别精度。但是由于高铁沿线“采挖区”分布数量较少，给 CNN 训练样本的获取带来了极大的影响。同时识别过程中的滑动遍历方式也将带来大量的冗余计算，从而造成监测效率低下。针对上述问题，本节探讨融入区域候选策略的多尺度卷积神经网络“采挖区”识别方法。

（a）

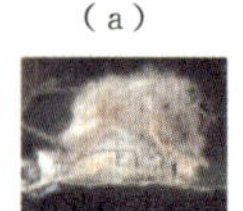

（b）

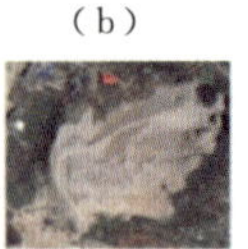

（c）

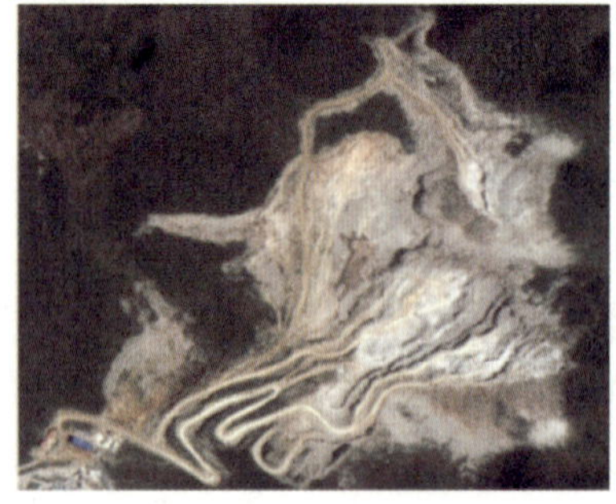

（d）

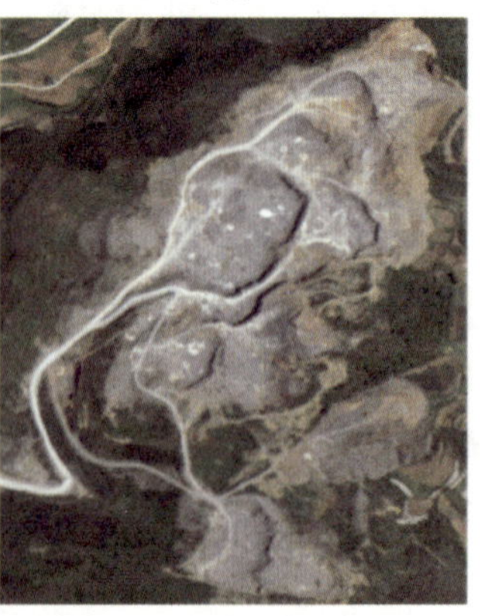

（a）540 px×380 px
（b）640 px×530 px
（c）1 700 px×1 800 px
（d）2 000 px×2 300 px

图 7.17　“采挖区”复杂特征（分辨率 0.5 m）

针对现有人工设计特征的单一性和弱表达性以及采挖区的复杂结构和多尺度特性，本节提出一种高分辨率遥感影像的高铁沿线复杂结构环境隐患采挖区的自动快速监测框架，提高高铁沿线复杂环境下隐患要素采挖区的监测效率与精度，其总体技术路线如图 7.18 所示。

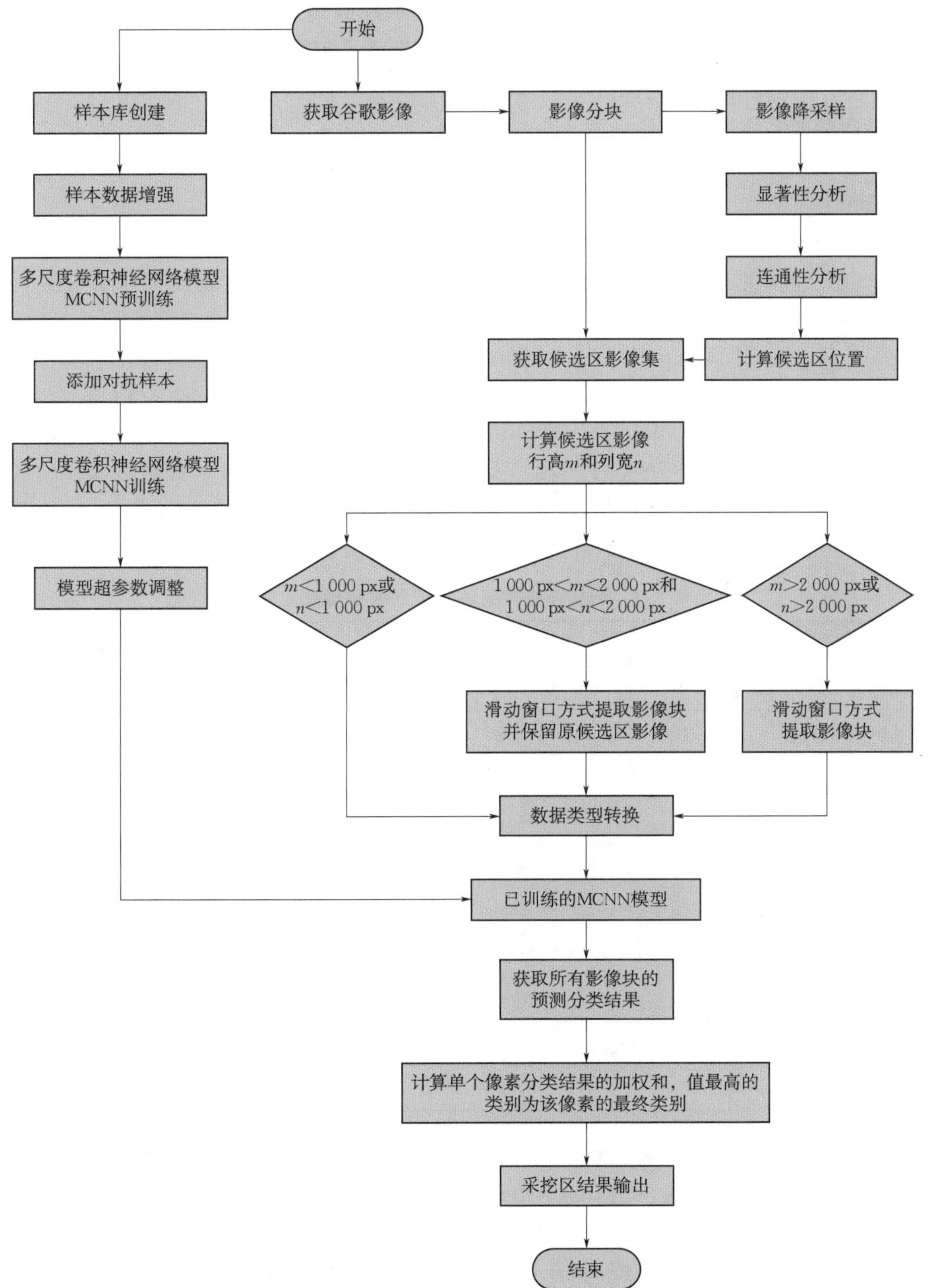

图 7.18 高铁沿线“采挖区”遥感监测总体技术路线

7.3.1 采挖区样本库构建

样本库是深度学习中最重要的一个组成部分，样本库的好坏直接决定了模型的效果。通过结合人工采集的采挖区样本数据集和 AID 样本数据集构建一个面向深度学习的采挖区样本库，然后通过数据增强技术和添加对抗样本来对采挖区样本库进行优化。

1. 面向卷积神经网络的采挖区样本采集

所采用的样本主要来源包括两个方面：

①AID 遥感数据集；

②基于谷歌影像人工采集的采挖区样本集。

1)AID 遥感数据集

AID 是一个多源遥感影像数据集，主要来源于谷歌影像，而谷歌影像实际来于多个遥感影像传感器。AID 遥感数据集共有 10 000 张遥感影像，30 个类别(表 7.3 和图 7.19)，分别为 Airport，BareLand，BaseballField，Beach，Bridge，Center，Church，Commercial，DenseResidential，Desert，Farmland，Forest，Industrial，Meadow，MediumResidential，Mountain，Park，Parking，Playground，Pond，Port，RailwayStation，Resort，River，School，SparseResidential，Square，Stadium，StorageTanks，Viaduct。每一个类别的样本数量在 220～420 之间，数据集中每一张影像大小固定为 600 px×600 px，分辨率在 0.5～8 m 之间，具有多分辨率的特点，所有样本均为遥感影像解译领域内的专家进行标注。

表 7.3 AID 遥感数据集各类别名称与数量分布

类别	数量	类别	数量	类别	数量
Airport	360	Farmland	370	Port	380
BareLand	310	Forest	250	RailwayStation	260
BaseballField	220	Industrial	390	Resort	290
Beach	400	Meadow	280	River	410
Bridge	360	MediumResidential	290	School	300
Center	260	Mountain	340	SparseResidential	300
Church	240	Park	350	Square	330
Commercial	350	Parking	390	Stadium	290
DenseResidential	410	Playground	370	StorageTanks	360
Desert	300	Pond	420	Viaduct	420

AID 遥感数据集为研究者提供了一个很好的数据资源来评估遥感影像分类算法的优劣性。相比其他的遥感数据集，比如 UC-Merced 数据集、AID 数据集具有较高的类内多样性和较低的类间差异性。数据集内的所有样本来源于世界各个国家与地区，主要包括中国、美国、英国、法国、意大利、日本和德国，并且是在不同的季节，不同的时间，不同的成像条件下采集而来的，这也就增加了样本的多样性。

图 7.19 AID 遥感数据集示例样本

2)采挖区数据集

根据采挖区的定义,样本主要采集的对象为采石、采矿、挖砂、取土等行为造成的地表破坏区域,如图 7.20 和图 7.21 所示。采集的采挖区样本集需要满足以下两个要求:

(1)样本集的场景多样性:应包括各种类型、各种几何结构、纹理。

(2)样本集的数量丰富性:需采集到足够数量的样本,至少与 AID 数据集各类别样本数量一致。

采集采挖区样本分为固定尺度的样本和不固定尺度的样本两类。采挖区样本来源于谷歌影像,影像分辨率为 0.52 m(谷歌影像第 19 级),成像时间于 2016 年～2018 年之间,共采集 277 张样本影像,大小为 600 px×600 px,包含三个波段,分别为红、绿、蓝波段,采集地点分布在中国多个地区,包括北京、安徽、河北、四川、江苏、云南和山东等。

其中,“固定尺度采挖区样本采集方法”为人工选取采挖区中心点裁剪 600 px×600 px 的影像样本,符合要求的采挖区样本保存,不符合要求的样本删除。“不固定尺度采挖区样

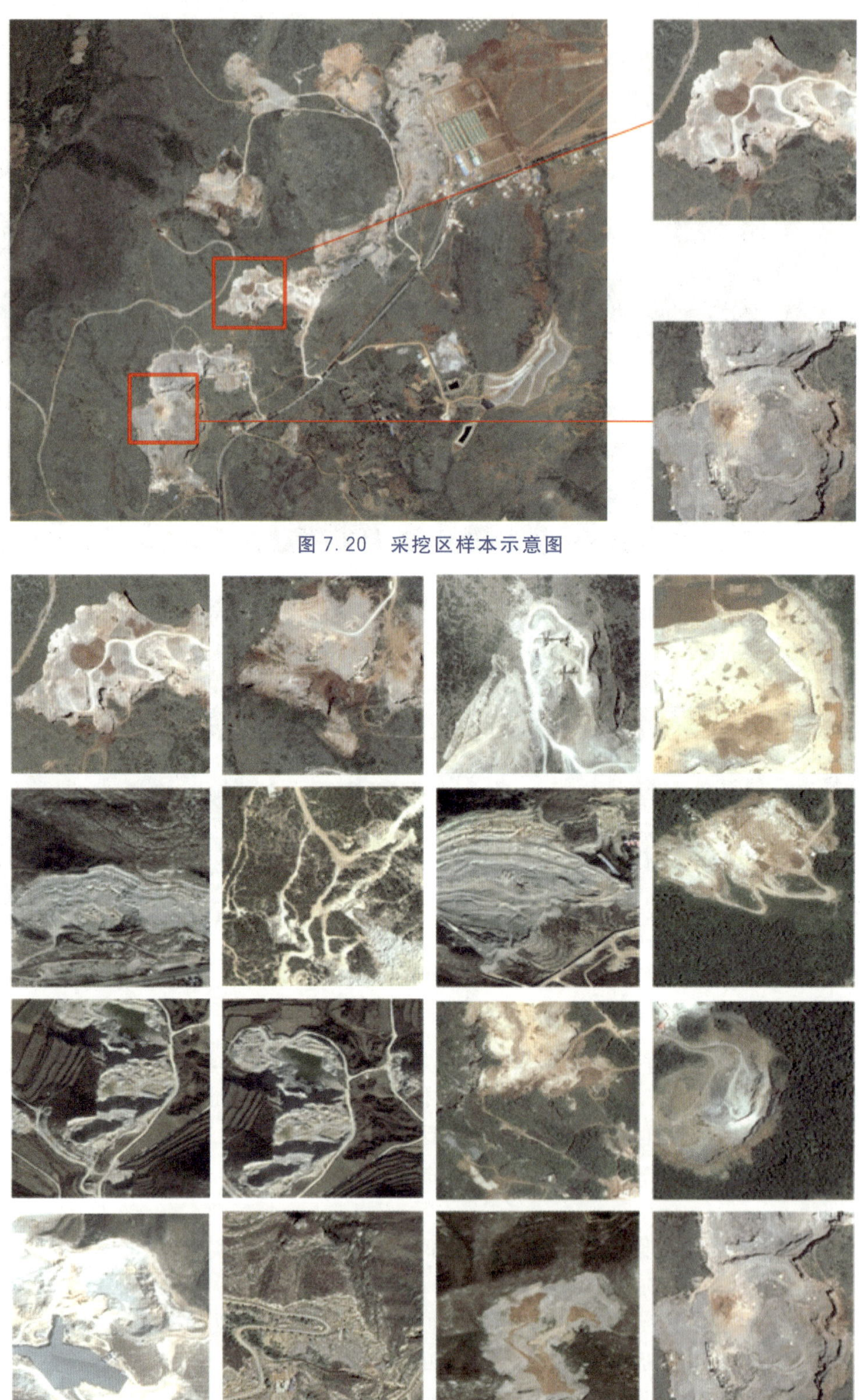

图 7.20 采挖区样本示意图

图 7.21 采挖区样本数据集示意图

本采集方法”为人工选取采挖区左上角和右下角拉框选择影像样本，符合要求的采挖区样本保存，不符合要求的样本删除。后续模型训练时再根据输入数据尺寸要求进行重采样处理。

2. 面向卷积神经网络的采挖区样本库优化

卷积神经网络一般需要大量的训练样本才能得到比较理想的结果，因此，可以使用数据增强和添加对抗样本来提高训练样本的多样性和模型的鲁棒性，避免过拟合，提高模型精度。

使用的数据增强技术包括翻转、旋转、平移、缩放、裁剪、添加噪声、调整亮度、对比度、色调、饱和度等方法。

对抗样本较早的由 Szegedy 等人引入深度学习模型训练，其定义为机器学习误判的样本，通过将对抗样本与普通样本一起参与模型训练可使模型稍微正则化。经过初步实验和对 AID 数据集的分析，AID 数据集缺乏沪昆高铁沿线一些典型的地物类型，比如房屋、道路等，导致样本集的多样性不足，分布不全，有很多类型的地物在样本库中不存在，因此误判较多，而这种误判的对象是非常好的对抗样本。将对抗样本重新分类，重采样到 600 px×600 px 大小，添加到原有样本数据集中，可以有效地提高数据集的多样性，如图 7.22 所示。

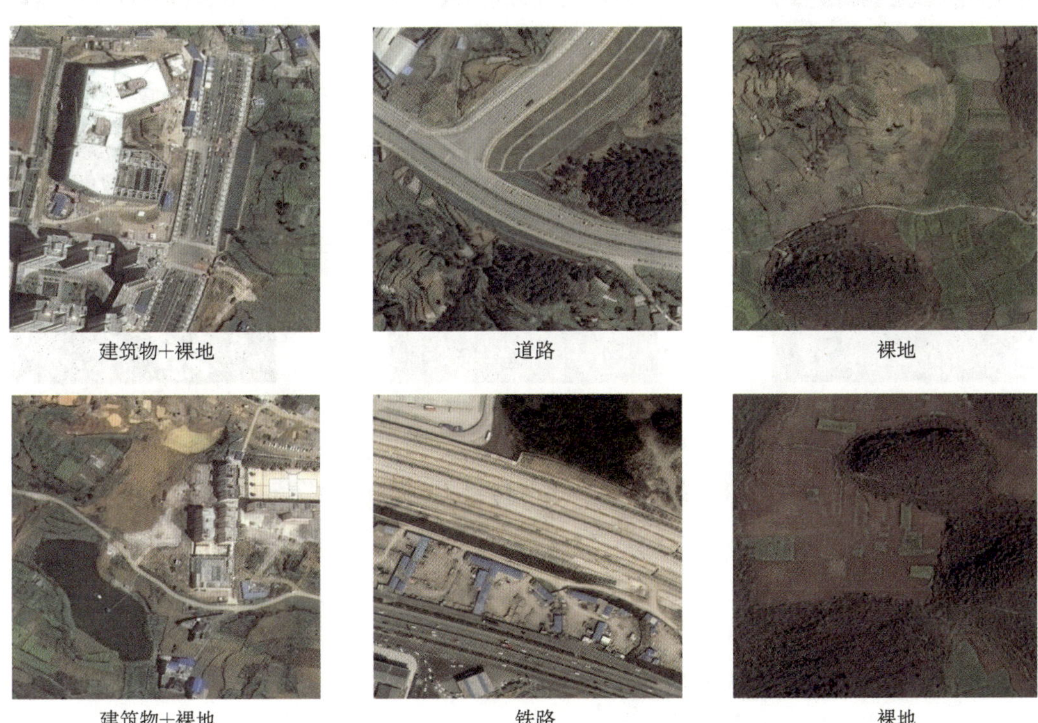

图 7.22 “采挖区”对抗样本

7.3.2 采挖区识别方法

传统的基于中低层次特征的目标监测方法，无法准确描述结构复杂的采挖区。随着卷积神经网络在遥感影像目标监测中的成功应用，卷积神经网络成了一种非常有效的遥感影像目标监测的方法。综合考虑精度、性能等方面的指标，选择 AlexNet 作为主体网络，并通过引入金字塔池化层来满足多尺度“采挖区”监测的需求。此外，考虑到采挖区分布的稀疏性，引入可见光植被指数来实现区域候选，以减少 AlexNet 网络监测过程中的滑动计算。

1. 采挖区候选区域提取

通常情况下，采挖区会受到人工破坏，因此该区域内的植被覆盖较少，遥感植被指数较低。此外，针对谷歌高分影像仅有红、绿、蓝三个波段，缺少近红外波段的特点，提出一种基于可见光植被指数的采挖区候选区域提取方法，处理流程如图 7.23 所示。

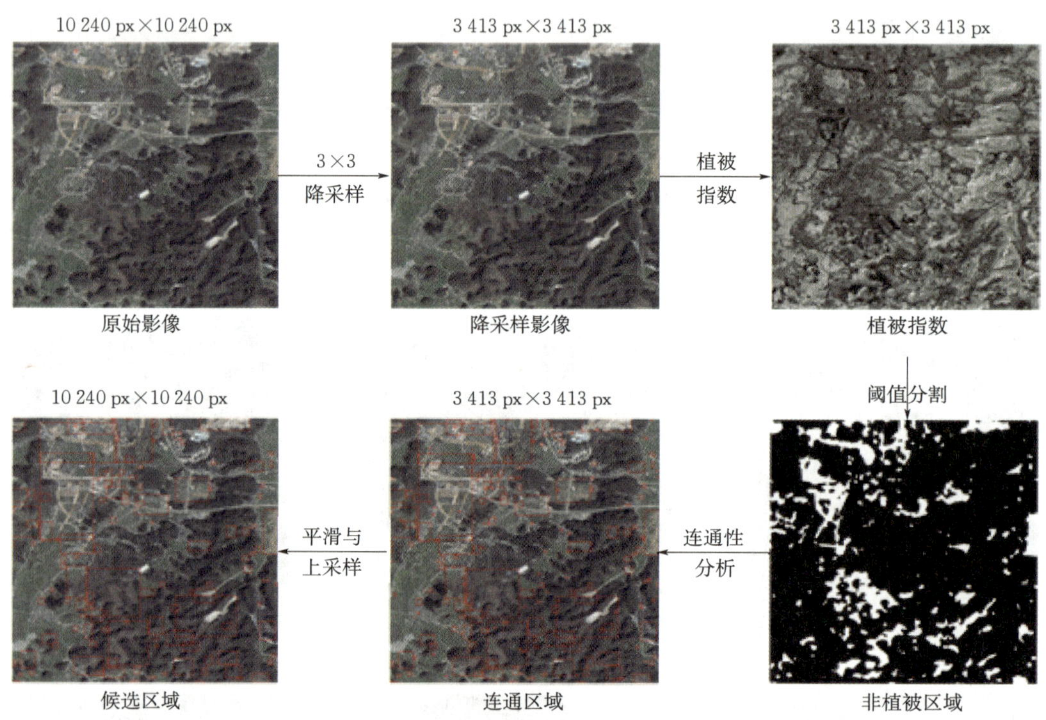

图 7.23　采挖区候选区域提取流程图

其中，所采用的可见光植被指数为归一化红绿差值指数(normalized green and red difference index，NGRDI)，则

$$\text{NGRDI}=\frac{G-R}{G+R} \tag{7.16}$$

式中　G——绿波段影像的灰度值；

R——红波段影像的灰度值。

2. 改进多尺度 CNN 模型构建与训练

模型构建方面，结合金字塔池化层和 AlexNet 网络构建了一个新的多尺度卷积神经网络网络(multiscale convolutional neural betworks，MCNN)，网络架构如图 7.24 所示。

模型训练方面，首先使用数据增强技术来提高样本库的多样性，并通过添加一些本模型的对抗样本来改善模型的监测能力；然后，使用固定尺度 600 px×600 px 的样本库训练多尺度 AlexNet 模型，训练方式如图 7.25 所示。

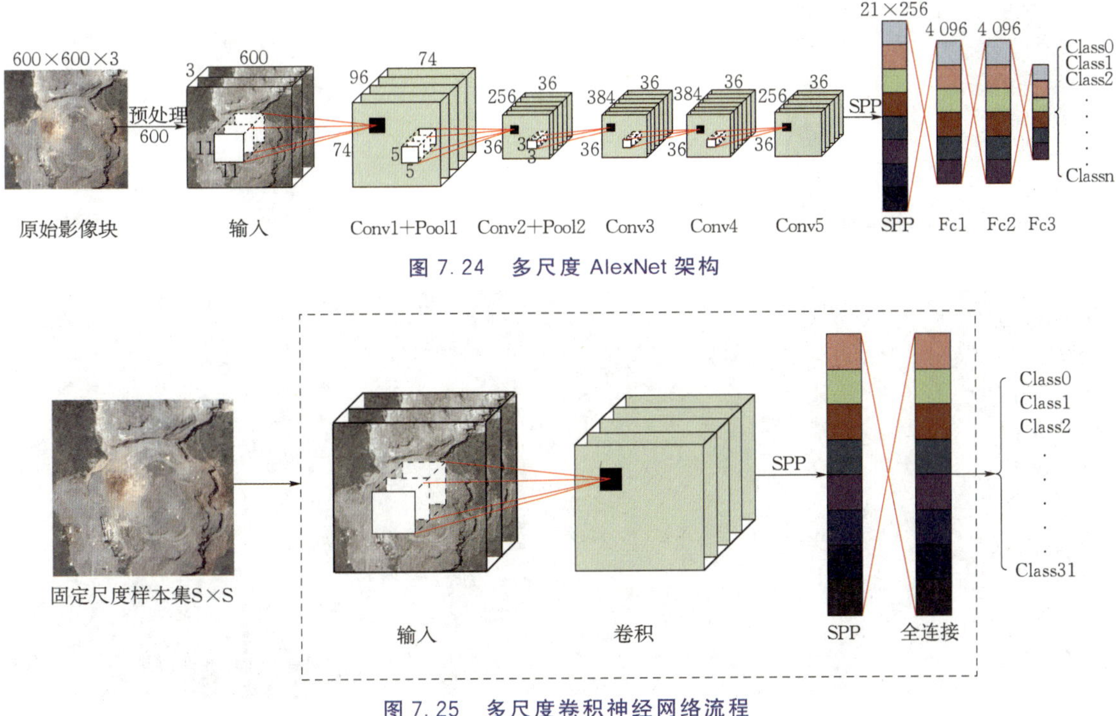

图 7.24　多尺度 AlexNet 架构

图 7.25　多尺度卷积神经网络流程

7.3.3　采挖区识别案例

1. 实验区与数据

为了验证多尺度 CNN 模型对高铁沿线采挖区识别的有效性，选取沪昆高铁昆明—凯里段的高分辨率 Google Earth 遥感影像(19 级)，影像覆盖范围包括高铁沿线 5 km 缓冲区，总长度约 600 km，总面积约 6 000 km^2。影像像元分辨率为 0.50 m，影像拍摄时间 2012 年～2018 年，共有 RGB 三个波段。实验区地物类型复杂，包含采挖区、建筑物、植被、农田、裸地、河流、道路等地物，如图 7.26 所示。

此外，由于研究区域范围广、线路长，故对研究区域的遥感影像进行重叠分块处理，分块大小为 5 000 px×5 000 px，重叠 1 200 px×1 200 px。

2. 结果对比与分析

(1)采挖区候选结果与分析

候选区域结果的好坏直接影响到监测结果的精度，因此采挖区候选区域至少保证不会造成采挖区的漏选，经过实验分析，在城镇区域与农村区域两者差别较大，城镇区域因为植被较少，提取的候选区域较多，且尺寸较大，如图 7.27(a)所示，而农村区域植被较多，提取的候选区域较少，如图 7.27(b)所示。但总体不会造成采挖区的漏选。经过采挖区候选区域提取后，可明显剔除大部分的区域，为后续多尺度 CNN 网络实现采挖区监测提供了高质量的候选数据。

以贵定实验区为例进行定量分析。如图 7.28 所示，该实验区影像大小为 24 000 px×20 200 px，分辨率为 0.52 m，总面积约 131 km^2，分为 30 块小影像，每块大小为 5 000 px×

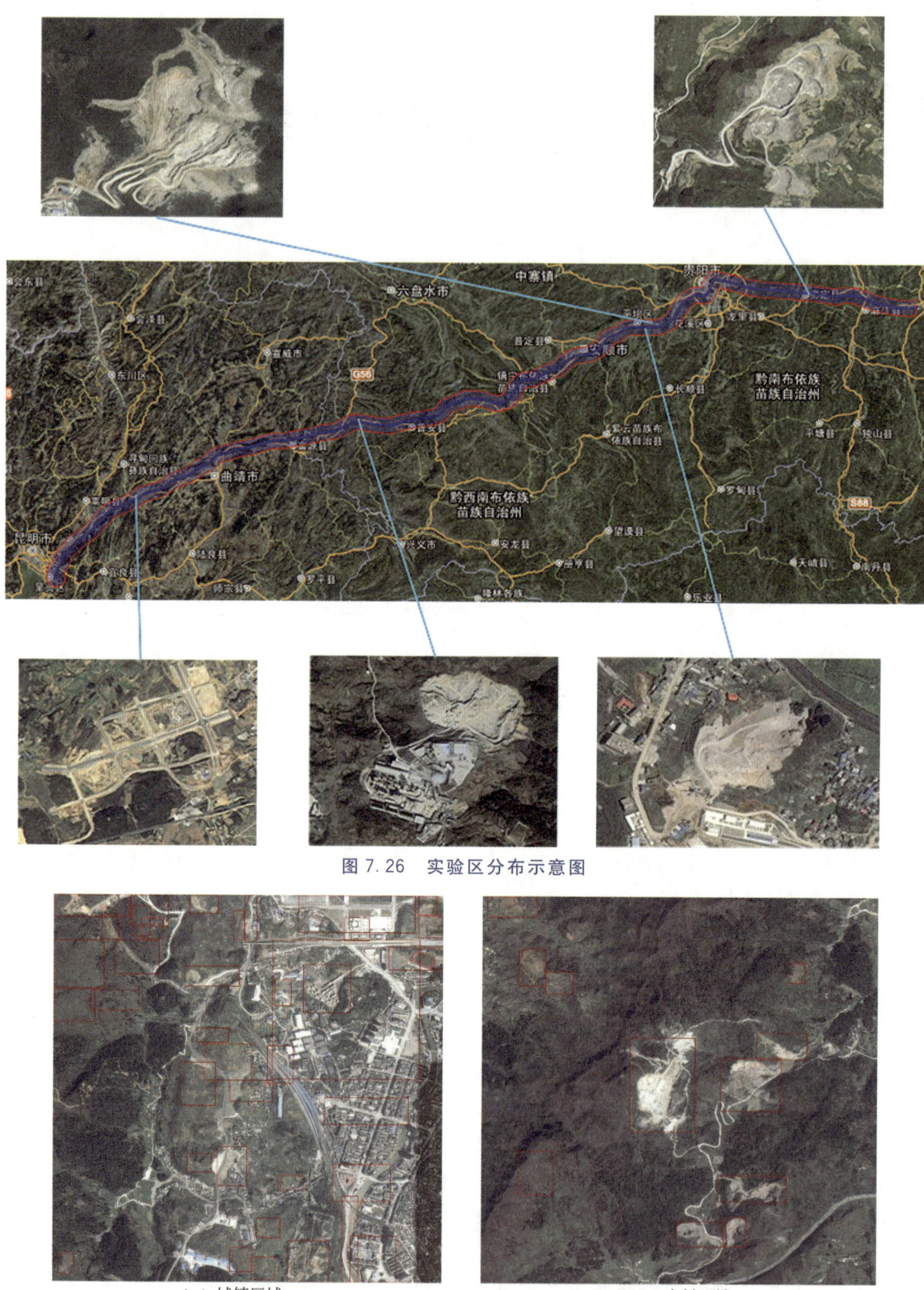

图7.26　实验区分布示意图

(a) 城镇区域　　(b) 农村区域

图7.27　采挖区候选区域提取示例

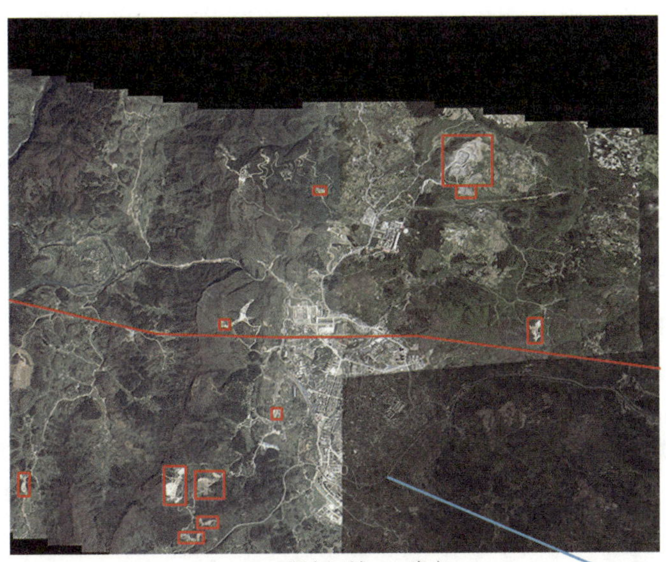

(a) 研究区域——贵定

(b) 昆仑线——昆明至凯里南沿线5 km缓冲区

(c) 研究区域——安顺平坝区

图 7.28 实验区域“采挖区”真值

5 000 px，重叠1 200 px×1 200 px，总像素数量为 7.5 亿(分块后影像)，提取的候选区总像素数量为 35 493 590，占总面积的 4.73%，多尺度卷积神经网络输入为任意尺寸的影像块，如果不经过候选区提取，假设滑动窗口大小为 600 px×600 px，步长为 60 px，输入 MCNN 的影像块数量为 168 750，而经过候选区提取后仅需要输入 5 944 个影像块，减少了 96.47%的数据量，见表 7.4。

表 7.4 候选区提取对 MCNN 输入数据量的影响

项 目	经过候选区域提取	不经过候选区域提取
总像素量(个)	35 493 590	750 000 000
MCNN 输入影像量(块)	5 944	168 750

(2)采挖区监测结果与分析

采用混淆矩阵和 IOU(intersection-over-union)两种精度评价方式来对 MCNN 采挖区识别方法进行评价。混淆矩阵用来评价采挖区分类精度，IOU 用来评价采挖区的定位精度。

监测目标仅有两类，采挖区和非采挖区，记为 Positive 和 Negative，因此可用混淆矩阵记录采挖区分类结果，然后使用正确率(precision，P)和召回率(recall，R)评价分类精度，见表 7.5。

表 7.5 混淆矩阵

混淆矩阵		地面真实值	
		Positive	Negative
预测值	Positive	True Positive	False Positive
	Negative	False Negative	True Negative

其中，true positives(TP)表示被正确地划分为采挖区的个数，false positives(FP)表示被错误地划分为采挖区的个数，false negatives(FN)表示被错误地划分为非采挖区的个数，true negatives(TN)表示被正确地划分为非采挖区的个数。

正确率计算公式：

$$P=\frac{TP}{TP+FP} \tag{7.17}$$

召回率计算公式：

$$R=\frac{TP}{TP+FN} \tag{7.18}$$

IOU 是预测框与地面真实框交集与并集的比值，也被称为 Jaccard 指数，如图 7.29 所示，其中，红色框为采挖区地面真实框，蓝色框为采挖区预测框，它们的重叠区域为交集，横跨的总区域为并集，一般 IOU 大于 0.5 表明预测结果较为准确。

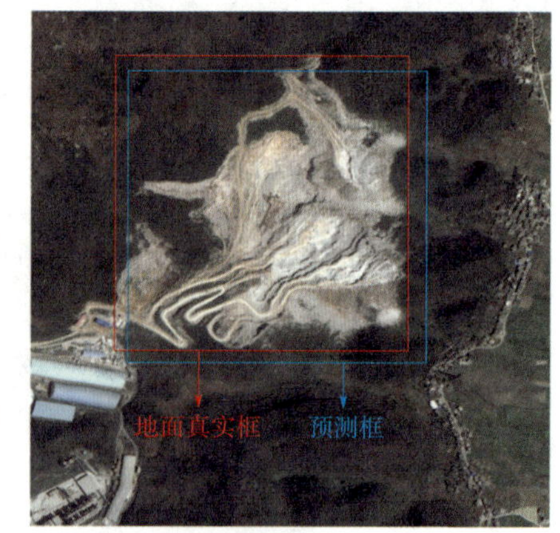

图 7.29 采挖区地面真实框与预测框

因此，IOU 的计算公式如下：

$$\text{IOU}=\frac{\text{区域(red)}\cap\text{区域(blue)}}{\text{区域(red)}\cup\text{区域(blue)}} \tag{7.19}$$

采挖区监测结果定量精度评价以贵州省贵定区域[图 7.28(a)]和安顺平坝区[图 7.28(c)]为例，实验结果分别如图 7.30 和图 7.31 所示，其中红色为正确监测结果，蓝色为误检，黄色为漏检。

图 7.30 贵定采挖区监测结果

图 7.31 安顺采挖区监测结果

(3)分类精度评价

统计采挖区的正确监测、误检和漏检数量，记录在表 7.6 中，并计算其正确率和召回率记录在表 7.7 中。

表 7.6 采挖区监测结果

混淆矩阵		地面真实值					
		贵定区域		安顺市区域		所有区域	
		Positive	Negative	Positive	Negative	Negative	Negative
预测值	Positive	10	10	10	7	20	17
	Negative	0	—	1	—	1	—

表 7.7 采挖区定量精度评价

项目	贵定市区域	安顺市区域	所有区域
正确率	50%	58.82%	54.05%
召回率	100%	90.91%	95.23%

贵定区域采挖区 10 个，其中大型采挖区 1 个，总共监测 20 个，正确监测 10 个，误检 10 个，没有漏检，误检的地物类别大部分为裸地和人工白色建筑，少部分为道路和建筑物，误检地物类型分布参考表 7.8，正确率为 50%，召回率为 100%。安顺区域采挖区 11 个，其中大型采挖区 1 个，总共监测 17 个，正确监测 10 个、误检 7 个、漏检 1 个，误检地物类型有裸地、道路和白色人工建筑，误检地物类型分布参考表 7.8，正确率为 58.82%，召回率为 90.91%。因此两个区域总的正确率约为 54.05%，召回率为 95.24%，被误检的地物与采挖区的纹理、色调、几何结构比较相似，大部分为裸地以及白色人工建筑，少部分为道路和建筑物，如图 7.32 所示。

表 7.8 误检地物类别分布

类型	贵定区域	安顺区域	总和
裸地	3	3	6
白色人工建筑	5	1	6
建筑物	1	0	1
道路	1	3	4

白色人工建筑

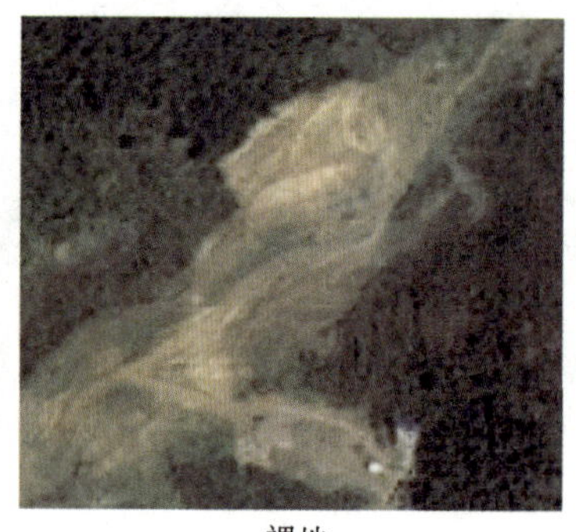
裸地

道路+建筑物

图 7.32 误检分布

(4)定位精度评价

通过目视判读的方法得到采挖区真实值的最小外接矩形，然后分别计算这 20 个监测正确的采挖区的 IOU(表 7.9)，IOU 大于 0.4 表明采挖区定位合格，小于 0.4 表明定位不合格(表 7.8 中“真实框”)。表 7.9 中序号 1～10 为贵定区域的监测结果，11～20 为安顺的监测结果。

从表 7.9 可以看出，模型监测的采挖区定位准确率是比较高的，总体的 IOU 为 0.73。并且有 18 个定位合格，其中有 6 个 IOU 大于 0.9。2 个定位不合格，均为面积非常小的采挖区。图 7.33 为贵定区域 10 个采挖区监测结果，其中蓝色框为真实框，红色框为合格预测框，黄色为不合格预测框，橘黄色为误检框。由图 7.33 可知编号 1[图 7.33(a)红色框]、4、5、9 的采挖区定位精度较高，正好对应表 7.8 中 IOU 较高。编号为 2[图 7.33(b)黄色框] IOU 仅为 0.3，定位精度较差。

表 7.9　采挖区 IOU

序　号	真实框(px)	预测框(px)	并集(px)	交集(px)	IOU
1	3 533 616	4 229 568	4 290 684	3 472 500	0.809 312
2	405 958	123 026	405 958	123 026	0.303 051
3	459 850	1 142 350	1 036 729	565 471	0.545 438
4	1 152 375	1 001 052	1 152 375	1 001 052	0.868 686
5	1 109 892	1 090 656	1 109 892	1 090 656	0.982 669
6	185 928	189 348	229 251	146 025	0.636 966
7	269 568	583 700	607 933	245 335	0.403 556
8	120 590	496 597	496 597	120 590	0.242 833
9	123 018	120 400	123 018	120 400	0.978 719
10	347 913	204 702	347 913	204 702	0.588 371
11	120 980	118 233	120 980	118 233	0.977 294
12	551 096	469 440	677 510	343 026	0.506 304
13	64 680	78 374	78 374	64 680	0.825 274
14	419 016	954 045	954 045	419 016	0.439 199
15	27 334	65 712	65 712	27 334	0.415 967
16	176 130	175 959	176 130	175 959	0.999 029
17	2 930 800	3 262 500	3 262 500	2 930 800	0.898 33
18	160 992	155 925	160 992	155 925	0.968 526
19	421 439	549 440	549 440	421 439	0.767 034
20	184 167	180 090	184 167	180 090	0.977 862
总和	12 765 342	15 191 117	16 135 821	11 820 638	0.732 571

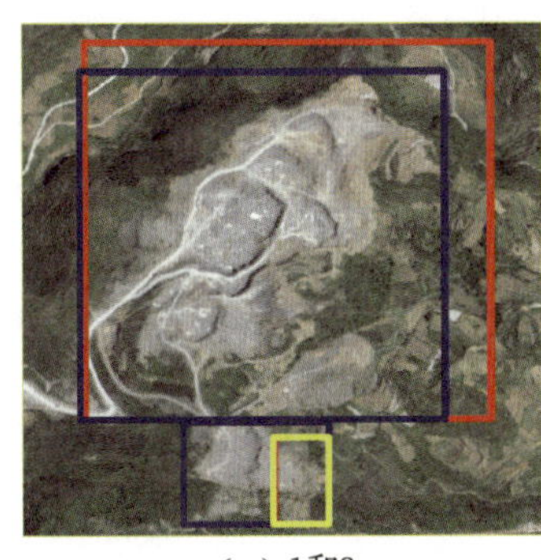
(a) 1和2

(b) 3

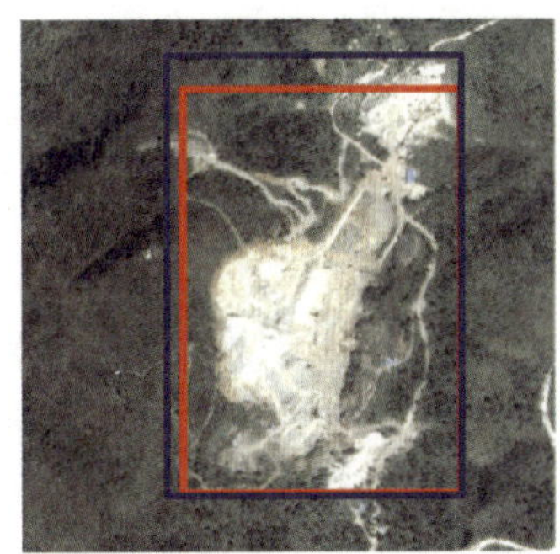
(c) 4

图　7.33

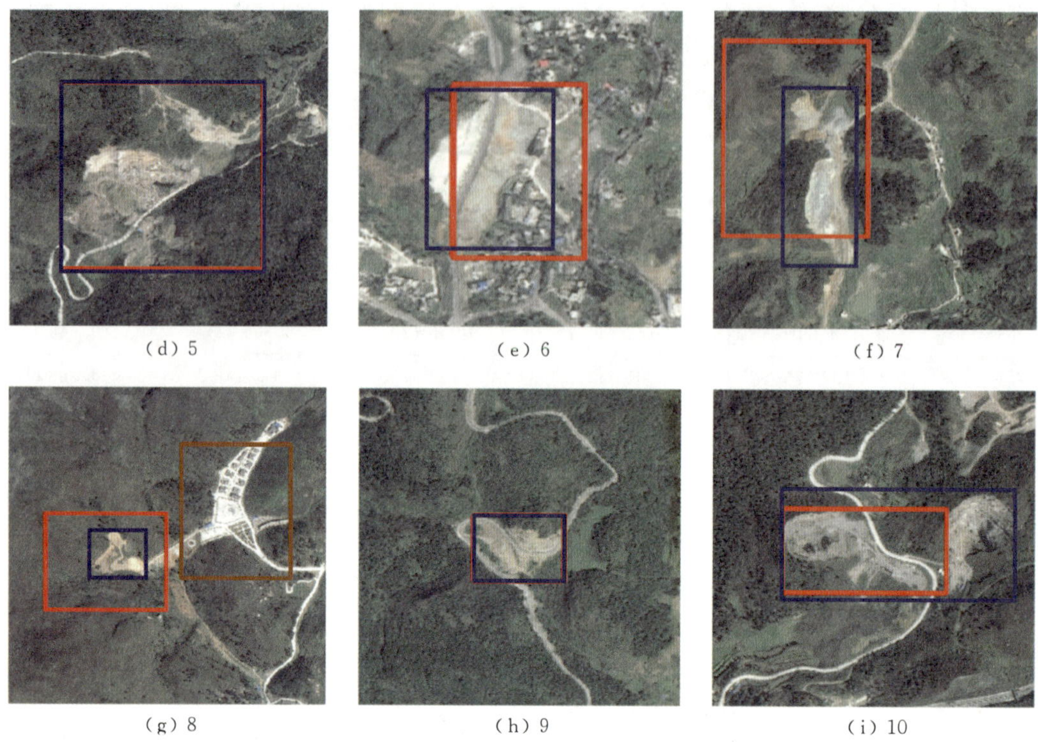

(d) 5 (e) 6 (f) 7

(g) 8 (h) 9 (i) 10

图 7.33 贵定采挖区预测结果与真实值对比

8 高速铁路沿线地质灾害隐患监测

在 20 世纪 70 年代出现的合成孔径雷达干涉技术(interferometric synthetic aperture rader,InSAR)由于其具有受天气影响小、覆盖范围广、穿透性强、全天时等特点引起了专家们的注意,并且随着 SAR 系统的不断完善,被广泛运用于各个领域。与水准测量等传统的地面监测技术相比,有效弥补了传统沉降监测方法成本高、监测范围有限的缺点,为进行大范围、长时间的地表沉降监测提供了新的解决方案。差分雷达干涉测量技术(differential InSAR,DInSAR)通过将两幅同一研究区域不同时刻雷达影像进行干涉处理,去除地形相位和其他干扰相位,从而获取地表形变数据。上述 DInSAR 实现过程简单易行,但易受时空失相关影响,形变监测精度仅有厘米级,且难以针对特定目标开展长时序的监测研究。在 DInSAR 的基础上,2000 年出现了以永久散射体雷达干涉测量技术(permanent seatters InSAR,PS-InSAR)为代表的时序 InSAR 技术。与 DInSAR 相比,时序 InSAR 干涉测量技术可利用长时序观测的雷达影像数据(十几景到数十景不等),对大范围、长期累积的缓慢地表形变开展监测,实现对其形变过程和变化规律的研究。上述 InSAR 技术的发展,对于地质灾害研究起到了重要作用,本章将分别以地震、滑坡、冰川运动以及地表沉降为例,揭示 InSAR 测量手段在地质灾害监测与研究中的应用。

8.1 InSAR 地表形变监测技术框架

传统航空摄影测量以及光学遥感主要以影像灰度值为数据处理对象,而星载 SAR 系统既记录了地面目标雷达回波信号的强度信息,还记录了雷达回波的相位信息。雷达回波的相位信息反映了卫星雷达天线到地面目标的行程斜距,利用两次不同时间成像的斜距相位差则可进行类似"杨氏双缝干涉实验"的相位干涉处理,并从干涉相位中分离和提取出不同的相位信号分量,如参考椭球相位、地形相位、形变相位和大气相位等。本节将结合合成孔径雷达干涉测量的干涉解析几何重点介绍 InSAR 干涉相位模型的主要组成分量,详细介绍各相位分量的物理来源和数学模型,最后介绍差分干涉地表形变信号的提取,并对干涉相干性和相位噪声的来源进行系统分析。

8.1.1 InSAR 技术框架

1. InSAR 干涉几何模型

InSAR 系统通过观测地面上同一目标的两次 SAR 雷达回波信号的相位差(即干涉相位)获取该目标的高程信息或形变信息,利用不同空间位置获取同一目标的至少两幅 SAR 影像,开展干涉测量数据处理。根据获取影像的方式,InSAR 系统分为单轨道双天线模式和单天线重复轨道模式。单轨道双天线模式的两幅影像几乎是同时成像的,而单天线重复轨道模式的两幅影像存在成像时间差，称为时间基线。不论采用哪种方式，干涉测量的原理基本相同。下面以星载合成孔径雷达单天线重复轨道模式为例，介绍雷达干涉测量的基本原理。

图 8.1 表示卫星沿轻微的轨道偏离对同一地区地面目标 P 的两次成像，即在轨道 S_1 和 S_2 位置，两个雷达传感器分别向地面目标 P 发射电磁波并接收其回波信号。

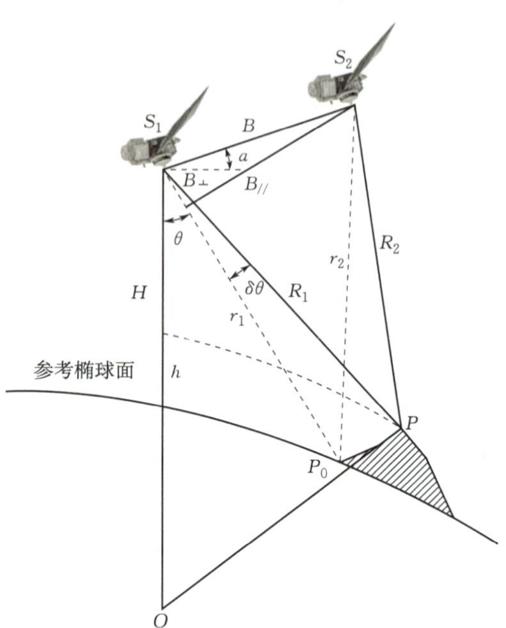

图 8.1 InSAR 干涉几何框架

图 8.1 中，P 为离椭球面高 h 的地面观测目标，R_1、R_2 为卫星两次过境对 P 点观测的斜距长度，H 为第一次卫星过境时距椭球面高度，O 代表地球参考椭球球心，B 表示干涉空间基线（即两次卫星过境时的空间距离），($B_{//}$，$B_{\perp}$)分别表示沿雷达波视线方向和垂直于视线方向的分量，α 为基线 B 与水平方向的夹角，θ 为卫星侧视角，它们之间存在如下转换关系：

$$\begin{cases} B_{//} = B\sin(\theta - \alpha) \\ B_{\perp} = B\cos(\theta - \alpha) \end{cases} \tag{8.1}$$

此时参考椭球相位 ϕ_{flat} 可根据下式计算：

$$\phi_{\text{flat}} = -\frac{4\pi}{\lambda}(r_1 - r_2) = -\frac{4\pi}{\lambda}(R_1 - r_2) \tag{8.2}$$

根据图 8.1 可知，$B_{//} = \delta_{\text{R}} = r_1 - r_2 = B\sin(\theta - \alpha)$，因此：

$$\phi_{\text{flat}} = -\frac{4\pi}{\lambda}B_{//} = -\frac{4\pi}{\lambda}B\sin(\theta - \alpha) \tag{8.3}$$

根据式(8.3)可以解算参考椭球相位值，但需要注意的是影像上同一方位向侧视角存在显著差异，一般呈现从近斜距到远斜距逐渐增大的趋势，因此需要对各像元的侧视角进行精确估计，同时需要根据卫星轨道数据和配准结果计算得到相应基线长度 B 和水平方向夹角 α。

2. 地形相位的计算模型

合成孔径雷达观测的实际地表往往并不位于参考椭球面上，图 8.1 中的 P 点，为具有某一高度 h 的地面点。此时，InSAR 干涉相位的构成中除了参考椭球相位之外，还包含了由于地表椭球高 h 所导致的相位分量，即地形相位。

从图 8.1 中可看出，由于观测目标 P 的椭球高 h 导致雷达侧视角增加了 $\delta\theta$，这直接导致了 $r_2 \neq R_2$，推导卫星两次成像的斜距差：

$$\delta R = R_1 - R_2 \tag{8.4}$$

根据斜距差与基线的关系，上式可变为

$$\delta R = B\sin(\theta + \delta\theta - \alpha) = B\sin(\theta - \alpha)\cos\delta\theta + B\cos(\theta - \alpha)\sin\delta\theta \tag{8.5}$$

对于星载合成孔径雷达而言，其斜距 R 和卫星高度 H 远远大于观测目标椭球高 h，因此目标高程所引起的侧视角变化量 $\delta\theta$ 量值很小，在此往往近似为 $\sin\delta\theta = \delta\theta$，$\cos\delta\theta = 1$。依

据该替换原则，上式可变化为

$$\delta R = B\sin(\theta - \alpha) + B\cos(\theta - \alpha)\delta\theta \tag{8.6}$$

参考式(8.3)可知，上式右边的第一项造成的斜距差即为参考椭球相位的来源，而第二项则是对应的观测目标高程引起的斜距差，将上式转换为干涉相位模型：

$$\phi = -\frac{4\pi}{\lambda}B\sin(\theta - \alpha) - \frac{4\pi}{\lambda}B\cos(\theta - \alpha)\delta\theta = -\frac{4\pi}{\lambda}B_{//} - \frac{4\pi}{\lambda}B_{\perp}\delta\theta \tag{8.7}$$

进而推导获得地形相位，表达式如下：

$$\phi_{\text{top}} = -\frac{4\pi}{\lambda}B_{\perp}\delta\theta \tag{8.8}$$

同时，考虑小范围内地球曲率较小，根据图 8.1 中的几何关系可知，以下关系式成立：

$$\begin{cases} \cos(\theta) = \dfrac{H}{R_1} \\ \cos(\theta + \delta\theta) = \dfrac{H - h}{R_1} \end{cases} \tag{8.9}$$

考虑 $\delta\theta$ 在极小(及其接近于 0)的状态下，推导获得：

$$\delta\theta = \frac{h}{R_1\sin(\theta)} \tag{8.10}$$

得到地形相位分量，如下式：

$$\phi_{\text{top}} = -\frac{4\pi B_{\perp}h}{\lambda R_1\sin(\theta)} \tag{8.11}$$

根据式(8.7)可知，参考椭球相位分量与干涉对的平行基线长度有关，而地形相位分量与垂直基线长度有关，同时垂直基线的增大将导致干涉相位绝对值的增大，有利于干涉相位图信噪比的提高，提高获取 DEM 的分辨率与精度。

3. 形变相位的计算模型

在卫星对地面观测的两次成像期间，如果地表发生了形变位移，如图 8.2 所示，图中 P 点在两次成像期间沿向量 r 移至 P_1 点，将 S$_2$P 代表的单向斜距 R_2 等距离投影至 S_2P_1，获得观测目标位移造成的沿卫星视线方向 LOS(line of sight，LOS)斜距变化量 Δr。则干涉相位的表达式为

$$\phi = -\frac{4\pi}{\lambda}(R_1 - R''_2) \tag{8.12}$$

考虑 $R''_2 = R_2 + \Delta r$，则上式可变为

$$\phi = -\frac{4\pi}{\lambda}(R_1 - R_2) + \frac{4\pi}{\lambda}\Delta r \tag{8.13}$$

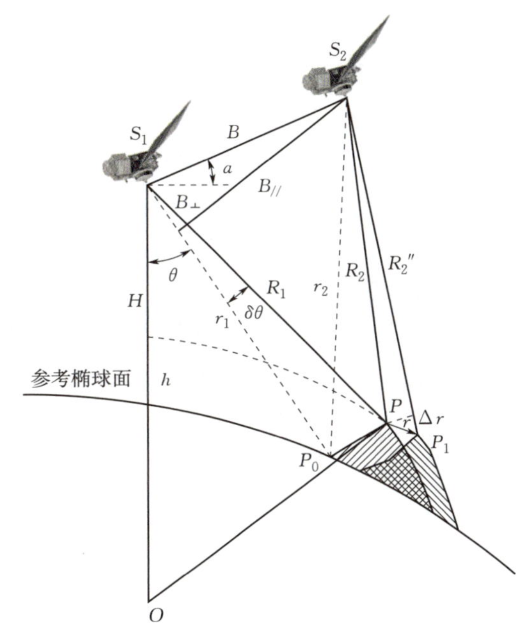

图 8.2　InSAR 形变相位几何框架

公式(8.13)右边第一项为参考椭球相位和地形相位的合成分量，而公式右边的第二项

为由于观测目标位移所造成的形变相位分量,即

$$\phi_{\mathrm{def}}=\frac{4\pi}{\lambda}\Delta r \tag{8.14}$$

将上式进行变换,得到地表形变量如下:

$$\Delta r=\frac{\lambda}{4\pi}\phi_{\mathrm{def}} \tag{8.15}$$

根据该式可获得 InSAR 技术对探测地表形变的敏感程度。一个整周 2π 的相位变化则对应于 $\lambda/2$ 量级的地表形变,因此在波长固定的情况下,InSAR 可以用来监测卫星视线方向形变量级大于 $\lambda/2$ 的区域,以常用的 C 波段雷达波为例,其波长为 5.6cm,对观测地表形变的敏感度为 2.8cm。需要注意的是,观测敏感度并不代表观测能力,若在干涉中能够精确的去除轨道误差、大气延迟误差、系统噪声等干扰相位,理论上 InSAR 可以探测得到任一量级的地表卫星视线向形变,且随着 PS-InSAR 等时序分析技术的发展,基于 InSAR 技术可有效探测获得厘米甚至毫米量级的地表形变观测成果。

此外,根据图 8.2 所示的地表形变几何模型和前文的描述可知,InSAR 观测得到的形变方向为沿卫星视线 *LOS* 方向的形变,而不是一般意义下的北东高三方向的形变,两者之间需借助其他参考数据进行转换。

4. 形变相位的计算模型

InSAR 应用主要包括地形三维重建和地表形变测量,其中高精度的地形数据同时又是高精度形变提取的基本数据需求(主要用于地形相位的精确去除)。主要介绍使用 InSAR 干涉相位提取地表高程信息的理论基础和主要技术流程。

基于干涉相位计算目标高程的算法主要包括模糊度高算法、罗德里格斯算法和 Schwabisch 算法等,其中模糊度高算法因其精确的计算结果及简洁的处理流程而得到广泛的应用。因此,将主要介绍基于 InSAR 技术和模糊度高算法的地形三维重建流程。根据式(8.15),被成像目标的地形高程 h 可使用下式计算:

$$h=-\frac{\lambda}{4\pi}\frac{R_1\sin(\theta)}{B_{\perp}}\cdot\phi_{\mathrm{top}}=-\frac{\lambda}{4\pi}\frac{R_1\sin(\theta)}{B\cos(\theta-\alpha)}\cdot\phi_{\mathrm{top}} \tag{8.16}$$

式中 ϕ_{top}——去除了参考椭球相位并进行了相位解缠恢复了整周模糊度的干涉相位值,由于基准相位的存在,该解缠相位值为相对于参考零值相位点的相对相位;

h——观测目标相对参考零值相位点的相对高程;

λ——雷达波长;

α——基线 B 与水平方向的夹角;

R_1——主影像斜距;

θ——主影像对观测目标雷达侧视角;

$B_{\perp}$——干涉垂直基线。

5. 地形三维重建计算模型

若整个干涉区域内,主影像雷达侧视角、干涉基线长度、干涉基线与水平方向夹角均恒定,则可直接依据式(8.16)计算得到所有解缠相位对应的相对高程,之后再依据参考控制点即可恢复绝对高程。但在实际的 SAR 场景中侧视角从近斜距到远斜距逐渐增大,同时干涉基线也

沿着方位向依据轨道交会角逐渐变化，因此无法直接根据上式计算观测目标的相对高程 h。

根据上面的分析可知，需要解决精确侧视角和基线参数的获取问题；其中，基线参数可通过轨道数据和配准结果精确计算得到。因此，只有侧视角需要针对不同的观测目标分别计算，为此，在不考虑地球曲率的情况下，引入观测目标的几何方程，即

$$h = H - R_1 \cos(\theta) \tag{8.17}$$

做如下反变换：

$$\theta = \arccos\left(\frac{H - h}{R_1}\right) \tag{8.18}$$

式中 h ——目标高程；

R_1 ——主影像斜距；

θ ——待求的主影像对观测目标雷达侧视角；

H——雷达卫星平台高度(可从卫星参数文件得到)。

精确计算观测目标的雷达侧视角和目标高程是一个循环的非线性过程，一般情况下，首先给予假定的目标高程 h_1，代入方程式(8.18)，计算获得侧视角 θ，进而代入方程(8.17)获得新的目标高程 h，若 $\eta = |h - h_1|$ 小于给定阈值，则认为迭代结束，反之赋值 $h_1 = h$，重新开始上述迭代计算。整体基于 InSAR 技术的地形建模的流程如图 8.3 所示。

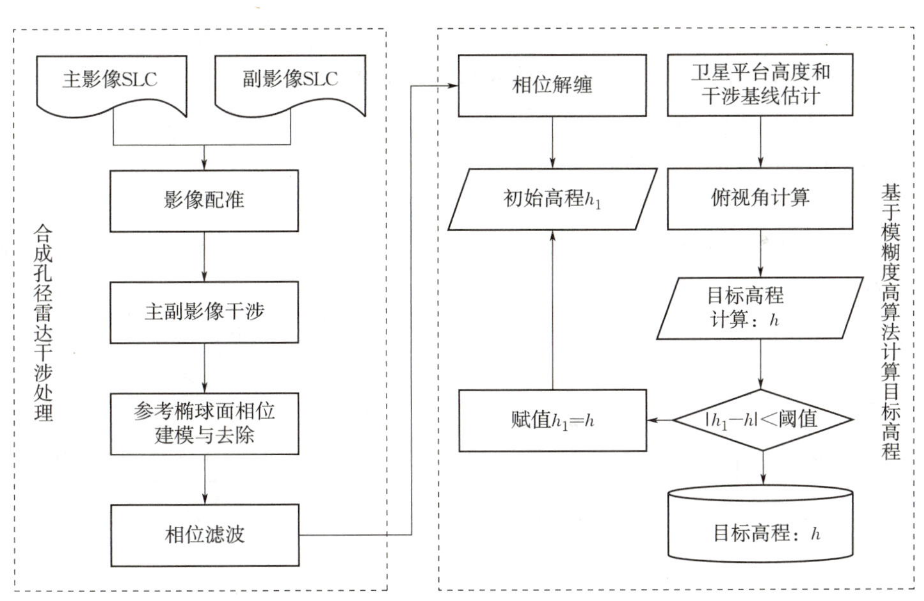

图 8.3 基于 InSAR 模糊度高算法的地形三维重建流程

6. 地表形变计算模型

InSAR 技术最重要的应用领域是大范围监测地表形变。常用的一维地表形变差分干涉信号提取方法有两轨＋外部 DEM 法、三轨法和四轨法，此处主要介绍这三种差分干涉测量方法提取形变信号的理论基础和技术流程。

(1)两轨＋外部 DEM 干涉

两轨＋外部 DEM 方法主要使用跨越形变期的两幅雷达影像，外加该区域的数字高程模型来完成差分干涉处理。首先使用跨越形变期的两幅雷达影像进行 InSAR 干涉处理，并去除参

考椭球相位，之后将外部 DEM 配准采样至影像干涉区域范围内，根据干涉基线和配准外部 DEM 高程信息计算获得相应的地形相位信息，再将地形相位信息从干涉相位中予以扣除，最终获得主要包含形变信号的差分干涉相位（此处不考虑大气延迟相位，系统噪声相位等的影响）。

该方法的基本干涉几何如图 8.2 所示，假设卫星两次过境时间内发生了可观测到的地表形变，则两期雷达数据的干涉相位模型见式（8.19）。

$$\phi = \phi_{\text{flat}} + \phi_{\text{top}} + \phi_{\text{def}} \tag{8.19}$$

反推上式，获得形变相位：

$$\phi_{\text{def}} = \phi - \phi_{\text{ref}} - \phi_{\text{top}} \tag{8.20}$$

式中 ϕ_{def} ——形变相位；

ϕ ——雷达影像干涉相位；

ϕ_{ref} ——参考椭球相位；

ϕ_{top} ——地形相位；根据前述内容知，在已知干涉基线长度和地面高程情况下，可根据式（8.21）计算得到参考椭球相位和地形相位。

$$\begin{cases} \phi_{\text{flat}} = -\dfrac{4\pi}{\lambda} B_{//} \\ \phi_{\text{top}} = -\dfrac{4\pi B_{\perp} h}{\lambda R_1 \sin(\theta)} \end{cases} \tag{8.21}$$

将两者从干涉相位中扣除，即可获得地表形变引起的干涉相位，具体可视数据源或应用需求，选取“两轨＋外部 DEM 法”或“四轨法”进行计算处理。数据处理流程可参考图 8.4 中黑色虚线框的内容（左侧和中部虚线框涉及内容对应“两轨＋外部 DEM 法”处理流程；中部和右侧虚线框对应“四轨”处理流程）。顺便指出，图 8.4 中所示的“形变对”是指跨越形变期且构成形变信息提取的干涉 SAR 影像对，而“地形对”是指构成地形信息提取的干涉 SAR 影像对。

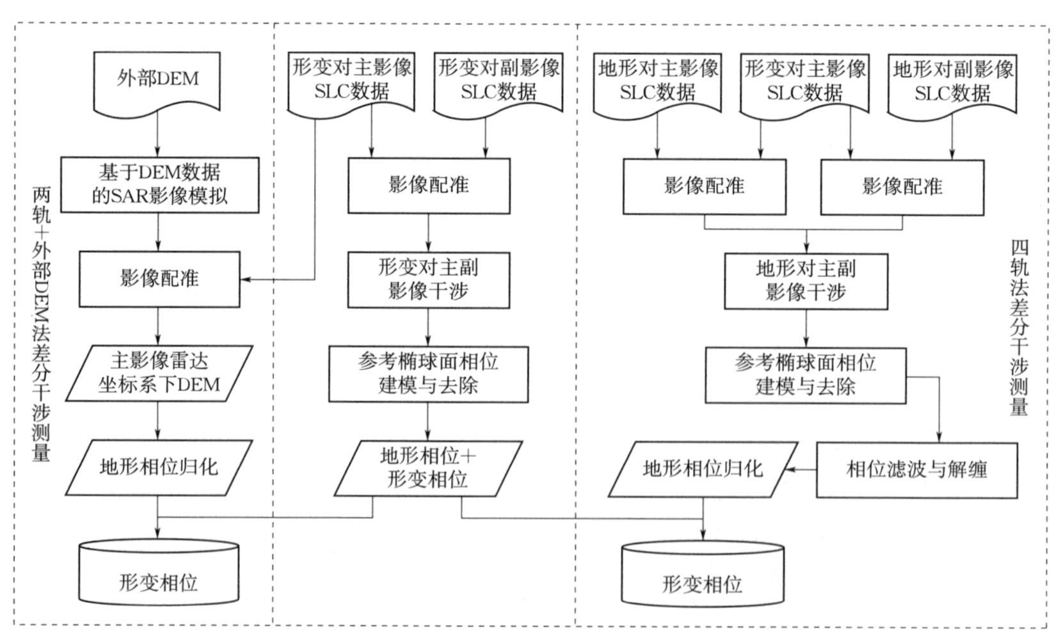

图 8.4 “两轨＋外部 DEM 法”与“四轨法”形变相位提取流程

(2)三轨干涉

三轨法较两轨＋外部 DEM 法而言，最大的优势就是不需要引入外部 DEM，该方法需要三幅雷达影像，并基于公共主影像配成两个干涉对，其中一个干涉对时间基线跨越形变期，称为形变对；而另一个干涉对成像时间均为形变发生前或形变发生后，称为地形对，其中，对于地形干涉对的数据处理，需要将整个干涉流程处理至相位解缠，而形变对只需要处理至去除参考椭球相位。

由于地形对和干涉对具有不同的干涉空间几何，导致地形对产生的地形相位不能直接用于形变对的地形相位扣除，需要首先根据两个干涉对垂直基线的差异进行尺度归化，如下式：

$$\phi_{\mathrm{top1}}=\frac{B_{\perp}^{1}}{B_{\perp}^{2}}\phi_{\mathrm{top2}} \tag{8.22}$$

式中　ϕ_{top1}——待求的形变对地形相位；

ϕ_{top2}——地形干涉对提取获得的地形相位；

$B_{\perp}^{1}$，$B_{\perp}^{2}$——形变对和地形对的干涉垂直基线，基于该模型可完成地形对地形相位向形变对地形相位的比例转换工作。

$$\phi_{\mathrm{def}}=\phi_{1}-\phi_{\mathrm{flat1}}-\phi_{\mathrm{top1}}=\phi_{1}-\phi_{\mathrm{flat1}}-\frac{B_{\perp}^{1}}{B_{\perp}^{2}}\phi_{\mathrm{top2}} \tag{8.23}$$

最终的三轨法形变相位模型见式(8.23)，其中，ϕ_{def} 为待求的形变相位，ϕ_{1} 代表形变对原始干涉相位，ϕ_{flat1} 为形变对参考椭球相位，其计算方法可参考式(8.21)，三轨法差分干涉形变相位提取流程如图 8.5 所示。

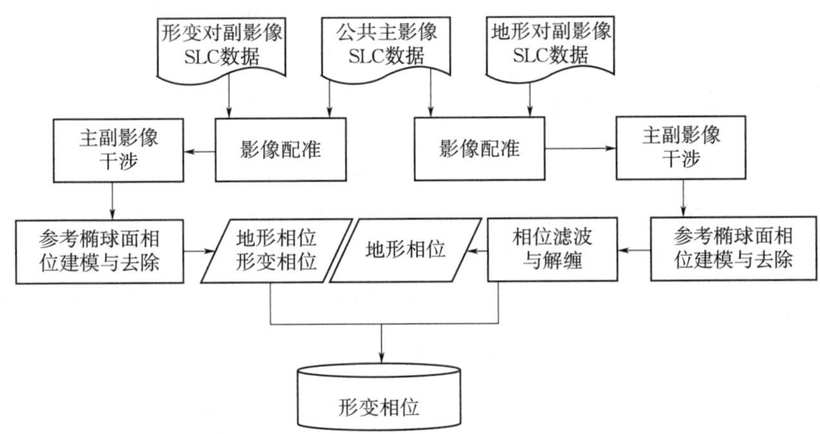

图 8.5 “两轨＋外部 DEM 法”与“四轨法”形变相位提取流程

(3)四轨干涉

四轨法在本质上与两轨＋外部 DEM 法类似，即其地形相位来自独立的外部数据，但四轨法的地形相位并不由 DEM 模拟生成，而是从独立的地形相位干涉对中获取，这又与三轨法的实现流程相似，四幅雷达影像组成两组干涉对，其中跨越形变时间的为形变干涉对，而不跨越形变时间的为地形干涉对。

从“地形对”获取的地形相位同样无法直接应用于“形变对”，也同样需要按照式(8.22)做三轨法的基线比例转换工作。同时，由于涉及两个干涉对配准基准等问题，四轨法的整体流程要更为复杂,其中涉及地形对的主从影像与形变对主影像的两次配准与重采样工作,具体流程如图 8.4 中右侧点划线框内包含的内容所示。

值得说明的是,“地形对”的主、副 SAR 影像的选取需遵从两个原则:一是主、副影像的时间间隔(即时间基线)越短越好,可以有效抑制干涉对时间失相关所引起的相位噪声;二是空间基线适当,以使空间失相关和地形敏感度达到平衡。而“形变对”的主、副 SAR 影像的选取也需遵从两个原则:一是主、副影像的时间间隔应跨越可探测的形变期;二是主、副影像的空间基线需尽可能短,这样有利于减小地形相位的贡献和提高形变的可探测性,从而达到精确提取形变信息的目的。由于“地形对”和“形变对”的 SAR 影像选取存在不同的要求,在可选 SAR 影像数据不充足的情况下,三轨法和四轨法的应用受到极大限制,而两轨＋外部 DEM 法仅需要考虑选择基线相对较短的形变干涉对即可,因此,两轨＋外部 DEM 法在实际的形变信号提取中具有更为广泛的应用。

8.1.2 时序 InSAR 技术框架

从误差传播的角度来看,差分干涉测量应用于区域形变监测的精度受到几个不确定因素的影响,这包括轨道数据误差、地形数据误差、干涉失相关所引起的相位噪声、相位解缠误差以及大气延迟误差等。其中,干涉失相关和大气效应是制约 DInSAR 推广应用的瓶颈问题。近年来,国内外广大学者一直致力于改善 DInSAR 形变监测精度和可靠性,研究重点逐渐转向基于 SAR 影像序列探测地表形变时空演化规律的研究思路上来。这一思路的核心思想是:使用在某一时间段内对同一地区所获取的多幅 SAR 影像(即 SAR 影像时间序列),并依据统计分析的方法探测出研究区域内在时间序列上相关性较高的目标(即永久散射体),然后基于这些特定目标的相位时间序列进行建模与分析,在线性形变趋势的假设前提下采用多参数整体迭代的方法分离大气延迟信息从而获得高精度的形变测量结果。

2000 年,意大利米兰理工大学的 Ferretti 等率先提出了永久散射体(permanent scatterer, PS)的概念,并给出了完整的数据建模与解算方法 PSInSAR™(该技术随后被申请了专利注册)。为了避免 PS 专利侵权的问题,国内外众多学者在随后的十余年间采用大量的相关技术和理论对该方法进行发展和完善,并最终形成了时序差分雷达干涉 (multiple temporal inSAR, MT-InSAR)的技术理论体系。至今,MT-InSAR 系统理论的范畴包括了经典的 PSInSAR™方法理论及其基础上衍生出的小基线集时序分析法(SBAS)、相干目标分析法 (CP)、相干像素点(CPT)、点目标分析法 (IPTA)、角反射器干涉法 (CRInSAR)、永久散射体干涉分析技术(PST)、斯坦福永久散射体干涉 (StaMPS)、网络化 PSI 时序分析法、时域相干目标分析法(TCP)、伪相干目标分析技术 (QPS) 以及被 Ferretti 称之为第二代 PS 的 SqueeSAR™ 等一系列方法和理论。为以示区别,目前学术界公认的永久散射体被称为 persistent scatterer,而基于 PS 的时序分析方法则多被称之为 persistent scatterer interferometry (PSI)。

选取上述算法中具有代表性的 PSInSAR™、SBAS 和 StaMPS 三种时序差分雷达干涉技术理论加以介绍如下。

1. PSInSAR™算法介绍

为了克服时空失相干的影响,Ferretti 等于 2000 年提出了 PSInSAR™理论。其目的是引入多景 SAR 影像,从而在时间域判定每个点的相位稳定性,获取稳定点目标进行多时相雷达干涉分析。这些稳定的点目标能够保留 DInSAR 形变场的特征，但是他们不会受到失相干因素的影响，甚至在干涉的空间基线超过极限基线之后，这些点目标依然能够保持很好的相干性。

PSInSAR™的主要流程如图 8.6 所示，在这一流程中 Ferretti 主要考虑了大气相位屏(atmospheric phase screen，APS)对两个主要沉降参数(形变速率和高程误差)估算模型的影响。因此，在采用振幅离差选点之后，PSInSAR™算法首先估算了两个主要沉降参数以及 APS。在去除 APS 之后，又进行了一步迭代，以选取真正的 PS 点，并对 PS 点的沉降参数进行二次解算。

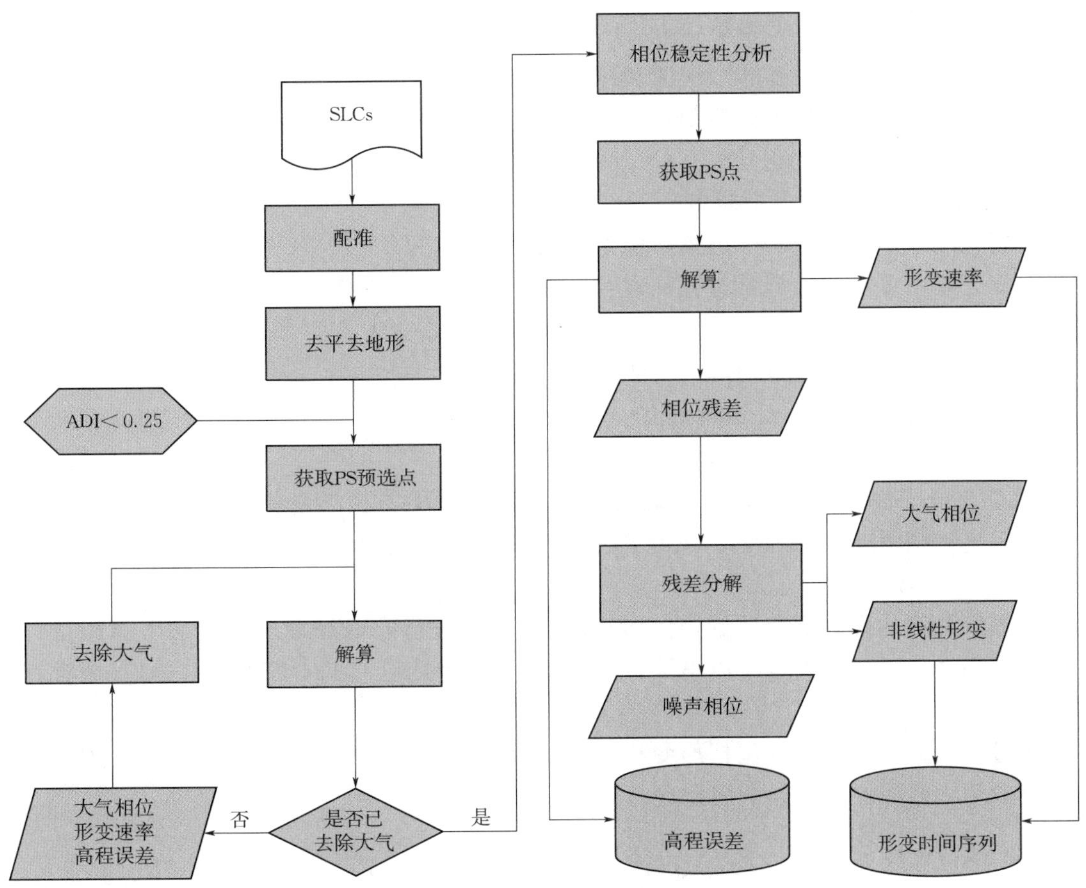

图 8.6 PSInSAR™干涉算法数据处理及形变提取流程

(1) PS 点探测

利用 PSInSAR™技术进行处理之前，首先要对所获取的影像进行差分干涉处理，形成时间序列的影像干涉对。干涉配对可以选取单一主影像法和自由组合法。单一主影像法假设有覆盖同一区域的 $K+1$ 幅 SAR 影像，选择其中一幅影像作为主影像，其余所有影像都配准并采样到主影像像素空间，这样 $K+1$ 幅 SAR 影像就可以形成 K 个干涉对。自由组合法则按照一定的规则，通过两两进行干涉最多可以形成$(K+1)K/2$ 个干涉对。采取 SAR 影像自由组合的模式，这样可以形成更多的干涉对，获得更多的相位观测值，增加模型解算中的多余观测值。

通过限制时空基线，减少长时空基线可能引入严重的噪声对结果可能造成的影响。

PS 探测采用 A. Ferretti 提出的振幅离差指数方法，借助 PS 点的强反射特性，利用振幅阈值法挑选出高振幅值的像素作为 PS 候选点，然后给予 PS 散射特性的稳定性分析，利用振幅离差阈值从 PS 候选点中进一步精选出 PS。

$$\begin{cases} \bar{a} \geqslant \bar{A} + \sigma_A \\ D_{\text{amp}} = \dfrac{\sigma_{\text{amp}}}{\bar{a}} \leqslant 0.25 \end{cases} \tag{8.24}$$

式中 $\bar{A}, \sigma_A$——在平均振幅图像的平均振幅值和均方差；

D_{amp}——振幅离差指数(ADI)；

$\bar{a}, \sigma_{\text{amp}}$——时序振幅的平均值和标准差(SD)。

第一个公式表明比平均强度值高的像素点有着更好的相干性；第二个公式意味着小的 ADI 在时序上有着更好的稳定性。

(2) 时序建模及线性参数求解

采用自由干涉组合，$(N+1)$幅影像最多可以形成$(N+1)N/2$ 个干涉对。每个干涉对的每个像元是由多个相位分量组合而成：

$$\Phi = \phi_{\text{flat}} + \phi_{\text{top}} + \phi_{\text{def}} + \phi_{\text{atm}} + \phi_{\text{noi}} \tag{8.25}$$

式中 Φ——由干涉像对生成的干涉相位；

ϕ_{flat}——参考椭球面引起的相位；

ϕ_{topo}——地面起伏引起的地形相位；

ϕ_{def}——卫星两次成像期间因地表位移引起的 LOS 方向形变相位；

ϕ_{atm}——两次雷达成像时大气状态不一致引起的延迟相位；

ϕ_{noi}——随机噪声。

为提取最终的地表形变分量，对已形成的干涉对进行差分处理。其中参考面相位可以借助卫星精密轨道状态矢量予以消除，地形相位可以借助已有的 DEM 予以处理(通常存在 DEM 误差)。

经过差分处理后的相位包括形变相位、大气延迟相位、高程误差和随机噪声。差分干涉后剩下的第 i 幅相位可用如下模型进行表示：

$$\Delta\Phi_i(x_l, y_l; x_p, y_p; T_i) = \frac{4\pi}{\lambda R \sin\theta} B_i^{\perp} \Delta\varepsilon(x_l, y_l; x_p, y_p) + \frac{4\pi}{\lambda} T_i \Delta v(x_l, y_l; x_p, y_p) + \Delta\varphi_i^{res}(x_l, y_l; x_p, y_p; T_i) \tag{8.26}$$

式中 $B_i^{\perp}, T_i$——干涉对 i 的空间垂直基线和时间基线；

λ, R, θ——波长(对 PALSAR 为 23.6cm)、传感器到目标的距离和雷达入射角；

$\Delta\varepsilon(x_l, y_l; x_p, y_p)$——高程误差；

$\Delta v(x_l, y_l; x_p, y_p)$——LOS 方向形变速率；

$\Delta\varphi_i^{\text{res}}(x_l, y_l; x_p, y_p; T_i)$——残留相位。

根据 Ferretti 提出的二维周期图解算方法，在 $|\Delta\varphi_i^{\text{res}}| < \pi$ 的条件下，通过使下列目标函

数最大化即可获得 $\Delta\varepsilon$ 和 Δv 的解。

$$\gamma = \left| \frac{1}{M} \sum_{i=1}^{M} (\cos\Delta\omega_i + j \cdot \sin\Delta\omega_i) \right| = \text{maximum} \tag{8.27}$$

式中　γ——基线的模型相关系数；

j—— 取$\sqrt{-1}$；

$\Delta\omega_i$——观测值与拟合值之差，即

$$\Delta\omega_i = \Delta\Phi_i - \frac{4\pi}{\lambda \cdot \bar{R} \cdot \sin\theta} \cdot \bar{B}_i^{\perp} \cdot \Delta\varepsilon - \frac{4\pi}{\lambda} \cdot T_i \cdot \Delta v \tag{8.28}$$

(3) 非线性形变及大气延迟相位

分离出线性形变速率和高程误差值后，残留相位可由公式(8.29)表示。

$$\varphi_i^{\text{res}} = \varphi_i^{\text{nl}} + \varphi_i^{\text{a}} + \varphi_i^{\text{n}} \tag{8.29}$$

式中　φ_i^{res}——残留相位；

φ_i^{nl}——非线性形变速率；

φ_i^{a}——大气误差延迟相位；

φ_i^{n}——噪声影响。

依据残留相在时空域的不同特性，对其在频率域上滤波可分离出非线性形变、大气相位和噪声。地表的非线性形变相位和大气延迟相位在空间上主要表现为低频特性，而噪声表现为高频相位，对残差图进行空间低通滤波，可消除干涉失相关和其他随机噪声相位分量。然后对其进行时间域滤波，这样就可以识别相位趋势对应着的非线性形变。将非线性形变与线性形变相加即可得到真实的形变量。

$$\phi_{\text{def}} = \phi_l + \phi_{nl} \tag{8.30}$$

式中　ϕ_{def}——总的实际形变量对应的相位分量；

ϕ_l——线性形变分量；

ϕ_{nl}——非线性形变分量。

2. SBAS 算法介绍

SBAS 技术是对相干点相位目标分析来获取时序形变，通过对选择合适的空间基线和时间基线组成差分干涉对，并且选取相干目标点利用线性形变模型进行计算，以减少 DInSAR 处理中的去相关影响及高程、大气误差的同时获取地表的时间形变序列。SBAS 技术的关键是差分干涉对的选取，选择合适的空间基线和时间基线以减少或消除 DInSAR 处理中的一些去相关因素的影像。

假设有按时间序列获取的 $N+1$ 幅覆盖相同区域的 SAR 影像，其影像获取时间序列为：

$$t = [t_0, \cdots, t_N]^{\text{T}} \tag{8.31}$$

将它们选取一幅影像为主影像进行配准后，在全部自由组合差分干涉对中选取符合时间基线和空间基线阈值的干涉对，可得到 M 幅差分干涉图，则有：

$$\frac{N+1}{2} \leqslant M \leqslant N\left(\frac{N+1}{2}\right) \tag{8.32}$$

以 t_0 时刻为参考时刻，则任意时刻 $t_i (i=1,\cdots,N)$ 相对于 t_0 时刻的差分相位 $\phi(t_i)$ 为未知数，数据处理过程中所获取的差分干涉相位 $\delta\varphi(t_k)$ $(i=1,\cdots,M)$ 为观测量。假设不考

虑去相干、高程误差以及大气延迟等因素，则第 i 幅 $(i=1,\cdots,M)$ 差分干涉图中像元(r,x)的相位值为

$$\delta\phi_i(r,x)=\phi(t_A,r,x)-\phi(t_B,r,x)\approx\frac{4\pi}{\lambda}[\mathrm{d}(t_A,r,x)-\mathrm{d}(t_B,r,x)] \tag{8.33}$$

式中 λ——雷达波长，$\mathrm{d}(t_A,r,x)$ 和 $\mathrm{d}(t_B,r,x)$ 分别为像元在时间 t_A 和 t_B 沿雷达视线 LOS 方向的形变。

若假设 $\mathrm{d}(t_A,r,x)=0$，那么时间序列上的相位值为

$$\phi(t,r,x)=\frac{4\pi}{\lambda}d(t_i,r,x) \qquad i=(1,\cdots,N) \tag{8.34}$$

由于 SBAS 技术是基于像元逐个计算，来获取差分干涉图中各个像元在时间序列上的形变，因此下面以某个像元为例来介绍 SBAS 技术的解算模型。设所有 SAR 影像图中该像元相位组成的向量为待求参数：

$$\phi=[\phi(t_1),\cdots\phi(t_N)]^{\mathrm{T}} \tag{8.35}$$

解缠差分干涉图中相位组成的向量为观测量：

$$\delta\phi=[\delta\phi_1,\cdots,\delta\phi_M]^{\mathrm{T}} \tag{8.36}$$

$\delta\phi_i(i=1,\cdots,M)$ 为相对于解缠参考点的相位值。主、辅影像对应的时间序列分别为

$$IM=[IM_1,\cdots,IM_m] \qquad IS=[IS_1,\cdots,IS_m] \tag{8.37}$$

若主、辅影像按时间序列排列，即 $IM_j>IS_j\, j=(1,\cdots,M)$，则差分干涉图中相位表示如下：

$$\delta\phi_j=\phi(t_{IM_i})-\phi(t_{IS_i})\ (i=1,\cdots,M) \tag{8.38}$$

式(8.38)所示方程组含 N 个未知数的 M 个方程，可以简化为

$$\delta\phi=\boldsymbol{A}\phi \tag{8.39}$$

矩阵 $\boldsymbol{A}[M\times N]$ 每一行对应每一个干涉对，即有 $[j,IM_j]=1$ 和 $[j,IS_j]=-1(j=1,\cdots,M)$，矩阵中其他元素为零。则

$$\boldsymbol{A}=\begin{bmatrix}0&-1&0&+1&\cdots\\0&0&+1&0&\cdots\\\cdots&\cdots&\cdots&\cdots&\cdots\\\cdots&\cdots&\cdots&\cdots&\cdots\end{bmatrix} \tag{8.40}$$

若所有干涉对属于同一个子基线集，则矩阵 $\boldsymbol{A}$ 的秩为 $N(M\geqslant N)$，其最小二乘解为

$$\hat{\boldsymbol{A}}=\boldsymbol{A}^{+}\delta\phi \qquad \boldsymbol{A}^{+}=(\boldsymbol{A}^{\mathrm{T}}\boldsymbol{A})^{-1}\boldsymbol{A}^{\mathrm{T}} \tag{8.41}$$

当基线集中含有多个子集时，矩阵 $\boldsymbol{A}$ 秩亏，$\boldsymbol{A}^{\mathrm{T}}\boldsymbol{A}$ 为奇异矩阵。假设有 L 个不同的子基线集，那么矩阵 A 的秩为 $N-L+1$，式 $\delta\phi=\boldsymbol{A}\phi$ 有多解。能解出式 $\delta\phi=\boldsymbol{A}\phi$ 唯一解的一种较为常用的方法是奇异值(SVD)分解法。非方阵的奇异值分解是正交的对角矩阵。对矩阵 $\boldsymbol{A}$ 进行奇异值分解有

$$\boldsymbol{A}=U\sum\boldsymbol{A}^{\mathrm{T}} \tag{8.42}$$

式中 U——$M\times N$ 正交矩阵；

$\sum$——对角元素为奇异值 $\sigma_i(i=1,\cdots,N)$；

V——$M\times M$ 正交矩阵。

式 $\delta\phi = A\phi$ 的最小二乘范数阶为

$$\hat{\phi} = V \begin{bmatrix} \sum^{-1} & 0 \\ 0 & 0 \end{bmatrix} U^{\mathrm{T}} \delta\phi \tag{8.43}$$

式中，$\sum^{-1} = \mathrm{diag}(1/\sigma_1, \cdots, 1/\sigma_{N-L+1}, 0, \cdots, 0)$。

为了得到符合物理意义的解，将对相位的求解转化为对相位变化速度的求解问题，则待求参数向量为

$$\boldsymbol{V}^{\mathrm{T}} = \left[\boldsymbol{V}_1 = \frac{\phi_1 - \phi_0}{t_1 - t_0}, \cdots, \boldsymbol{V}_N = \frac{\phi_N - \phi_{N-1}}{t_N - t_{N-1}}\right] \tag{8.44}$$

则式 $\delta\phi = \mathrm{A}\phi$ 可以转化为

$$\sum_{i=IS_j+1}^{\mathrm{IM_j}} (t_i - t_{i-1}) v_i = \delta\phi_j \ (j = 1, \cdots, M) \tag{8.45}$$

上式可以简化为

$$Bv = \delta\phi \tag{8.46}$$

$\boldsymbol{B}$ 为 $M \times N$ 矩阵，矩阵元素 $\boldsymbol{B}[i,j] = t_{j+1} - t_j \ (IS_i + 1 \leqslant j \leqslant IM_i, \forall i = 1, \cdots, M)$，其他元素值为零。对 $\boldsymbol{B}$ 进行奇异值分解，解出各时间段平均速度 v，在时间域上积分可得该像元的时间形变序列。

但由于差分干涉相位中含有高程误差、大气延迟和其他噪声，故而所解出的相位时间序列含有非形变信号，因此不能直接采用上述方法获得有效的形变结果。为解决这一问题，SBAS 干涉方法首先基于多项式形变模型解算低频形变，同时对高程误差进行建模和解算，然后从原始差分干涉相位中扣除低频形变和高程误差后，再重新对残差相位进行相位解缠，再将低频形变分量加回，此时再利用上述解算过程求解每个时间段内的相位变化速率并恢复相位时间序列。最后，从相位时间序列中扣除之前求得的低频形变，对残差相位时间序列进行时空滤波得到大气延迟相位时间序列，从原始相位时间序列中扣除大气延迟相位即可得到形变相位序列，通过相位到形变的转换可得到形变时间序列。SBAS 干涉算法数据处理及形变提取流程如图 8.7 所示。

3. StaMPS 算法介绍

StaMPS 是 Hooper 等于 2007 年提出的 MT-InSAR 算法，主要用于探测非城市地表区域的沉降信息(如火山、地震等地质灾害引起的瞬时剧烈地表形变)。它采用相位时域分析算法，来对相位进行时间序列分析，并根据时域相干系数 g 来判断相位是否具有时域稳定性。对于有时域稳定性的点来说，StaMPS 将调用 Doris 以及统计费用网络流相位解缠算法(statistical-cost, network-flow algorithm for phase unwrapping, SnapHU)进行差分干涉和相位解缠，并对解缠相位进行数据分析以恢复形变速率。

StaMPS 干涉算法的基本处理流程如图 8.8 所示，主要包括形成干涉图、时间相干 γ_x 估计、PS 识别与筛选、形变估计等。首先，在形成的系列差分干涉图中，将同时满足振幅阈值 T_{A} 和振幅离差指数阈值 T_{DA} 的像素作为永久散射体候选点集(PSCs)；然后，运用相位分析估计每个 PSC 的相位稳定性，基于时间相干系数阈值 γ_x^t 来筛选 PS 点，重复迭代进行精化；最后，运用分步三维(3D)相位解缠提取 PS 点的时间序列相位，从而获取形变信息。PS-

InSAR 主要数据处理流程如图 8.8 所示，其中，SULA 表示空间非相关侧视角；SCLA 表示空间相关侧视角；AOE 表示大气及轨道误差之和。

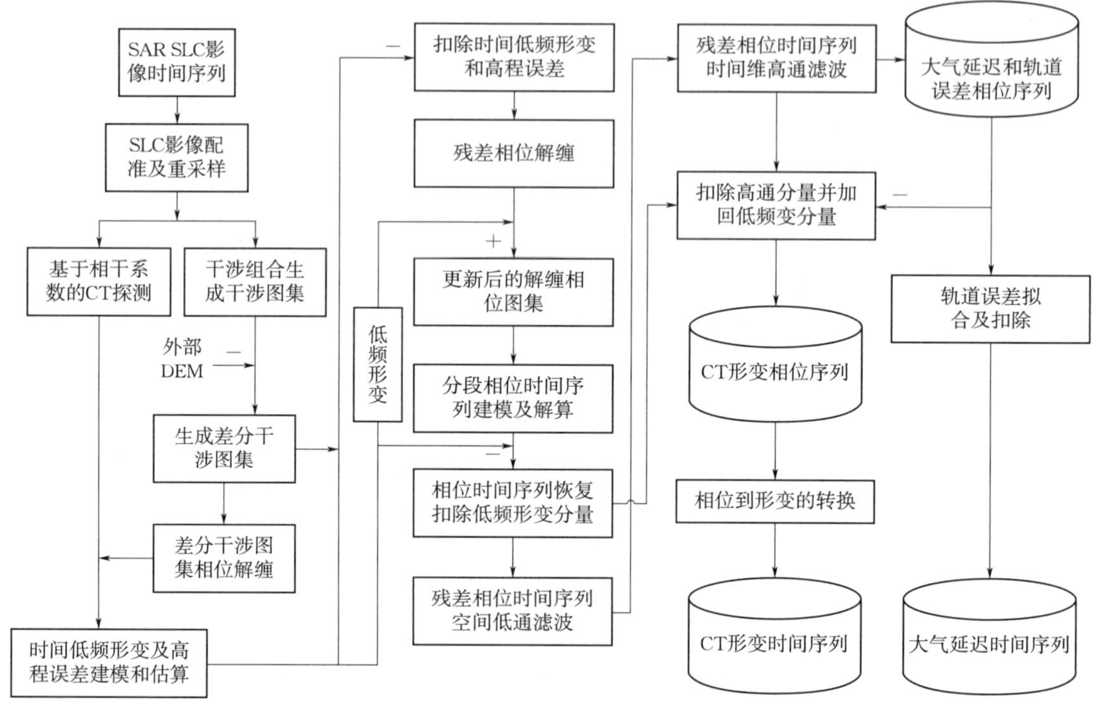

图 8.7　SBAS 干涉算法数据处理及形变提取流程

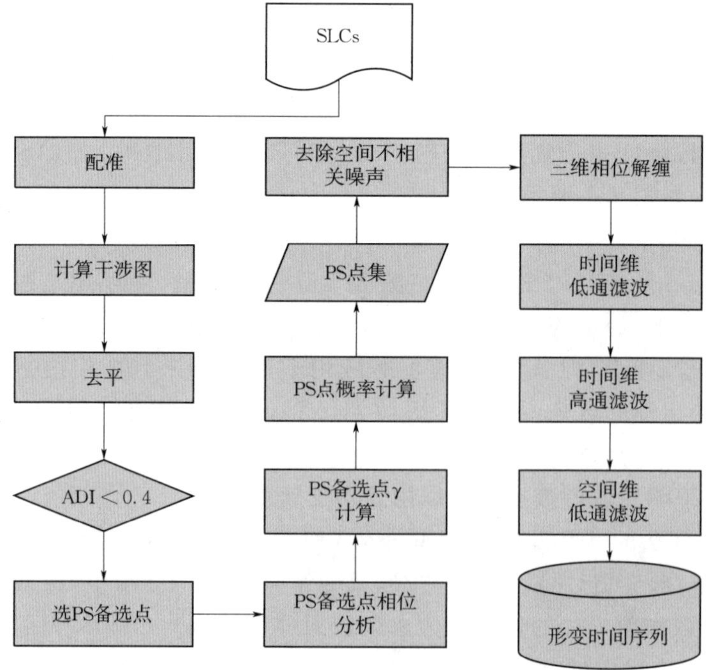

图 8.8　StaMPS 干涉算法数据处理及形变提取流程

(1)StaMPS 相位模型

StaMPS 使用多幅时序 SAR 影像离析地形误差及大气等贡献并达到提取形变信息的目的。设有 $N+1$ 幅覆盖同一地区的时序 SAR 影像,采用整体相关性测度确定其中一幅作为主影像,将其他 SAR 影像与主影像进行配准并取样到同一空间。顾及雷达传感器增益、天线模式和斜距扩展损失,对所有配准后的 SAR 影像进行辐射校正,然后采用精密轨道数据和外部数字高程模型(DEM)去除参考椭球面和地形的相位贡献,从而得到 N 幅差分干涉图。

在形成的 N 幅差分干涉图中,将同时满足 T_A 和 T_{DA} 的像素作为 PSCs,经过去平、地形校正后,第 i 幅差分干涉图中第 x 个 PSC 的缠绕相位可表达为

$$\psi_{\text{int},x,i} = W\{\phi_{\text{def},x,i} + \phi_{\text{atm},x,i} + \Delta\phi_{\text{orb},x,i} + \Delta\phi_{\theta,x,i} + \phi_{n,x,i}\} \tag{8.47}$$

式中 W——缠绕操作符;

$\phi_{\text{def},x,i}$——雷达两次成像期间因地表目标发生位移引起的卫星雷达视线方向(line of sight,LOS)相位变化;

$\phi_{\text{atm},x,i}$——大气延迟相位;

$\Delta\phi_{\text{orb},x,i}$——轨道不确定性所引起的相位;

$\Delta\phi_{\theta,x,i}$——侧视角误差所引起的相位(主要由 DEM 不精确引起);

$\phi_{n,x,i}$——噪声相位。

利用干涉相位 $\psi_{\text{int},x,i}$ 的空间相关特性,在频域进行低通自适应相位滤波,得到低频分量 $\bar{\psi}_{\text{int},x,i}$,然后从 $\psi_{\text{int},x,i}$ 中减去 $\bar{\psi}_{\text{int},x,i}$,再缠绕,即

$$W\{\psi_{\text{int},x,i} - \bar{\psi}_{\text{int},x,i}\} \approx W\{\Delta\phi^{\text{nc}}_{\theta,x,i} + \phi^{\text{nc}}_{n,x,i} + \delta_{x,i}\} \tag{8.48}$$

式中 $\phi^{\text{nc}}_{n,x,i}$—— $\phi_{n,x,i}$ 的空间非相关部分;

$\Delta\phi^{\text{nc}}_{\theta,x,i}$——SULA 误差 $\Delta\theta^{\text{nc}}_x$ 引起的相位,即 $\Delta\phi^{\text{nc}}_{\theta,x,i}=4\pi B_{\perp,x,i}\Delta\theta^{\text{nc}}_x/\lambda$ (λ 为雷达波长,$B_{\perp,x,i}$ 为垂直基线);

$\delta_{x,i}$——形变、大气延迟和轨道误差分量的空间非相关部分之和,$\delta_{x,i}=\phi^{\text{nc}}_{\text{def},x,i}+\phi^{\text{nc}}_{\text{atm},x,i}+\Delta\phi^{\text{nc}}_{\text{orb},x,i}$。

对于任一 PSC,因为存在 N 个差分干涉图,可列出 N 个如公式(8.48)所示的观测方程。为了从这 N 个方程中求解每个 PSC 的 $\Delta\hat{\phi}^{\text{nc}}_{\theta,x,i}$($\Delta\phi^{\text{nc}}_{\theta,x,i}$ 的估计值)和主影像的空间非相关相位 $\hat{\phi}^{m,\text{nc}}_x$($\phi^{m,\text{nc}}_x$ 的估计值),即 $\phi^{\text{nc}}_{n,x,i}+\delta_{x,i}$,可建立如下目标优化函数:

$$\gamma_x = \frac{1}{N}\left|\sum_{i=1}^{N}(\cos\omega_i + j\sin\omega_i)\right| \tag{8.49}$$

式中 $\omega_i=\psi_{\text{int},x,i}-\bar{\psi}_{\text{int},x,i}-\Delta\phi^{\text{nc}}_{\theta,x,i}$;

j—— 虚数单位,$j=\sqrt{-1}$。

根据公式(8.49),可在预先给定的解空间中搜索出一组 $\Delta\hat{\phi}^{\text{nc}}_{\theta,x,i}$ 的解,使得 γ_x 达到最大。通常限制 $\Delta\widehat{\theta}^{\text{nc}}_x$($\Delta\theta^{\text{nc}}_x$ 的估计值)的粗搜索范围为满足高程误差在±10 m 之间,以使得 $\Delta\phi^{\text{nc}}_{\theta,x}$ 的增量范围在±π/4 之间。γ_x 表示第 x 个 PSC 相位残差变化的时间相干测度,是相位噪声水平的度量。

在获取每个 PSC 的 γ_x 值后，对于任一 PSC，属于 PS 点的概率 $P(x \in PS)$ 为

$$P(x \in PS) = 1 - \frac{(1-\alpha) p_R(\gamma_x)}{p(\gamma_x)} \tag{8.50}$$

其中，α 表示 PS 点占所有 PSC 的百分比($0 \leqslant \alpha \leqslant 1$)。

最后根据振幅离差 $D_A = \sigma_A / \mu_A$ (σ_A 为时序振幅标准差，μ_A 为时序振幅均值)和时间相干 γ_x 估计 PS 概率来筛选 PS 点。以 DA 的值作为参考对所有 PSC 进行分块，确保每块至少有 104 个像素，然后对每块计算 α 值，只有 $\gamma_x > \gamma^t$ 的 PSC 被确定为真实 PS，而 γ^t 可由该块非 PS 总数与 PSC 总数的比值来确定，例如：

$$\frac{(1-\alpha)\int_{\gamma^t}^{1} p_R(\gamma_x) \mathrm{d}\gamma_x}{\int_{\gamma^t}^{1} p(\gamma_x) \mathrm{d}\gamma_x} = q \tag{8.51}$$

式中　q——所有被选非 PS 点的最大比例(通常设为 20)。

(2) StaMPS 形变信息提取

在探测出足够数量的真实 PS 点集后，可基于公式(8.47)继续分析。为了提取形变相位，需要进行相位解缠和其他噪声估计。若对相位信号没做任何假设，仅当邻近 PS 点间的绝对相位差小于 π 时，才能得到正确的解缠相位。就信号的空间相关部分而言，当 PS 点的空间采样足够密，就可以满足这个条件。但是，由于受信号的空间非相关部分的影响，即使采样密度足够高，邻近 PS 点间的绝对相位差仍然大于 π，其中 SULA 误差 $\Delta\hat{\phi}_{\theta}^{\mathrm{nc}}$ 和主影像的空间非相关部分 $\phi_x^{\mathrm{m,nc}}$ 的影响最大。因此，相位解缠前需要减去这两项，结果为

$$\psi_{\mathrm{int},x,i} - \Delta\widehat{\phi}_{\theta}^{\mathrm{nc}} - \widehat{\phi}_x^{\mathrm{m,nc}} = W\{\phi_{\mathrm{def},x,i} + \phi_{\mathrm{atm},x,i} + \Delta\phi_{\mathrm{orb},x,i} + \Delta\phi_{\theta,x,i}^{\mathrm{corr}} + \Delta\phi_{n,x,i}\} \tag{8.52}$$

式中　$\Delta\phi_{\theta,x,i}^{\mathrm{corr}}$——SCLA 误差，$\Delta\phi_{\theta,x,i}^{\mathrm{corr}} = \Delta\phi_{\theta,x,i} - \Delta\hat{\phi}_{\theta,x,i}^{\mathrm{nc}}$，$\Delta\phi_{n,x,i} = \phi_{n,x,i} - \hat{\phi}_x^{\mathrm{m,nc}}$。

然后根据 Hooper 等提出的分步 3D 相位解缠方法进行相位解缠。

针对 3D 数据的相位解缠方法，通常基于这样的假设：在任意一维度，相邻采样点间的相位差小于 π。但由于受大气延迟的影响，使 InSAR 时间序列相位数据，在空间域是相关的，但在时间域是不相关的。大气延迟的影响在整个干涉图的变化中可能达到几个相位周期，导致时间维大部分相邻采样点间的相位差大于 π。然而，空间相邻采样点间的相位差在时间维上变化小于 π。基于这样的事实，Hooper 等将 InSAR 时间序列相位解缠问题看成一系列后验概率估计最大化问题，提出了分步 3D 相位解缠方法。第一步，在时间域对相位进行解缠。首先，为了减少大气延迟的影响，将空间上所有 PS 点构建 Delaunay 三角网，计算空间邻近 PS 点间的相位差，然后对时间序列相位差进行低通滤波来抑制噪声，最后基于 Nyquist 假设，在时间域对差分相位进行解缠；第二步，运用差分相位的解缠时间序列，对每个解缠差分相位值构建一个花费函数，这些算法已嵌入在 2D 统计花费网络流算法的优化程序中，最后得到最终的解缠结果。

完成分步 3D 相位解缠后，为了分离出形变相位 $\phi_{\mathrm{def},x,i}$，需要扣除各噪声分量。这些噪声的空间非相关部分被看作噪声，而空间相关部分使得形变相位结果产生很大偏差，因此需要估计并去除这些噪声的空间相关部分。噪声的空间相关分为时间相关和时间不相关两部分，时间相关部分主要由主影像的 AOE 构成，而时间不相关部分主要由 SLCA 误差和副影像的 AOE 构成。其中，主影像的 AOE($\phi_{\mathrm{atm},x}^{\mathrm{m}} + \Delta\phi_{\mathrm{orbit},x}^{\mathrm{m}}$)和 SLCA 误差($\Delta\hat{\phi}_{\theta,x,i}^{\mathrm{corr}}$)可根据公

式(8.52),通过最小二乘直接求解。

为了分离副影像的 AOE($\phi^{s}_{atm,x,i}+\Delta\phi^{s}_{orbit,x,i}$),通常在时间域对解缠相位 $\phi_{uw,x,i}$(表示第 i 幅差分干涉图中第 x 个 PS 点的解缠相位)进行高通滤波估计得到。而 $\phi_{uw,x,i}$ 中存在 $2k_{x,i}\pi$(其中 $k_{x,i}$ 为未知的整周模糊度),使得其绝对值在时间域是不相关的,因而不能直接在时间域对 $\phi_{uw,x,i}$ 进行滤波。为此,首先将所有 PS 点构建 Delaunay 三角网,计算邻近 PS 点间的相位差,以消除 $2k_{x,i}\pi$ 的影响;然后对时间域差分解缠相位进行高通滤波,在空间域进行平滑去除噪声,从而获取副影像的 AOE。

最后减去 SLCA 误差和主副影像的 AOE 的估计值,形变相位表达为

$$\phi_{def,x,i}\approx\phi_{uw,x,i}-\phi^{m}_{atm,x}-\phi^{s}_{atm,x,i}-\Delta\phi^{m}_{orbit,x}-\Delta\phi^{s}_{orbit,x,i}-\Delta\phi^{corr}_{\theta,x,i}-\Delta\phi_{n,x,i}-2k_{x,i}\pi \tag{8.53}$$

根据地表形变特征与雷达成像的几何关系,进行 LOS 方向形变量的转换。对于地表沉降而言,即将 LOS 方向形变量转换为垂直向沉降量。

设差分干涉图序列中每个 PS 点的形变量为 $d=[d_1,d_2,\cdots,d_n]$,相对应的时间基线为 $T=[T_1,T_2,\cdots,T_n]$(以年为单位),则每个时间段内的形变速率为

$$v_i=d_i/T_i \tag{8.54}$$

由此可得形变速率序列为 $v=[v_1,v_2,\cdots,v_n]$。

8.2 艰险山区地质构造运动与地震监测

8.2.1 喜马拉雅东构造节区域震间地表形变监测

喜马拉雅东构造结区域为青藏高原构造演化研究的重要地区之一。东构造结周边地区主要为海拔超过 4 000 m 的高山和雅鲁藏布江、怒江、澜沧江和金沙江等构成的高山峡谷地貌,地质构造复杂。

川藏铁路沿线自东向西穿越包括澜沧江断裂带、怒江断裂带、边坝—洛隆断裂、嘉黎断裂带、米林断裂带和西兴拉—墨脱断裂带等多条断裂带(图 8.9),这些断裂带规模大、结构复杂、全新世以来均有强烈活动,并且还存在有次一级的活动断裂。其中,这些断裂可以划分两个区块,以波密—通麦一线为界,东部的澜沧江断裂带、怒江断裂带、边坝—洛隆断裂、嘉黎断裂带,以走滑错动为主,兼具逆冲分量;而西部的南迦巴瓦变质体周边的西兴拉断裂带、米林断裂带和墨脱断裂带等以逆冲错动为主。

以川藏铁路昌都至林芝段跨越的 6 条主要活动断裂带为研究对象,利用 GPS 大地测量观测技术,提取断裂带附近地壳的时序形变,进一步基于弹性负位错模型,完成各断裂带的活动性反演,获得各活动断层的滑移速率及震间断层耦合程度,为断裂危害性评估提供重要的科学指标。

以嘉黎断裂为例,嘉黎断裂从平面上可分为三段,西段为 NW 走向的右旋走滑断裂,中段为沿易贡藏布河分布的 NWW 向右旋走滑断裂,东南段为 NW 向的通麦—下察隅断裂。收集嘉黎断裂区域周边的国内外 GPS 观测资料,将 GPS 资料进行合理融合、严密数据处理,

图 8.9 川藏铁路位置概况

获得了该区域 GPS 观测站的运动速度场,如图 8.10 所示。跨嘉黎断裂 GPS 剖面图如图 8.11 所示,结果表明,平行于嘉黎断裂方向,在跨断裂两侧约 100 km 范围内,表现为右旋走滑,走滑速率(2.3±1.0) mm/a;垂直于嘉黎断裂方向,东构造结南迦巴瓦地块相对于北东侧的拉萨地块具有强烈的挤压缩短,量值达(4.3±1.3) mm/a,但是这种挤压缩短的跨多条断裂(嘉黎、西兴拉等断裂),所以,嘉黎断裂本身的挤压逆冲速率不会高于 4 mm/a。

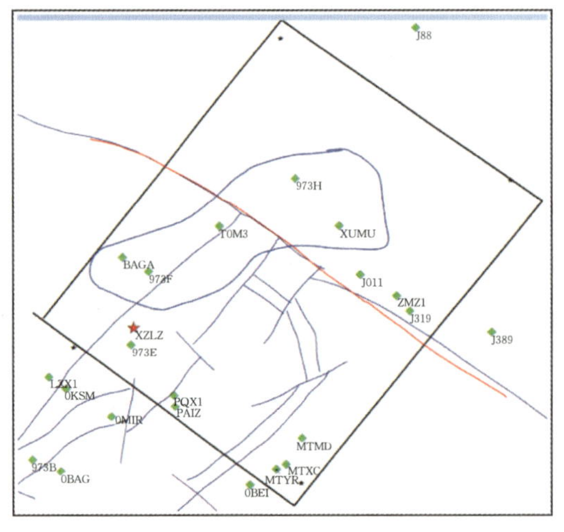

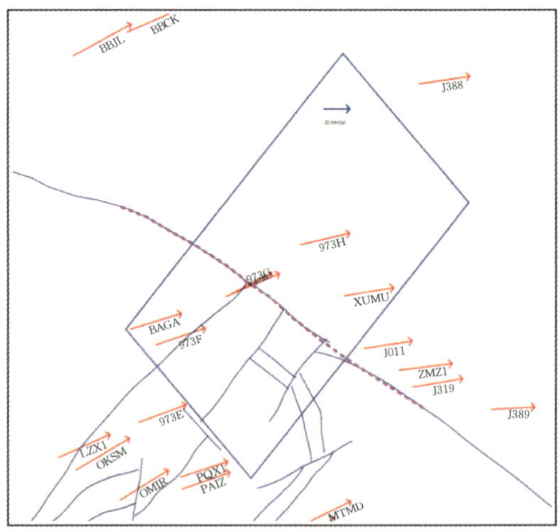

图 8.10 图中蓝线所圈定的 5 个 GPS 观测站,较好地确定嘉黎断裂在该区段的运动速率

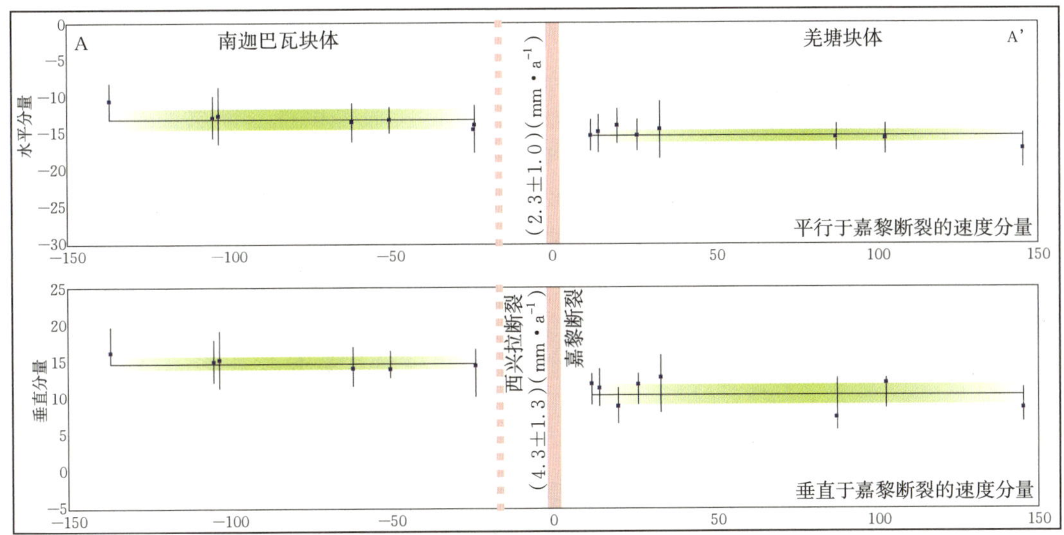

图 8.11 跨嘉黎断裂 GPS 剖面

[将 GPS 速度矢量,分别分解到与嘉黎断裂平行和垂直的方向上,简明地确定出嘉黎断裂与西兴拉断裂共同的右旋走滑速率约为(2.3±1.0)mm/a,共同的挤压缩短速率约为(4.3±1.3)mm/a]

以 111 个 GPS 台站实测所得速度场为约束,基于 Okada 模型,采用网格搜索和模拟退火方法,在拉普拉斯平滑约束下反演计算东构造结块体旋转运动的欧拉极和边界嘉黎断裂、雅鲁藏布江断裂及西兴拉—墨脱断裂的闭锁程度与滑动亏损。图 8.12 显示了反演所得嘉黎断层的闭锁程度分布。沿走向观察可知,整条嘉黎断裂浅部闭锁现象严重,浅地壳

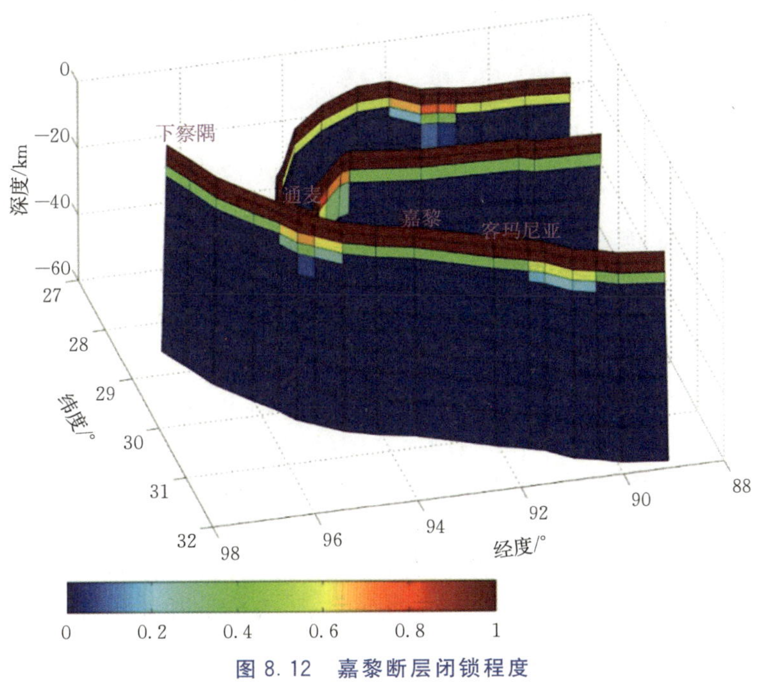

图 8.12 嘉黎断层闭锁程度

0～6 km 以内，断层完全闭锁。整条断层沿线，大部分区域闭锁深度为 9 km，6 km 以上闭锁系数为 1，6～9 km 深度范围内闭锁系数约为 0.4，深度 9 km 以下闭锁系数为 0，即断层可以自由滑动。

根据负位错反演理论可知，由反演所得块体旋转欧拉极可以计算断层的长周期运动速率，同时减去受断层闭锁产生的滑动亏损速率，即可获得该断层真实的滑移速率，以便判断断层的滑动特性。反演获得的嘉黎断层滑移速率分布如图 8.13 所示。结果显示整个嘉黎断裂因浅层闭锁程度极高，6 km 以上断层滑移速率为 0.0，即断层不发生滑移运动，这与 InSAR 监测地表无显著形变保持一致。同时，反演结果表明嘉黎断层在东构造结附近断层闭锁深度深于其他区域，即嘉黎断层东构造结段受断层闭锁影响最严重。嘉黎断裂浅部断层未发生滑移，但深部以大约－3.0 mm/a 的速率沿断层朝西南方向滑移，表明该断裂的右旋走滑特性。

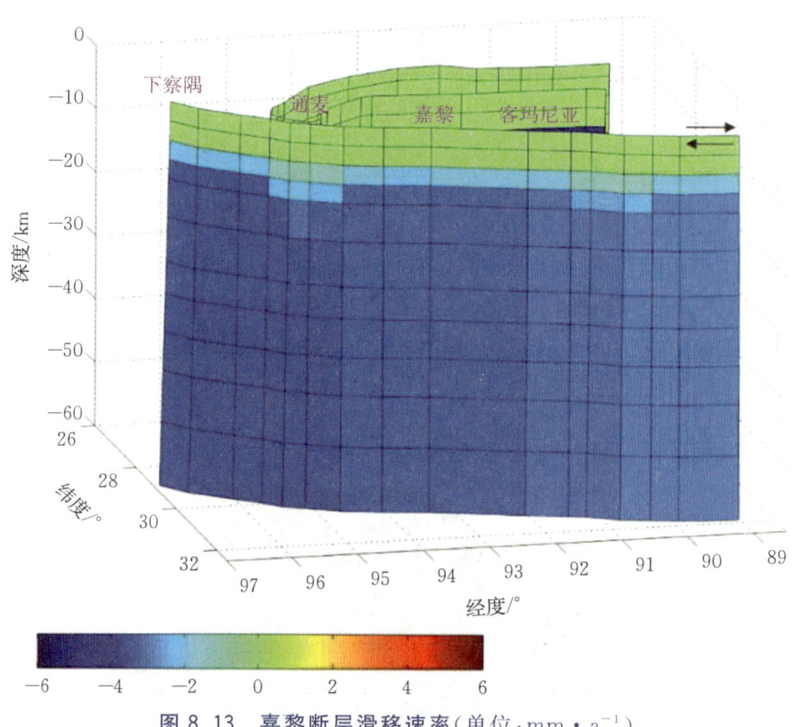

图 8.13 嘉黎断层滑移速率(单位：mm·a^{-1})

(黑色箭头指示断层上、下盘相对滑移的方向)

基于 GPS 数据的断层活动性反演结果表明(图 8.12 和图 8.13)，嘉黎断裂、米林断裂和西兴拉—墨脱三断裂带浅部(0～5 km)均完全闭锁，且三条断裂越靠近东构造结的断层分段，其闭锁程度越深，其中嘉黎断裂在东构造结附近闭锁深度为 18 km，深部断层自由滑移速率约－3.0 mm/a，沿断层朝西南方向滑移，显示出右旋走滑特性；米林断裂在东构造结附近的闭锁深度达地下 30 km，断层深部滑移速率约－7.0 mm/a，朝断层走向的反方向滑动，表现为右旋走滑特征；西兴拉断裂闭锁深度为 25 km，深部断层沿走向朝北西方向滑移，呈左旋走滑运动，滑移速率为－7.0 mm/a。

根据反演获得的块体旋转欧拉极和块体边界断层的闭锁速率，可以正演模拟地表 GPS 站点的运动速率，各 GPS 站运动速率的正演模拟值如图 8.14 所示。蓝色箭头矢量代表 GPS 实测地表运动速率，红色箭头代表正演模拟的运动速率。由图可知，模拟的 GPS 运动速率与观测的 GPS 数据具有很好的一致性，尤其在东构造结附近，红色和蓝色 GPS 速率矢量几乎完全重合，这表明了反演所得块体旋转欧拉极和断层闭锁分布对地表 GPS 观测数据建模的可靠性。

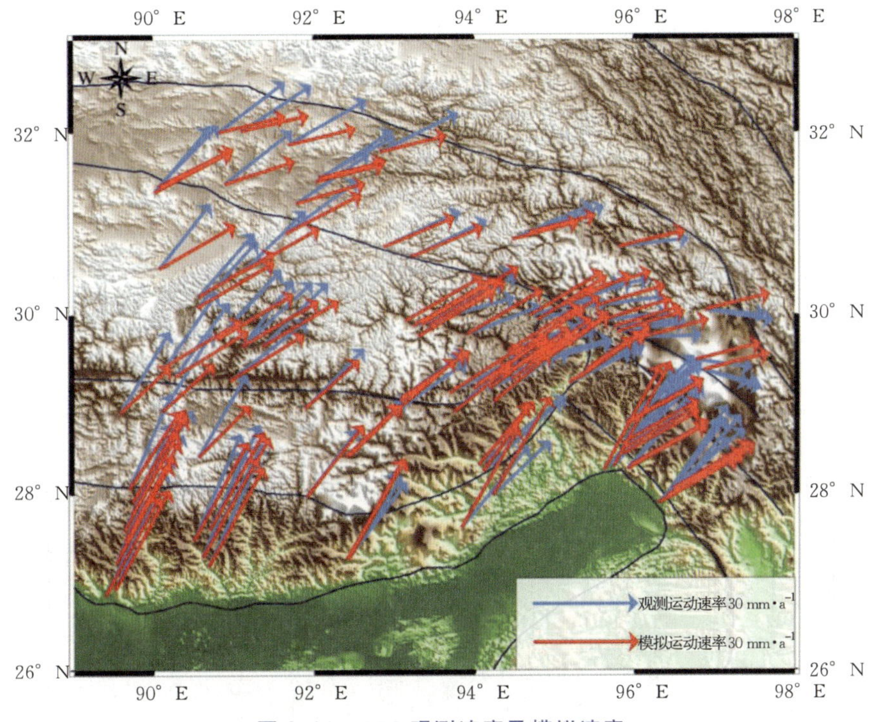

图 8.14 GPS 观测速率及模拟速率

8.2.2 汶川地震 InSAR 同震地表形变监测

汶川地震引发了龙门山地区强烈的地表形变，同震形变场的准确获取对于分析龙门山地区地表破裂的空间分布特征、震源参数计算以及地球物理反演具有重要的科学意义。汶川地震后，中国地壳运动观测网络项目组及时对龙门山地区的 GPS 观测站进行了复测，并公布了观测结果。GPS 形变观测结果显示，以映秀—北川断裂带为中心，两侧断层上下盘存在显著的相向运动和水平缩短现象，同时断层下盘以下降为主，上盘在地表破裂线周边呈现上升趋势，但在远离破裂线后很快又转为下降运动，GPS 形变的这些特征符合以逆冲为主的断层运动性质。但 GPS 观测的稀疏分布难以获得发震区完整的高分辨率地表形变场，不利于断层面破裂的精细反演计算。ALOS 卫星搭载的 PALSAR 传感器获取了地震前后在汶川区域大范围 SAR 影像数据，因此，InSAR 技术有望为汶川地震提供大范围、高分辨率的地表形变观测资料。针对汶川地震的发震区域与破坏情况，使用 ALOS 卫星 PALSAR 传感器获取的地震前后雷达影像开展 DInSAR 干涉处理，以其中连续 6 个升轨条带共 46 幅影像作为同震形变观测数据，各轨 SAR 影像的基本信息见表 8.1。

表 8.1 汶川地震 PALSAR 影像的干涉对信息

轨 道 号	成像日期	时间基线/d	空间基线/m	中心经度/°	中心纬度/°
471	2008.2.29～2008.5.31	92	−206.80	105.60	31.70
472	2007.1.28～2008.6.17	506	−163.86	105.03	31.74
473	2008.2.17～2008.5.19	92	−359.80	104.54	31.65
474	2008.3.5～2008.6.5	92	−464.24	104.05	31.46
475	2007.6.20～2008.6.22	368	283.56	104.54	31.21
476	2008.4.08～2008.5.24	46	183.24	103.02	31.21

对上述 PALSAR 影像进行干涉处理，并使用 ASTER DEM 作为外部 DEM 去除地形相位分量，最终获得雷达差分干涉相位图(图 8.15)。条纹越密集的区域表示形变量越大，从图中可以观察到明显的地表破裂线位置。

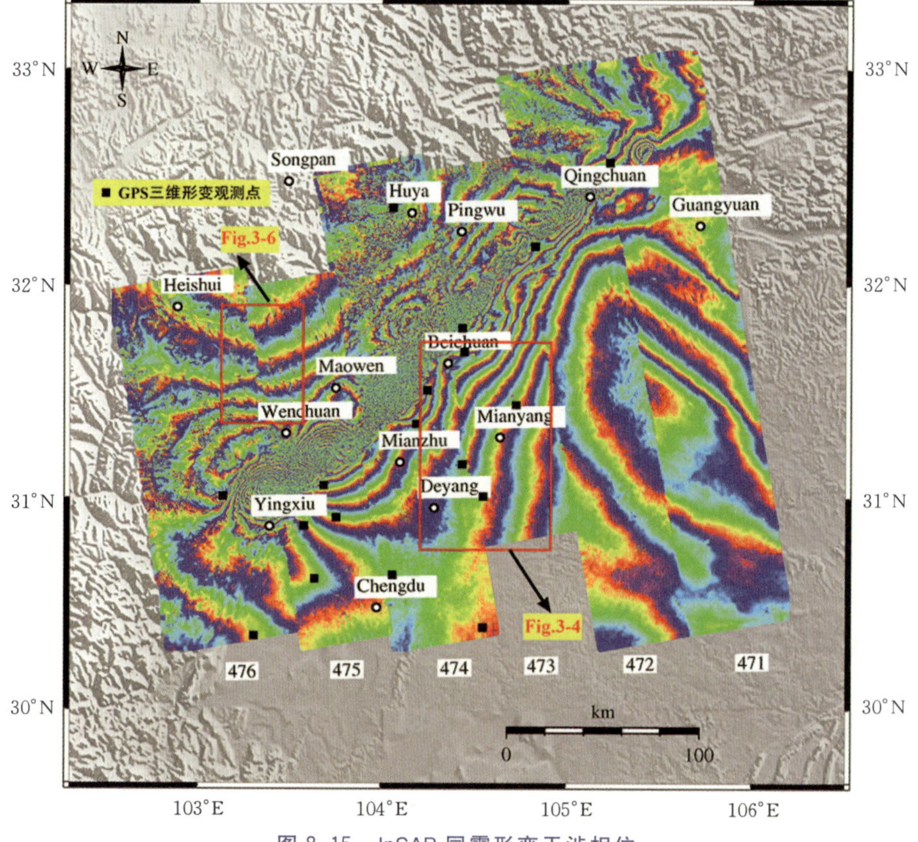

图 8.15 InSAR 同震形变干涉相位

将 GPS 和同震 InSAR 形变场作为约束数据，为后续汶川地震断层滑动分布的反演提供基础数据支撑。断层的几何参数包括断层的平面位置(断层左上角或中心的北东向坐标)、深度和断层的走向、长度、宽度以及断层的倾角，断层的几何参数直接决定了其在地下的分布位置及状态，并且对断层面滑动分布的反演、库伦应力改变的计算等产生显著影响，不精确的断层几何参数将对地震震源机制的理解和认识造成严重影响。

目前常用的断层几何确定方法是在假设断层具有单一的倾角状态和均匀滑动分布的前提下，以同震地表形变为约束，通过遗传算法、模拟退火等算法搜优获得各项断层几何参数。但是对于汶川地震等大地震复杂的断层几何模型，特别是断层沿深度方向的倾角渐变特征，常规单一倾角断层几何模型不再适用，并可能导致严重的系统误差。为精确获取汶川地震发震断层的几何结构，提出了一种基于倾角渐变分层的断层几何确定方法，该方法沿深度方向对断层进行离散化，并在倾角优化过程中充分考虑了断层倾角沿深度方向逐渐减小的先验信息，最后以同震地表形变为约束反演获得各离散子断层倾角值。

基于 GPS 和 InSAR 观测形变约束，首先使用遗传算法非线性搜优获得精确的断层破裂位置，同时剔除了断层近场严重失相关、以及电离层噪声过于严重区域的 InSAR 观测数据以确保反演结果的精确性，最终基于四叉树降采样方法获得 17 000 个高质量观测数据。设置映秀—北川断层与彭灌断层的初始宽度均为 40 km，初始倾角 33°，最大地表约束倾角为 80°，进行断层倾角搜优计算，最终获得断层几何如图 8.16 所示。

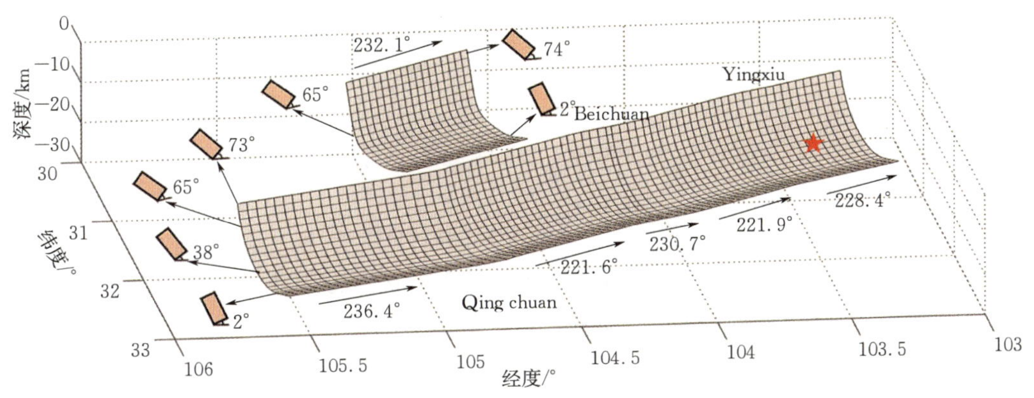

图 8.16　汶川地震倾角优化断层几何模型

以图 8.16 所示的断层几何为基础，联合 GPS 和 InSAR 观测结果作为约束条件，构建如式(8.55)的断层滑动联合反演模型，其中 H_1、H_2 代表根据离散子断层单位走滑量和逆冲量计算得到的 InSAR 数据反演格林函数，G_1、G_2 为 GPS 数据反演格林函数，L_{os}、d_N 和 d_E 则分别代表 InSAR 和 GPS 观测得到的地表形变量，α、β 为权重因子，L_i 为拉普拉斯平滑约束格林函数，κ 代表平滑因子，U_{1slip}、U_{2slip} 为待反演的断层走滑量和逆冲量。在非负最小二乘准则下可反演获得最终的断层滑动分布结果，如图 8.17 所示。

$$\begin{bmatrix} \alpha \cdot H_1 & \alpha \cdot H_2 \\ \beta \cdot G_{N1} & \beta \cdot G_{N2} \\ \beta \cdot G_{E1} & \beta \cdot G_{E2} \\ \kappa \cdot L_1 & 0 \\ 0 & \kappa \cdot L_2 \end{bmatrix} \begin{bmatrix} U_{1\text{slip}} \\ U_{2\text{slip}} \end{bmatrix} = \begin{bmatrix} \alpha \cdot L_{os} \\ \beta \cdot d_N \\ \beta \cdot d_E \\ 0 \\ 0 \end{bmatrix} \tag{8.55}$$

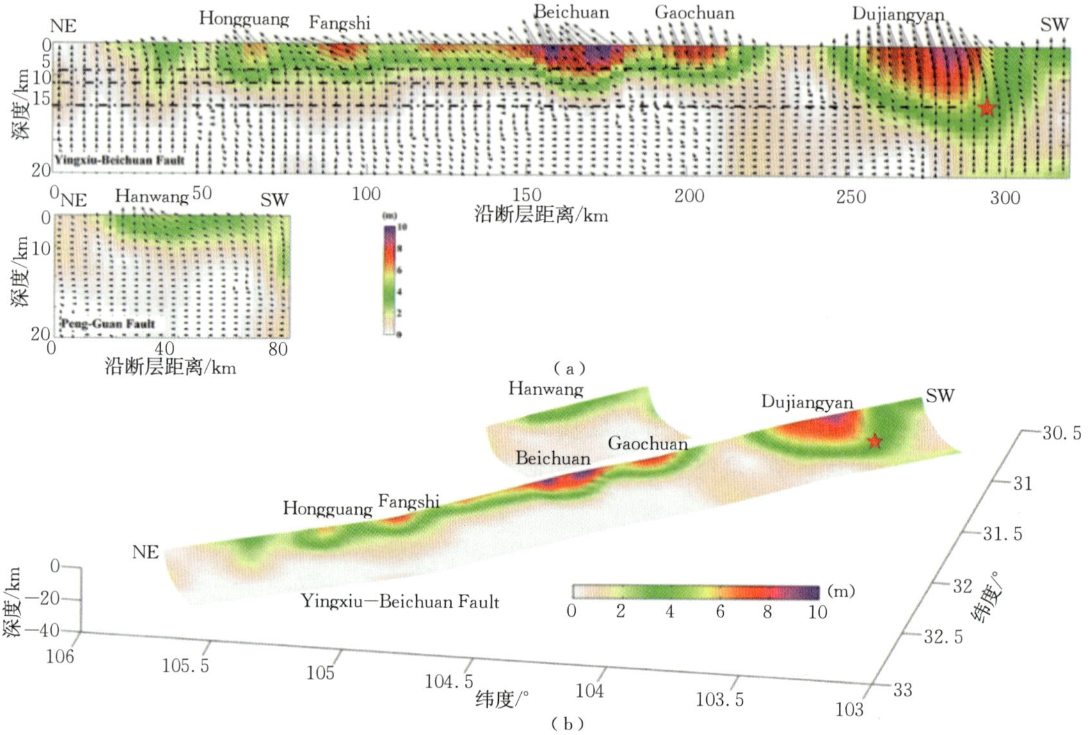

(a)

(b)

图 8.17 反演断层滑动分布图

反演结果表明，在都江堰和北川区域集中存在显著成分的滑动量，高川、房石、红光和汉旺区域也存在滑动量级相对较小的滑动密集区。此外，沿深度方向上滑动量主要集中在 0～15 km 范围内，且最大滑动量级达 10.03 m，位于北川县城地表附近，高川和红光附近均产生巨型滑坡，而房石区域的滑动量极有可能来源于震后余滑效应。

依据反演获得的断层几何与滑动分布模型正演区域同震形变场，并计算 InSAR 与 GPS 残差(图 8.18)，正演 InSAR 形变场与观测结果具有极高的相似性，映秀和北川区域断层近场的小范围密集条纹分布均得到了很好的体现，而青川区域差异较大，这主要是由于青川区域观测数据因为严重的电离层噪声并不可靠，导致两者之间不具有可信的对比关系。此外，InSAR 残差分布场显示，大部分区域 InSAR 残差均在 2 cm 以下，具有较高的可靠性，仅在断层近场和 471、472 条带存在量级显著的残差。

综上，基于 GPS 和 InSAR 技术，可精确提取震间和同震地表形变数据，其中 GPS 相对于 InSAR 具有更高的形变测量精度，但空间分布密度不足，而 InSAR 数据则具有高密度的空间分布。综合两种观测数据，在地震研究中可以获得大范围的完整形变场，同时为断层运动参数反演提供更可靠的数据支撑，对于揭示地震发震机理具有重要的科学意义。

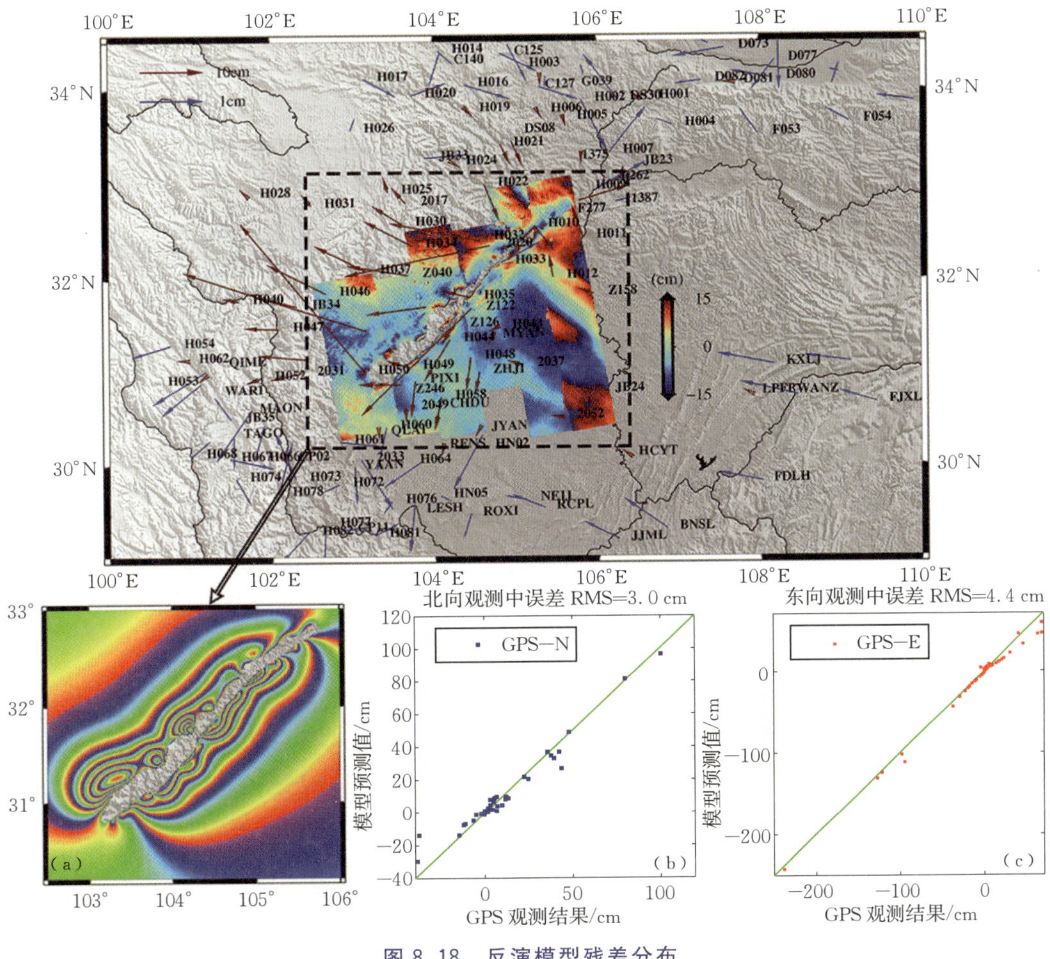

图 8.18　反演模型残差分布

（其中蓝色和褐色箭头代表 GPS 残差向量，彩色区域为 InSAR 模型残差）

8.3　高速铁路沿线山体滑坡监测

8.3.1　川藏铁路选线滑坡隐患点探测实例

1. 研究区概况

研究区域如图 8.19 所示，位于我国西部，西藏自治区昌都市八宿县拥巴乡附近，横跨怒江。怒江始于唐古拉山，是我国西南地区流域面积最大的河流之一，从洛隆县东南部涌入八宿县境，横穿县域中部，并从县域东南角流入左贡县，境内河道总长约 127 km，河道崎岖狭窄，河流下切严重，河床比降大，河水湍急，最大地表径流量为 6 200 m^3/s，年均地表径流量 602 m^3/s，年地表径流总量高达 33 亿 m^3，水能资源量极为雄厚。气候方面，该区域气候属于高原温带半干旱季风气候类型，春冬季表现为干燥寒冷、空气稀薄、湿度较低、降雨稀疏；夏秋季受季风影响，降雨加多，日照充足，气温抬高，表现为温暖多雨，全年旱、雨季节分明。

地形地貌方面，该区域处于怒江流域上游高山峡谷区，高山耸立，高程主要位于 3 000～6 000 m。如图 8.19 (b)所示，该区域共有三条铁路备选线路，所经过的坡体可分为 A、B 与 C 三个区域。

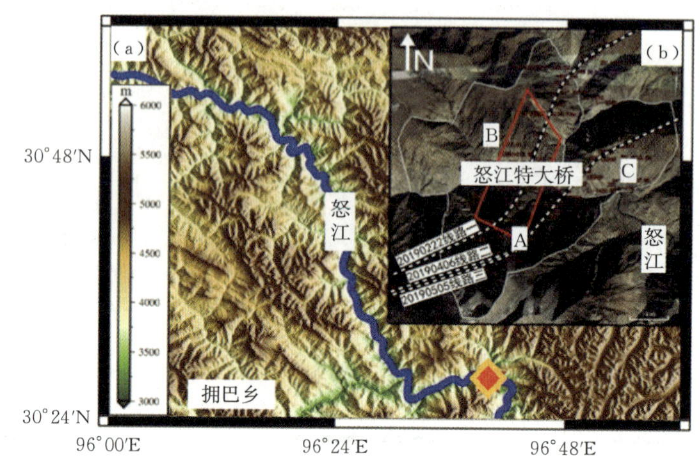

图 8.19　研究区域图

2. 数 据 源

综合考虑监测精度、成本、监测点位密度等因素，怒江河谷高陡岸坡的 InSAR 长时序监测将使用欧洲航空局的先进对地观测卫星(Sentinel-1)卫星合成孔径雷达(SAR)数据。Sentinel-1 卫星是欧洲航天局(european space agency，ESA)针对哥白尼全球观测计划进行研制的一个由两颗卫星(Sentinel-1A 及 Sentinel-1B)组成的卫星星座，可以进行全球海岸带、陆地、航线等全天候、全天时高分辨率监测，采用 C 波段成像，波长 5.6 cm。Sentinel-1A 卫星于 2014 年 4 月 3 日发射升空，重返周期达到 12 d；Sentinel-1B 卫星于 2016 年 4 月 26 日发射升空，将重返周期进一步缩短至 6 d。影像参数见表 8.2，该卫星共有 46 幅影像覆盖到监测区域，基本满足长时序 InSAR 监测的数据需求。

此外，考虑到目前缺少与监测区域相关的高精度数字高程模型(DEM)，将采用日本宇航局制作的区域 30 m 空间分辨率的 DEM 数据，用于地形相位的精确计算和校正。

表 8.2　影像参数表

参　数	怒江河谷高陡岸坡
飞行平台	Sentinel-1
飞行方向	升轨
成像模式	IW
极化方式	VV
入射角	29.1°～46.0°
分辨率	5 m×20 m
波长	5.63 cm

续上表

参　　数	怒江河谷高陡岸坡
获取数量	46 景
覆盖时段	2017.6～2019.1

3. InSAR 时序变形监测结果

利用 Sentinel-1 升轨卫星合成孔径雷达数据，基于 SBAS-InSAR 技术监测坡体的形变，并提取在监测时段内的形变速率，定位其显著的形变区域，确定形变区域的空间分布与时间上的演变情况。该区域形变速率分布如图 8.20 所示，负值（红色）表示监测对象在视线方向（LOS）远离卫星，正值（蓝色）表示靠近卫星，具体量级如图中颜色条所示。图 8.20 中依据坡体共划分为 A、B、C 三块区域，共存在三条铁路备选线路。

在监测时段内，整体上获得了怒江河谷高陡岸坡时序形变速率高密度点位（图 8.20）；部分坡体也存在干涉失相关和几何畸变问题，导致无法获取有效的监测点。但是，所获取的时序点亦能在较大程度上探测到该岸坡的形变信息，满足滑坡隐患点探测的要求。该坡体处所探测到的形变速率处于－57 mm/a 至 37 mm/a 之间。岸坡整体上处于较弱的形变速率（小于 57 mm/a）；形变区域主要位于图中红色实线圈定的区域，这些区域为山体的顶部，海拔较高，有少量的积雪覆盖。这些区域若发生滑坡灾害，将会对备选线路造成直接的威胁。

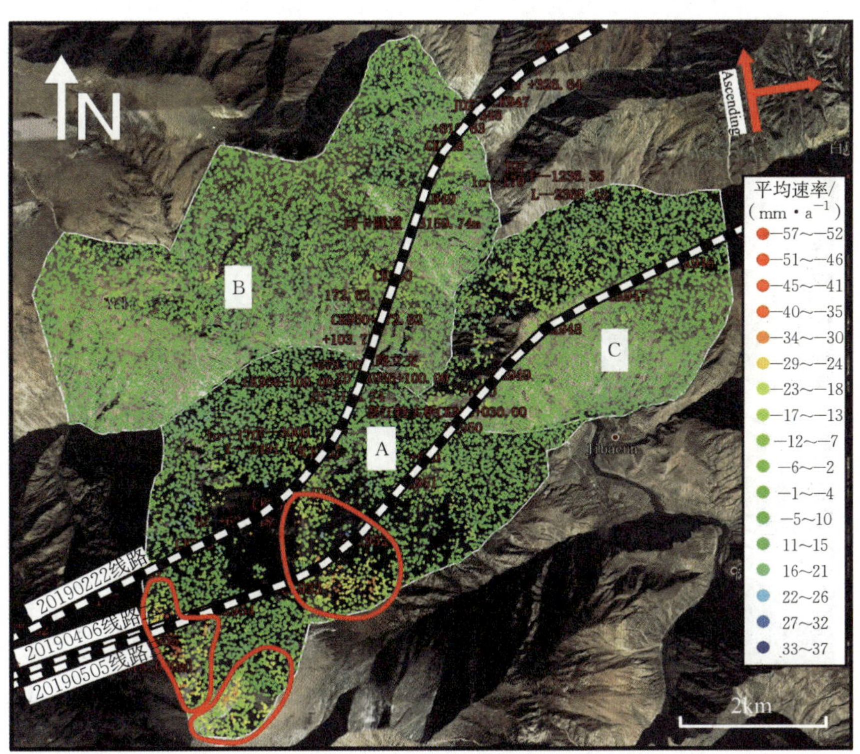

图 8.20　怒江河谷高陡岸坡 InSAR 年平均速率（2017.6～2019.1）

4. 监测结果分析

A 坡位于怒江河谷南侧，坡顶高程 5 269 m，坡底高程 3 087 m，高差达 2 182 m。平均坡度可达 42.9%，地势陡峭。坡体植被较少，坡顶存在积雪，整体相干性较好。形变速率方面，坡体整体较为稳定，最大形变速率可达 −57 mm/a，主要分布在坡体顶部的红色实线内。若发生滑坡灾害，可能对区域内存在的铁路备选线路造成直接的威胁。

图 8.21 是怒江河谷高陡岸坡 A 坡时序速率及时序稳定点分布图，在 A 坡体上选取 11 个时序稳定点的形变信息，均匀分布在整个坡面。图 8.22 是点 A01 至 A05 的 5 个特征点在监测时段内的时间序列形变曲线图，主要分布在 A 坡体顶部。其中，形变值最大的点为 A03，最大累积形变值可达 −93 mm，A01 与 A02 达到约 −60 mm，其余各点均较稳定，在 [−20,20] mm 内波动，没有突出的强烈形变信号。在形变的空间分布方面，点 A01、A02 与 A03 位于坡体顶端的红色实线区域内，存在显著的形变特征；而点 A04 与 A05 同为位于坡体顶端，红色实线区域外，却显现出稳定的特征。由此可以进一步证明形变主要分布在坡体顶部的红色实线内。在形变特征方面，存在由持续变形到较平稳再到持续变形的三个形变阶段（图 8.22）。以 A03 点为例，于 2017 年 6 月 3 日至 2018 年 2 月 10 日，发生持续的形变，在 252 d 内累积形变可达 43 mm；于 2018 年 2 月 10 日至 2018 年 7 月 16 日，则较为平稳，在 156 d 内累积形变仅增加1 mm；于 2018 年 7 月 16 日至 2019 年 1 月 24 日，继续发生持续的形变，在 192 d 内累积形变增加 51 mm。由此可见，A 坡顶部的形变较为剧烈，是非线性的持续性形变，形变历经持续形变到平稳再到持续形变三个阶段，会对备选线路造成威胁。

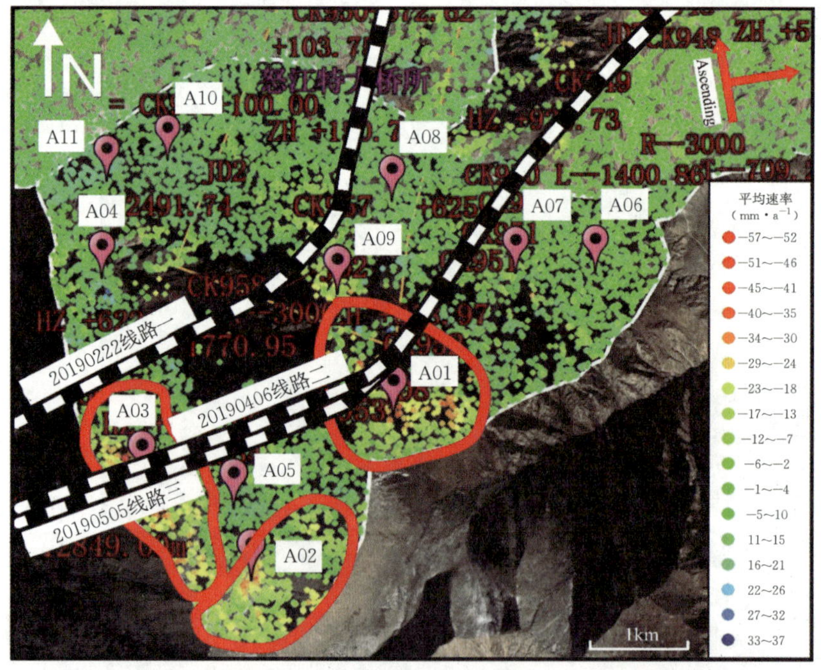

图 8.21 怒江河谷高陡岸坡 A 坡体年平均速率及时序稳定点分布

图 8.23 是点 A06 至 A11 的 6 个特征点在监测时段内的时间序列形变曲线图，主要分布在 A 坡体中部和底部。时序图表明，在时间点累积形变量有所差异，但其趋势相似。各点

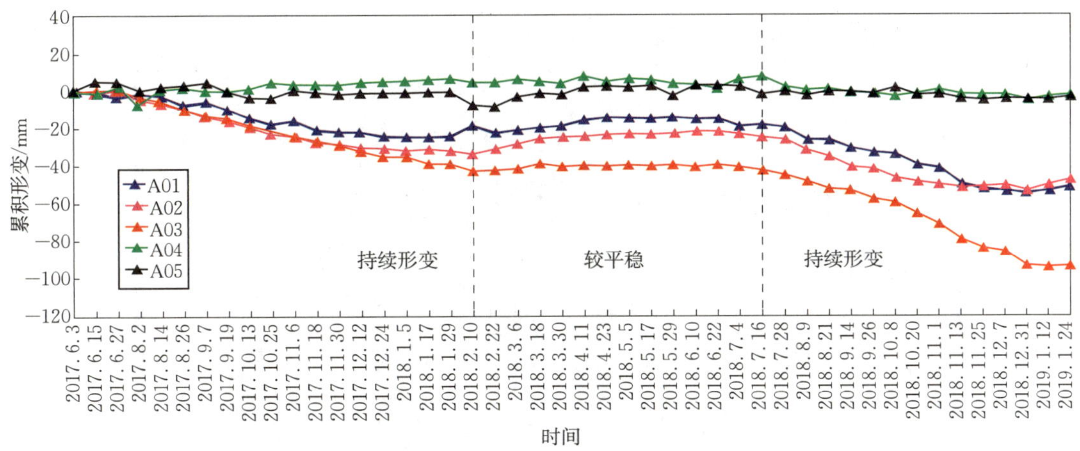

图 8.22 怒江河谷高陡岸坡 A01～A05 号点时序形变

均较稳定，在[－20,30] mm 内波动，没有突出的强烈形变信号。其中，A11 点存在轻微的抬升趋势（靠近卫星视线方向），最大累积形变值仅为 28 mm；点 A07 与 A09 存在轻微的下沉趋势（远离卫星视线方向），最大累积形变值仅为－19 mm。由此可见，A 坡中部和底部整体上十分稳定，不会对选线路造成威胁。

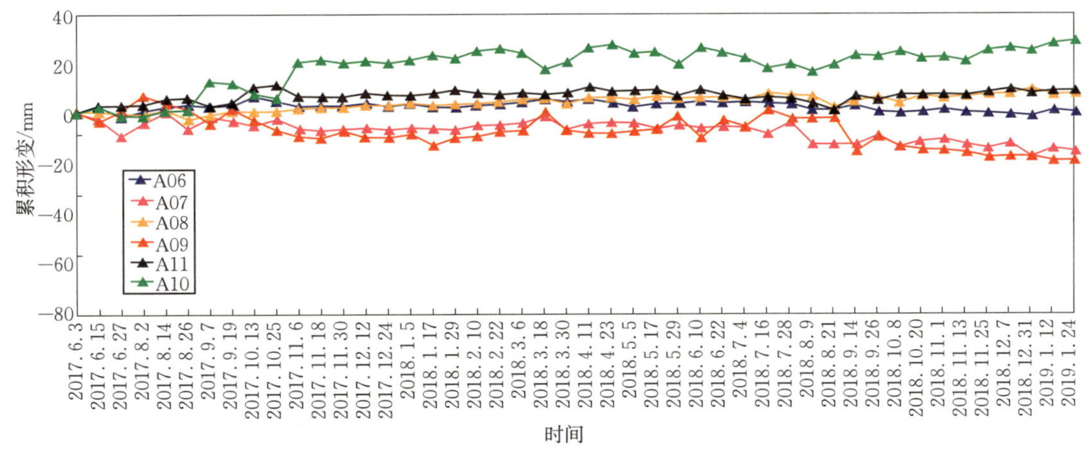

图 8.23 怒江河谷高陡岸坡 A06～A11 号点时序形变

B 坡位于怒江河谷西北侧，坡顶高程 4 746 m，坡底高程 3 087 m，高差达 1 659 m。平均坡度可达 52.7%，地势陡峭。坡体植被覆盖少，整体相干性较好，坡体整体区域都获得了有效的监测值。形变速率方面，坡体整体较为稳定，无明显形变区域，不会对区域内存在的铁路备选线路造成威胁。

图 8.24 是怒江河谷高陡岸坡 B 坡时序速率及时序稳定点分布图，在 B 坡体上选取 6 个时序稳定点的形变信息，均匀分布在整个坡面。图 8.25 是 B 坡上 6 个特征点在监测时段内的时间序列形变曲线图。时序图表明，在监测的时段内，B 坡上所选取的点都较为稳定，累积形变值在[－20,20] mm 内波动，没有出现的强烈形变信号，不会对选线路造成威胁。

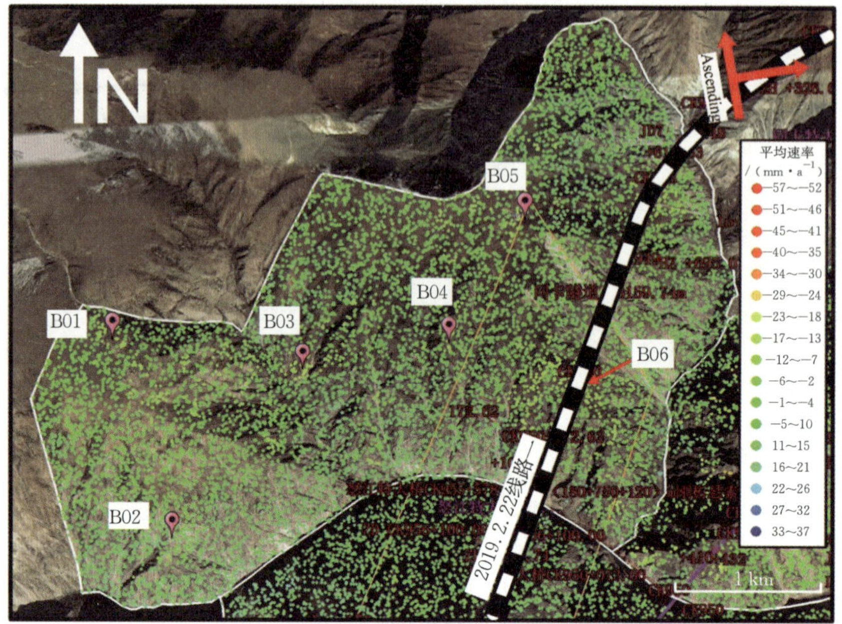

图 8.24 怒江河谷高陡岸坡 B 坡体年平均速率及时序稳定点分布

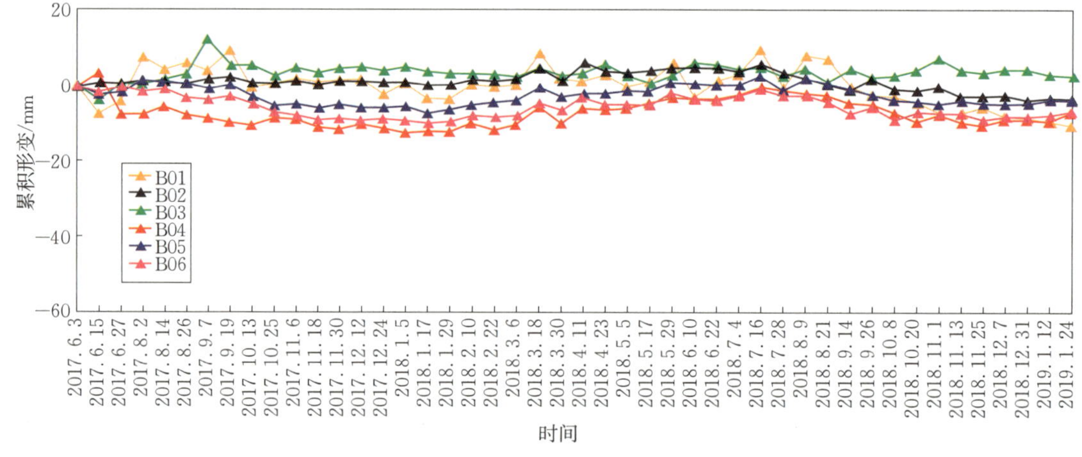

图 8.25 怒江河谷高陡岸坡 B 坡体 B01-B06 号点时序形变

C 坡位于怒江河谷东北侧，坡顶高程 3 993 m，坡底高程 3 363 m，高差达 630 m。平均坡度可达 48.1%，地势陡峭。坡体植被覆盖少，整体相干性较好。除坡底部分区域外，所有区域都获得了有效的监测值。形变速率方面，坡体整体较为稳定，无明显形变区域，不会对区域内存在的铁路备选线路造成威胁。

图 8.26 是怒江河谷高陡岸坡 C 坡时序速率及时序稳定点分布图。如图 8.26 所示，在 C 坡体上选取 6 个时序稳定点的形变信息，均匀分布在整个坡面。图 8.27 是 C 坡上 6 个特征点在监测时段内的时间序列形变曲线图。时序图表明，在监测的时段内，C 坡上所选点都较为稳定，累积形变值在[−20,20] mm 内波动，没有出现的强烈形变信号，不会对选线路造成威胁。

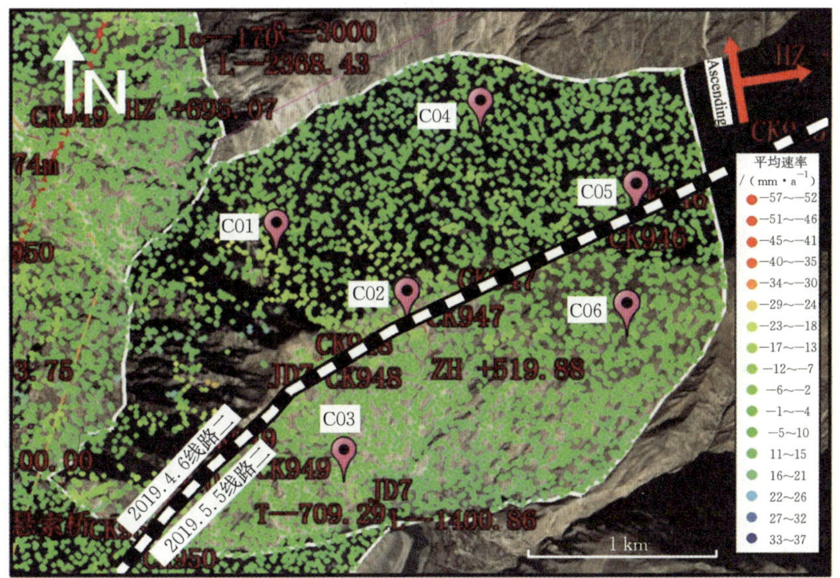

图 8.26 怒江河谷高陡岸坡 C 坡体年平均速率及时序稳定点分布

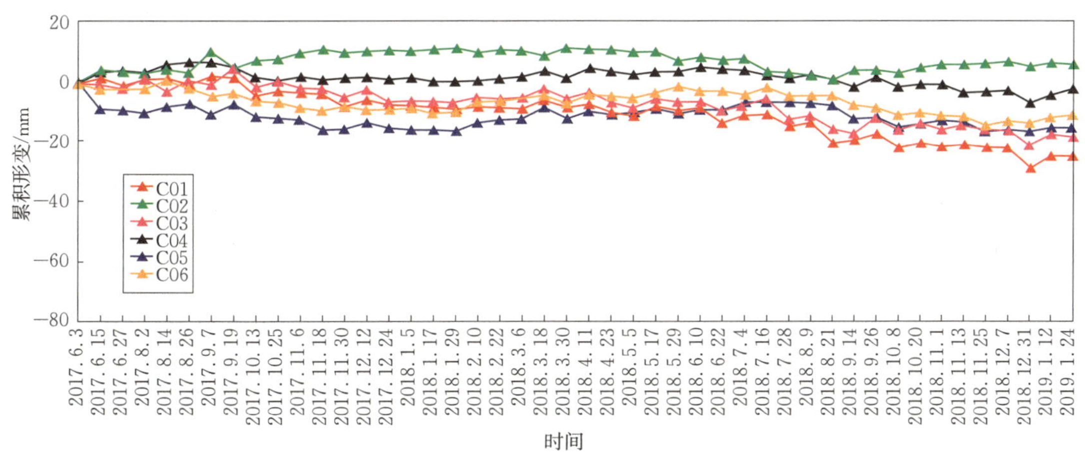

图 8.27 怒江河谷高陡岸坡 C 坡体 C01～C06 号点时序形变

综上所述，在监测的 19 个月的时间内，怒江河谷高陡岸坡所包含的三个坡体仅存在 1 个显著的时序形变区域：A 区域。A 区域最大形变速率可达－57 mm/a，主要分布在 A 坡体顶部区域。A 区域截止监测时段末最大累积形变量可达－92 mm，为非线性的持续性形变，形变历经持续形变到平稳再到持续形变三个阶段，对备选线路构成直接的威胁。怒江河谷高陡岸坡其他坡体在监测时段内处于稳定状态，无明显时序形变信号，形变曲线表现出相对稳定的趋势，不会对备选线路构成直接的威胁。

8.3.2 兰新客运专线某隧道山体形变监测实例

本实例监测区域选取为青海省海东市某隧道外围的山体和距其不远的甘肃省兰州市窑

街矿区，其位置如图 8.28 所示。该区域拥有我国一次性通车里程最长，并具有增大新疆和内地文化和经济交流作用的重要高铁线路——兰新客运专线，并且兰青铁路、G6 高速公路等多条交通线路横穿此地。2016 年，青海省兰新铁路张家庄隧道因山体开裂导致列车停运，这不但造成巨大的经济损失，同时给人们出行带来极大的不便。因此，对铁路沿线山体开展滑坡和塌陷等灾害监测具有实际意义。

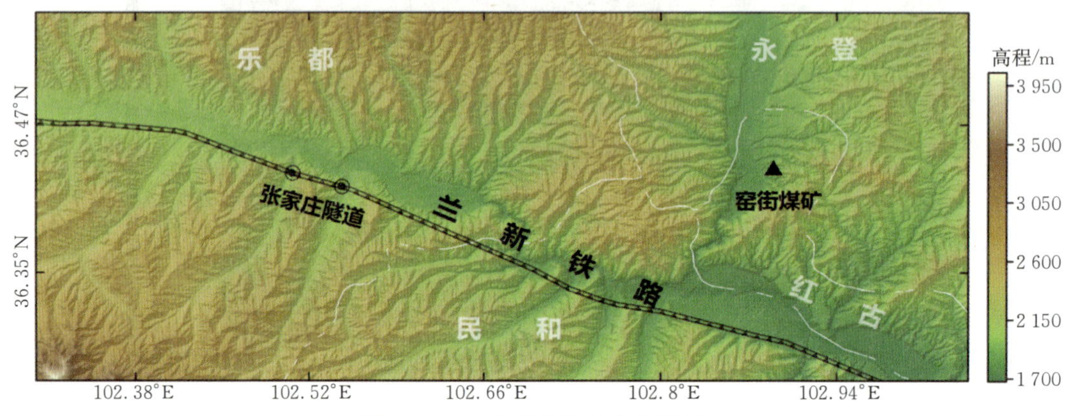

图 8.28 研究区域数字高程模型

该区域内大部分地区为山地，海拔 1 850～4 480 m，地形复杂，沟壑纵横，隧道和桥梁密布。该区域年平均降水量为 335.4 mm，是典型的半干旱气候，森林植被覆盖面积较小，因此，裸露的地表极易形成不稳定的黄土。为防止水土流失给耕地和环境带来危害，当地政府积极开展植树造林和退耕还林(草)等工程，形成了条带状草地遍布的现状。

如图 8.29 所示，研究区域以张家庄隧道为中心，包含窑街煤矿区域，纵向长度 32.31 km，横向长度 80.40 km，面积为 2 597.72 km^2；测区海拔最低约为 1 700 m，最高约为 4 000 m，平均为 2 228.49 m；山体以黄土地貌为主，山体呈现大量黄土陷坑，且存在大量山体裂缝。兰新线沿线坡度较低，总的来说坡度平缓，对 SAR 特有的几何畸变，即透视收缩、叠掩与阴影来说影响较小，成像质量较高，能够有效的进行监测。研究区域整体的坡向分布较为均匀，而兰新线沿途的坡向主要为东北向，所以为了使监测效果最佳，研究主要采用升轨的 Sentinel 影像进行监测，达到完整的对整个研究区域形变的提取。

由于该区域深层黄土广泛分布，导致永久性散射体目标较少，使用 PS-InSAR 技术不能获取足够的 PS 点；对于大梯度形变区域，PS-InSAR 同样也无法获取有效的 PS 点。因此，常用的 PS-InSAR 技术不适合应用于深层黄土区域的形变提取。为了解决深层黄土区域选点难的问题，将引入 PS-DS 联合选点方法来增加该区域的监测点密度，再结合 SBAS-InSAR 技术对该区域的形变提取进行研究。

监测实例使用了 2014 年 10 月 14 日至 2018 年 7 月 1 日获取的覆盖实验区的 72 景 Sentinel-1A 影像为数据源(已排除有数据质量问题的 SAR 影像)。所有影像均为 Sentinel-1A 以升轨方式成像，雷达波入射角为 33.7268°，斜距向和方位向像元采样间隔分别约为 2.33 m(转换为地距向约为 4.19 m)和 13.97 m。影像大小为 18 000(斜距向) ×1540(方位向)像元，对应的影像覆盖范围约为 75.42×21.52 km^2。

图 8.29　研究区域卫星影像图

本次监测总体分为 3 个阶段，第一阶段为兰新线张家庄隧道沿线深层黄土区域地质灾害的初步探测，第二阶段为张家庄隧道破坏前后三维形变监测，第三阶段为深层黄土区域地质灾害形变后续监测。根据已有的研究区域背景资料获知，2016 年 1 月 18 日兰新铁路海东市张家庄隧道段山体意外开裂，直接导致相关高铁停止运营，结合所获取的影像数据，本次实验第一阶段选取了 2014 年 10 月 14 日至 2016 年 1 月 13 日(平均每 24 d 获取一幅 Sentinel-1A 影像)共 17 景 SAR 影像来对研究区域进行初步地质灾害形变探测，对 17 景 SAR 影像进行干涉组合，得到 40 个干涉对。为了更深入了解深层黄土区域地质灾害形变特征，后续监测阶段按照年度规律，将 2016 年 1 月 13 日后的数据又分为 3 个监测时期，分别为：2016 年 2 月 6 日至 2016 年 12 月 14 日(平均每 24 d 获取一幅 Sentinel-1A 影像)，2017 年 1 月 31 日至 2017 年 12 月 21 日(平均每 12 d 获取一幅 Sentinel-1A 影像)，2018 年 1 月 14 日至 2018 年 7 月 1 日(平均每 12 d 获取一幅 Sentinel-1A 影像)。其中，2016 年 2 月 6 日至 2016 年 12 月 14 日共 14 景 SAR 影像，对 14 景 SAR 影像进行干涉组合，得到 38 个干涉对；2017 年 1 月 31 日至 2017 年 12 月 21 日共 26 景 SAR 影像，对 26 景 SAR 影像进行组合，得到 65 个干涉对；2018 年 1 月 14 日至 2018 年 7 月 1 日共 15 景 SAR 影像，对 15 景 SAR 影像进行干涉组合，得到 54 个干涉对。其时空基线如图 8.30 所示。

为更深入了解兰新线张家庄隧道山体地表地质灾害形变过程，对 2014 年 10 月 14 日至 2018 年 7 月 1 日获取的 72 景 Sentinel-1A 影像做了如上所述的划分，从而根据阶段性形变监测结果更合理、更详细地研究深层黄土区域地质灾害形变。

(1)兰新线张家庄隧道沿线深层黄土区域地质灾害初步探测

图 8.31 为初步(2014 年 10 月 14 日至 2016 年 1 月 13 日)探测深层黄土区域地质灾害时的 LOS 方向年平均沉降速率结果。可以看出，研究区域西南部，东北部有沉降迹象，但是形变速率较低，大约在－5 mm/a 内，考虑到 Sentinel-1A 卫星数据的形变提取敏感性，可认为基本处于稳定状态，只有局部出现快速沉降区域，且沉降程度不同。从初步探测结果可以看出，兰

新铁路沿线基本保持稳定，但是张家庄隧道区域出现小面积小梯度形变，形变速率约−10 mm/a左右；此外，如图8.31白色矩形框L、M处所示，表现为小面积较大梯度形变，这几处在2014年10月14日至2016年1月13日期间的速率形变均达到约−35 mm/a；以及在102.9E，36.35°N～36.45°N附近发现小区域大梯度形变，形成三个显著沉降漏斗，最大形变速率约为−75 mm/a，经调查，该处属于一煤矿开采区域——窑街煤矿。然而，在沉降漏斗中心区域形变梯度过大的影响下，中心区域失相干，无法获取有效信息，但根据提取到的沉降漏斗形变信息发现，靠近南部的沉降漏斗东南侧有明显的抬升，年形变速率约为45 mm/a，该沉降漏斗其他方向均大量沉降，从其沉降区内部提取的A、B、C三个区域可以看出，窑街煤矿三个区域在2014年10月14日至2016年1月13日基本保持稳定下降趋势，沉降量较大。

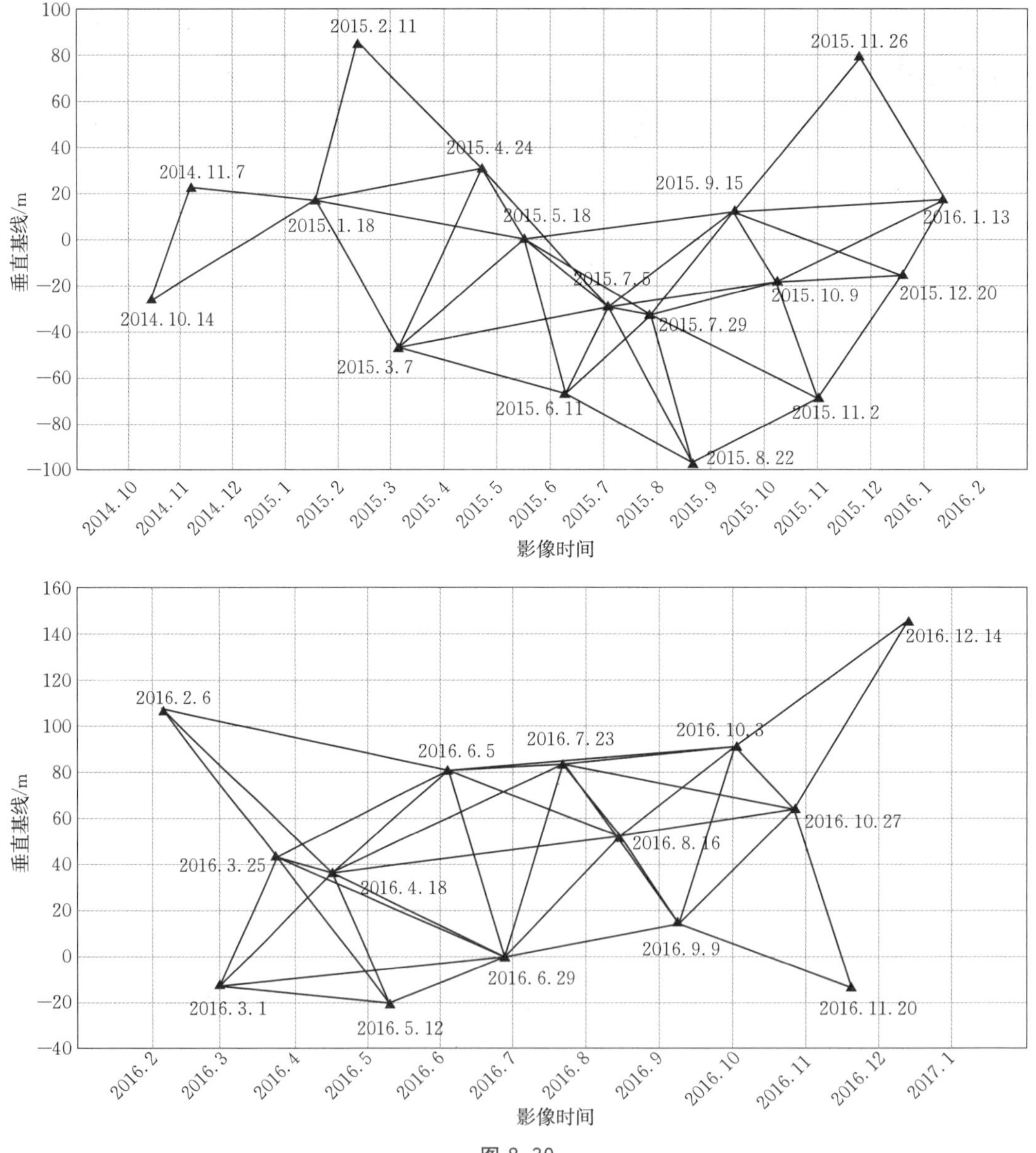

图8.30

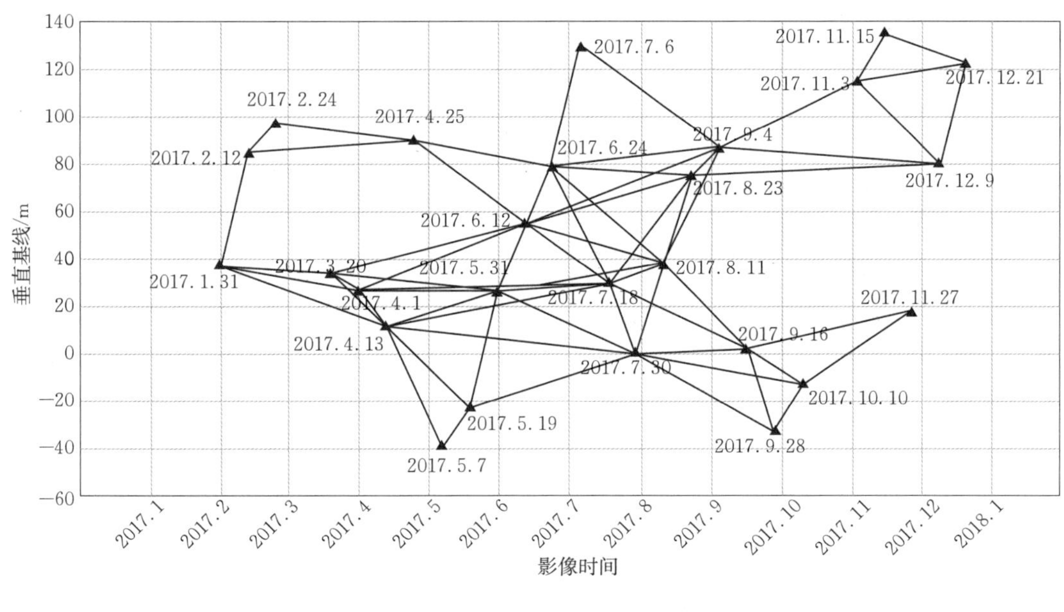

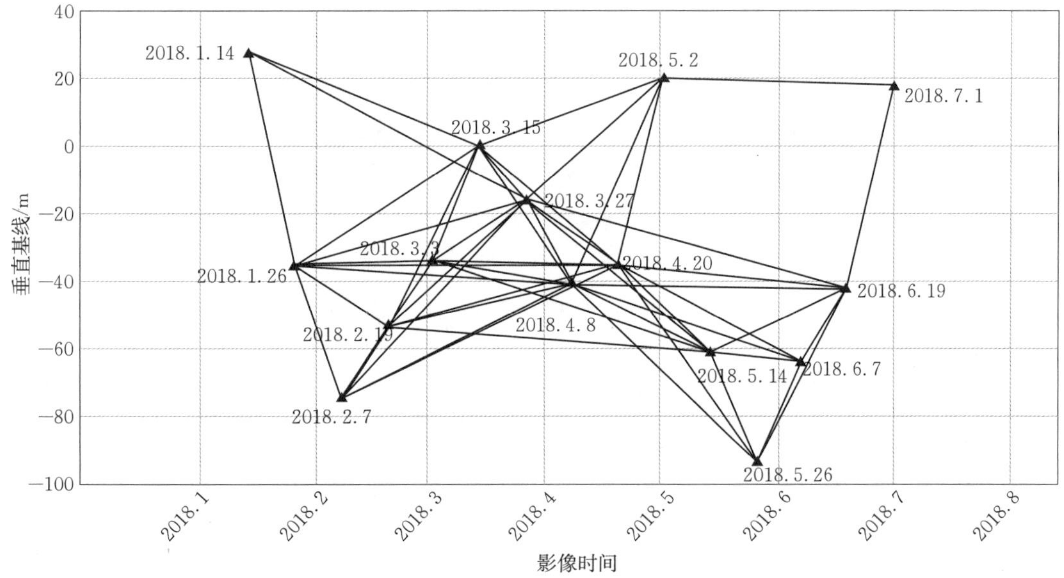

图 8.30　2014 年 10 月 14 日至 2018 年 7 月 1 日间各阶段时空基线图

(2)张家庄隧道山体破坏前后前形变监测

2016 年 1 月 18 日兰新铁路海东市张家庄隧道段山体意外开裂，直接导致相关高铁停止运营。采用 Sentinel-1A 2016 年 1 月 13 日至 2 月 6 日期间的升轨 SAR 卫星影像和 2016 年 1 月 1 日至 2016 年 1 月 25 日期间的降轨 SAR 卫星影像，联合求解该期间的地表三维形变，其结果如图 8.32 所示。从图可知，在隧道破坏前后单位周期内，张家庄隧道山体探测到明显形变，在山体范围内，相对形变量(抬升和下降)最大约 5 cm，沿隧道线路纵断面较大形变区间与破坏前探测出的形变区域相符。

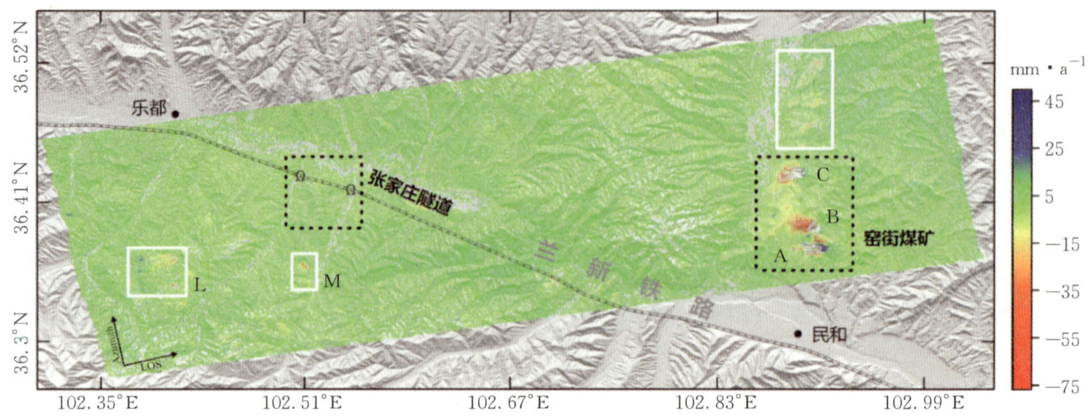

图 8.31　2014 年 10 月 14 日至 2016 年 1 月 13 日 LOS 方向年平均形变速率结果

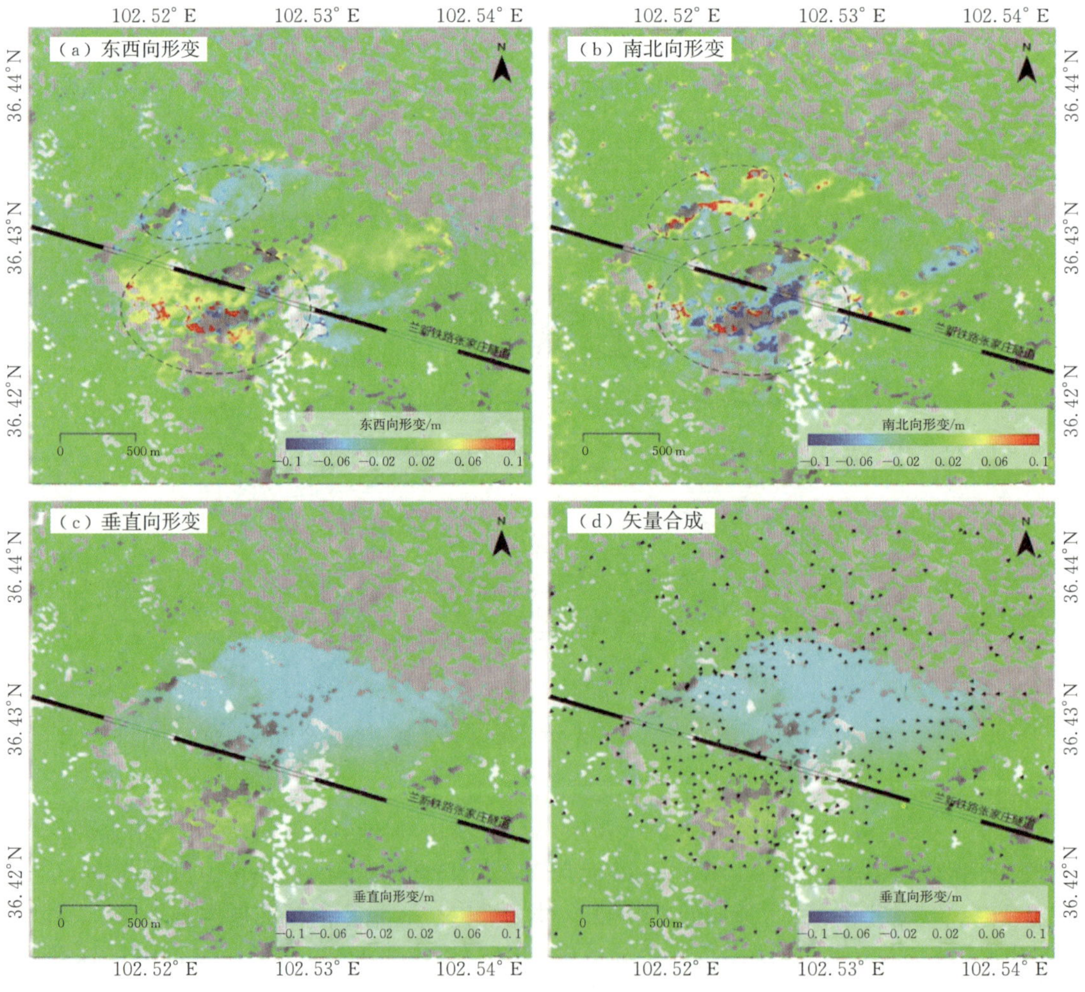

图 8.32　张家庄隧道破坏前后山体形变图

(3)张家庄隧道沿线深层黄土区域地质灾害后续监测

图 8.33 为 2016 年 2 月 6 日至 2016 年 12 月 14 日期间研究区域年形变速率结果，相比第一阶段形变监测结果来看，整个研究区域呈现不均匀形变，整体形变速率范围为－152～76 mm/a。其中，乐都区至民和段有大范围小梯度形变，整体年形变速率约－10 mm/a；这一阶段在兰新铁路张家庄隧道区域发现较大形变，年形变速率约－20 mm/a，经调查，该区域在 2016 年 1 月 18 日发生山体滑动；L、M 区域形变速率相比上一阶段形变速率有所减小，约－30 mm/a；以窑街煤矿为界的东部区域也出现大范围形变，年形变速率约－10 mm/a 内；并且，窑街煤矿相比第一阶段时期形变加快，形变速率最大达到约－152 mm/a，窑街煤矿南部沉降漏斗的东南侧原在上一阶段监测中显现较大范围的快速抬升，而在这一阶段抬升范围减小，但抬升速率提高，最高达到 76 mm/a，并且在这一阶段该漏斗其他方向提取到更多的形变信息。2016 年 2 月 6 日至 2016 年 12 月 14 日的时间跨度小于 2014 年 10 月 14 日至 2016 年 1 月 13 日，而 A、B、C 三个区域相比上一阶段呈现基本一致的形变量，可见在本阶段 A、B、C 三个区域形变更快，符合如前所述两阶段 LOS 方向年平均形变速率结果的对比分析。

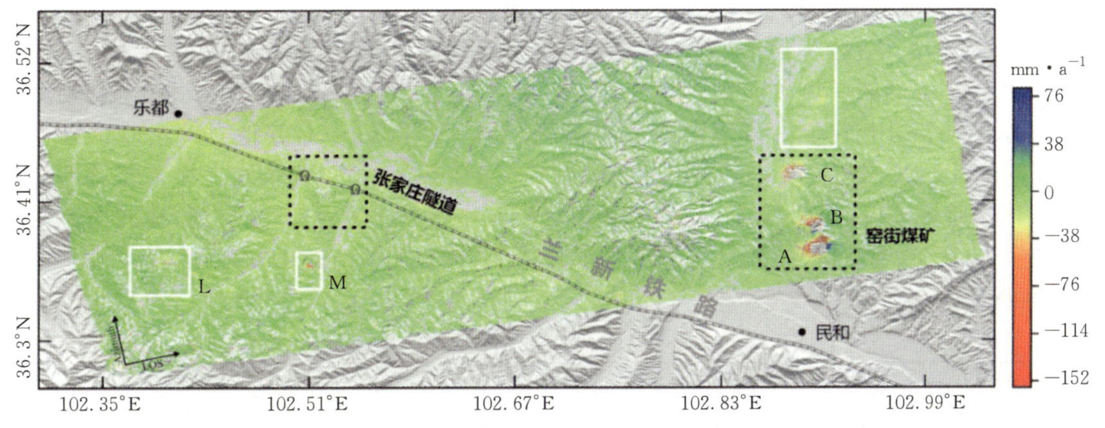

图 8.33 2016 年 2 月 6 日至 2016 年 12 月 14 日 LOS 方向年平均形变速率结果

图 8.34 为 2017 年 1 月 31 日至 2017 年 12 月 21 日期间的年形变速率结果。相比前一阶段(2016 年 2 月 6 日至 2016 年 12 月 14 日)整体趋于平稳，基本没有形变，原在上一阶段中表现有明显形变的张家庄隧道区域在这一阶段中形变速率减缓且基本处于零值附近；L、M 区域形变速率与前两阶段相比有所下降，形变速率小于－30 mm/a；窑街煤矿依然保持较高的形变速率，但相比上一阶段有略微下降，最大形变速率约为－125 mm/a。窑街煤矿南部沉降漏斗东南侧抬升相比上一阶段形变速率下降，最快为 55 mm/a，该沉降漏斗其他方向均保持大量形变，形变速率最快达到约－125 mm/a，其中 A 区域形变量在 80 mm 内；窑街煤矿中部沉降漏斗的 B 区域形变量在 90 mm 内；靠近北部沉降漏斗内区域 C 形变量在 60 mm内。A、B、C 三个区域相比上一阶段都有所减小，总体呈现稳定下降趋势。

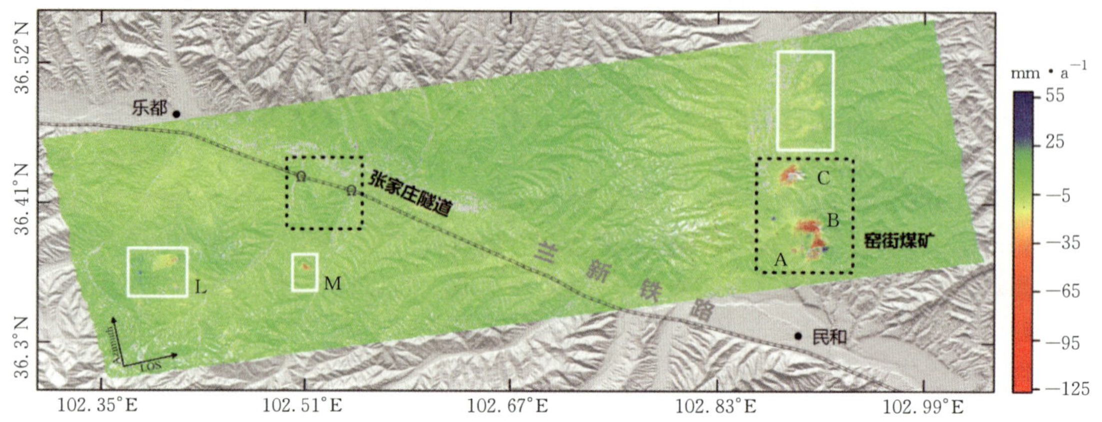

图 8.34 2017 年 1 月 31 日至 2017 年 12 月 21 日 LOS 方向年平均形变速率结果

图 8.35 为 2018 年 1 月 14 日至 2018 年 7 月 1 日期间得到的 LOS 方向年平均形变速率结果。相比上一阶段，研究区域形变不均匀，并且研究区域出现大范围小梯度形变，如研究区西南部，窑街煤矿西部及北部出现较明显的小梯度形变，年形变速率大约－10 mm/a；L、M 区域形变速率相比上一阶段减缓，尤其是 L 区域，形变速率在这一阶段小于－20 mm/a；位于研究区东部的窑街煤矿形变速率相比往年迅速加快，最大达到－290 mm/a，其南部沉降漏斗东南侧抬升相比上一阶段形变速率下降，最快为 35 mm/a，其他方向出现大梯度形变，形变速率大约－290 mm/a，其中 A 区域形变量在 100 mm 内；窑街煤矿中部沉降漏斗的 B 区域形变量在 60 mm 内；靠近北部沉降漏斗内区域 C 形变量在 60 mm 内，比较时间跨度和形变量后发现，本阶段 A、B、C 三个区域形变更快，符合如前所述 LOS 方向年平均形变速率结果的对比分析。

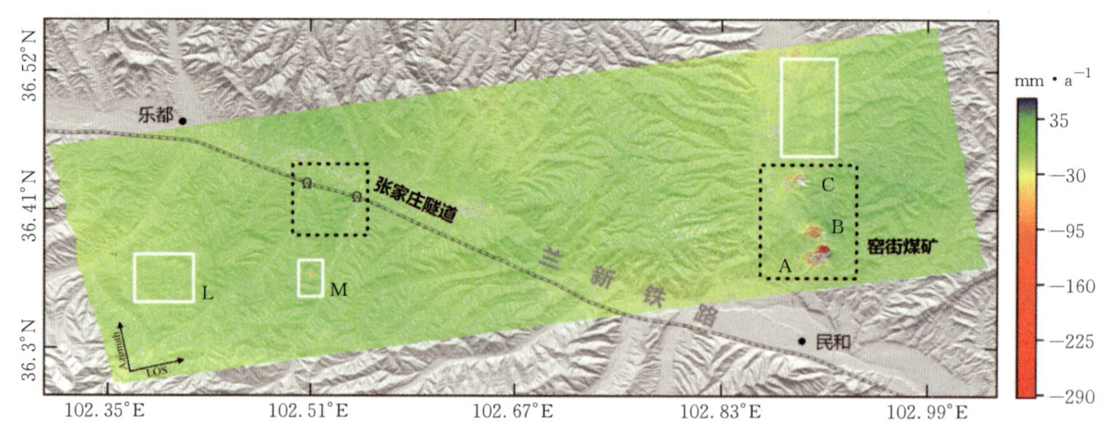

图 8.35 2018 年 1 月 14 日至 2018 年 7 月 1 日 LOS 方向年平均形变速率结果

为进一步研究该区域的山体地表形变导致的地质灾害，对上述四个阶段绘制了累积形变量图，如图 8.36～图 8.39 所示。2014 年 10 月 14 日至 2016 年 1 月 13 日期间，研究区域整体表现平稳，形变量基本处于零值附近，只是张家庄隧道西南部和窑街北部地区有形变迹象，但形变量较小，这也符合了该阶段 LOS 方向年平均形变速率结果；局部表现为大梯度形

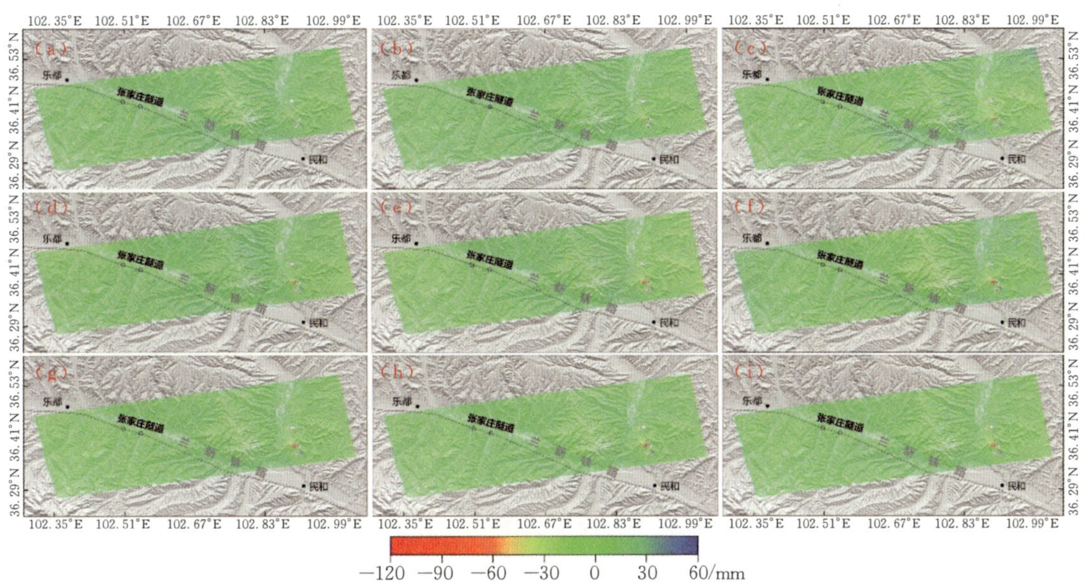

图 8.36 2014 年 10 月 14 日至 2016 年 1 月 13 日研究区域累积形变量图

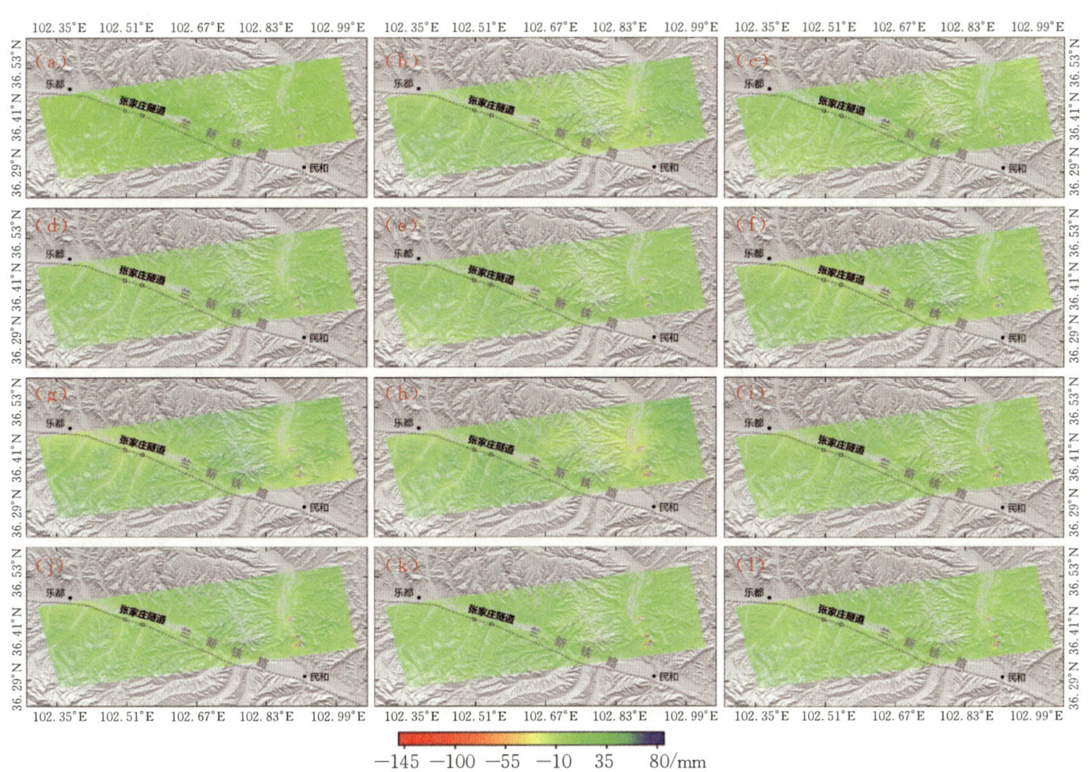

图 8.37 2016 年 2 月 6 日至 2016 年 12 月 14 日研究区域累积形变量图

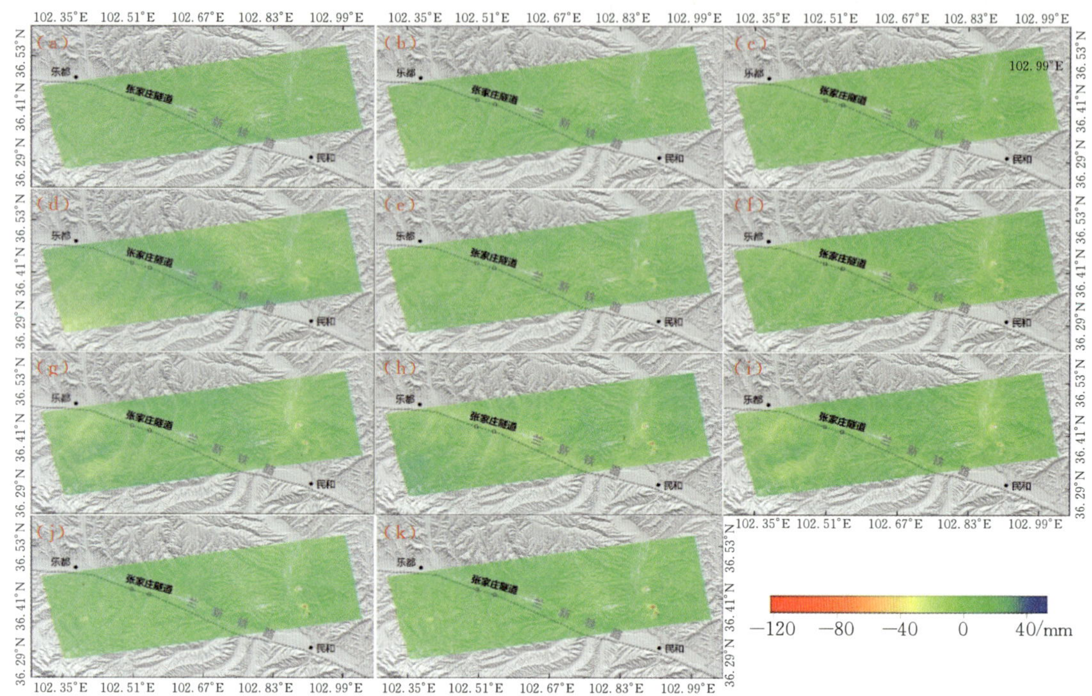

图 8.38 2017 年 1 月 31 日至 2017 年 12 月 21 日研究区域累积形变量图

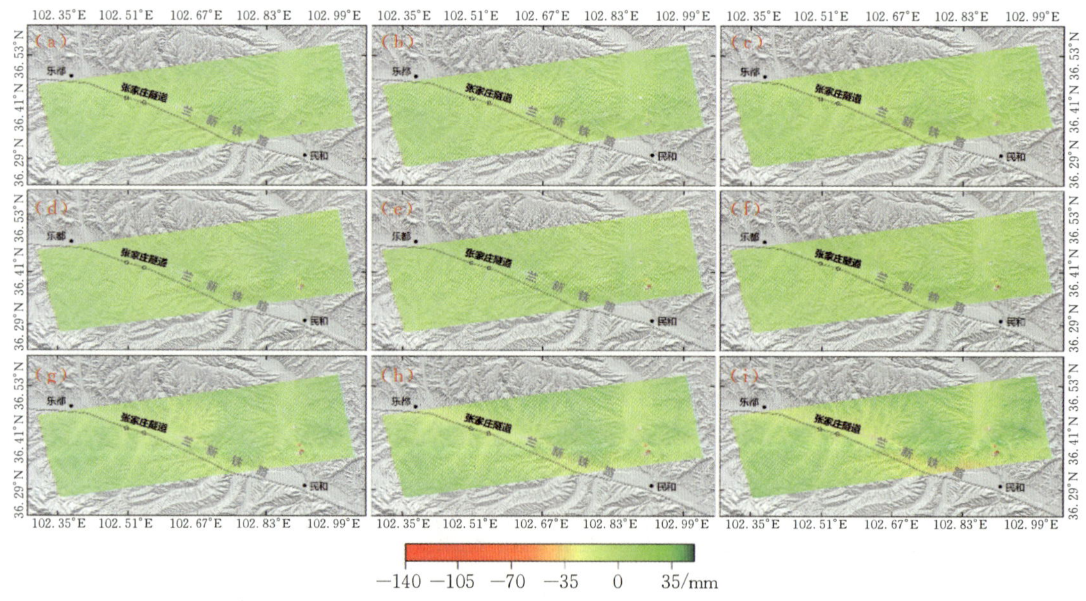

图 8.39 2018 年 1 月 14 日至 2018 年 7 月 1 日研究区域累积形变量图

变的窑街煤矿形变量随着时间快速增加,在这一阶段最大形变量达到约 120 mm。2016 年 2 月 6 日至 2016 年 12 月 14 日期间,研究区域出现明显不均匀形变,且相比上一阶段出现大范围小梯度形变,形变量在 10 mm 左右;局部区域方面,兰新铁路张家庄隧道区域相比上一阶段出现较大形变,最大形变量大于 20 mm;窑街煤矿在这一阶段大幅度形变,形变量最大达到 145 mm,结合时间跨度,形变比上一阶段更快,符合该阶段年平均形变速率结果。2017 年 1 月 31 日至 2017 年 12 月 21 日期间,研究区域整体呈现平稳状态;只是窑街煤矿北部地区在这一阶段体现为先增加,而后其形变范围和形变量又逐渐减小;张家庄隧道的形变量相比上一阶段有所减小;并且窑街煤矿的形变量也相比上一阶段减小,最大形变量约 120 mm,符合 2017 年 1 月 31 日至 2017 年 12 月 21 日 LOS 向年平均形变速率结果所表现的该区域形变速率下降现象。2018 年 1 月 14 日至 2018 年 7 月 1 日期间,相比上一阶段研究区域形变不均匀,且出现大范围小梯度形变,形变量大约 10 mm,如兰新铁路东北部,该阶段窑街煤矿依然保持大量快速形变,相比上一阶段形变量更大,约为 140 mm,也符合了该阶段 LOS 方向年平均形变速率结果。

通过 2014 年 10 月 14 日至 2018 年 7 月 1 日期间 4 个阶段的年形变速率结果发现,研究区域整体处于稳定状态,即使像 2016 年 2 月 6 日至 2016 年 12 月 14 日和 2018 年 1 月 14 日至 2018 年 7 月 1 日期间出现大范围形变,但形变速率基本都保持在 −10 mm/a 内;对于贯穿研究区域的兰新铁路沿线,在阶段性年形变速率结果中也表现相对稳定,只是在 2016 年 1 月后张家庄隧道处出现较大的山体滑动,从而该区域呈现较大形变速率,约 −20 mm/a,之后阶段中,该隧道无较大形变出现,基本保持在 −10 mm/a 内;局部存在小面积快速形变,如 L、M 区域,在 2014 年 10 月 14 日至 2016 年 1 月 13 日期间形变速率大约 −35 mm/a,而后三个阶段中,三个区域形变速率都相对减小;局部大梯度形变区域反映于窑街煤矿,在四个监测时期中,该煤矿的最大形变速率快速增加,形成了显著的沉降漏斗。

8.4 高速铁路沿线涉及的冰川运动及次生灾害监测

联合国政府间气候变化专门委员会(IPCC)第五次评估报告指出,近 100 多年来的全球平均地表温度升高了 0.85 ℃;在全球气候变暖的背景下,全球冰川面积不断减少、雪线不断上升,退缩和减薄显著加剧。冰川运动是冰川流域物质交换的基础,冰川加速消融及储量的减少不仅影响冰川流域水资源供给、破坏陆表生态环境平衡,同时也是诸多冰川泥石流、冰湖溃决以及滑坡灾害的诱因。随着冰川的退化尤其是冰面的减薄,极易引起山谷冰川谷肩的失稳,引发滑坡、泥石流等次生地质灾害,给周边及下游流域的安全造成严重威胁。

冰川的运动监测是冰川研究的重要方向之一。对冰川的动态变化监测可有效评估冰川的退化情况,是冰川资源开发利用、冰冻圈气候变化风险控制以及冰川次生灾害预警的重要措施之一。长期以来冰川的监测多使用冰面花杆布设重复观测及实地调研,但是,冰川多分布在高寒高海拔地区,致使作业困难或难以到达。

1990 年以后随着卫星遥感技术的发展,冰川遥感学已成为冰川研究的一个重要分支学科,广泛应用到冰川编目、位移变化、雪线、物质平衡等监测中,为冰冻圈研究提供了广泛的基础数据。然而，在念青唐古拉山脉和横断山脉，该区域既是 318 国道和拟建造的川藏铁路必经之地，也是雅鲁藏布江中下游梯级水电站所涉及的范围，受印度洋西南季风和太平洋东南季风的影响，降雨量充沛给冰川的发育提供了便利条件。但雨热同季的气候特征导致该区域常年多云雾，光学遥感难以获取足够有效的数据。合成孔径雷达具有高分辨率、高自动化且全天时、全天候的成像能力，已广泛应用于城市地表沉降、滑坡等监测中；同时，SAR 影像干涉技术及像素偏移估计方法在冰川位移场提取表现出极佳的应用前景，已成为冰冻圈研究的重要技术途径。

选取贡嘎山海螺沟冰川作为典型研究对象，以卫星 SAR 和地基 SAR 时序影像为数据源，采用像素偏移估计等方法，从不同的时空尺度揭示海螺沟冰川运动的动态变化，在此基础上探测消融区内冰川退化所引起的次生滑坡灾害，并重点开展实时监测和时序演化分析。

8.4.1　川西山岳冰川动态演变监测实例

海螺沟冰川位于青藏高原东南缘横断山脉贡嘎山的东坡，如图 8.40(a)所示，是我国极具代表性的、典型的季风海洋型温性冰川，在冰川末端多年平均气温为 4.1 ℃，贡嘎山冰川的冰面消融开始于每年 3 月份，结束于 12 月，其中 5～10 月是海螺沟冰川的主要消融期，期间降雨量超过 1 500 mm，占全年降雨量的 80%。自海拔 3 100 m 以下，为表碛富集区域，冰川末端表碛厚度最厚达到 1 m。由于受季风和地形的影响，海拔 3 000 m 处的年降雨量为 1 956 mm，年平均降水日数多达 251 d，致使海螺沟内常年云雾遮挡，难以获取有效的光学卫星数据。

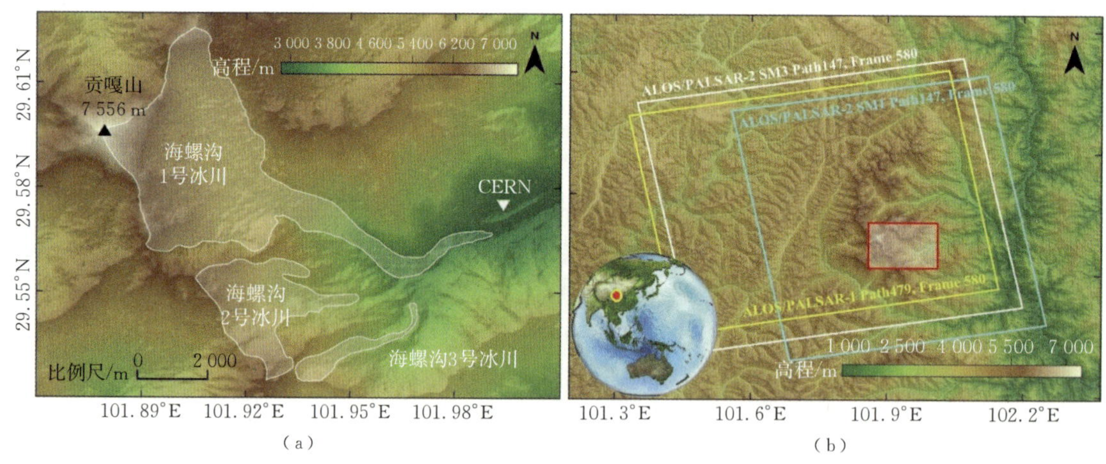

图 8.40　研究区域和卫星 SAR 影像覆盖范围

为监测贡嘎山海螺沟冰川消融区冰川运动变化及冰川退化所引起的次生滑坡灾害，选取自 2007 年 1 月至 2018 年 11 月期间在该区域总计获取的 38 景 SAR 卫星影像（覆盖范围如图 8.40(b)所示），包括 ALOS/PALSAR-1 卫星 2007 年 1 月至 2011 年 3 月期间获取的 20 景 SAR 影像（方位向分辨率 3.18 m，距离向分辨率 4.69 m），以及其后继星 ALOS/PALSAR-2 卫星 2014 年 9 月至 2018 年 11 月期间获取的 18 景的 SAR 影像（包括 SM1 模式 8 景，方位向分辨率 1.83 m，距离向分辨率 1.43 m；SM3 模式 10 景，方位向分辨率 3.24 m，距离向分辨率 4.29 m)，各影像数据的成像时间与偏移估计组合属性信息见表 8.3。

表 8.3　卫星 SAR 影像数据成像时间及 POT 组合属性信息

卫　星	序　号	主 影 像	从 影 像	时间基线/d	空间基线/m
ALOS/PALSAR-1	1	2007.1.9	2007.7.12	184	2 403
	2	2007.7.12	2007.8.27	46	263
	3	2007.8.27	2007.10.12	46	329
	4	2007.10.12	2008.1.12	92	398
	5	2008.1.12	2008.4.13	92	781
	6	2008.4.13	2008.7.14	92	−2 670
	7	2008.7.14	2008.8.29	46	−2 067
	8	2008.8.29	2008.11.29	92	1 150
	9	2008.11.29	2009.3.1	92	482
	10	2009.3.1	2009.9.1	184	948
	11	2009.9.1	2009.10.17	46	269
	12	2009.10.17	2010.1.17	92	270
	13	2010.1.17	2010.3.4	46	449
	14	2010.3.4	2010.7.20	138	328
	15	2010.7.20	2010.9.4	46	271
	16	2010.9.4	2010.10.20	46	92
	17	2010.10.20	2010.12.5	46	21
	18	2010.12.5	2011.1.20	46	388
	19	2011.1.20	2011.3.7	46	496
ALOS/PALSAR-2 SM1	20	2017.12.1	2018.1.12	42	186
	21	2018.1.12	2018.2.23	42	−120
	22	2018.2.23	2018.4.6	42	−238
	23	2018.4.6	2018.5.18	42	78
	24	2018.5.18	2018.6.29	42	8
	25	2018.6.29	2018.8.10	42	−73
	26	2018.8.10	2018.9.21	42	225

续上表

卫　星	序　号	主影像	从影像	时间基线/d	空间基线/m
ALOS/PALSAR-2 SM3	27	2014.9.26	2014.12.5	70	14
	28	2014.12.5	2015.9.25	294	−19
	29	2015.9.25	2015.12.4	70	40
	30	2015.12.4	2016.2.12	70	−8
	31	2016.2.12	2016.7.15	154	−101
	32	2016.7.15	2016.9.23	70	49
	33	2016.9.23	2016.12.2	70	25
异源	34	2016.12.2	2017.12.1	—	—
	35	2018.9.21	2018.11.2	—	—
备注:序号 34、35 中 2016.12.2、2018.11.2 为 SM3;序号 34、35 中 2017.12.1、2018.9.21 为 SM1。					

SAR 影像全天时、全天候、可穿越云雾的成像特点能够稳定、周期的获取地表数据，20 世纪以后已广泛应用于冰川运动的变化监测。然而，山谷冰川较快的运动速度(部分冰川可达到 3 m/d)导致时空失相关严重，目前在冰川位移场提取时多使用像素偏移估计(pixels offset tracking，POT)方法获取沿雷达方位向和距离向的二维位移场。

SAR 影像 POT 主要基于雷达信号的强度信息通过搜索窗口寻找强度互相干系数的峰值确定偏移量，计算获取的偏移量主要由三个分量组成，见式(8.56)。

$$D_{\text{offset}}=D_{\text{def}}+D_{\text{orbit}}+D_{\text{dem}} \tag{8.56}$$

式中　D_{offset}——主从影像偏移量；

D_{def}——地表位移引起的偏移量；

D_{orbit}——飞行轨道和成像姿态引起的偏移量；

D_{dem}——地形起伏引起的偏移量。

由于 SAR 侧视成像的原因，地形起伏引起的偏移量主要作用在方位向，在距离向一般只需要对 D_{offset} 去除轨道偏移分量即可，对于方位向的改正，往往通过使用多项式拟合(一般使用二阶)改正轨道偏移和地形起伏的误差分量。

对于冰碛覆盖型冰川，冰川表面受冷端季节的变化、空气湿度、冰川表面径流、冰碛物改变、冰崖断裂、冰湖的发育和溃决等影响，SAR 影响散射强度会随之相应的变化，使用 POT 方法提取冰川位移场时因信噪比或 SAR 影像对互相关系数较低常难以获取有效的相干点源导致形变场数据缺失。

在 InSAR 时序处理时，为去除差分干涉图中大气相位的组成分量，常使用 Stacking-InSAR 的方法解算时序形变场。研究中通过对 SAR 影像 POT 组合像对做堆叠(Stacking)处理计算时序偏移的位移场，基本思路是利用时间基线对每个 POT 组合对的位移速率场进行加权，任意一对偏移估计位移速率的标准差与时间基线的倒数成正比。

在实验中，首先将不同卫星平台的数据集分成两个子集，分别是 ALOS-1 PALSAR 子集（简称 P1 集）和 ALOS-2 PALSAR 子集（简称 P2 集），针对不同子集的数据按照表 8.4 的 POT 像对分别提取位移场，然后对 P1 集和 P2 集分别做数据堆叠处理。由于 SAR 影像配准精度在 0.1 像素内，在不考虑配准误差的前提下，假定堆叠的偏移格网不存在地理空间的偏移。为获取冰川表面相对稳定的格网点，对于偏移格网空间，统计每个像素上满足偏移估计信噪比阈值的时序数量，并设置时间连续性阈值（使用总偏移估计对数量的 80%作为时间连续性阈值），分别计算满足阈值的格网点的有效累积位移和对应的有效时间，最后计算该时间段内的平均位移速率。

针对表 8.3 的影像集完成偏移估计的组合解算后，以不同的卫星平台为基准分成 ALOS/PALSAR-1 影像对子集（简称 P1 集）和 ALOS/PALSAR-2 影像对子集（简称 P2 集），分别基于 P1 集和 P2 集提取时序位移场。以 P1 集为例，将全部的顺序偏移估计格网堆叠，由于 SAR 影像配准精度在 0.1 像素内，在不考虑配准误差的前提下，堆叠的偏移格网不存在地理空间的偏移。为获取冰川表面相对稳定的格网点，研究中，对于偏移格网空间，统计每个像素上满足偏移估计信噪比阈值的时序数量，并设置时间连续性阈值（此处使用总偏移估计对数量的 80%作为时间连续性阈值，即 15），分别计算满足阈值的格网点的有效累积位移和对应的有效时间，最后计算该时间段内的平均位移速率，P2 集亦然。经解算，最终获得 P1 集和 P2 集距离向和方位向的平均位移速率，如图 8.42 所示。

海螺沟 1 号冰川大致呈东西走向，对于距离向的位移更加敏感。图 8.41 是 P1 集和 P2 集分别解算距离向、方位向、矢量合成方向的日平均运动速率，从图 8.41(a)和(d)可知，冰川积累区和消融区速度差异性明显，海螺沟 1 号冰川粒雪盆有三处运动速度较大的区域多年日平均速度达到 1.2 m/d，局部区域可达到 2 m/d，借助光学遥感影像判断，该区域内雪冰裂隙纵横交错，雪崩的痕迹明显。在海螺沟 1 号冰川大冰瀑布的上沿，从粒雪盆发育的三个冰川支流汇集于此，冰流通道变窄，如图 8.42(a)所示，从粒雪盆最宽处 7 800 m 到冰瀑上沿最窄处仅有 820 m 宽，冰体在挤压作用下运动速度加快，甚至超过 2.5 m/d，这也是海螺沟 1 号冰川冰瀑布冰崩频繁的原因之一。在消融区内，冰川运动常年平均速率约 0.3 m/d，消融区内运动最快的区域集中在海拔 3400 m 的冰川大转弯处，受山体的阻挡，冰体受到挤压，速度也随之加快，导致该区域成为海螺沟 1 号冰川消融区冰裂隙发育最集中的区域。对比海螺沟 1 号冰川，海螺沟 2 号和 3 号冰川运动速度相对低一些，海螺沟 2 号冰川多年位移速率分布在 0.1～0.7 m/d，而海螺沟 3 号冰川速率多分布于 0.1～0.5 m/d。

为分析海螺沟冰川运动速度和地形的关系，借助 SRTM DEM 计算了海螺沟区域地形坡度角，如图 8.42(b)所示，沿海螺沟 1 号冰川中轴线 P—P′提取了 P1 集和 P2 集的平均速度剖面以及其对应的地形坡度剖面，如图 8.43 所示，图中蓝色线条和绿色线条分别代表 P1 集和 P2 集的海螺沟 1 号冰川中轴剖面上运动速度的样条拟合曲线，黄色虚线代表地形坡度。从图中可知，海螺沟 1 号冰川运动的分布和地形坡度有较高的相关性，在粒雪盆和大冰瀑布运动速度超过 0.8 m/d 的区域，地形的坡度多处于 30°以上，反之亦然。此外，由于大冰瀑布冰崩频繁，地形破坏较大导致偏移估计信噪比较低，获取的有效格网点较少。

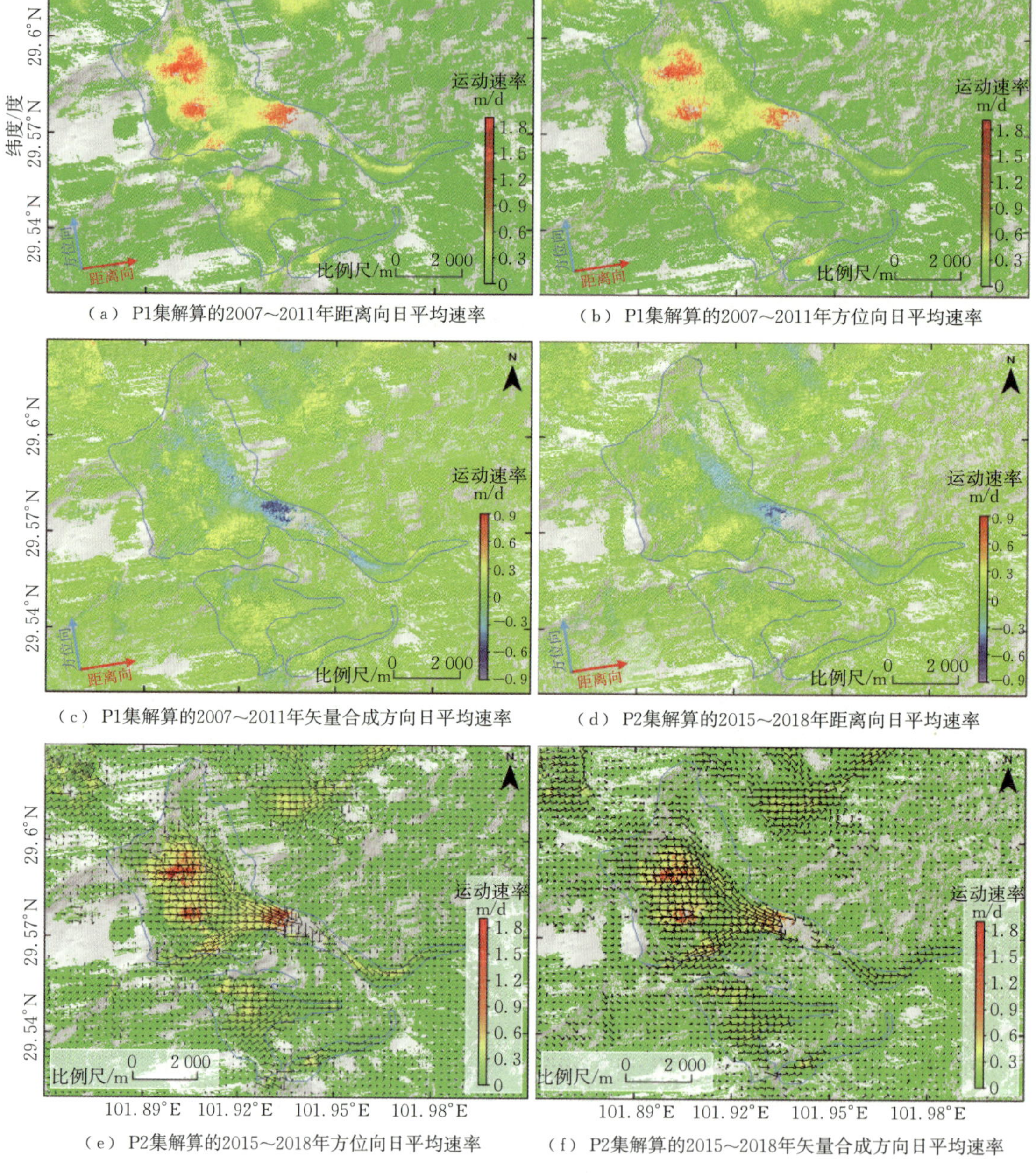

（a） P1集解算的2007～2011年距离向日平均速率　（b） P1集解算的2007～2011年方位向日平均速率

（c） P1集解算的2007～2011年矢量合成方向日平均速率　（d） P2集解算的2015～2018年距离向日平均速率

（e） P2集解算的2015～2018年方位向日平均速率　（f） P2集解算的2015～2018年矢量合成方向日平均速率

图 8.41　P1 集和 P2 集的距离向和方位向平均位移速率

（索引图为研究区域的速度值，矢量箭头表示运动方向）

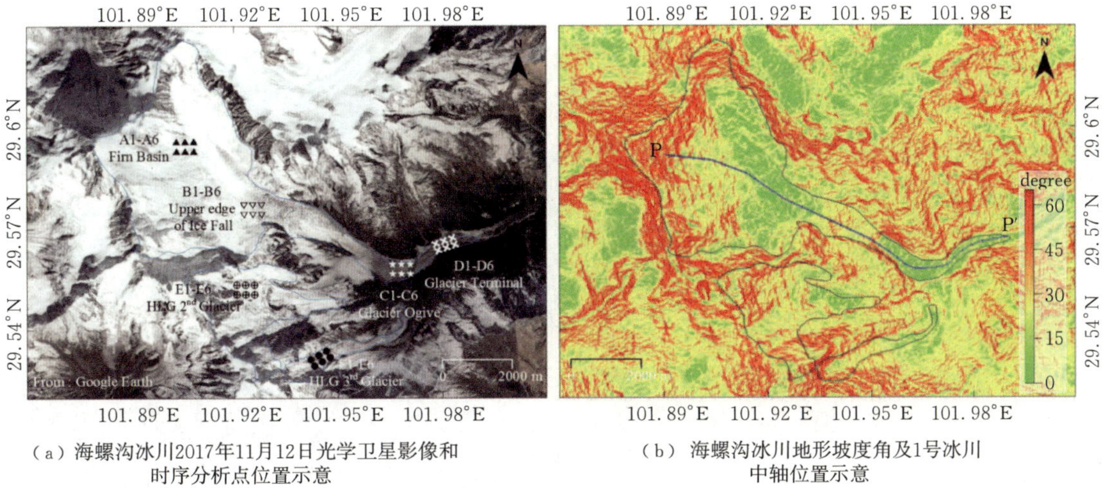

（a）海螺沟冰川2017年11月12日光学卫星影像和时序分析点位置示意　（b）海螺沟冰川地形坡度角及1号冰川中轴位置示意

图 8.42　海螺沟冰川光学卫星影像和地形坡度

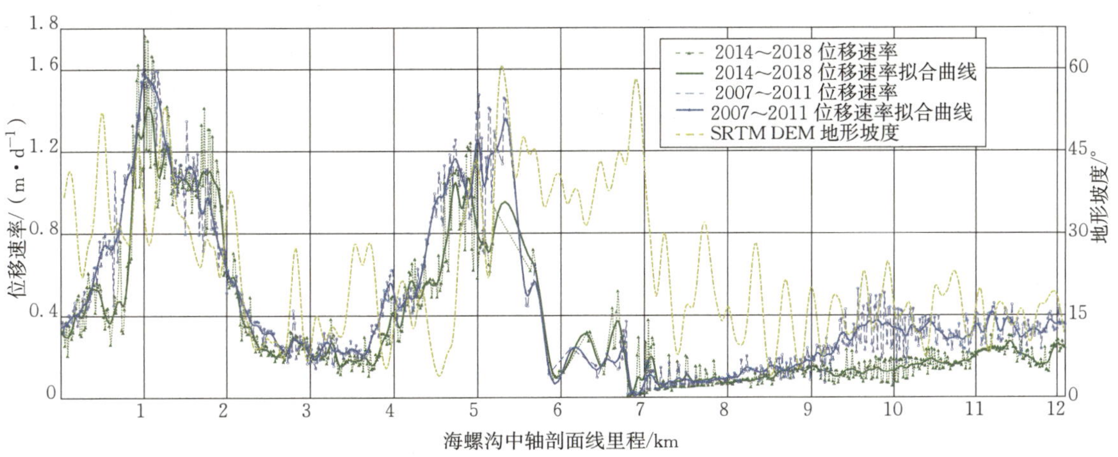

图 8.43　海螺沟 1 号冰川 P1 集和 P2 集平均速率剖面及地形坡度剖面

从 P1 集和 P2 集的剖面运动速度的分布可知，海螺沟 1 号冰川 2014 年～2018 年的平均运动速度相对于 2007 年～2011 年呈减缓趋势。尤其是在消融区，因海拔较低，冰体对气温变暖更加敏感，冰川持续减薄，冰体自重减弱是冰川运动减速的根本原因，经计算沿 $P—P'$ 剖面海螺沟平均减速率 50.9%（7.27%/a），而消融区内平均减速达到了 109%（15.57%/a）。

8.4.2　川西山岳冰川运动次生灾害监测实例

通过无人机航测影像（图 8.44）解译，海螺沟 U 形谷两侧存在三个不稳定滑坡体。现场调研发现，在海螺沟冰舌海拔 2 800 m 以上，冰川侧碛堤高出冰面 100～200 m，地形坡度多超过 40°，局部区域可达到 60°。海螺沟作用区山体主要由变质岩和中酸性混合岩体组成，岩层节理裂隙发育，受日照和冻融影响岩石被风化、破碎、剥落严重，松散的堆积体、岩锥和冰碛物（由砾石、砂石及亚砂土组成）大量存在，导致边坡失稳严重，落石、泥石流和滑坡灾害发育,滑坡区域泥石流冲刷痕迹较为明显。

图 8.44 LS1～LS3 滑坡体无人机航拍影像

图 8.45 和图 8.46 分别给出了 2017 年 12 月至 2018 年 11 月间每 42 d 海螺沟 1 号冰川冰舌弧拱区至冰舌末端卫星距离向和方位向的运动速度分布。结合统计分析不难发现,在冰川 U 形谷中冰川侧碛堤两侧存在与冰川运动速度方向不符、沿地形坡向蠕变的区域。位于冰舌北侧三个沿坡向蠕变滑移的区域(从末端开始分别命名 LS1、LS2 和 LS3)的坡体与冰舌区域冰川运动变化存在一定的相关性,但在方向上具有明显的差异,其时空分布特征符合冰川减薄和消融诱发坡体失稳的特点和趋势。

进一步提取 LS1、LS2 和 LS3 三处坡体 2007 年～2018 年的时序速率变化,如图 8.47 所示。从时序曲线可知,三处坡体的运动在时间上和冰川的消融保持一致,尽管 LS1、LS2 和 LS3 在运动速度上存在差异性,但三处坡体每年运动速度的峰值均为 7 月～10 月间。在 2007 年～2011 年,LS3 的滑动更加明显,2009 年夏季运动速率峰值达到了距离向0.24 m/d、方位向 0.35 m/d,2014 年以后 LS3 坡体滑动的速度开始减缓;滑坡体 LS1 在 2007 年～2011 年滑动速度介于 LS2 和 LS3 之间,而在 2014 年以后也呈现变缓的趋势;对于 LS2 滑坡体,2007 年～2017 年间,滑动速率呈加速的趋势,特别是在 2018 年 5 月以后,滑动速率显著提升。

由于海螺沟侧碛土质岩石较为松散,每年消融期开始后,一方面,冰川减薄致使滑坡坡脚阻滑段减少、斜坡临空高度增加,导致抗滑力减小;另一方面,由于冰川的切向运动对滑坡体的侵蚀作用,引起滑带抗剪强度减弱,同时充沛的降雨也对滑坡的运动产生了促进作用。因此,三处滑坡体每年滑移速度的峰值出现在 7 月～10 月间。

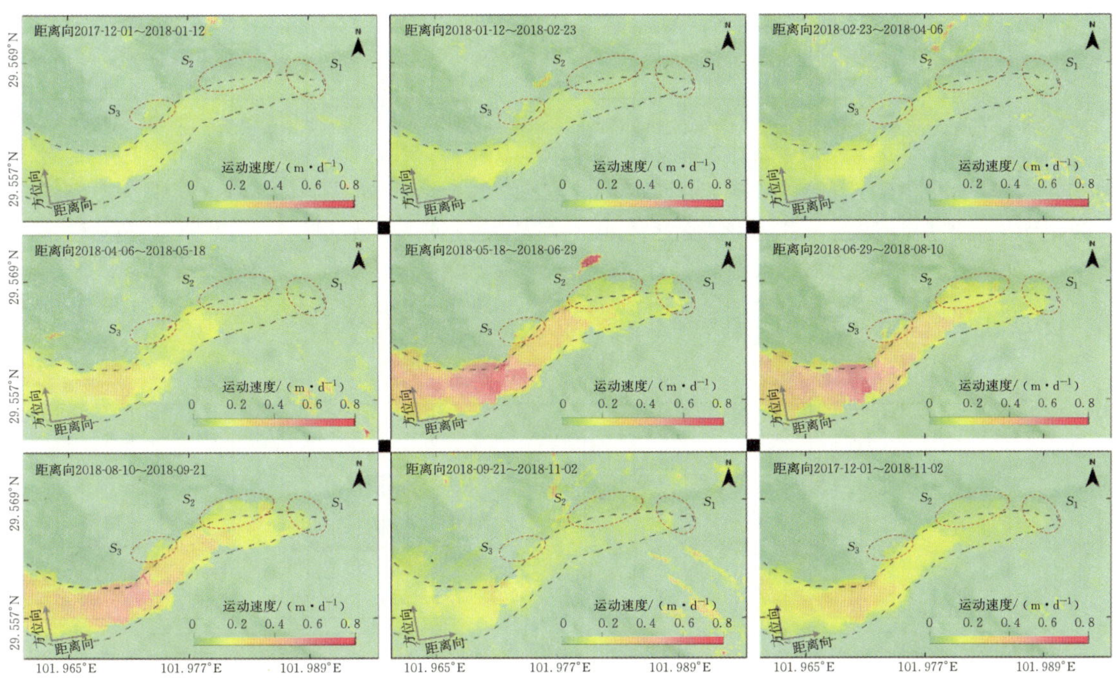

图 8.45　海螺沟冰舌区 2017 年 12 月至 2018 年 11 月卫星距离向运动速度分布

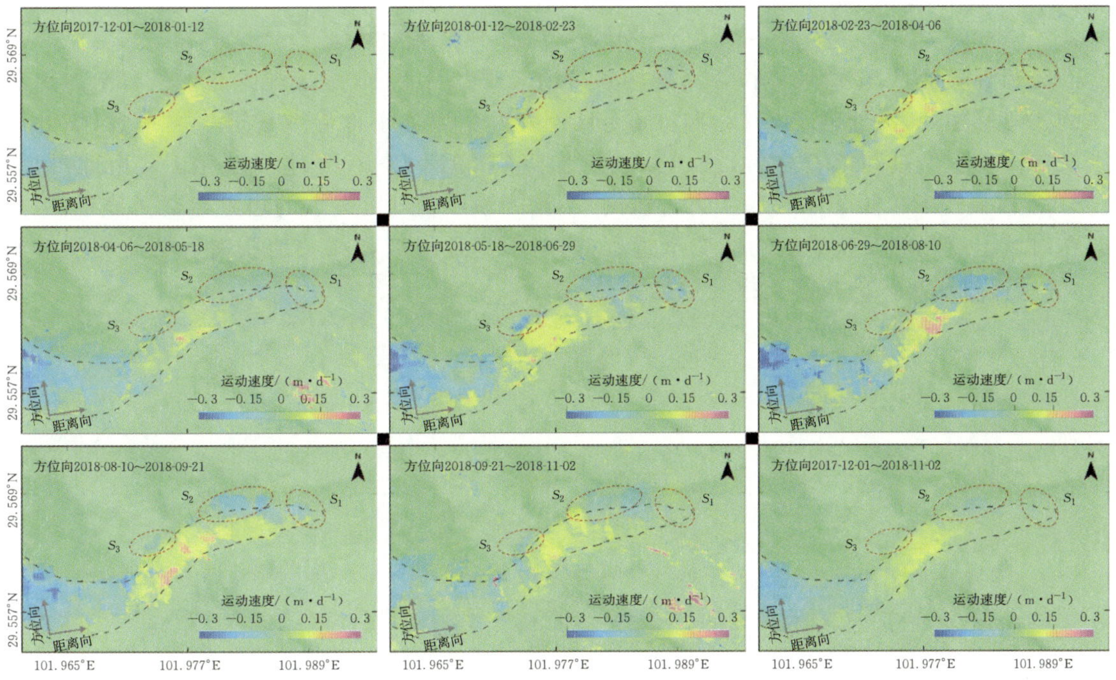

图 8.46　海螺沟冰舌区 2017 年 12 月至 2018 年 11 月卫星方位向运动速度分布

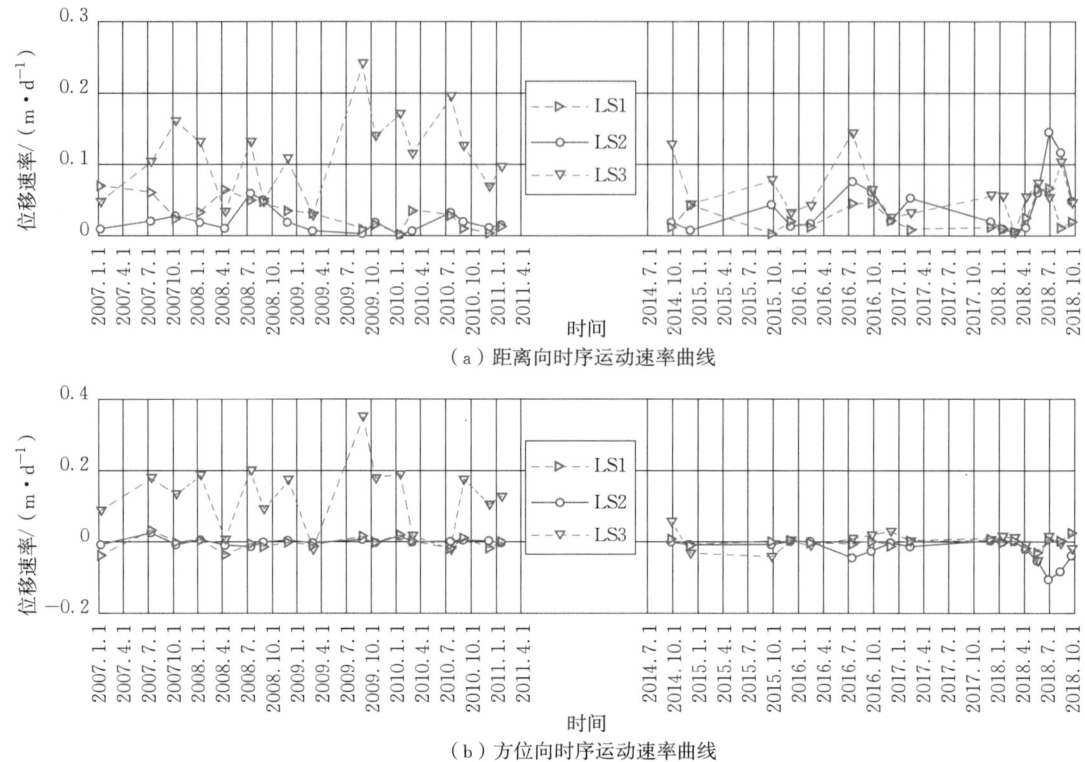

(a)距离向时序运动速率曲线

(b)方位向时序运动速率曲线

图 8.47　滑坡体 LS1～LS3 时序速率曲线

经调查验证,LS2 滑坡体位于海螺沟景区内老观景台下方,是景观内老观景台至冰川冰体的栈道修建处,该处确于 2018 年 7 月 9 日夜晚发生塌方事件导致栈道垮塌损毁,该处后续又连续发生垮塌和落石事件,栈道修缮工作直到 2018 年 10 月才得以完工。由此可见,InSAR 相关技术应用于冰川次生灾害监测,不仅能够准确划定滑坡的边界与空间分布,更能够在时域上直观的反映滑坡的蠕变全过程,这对于高危滑坡和相关地质灾害的监测预警而言,无疑提供了重大的技术支撑与数据支持。

9 高速铁路沿线地面沉降监测

9.1 高速铁路沿线沉降及其影响

地面沉降是在自然因素(如地壳构造运动、土层自然压缩等)和人类活动及其衍生物的作用下,地壳表层土体发生压缩,进而导致区域地表发生下沉的一种环境地质现象。区域性地面沉降具有成长缓慢、持续时间长、影响范围广、成因机制复杂和防治难度大等特点,是一种缓变型地质灾害,会造成地面高程损失、建筑物的下沉及破坏等危害。当前,我国东北、华北、西北、长江三角洲、汾渭盆地以及东部沿海等区域相继发现不均匀区域地面沉降漏斗,其分布和发展还表现出空间分布渐趋增广、普遍处于扩展阶段、可控性日益减弱、多数为不可逆沉降等特征,对高速铁路的运营安全构成严峻挑战。

9.1.1 高速铁路沿线沉降成因

从高速铁路自身的特点出发,其具有运行速度极快(时速 300 km 以上)的特点,对沿线地理环境和地质条件提出了很高的要求,特别是路基和桥梁的稳定性尤为重要。我国幅员辽阔,为满足长距离客运需求,高速铁路跨度较大,沿线往往经过很多不同的地域,这些地域分别具有各自独特的区域地理环境和地质条件,如气候条件、土层成分和土层结构等均不同。四季温差的变化会造成高速铁路沿线土层(尤其是软土)的热胀冷缩。受自然或人为因素(如地下水过量开采、地下能源开采)的影响,铁路沿线和周边土层(尤其是新近系发育的黏性高压缩性土层)会产生明显压缩,从而导致区域性地面不均匀沉降的产生。这些外在因素导致的沉降将直接影响高速列车的安全运行,因此,加强高速铁路本身及其周边的地表沉降监测就显得相当重要。

9.1.2 沉降对高速铁路的影响

1. 沉降对地面高程及线路坡度的影响

地面沉降的影响直接表现为地面高程的降低和区域性不均匀沉降,这种表现已经被大量的监测数据所证实。某铁路线从地面沉降中心经过,由于路基下沉,只得年年垫碎石加高,现已加厚 500 mm,如果地面继续下沉,到一定程度将失去稳定,不仅造成经济损失而且影响铁路安全运行。

由于沉降速率的空间差异,在一定年限内,两点间造成的地面沉降漏斗坡度变化可按下式计算

$$i=\frac{\Delta S}{L}\times 1\,000‰=\frac{n\times\Delta a}{L}\times 1\,000‰ \tag{9.1}$$

式中 ΔS ——地面两点沉降差,m;

Δa ——地面两点的沉降速率之差,m/a;

n ——沉降年限;

L ——地面两点直线距离,m。

相关研究表明,区域地面沉降将对高速铁路坡度造成影响和改变,坡度变化在铁路工程技术标准最大坡度 20 ‰之内时,能够满足列车的运行要求。

2. 区域沉降对轨道平顺性的影响

当地表整体均匀下沉时,沉降对轨道不会产生太大影响;但如果由于地质情况突变、浅层地下水开采等因素,造成小范围内产生较大的差异沉降,就会对轨道产生影响。

小范围区域沉降可以分为“漏斗形”和“阶梯形”。“阶梯形”沉降较“漏斗形”沉降出现频率较少,且“漏斗形”沉降对轨道结构受力及平顺性影响更大,所以模型中仅考虑更不利的“漏斗形”沉降形式。

对于小范围内发生的不均匀沉降,在实际运营中只能通过利用扣件的调高能力,将不均匀沉降圆顺为一定半径的竖曲线。根据我国及德国相关规定,沉降曲率半径应满足 $r_{sh} \geqslant 0.4 \times v_{sj}^2$。

下面推导满足式(9.1)的不均匀沉降限值。图 9.1 为“漏斗形”沉降区域沿线路方向上的剖面图。图上 $L/2$ 为沉降中心(最大沉降 S_1)和沉降边界(最小沉降 S_2)之间的距离;ΔS 为最大的沉降差,即 S_1 与 S_2 之差。

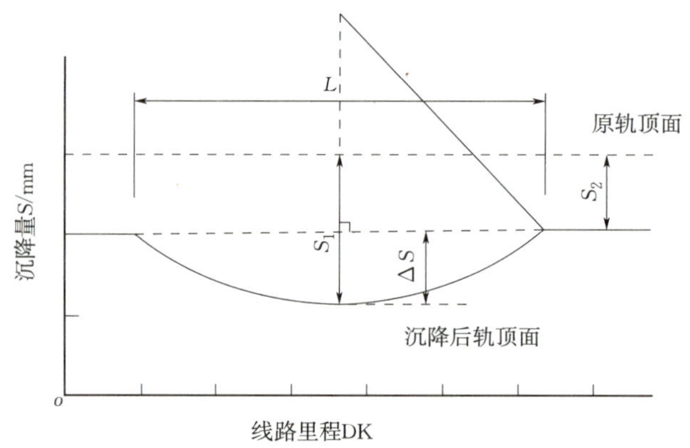

图 9.1 竖曲线拟合不均匀沉降图

在图中所示的直角三角形中,运用勾股定理可得

$$r_{sh}{}^2 - (r_{sh} - \Delta S)^2 = (L/2)^2 \tag{9.2}$$

即可得到

$$\Delta S^2 - 2r_{sh}\Delta S + (L/2)^2 = 0 \tag{9.3}$$

因此有

$$\Delta S = r_{sh} - \sqrt{r_{sh}{}^2 - (L/2)^2} \tag{9.4}$$

地面沉降的影响主要来源于沉降差异造成的地面起伏。假定某一段落地面沉降为均匀的下沉盆地,所造成的下降趋向为一段圆弧,其曲率半径可表示为

$$r_{sh}=\frac{[(L/2)^2+\Delta S^2]}{2\Delta S} \tag{9.5}$$

式中 L ——下沉盆地的宽度，m；

ΔS ——一定时间内最大差异沉降量，m。

对于高铁线路周边，工程上关注的区域为 20 m 范围内产生的不均匀沉降量。从设计角度出发，如果区域地面沉降范围较大，表现为地表大范围整体下沉，其对铁路工程本体变形的影响较局部地基差异变形对上部结构的影响要小。

高速铁路沿线沉降除了影响高速铁路沿线标高、线路坡度和铁路平顺性外，还具有以下不良影响。

桥路等基础的破坏：在地面沉降严重的地区，甚至出现地裂缝现象，使建筑物发生倾斜和道路破损。由于地表沉降，地表水位相对上升，因此会造成铁路桥净空减小，影响桥下的通航能力，同时也是对桥梁安全的威胁。

地下管线的破坏：沿线满足铁路高速运行要求埋设的地下管线较多，包括通信、电力、信号及给排水管道。同时由于高速铁路建设，沿线附近市政建设加快，地下管线、交通、水管道、煤气管道等也同时增加，由于地面的不均匀沉降，造成地下管线扭曲、断裂、破损，发生爆裂，影响高速铁路线路运营。

铁路安全运营难以保证：对于高速铁路在安全、舒适、平稳性的高标准要求下，不均匀沉降导致沿线起伏不平，平顺度和舒适性降低，使列车达不到设计时速，严重不均匀沉降甚至可能影响运营安全。

9.2 高速铁路沿线沉降监测技术框架

目前，常用的高速铁路沉降监测方法可分为三类：第一类是土工测量技术，如沉降板法、沉降水杯法、铁环分层沉降仪法、水力法和测斜法等；第二类是惯用大地测量技术，如 GPS 测量和精密水准测量等；第三类是近年来应用越来越多的差分合成孔径雷达干涉(differential synthetic aperture radar interferometry，DInSAR)技术。

土工测量技术只能针对路基和桥梁自身的沉降进行监测，对沿线及周边的区域沉降无法顾及。GPS 测量和精密水准测量在区域沉降监测中可以获得很高的监测精度，但它们存在监测效率低、空间分辨率低、监测成本高等明显技术劣势。DInSAR 技术采用微波波段的雷达波对目标进行测量，由于雷达波穿透能力强，DInSAR 技术具有全天时、全天候作业的优点；另外，可以进行大范围的沉降监测，大大降低了野外测量的工作量，且监测空间分辨率高、监测周期容易控制。

9.2.1 惯用土工测量技术

(1)沉降板法

在土中埋设底座，使用水准仪进行沉降观测。通过对底座位置进行变化监测来确定土体的升降。若土体高度发生变化时，位于土中的底座也随之移动，使得套管中的观测杆作相应的上下运动，对其顶面高程变化量进行观测，便可获得观测点的沉降值。这种方法在实施过程中会干扰铁路施工或运营，并且容易遭到破坏，监测难度较大。

(2)沉降水杯法

采用连通器原理测量监测点处的沉降,沉降观测采用水准仪进行。这种方法实施比较困难,过程不易控制,在寒冷地区实施困难,而且测试土地基沉降不方便,受自然因素影响较大。

(3)铁环分层沉降仪法

利用铁环在沉降管中的相对位置来获得土体的垂直位移量。若土体高度发生变化时,位于土中的铁环也跟随之移动,使得沉降管作相应的上下运动。将不同时间测得的铁环的位置求差即可得到沉降量。这种方法的实施干扰施工,且设备容易遭到破坏。

(4)水力法

水力法是较为复杂的一种方法,测量时,将沉降传感器探头放入填土的沉降管中,它通过充满液体的管路与液体容器连接,由传感器测得探头内液体压力,就可测出探头与容器内水位的高差。由不同测点处具有不同的水位差,可以测出待测点的相对高程,再用水准仪测出管头的绝对高程,即可得出各点的绝对高程,对绝对高程求差即得到沉降量。这种方法成本高,精度容易受外界环境影响,操作工序复杂且仪器笨重,需要人员较多。

(5)测斜法

需要在被测土体内部埋设塑料测斜导管,测量时将传感器探头沿管子移动,并记录输出电压,原理是基于传感器探头加速度计测量重力矢量在传感器探头轴线垂直面上的分量大小,从而确定传感器探头轴线相对水平面的倾斜角。同时,为获得观测点的高程值还需对管口高程进行测量,最终通过求差确定沉降量。这种方法成本高,对沉降管的选择标准非常严格,在施工现场的标定具有一定难度,而且误差具有积累性。

9.2.2 地面精密水准测量和GPS测量

(1)精密水准测量

一般指国家二等或二等以上的水准测量。精密水准测量一般使用具有较高精度的电子水准仪并配以相应的电子水准尺进行,测量可以达到很高的精度,如二等精密水准测量,其精度可达毫米级。目前,国内高速铁路沉降监测大多采用精密水准测量;但精密测量仪器昂贵,施测时需要一定数量的专业测量人员才能实施,野外工作量大,成本很高,监测周期相对较长,监测空间分辨率较低,且容易受天气等自然因素的影响。

在进行水准施测前,要合理制定水准监测点的布设方案,一般要根据监测区域的实际情况,比如沉降的先验信息、地形地质条件、测量作业的便捷性等。一般来说,水准监测点要尽量布设在沉降较为明显的区域,且在整个研究区域内尽量均匀分布(对于高速铁路沉降监测,还要考虑沿高速铁路两侧的对称分布等因素),水准点的分布特征会对后续的数据处理产生一定的影响。例如,在水准网平差中,网型的好坏会影响平差结果的精度。对于某一指定的研究区域,尤其是复杂的不均匀沉降较为常见的区域,其以往的沉降信息往往不能代表当前的沉降情况,那么,在进行水准监测点布设之前就很难获取科学的空间参考依据。

(2)GPS 测量

通过接收机接受卫星信号并进行差分处理来获取地面目标的三维信息,由于可以精确确定目标的平面坐标,其在导航、定位和形变监测中应用广泛;但 GPS 在高程方向的测量精度相对较低,监测空间分辨率较低,其接收机需要专门保护;具有较高精度的 GPS 接收机价格昂贵,沉降监测成本较高。此外,GPS 测量也存在 GPS 监测点的布设问题,和水准监测点的布设类似,其布设方案同样会对监测结果的精度产生影响,其监测点的布设同样需要空间参考信息。

在高速铁路设计、建设和运营阶段,调查线路所经地区的区域地面沉降情况是相当重要的。早期这项工作的完成主要靠收集高程控制点资料和地质资料,并对其进行分析;但水准和 GPS 测量方法存在野外工作量大、成本较高、监测周期相对较长、监测空间分辨率较低、容易受自然环境影响等技术局限性,因此急需一种能快速、高效、不受气候等因素影响的新技术,来高精度监测高速铁路沿线大范围的地表沉降情况。

9.2.3 InSAR 监测技术

SAR 影像的每一像素既包含地面分辨元的雷达后向散射强度(振幅)信息,也包含与斜距(即传感器到目标的距离)有关的相位信息,将覆盖同一地区的两幅卫星 SAR 影像对应像素的相位值进行差分,便可得到一次差分相位图,通常称为干涉相位图(interferogram),干涉相位是参考椭球面、地形起伏、大气延迟和地表形变等因素的贡献和体现。InSAR 主要围绕干涉相位及干涉相关数据来分离和提取感兴趣的信息。利用干涉相位图和搭载雷达传感器的平台姿态数据可以提取地表三维信息,而借助二次差分(即 DInSAR)方法从干涉相位图中去除地形及其他因素的影响,可达到提取形变信息的目的,大气信息可通过相位信息分离(如时空滤波)来提取。

但是,DInSAR 的应用却受到两大因素的制约,即时间、空间失相关引起的低相位信噪比和大气延迟(主要是对流层湿延迟)的负面影响,限制了其在应用中的精度和可靠性,尤其是时间失相关问题常常导致植被覆盖区域的缓慢累积沉降监测失败,而大气延迟则可能导致形变探测结果的完全失真。近年来,国内外广大学者一直致力于改善 DInSAR 形变监测的精度和可靠性,研究重点逐渐转向基于 SAR 影像序列探测地表形变时空演化规律的研究思路上来。这一思路的核心思想是:使用在某一时间段内对同一地区所获取的多幅 SAR 影像(即 SAR 影像时间序列),并依据地物散射特性与统计分析的方法探测出研究区域内在时间序列上相关性较高的目标(即永久散射体),然后基于这些特定目标的相位时间序列进行建模与分析,在线性形变趋势的假设前提下采用多参数整体迭代的方法分离大气延迟信息,从而获得高精度的形变测量结果。该类方法被称为时序 DInSAR 方法,由于克服了时空失相关和大气延迟效应,使得形变监测精度显著提高,可较好地应用于城镇沉降、各类基础设施沉降、活动构造带形变、山体形变等的监测。

值得指出的是,自时序 DInSAR 思想出现以来,在 InSAR 理论与应用方面,研究重点便转向这一兼顾时空分辨率和精度的优良技术,其中最典型的两种是:永久散射体(persistent scatterer,PS)干涉技术和短基线子集(short baseline subset,SBAS)干涉技术。在 PS 和 SBAS 方法的基础上,国内外相关学者对二者进行了改进或联合。2003 年出现了一种扩展的 PS 方法,它将 PS 连接成 Delaunay 三角网并采用最小二乘网络平差进行求解,该方法可以称为 PS 网络化时序差分雷达干涉。随后,荷兰学者在联合 PS 和 SBAS 方法的基础上发展了新的基于相位稳定性和概率密度函数的 PS 分析方法,并将其成功应用于山谷、火山等地区的形变探测。意大利学者利用 PS 技术对城市地面沉降监测开展了大量实验研究,并深入分析了城市 PS 目标的散射特性,在此基础上对 PS 探测技术进行了改进。

国内专家对基于 PS 这种相干目标的干涉测量方法进行了深入研究，并对苏州等城市地面沉降进行了长期监测。西南交通大学的科研团队利用 PS 和 SBAS 技术对美国菲尼克斯、中国香港和上海等地区进行了沉降监测实验，取得了较好的监测结果，并在联合 PS 和 SBAS 的基础上提出一种改进的 PS 网络化分析方法，将所探测的 PS 点按照自由连接的形式构网(自由连接网)。这种方法充分利用了地表形变、大气延迟等地学变量的空间相关性，并基于此建立了更为严密且具有稳定抗差能力的数学模型，达到精确估计地表时空形变信息的目的。另外，PS 自由网具有更多的网络差分弧段，比传统的 Delaunay 三角网更加稳定，该技术被称为网络化 PSI 技术。在此基础上，基于人工角反射器、天然 PS 联合构网和形变建模的理论与方法也取得了较好的应用效果。

近年来，现代卫星 SAR 成像系统正向着多极化、高分辨率的方向发展，自 2006 年以来，国际上已有多个卫星 SAR 系统发射升空，如德国的 TerraSAR-X、意大利四星座 COSMO-SkyMed、加拿大的 RADARSAT-2 等，它们可提供空间分辨率高达 1～5 m、时间采样率为 10 d 左右的全新 SAR 影像。目前，我国自主研发的卫星 SAR 系统开始投入使用，且后续将会有更多的不同波段的 SAR 卫星投入使用。这些高时空分辨率 SAR 系统的出现，为 DInSAR 应用于高速铁路区域沉降监测提供了更广阔的前景。

目前，使用时序 DInSAR 技术对铁路沿线的区域沉降(含施工和运营期间)进行监测，测量线路及周边的地表沉降量，沉降测量精度可达到 3～5 mm，沉降监测空间分辨率最高可达到 1～2 m，沉降监测范围将覆盖铁路及周边数公里以外，可提供高时空分辨率的沉降分布图。应用该技术能够准确发现既有线及沿线周边的不均匀沉降，而且可以确定沉降漏斗的影响范围，为线路的安全施工、安全运营及区域稳定性分析提供重要的基础数据，并为沉降趋势的准确预报提供可靠的信息。

9.3 高速铁路 InSAR 沉降监测实施过程

9.3.1 人工角反射器设计与布设

InSAR 角反射器(corner reflector，CR)是一种人工制造的雷达反射器，它是采用对雷达波具有较强反射效果的金属材质制成的不同规格的雷达波反射器。当雷达电磁波扫描到角反射器后，电磁波会在金属角上折射放大，产生很强的回波信号，使回波信号具有很高的信噪比，可作为优良的人工 PS 点。针对植被覆盖和地形因素导致的部分监测目标信号缺失的问题，可通过人工布设 CR 的方式进行弥补，重点针对反射信号不稳定和关键的监测目标所在区域，构建稳定可靠的监测网络，针对各监测目标实施高精度的时序形变监测分析。

在实际应用中，CR 可作为优良的 PS 点与自然 PS 共同形成沉降监测网络。CR 和自然 PS 联合布网的总体思路如图 9.2 所示。图中蓝色粗线示意高速铁路线路，绿色圆点示意自然 PS 点，圆形十字丝覆盖的绿色圆点示意 CR 点。值得指出的是，CR 可作为水准和 GPS 观测点，通过地面测量获取精确的沉降值，用作 PS 网络平差的参考值。由于在 PS 网络平差的过程中引入了 CR 上观测所得到的精密水准沉降数据作为约束，所有 PS 上的沉降结果得到了修正，使得 PSI 沉降结果的精度和可靠性得以提高。

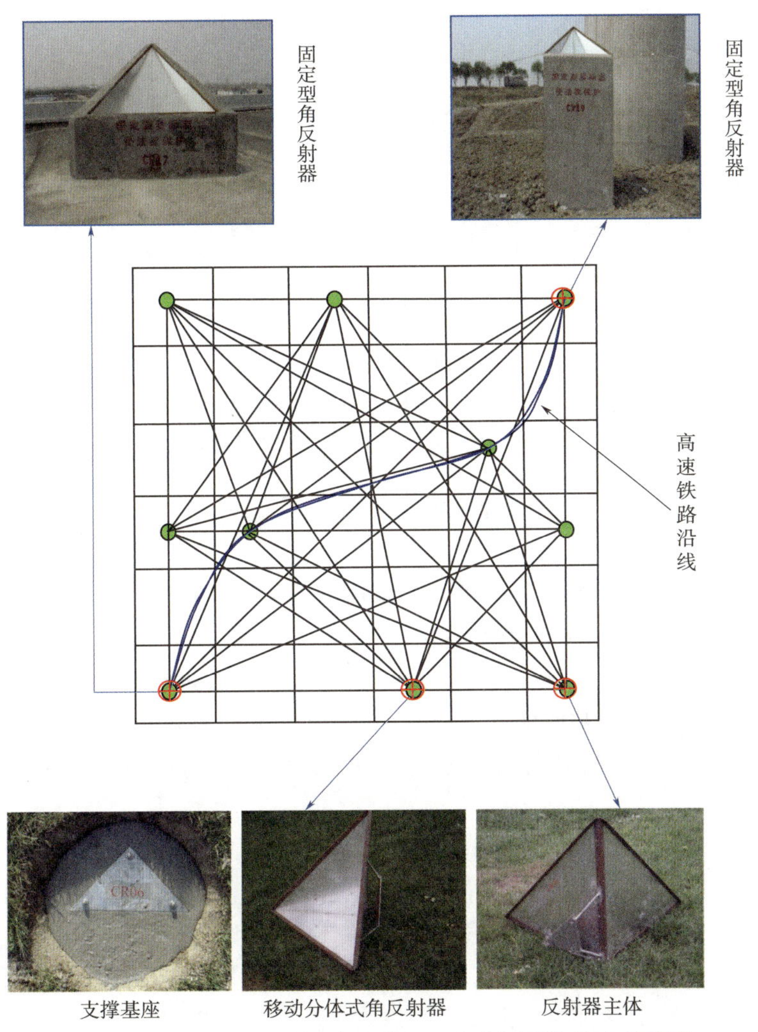

图 9.2 PS 和 CR 联合的高速铁路沉降监测网络构建示意图

CR 的应用主要涉及 CR 的设计与制作、高速铁路沿线 CR 布设方法等内容，下面将逐次进行介绍。

(1)人工 CR 的设计与制作

角反射器在设计、制作与安装的过程中，必须根据星载 SAR 传感器的姿态进行反射体的定位、定向并标定反射标底板仰角，以达到最大限度反射雷达波，提高信噪比的目的。

常用的 CR 类型为三角锥形角反射器，由固定基座和反射体两部分组成，其外形为向内凹陷的三面角锥体，分区域布设在高速铁路沿线及其周边。其中，支撑基座是一个实心三角柱体，其整体形状如图 9.3(a)所示，其水平截面为直角三角形(直角边的长度为 1.2 m，斜边长度为 1.7 m)，具体如图 9.3(b)所示。现场施工时，应首先开挖 1.5 m 深的基坑，并从基坑底部开始使用砖和水泥堆砌支撑基座，地面以上部分高度为 2 m，周身使用 2 cm 厚的混凝土粉刷。

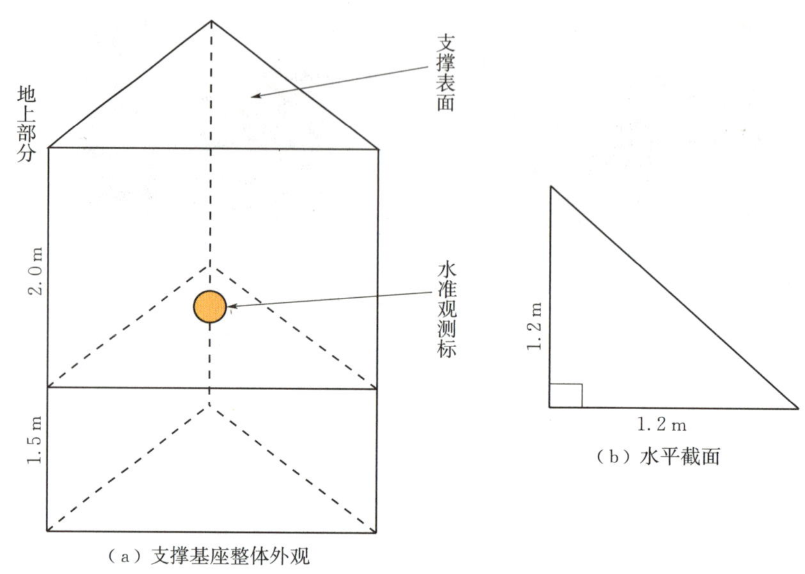

（a）支撑基座整体外观

（b）水平截面

图 9.3 固定型角反射器支撑基座设计图

现场施工前，必须注意如下两项事宜：

①技术人员必须参照 CR 分布设计图对支撑基座的位置进行指定和确认。

②技术人员必须对支撑基座的水平截面即直角三角形的斜边进行定向，定向时使用罗盘仪进行，以保证斜边与磁北方向的夹角为卫星航向角（此角可根据卫星成像几何计算得到）。

角反射器由三块铝板拼接而成，每块铝板均为等腰直角三角形，直角边的长度可根据实际需要而定，样式如图 9.4 所示，尺寸控制在 0.8 m 以内，通过一系列精度效应分析和敏感度效应分析确保反射信号的稳定性。角反射器整体在工厂制作完成；现场安装时，在专业人员的指导下，将角反射器安装于三角柱体形砖混支撑基座顶部，并使用砖和混凝土封装角反射器。

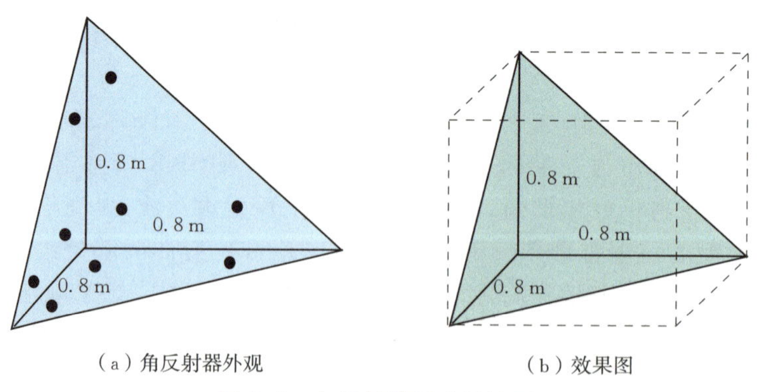

（a）角反射器外观

（b）效果图

图 9.4 角反射器样式设计图

此外，角反射器制作时还应注意：

①为了便于自动漏水，应在三块板直角边交界处开孔（每块板上开 1 个孔），以保证雨水

自动排出。

②为便于将角反射器与支撑基座固连，还应在每块板外侧焊接三个 8 cm 长的钢筋[点位如图 9.4(a)中的黑色实心圆所示]。

③制作好的反射器安置在支撑基座的支撑表面，反射器底板斜边与基座支撑表面的斜边平行即可完成反射器的定向。

(2) 人工 CR 的布设要求

支撑基座基坑的开挖要求：基坑的形状与支撑基座的平面形状相同，都是等腰直角三角形。具体开挖位置和基坑的方位由专业人员现场指定，依据技术人员设定的开挖线向下挖掘 1.5 m 深。

支撑基座的建立要求：在基坑底部夯实并整平后开始向上砌砖搭建(实心)，达到整体高度 2 m，后期平整场地后也至少保证 CR 在地面以上净高 0.5 m。除顶部平面外，以 2 cm 厚混凝土砂浆进行粉刷。注意，水准观测标的预埋孔高出地面约 0.8 m，在粉刷前对观测标进行预埋。

支撑基座顶部平面的平整度与规格与角反射器的安装密切相关，故顶部的混凝土施工，应在技术人员指导下与角反射器的固定同步进行。

角反射器的安装仰角与固定必须在技术人员的指导下完成，以确保反射器底板仰角为 14.7°。安装完成后，在角反射器背后的两个面继续砌砖，并用混凝土砂浆填注缝隙。完成角反射器的封装固定。安装完成后，实际效果如图 9.5 所示。

图 9.5 角反射器实际布设效果图

9.3.2 时序 InSAR 方法及沉降信息提取

前已述及，InSAR 应用于沉降监测具有诸多优势。常规的 DInSAR 能够识别沉降极严重的漏斗区域，但由于其受到时空失相关和大气延迟的影响，监测精度受到明显的限制。时序 DInSAR 能够较好地克服这些问题，得到高精度监测结果。国内外学者提出并发展了一系列时序 DInSAR 方法，这其中，基于 PS 构网及网络差分建模的网络化 PSI 方法采用新型 PS 自由组合的形式构建差分建模网络，能够更好地克服大气延迟和轨道误差等的影响，具有较高的沉降监测精度。

但是，高铁沿线往往分布有很多植被和农田等失相干区域，由于缺少天然 PS 点而往往导致沉降监测失败。人工 CR 是优良的散射体，在失相干区域布设人工 CR 和 PS 结合可有效监测这些区域的沉降。该方法主要包括 SAR 影像数据预处理、CR-PS 构网与建模和沉降解算等核心过程。

(1) SAR 影像数据预处理

这里假设获取了 $N+1$ 幅 SAR 图像，获取的数据一般都是初数据，不能直接进行 PS 探测和差分干涉处理。对初始格式的数据进行预处理，转换成能够进行干涉处理的单视复数影像，选择时间序列上处于中间的 SAR 影像作为参考影像，以振幅相关最大化为标准，将其余 SAR 影像配准到参考影像的同一格网空间，对所有 SAR 影像进行辐射定标，使各影像间的振幅信号具有可比性，以便更有效地探测出 PS。对 $N+1$ 幅影像中符合干涉条件的所有干涉像对进行差分干涉处理，假设生成 M 幅干涉图，采用精密轨道数据和外部数字高程模型(DEM)去除平地效应和地形贡献，从而获得 M 幅差分干涉图，图 9.6 所示为差分干涉图实例。

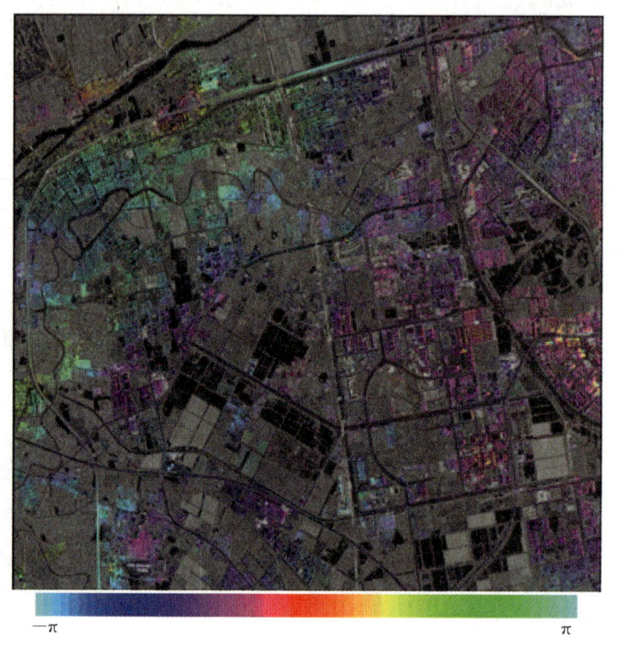

图 9.6　PS 点上的差分干涉相位

(2)PS 和 CR 点探测

PS 探测可利用基于 SAR 影像振幅信息分析法或相关系数阈值和振幅离差指数阈值相结合的双重阈值法来完成。振幅信息分析方法即为振幅离差指数阈值法，使用同名像素上的 $N+1$ 个振幅序列，计算振幅标准差和均值，标准差和均值的比值(即离差指数)小于某一阈值(一般取 0.25)的像素点判定为 PS 点；"双重阈值法"首先为每一像素计算所有干涉像对的相关系数序列，对相关系数序列求平均，均值大于等于某一给定阈值(一般取 0.25)的像元作为 PS 备选点，最后利用振幅离差指数阈值法进行 PS 点精细筛选。后者进行了两次筛选，可以更有效地探测出铁路沿线及周边稳定的 PS 点。由于 CR 相当于非常稳定的 PS，因此采用 PS 探测方法即可将 CR 探测出来。

(3)CR-PS 网络构建

CR-PS 构网采取相邻人工或天然 PS 点的自由连接法，给定一个数值较小的欧几里德距离阈值(一般取 1 km)，当相邻 PS 和 CR 点间的距离满足给定条件时，它们才能相连。这种自由网与传统的 Delaunay 三角网不同，自由连接法生成的网络的弧段更多，比 Delaunay 三角网更加稳固，避免了 Delaunay 三角网法可能忽略某些至关重要的 PS 点的问题，具有较高的可靠性和探测准确度。CR-PS 自由网和 Delaunay 三角网如图 9.7 所示。图中绿色实心原点代表 CR 和 PS 点位，点与点之间的黑色实线代表 CR 点和 CR 点之间、PS 点和 PS 点之间、CR 和 PS 点之间连接形成的网络。

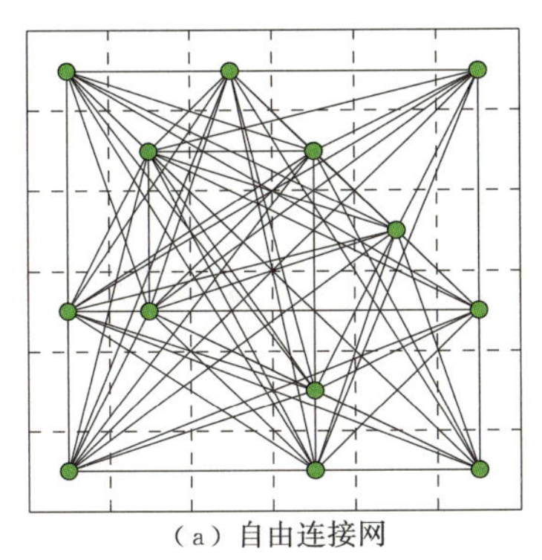
（a）自由连接网

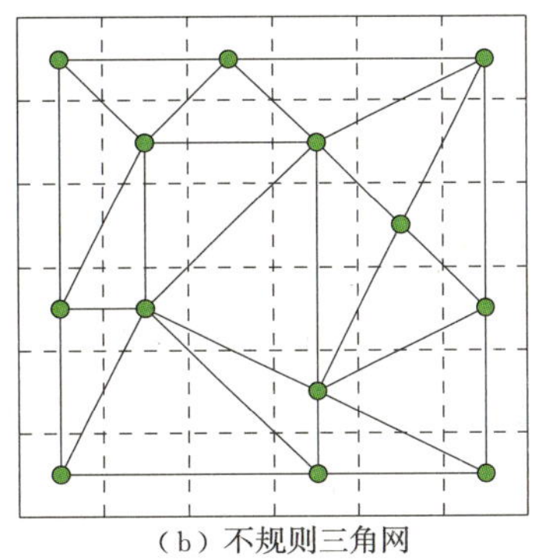
（b）不规则三角网

图 9.7 CR-PS 的自由连接网和不规则三角网

(4) CR-PS 相位建模及模型参数估计

CR-PS 网络建模的原理类似于差分 GPS 技术，通过邻域差分的模式可以削弱大气延迟、卫星轨道参数系统误差以及 DEM 的高程系统误差的影响，从而提高沉降估计精度。

SAR 影像数据预处理过程中形成的 M 个差分干涉相位图的计算是后续网络化处理与信号提取的基础。设差分过程中所使用的 DEM 存在误差，并且地面目标沿雷达视线(line of sight，LOS)方向发生了位移，则某一给定像素在第 i 幅差分干涉图上的相位 Φ_i 可表示为

$$\Phi_i = \frac{4\pi}{\lambda \cdot R \cdot \sin\theta} \cdot B_i^{\perp} \cdot \varepsilon + \frac{4\pi}{\lambda} \cdot T_i \cdot v + \varphi_i^{\mathrm{res}} \tag{9.6}$$

式中 $B_i^{\perp}$ ——空间基线；

T_i ——时间基线；

λ——雷达信号的波长(对 TerraSAR-X 而言，波长为 3.1 cm)；

R——雷达传感器到地面目标的距离；

θ——雷达波入射角；

ε ——高程改正量；

v ——沿 LOS 方向的线性形变速率；

φ_i^{res} ——残余相位。

需要指出的是，Φ_i 是位于主值区间 $[-\pi,\pi)$ 的缠绕相位，即存在整周模糊度问题，残余相位 φ_i^{res} 由非线性形变相位 $\varphi_i^{\mathrm{nldef}}$、大气相位 φ_i^{atm} 和失相关噪声 φ_i^{noi} 三部分所构成。

受大地测量网如三角网和差分 GPS 的启示，首先求解 PS 三角网络中各连接边的形变速率增量，然后进行带权最小二乘网平差来计算各 PS 目标的绝对线性沉降速率。为了求得各网络边的形变速率增量，依据 Ferretti 等所提出的干涉相关最大化思想，对各网络边的相邻连接点建立差分模型，基于 M 个干涉对相应的相位观测量拟合求解网络边参数，如线性形变速率增量和高程改正增量，各网络边的相关系数的平方作为随后网平差的权重。值得强调的是，通过构建 PS 网络并引入邻域差分，可削弱具有空间自相关特性的大气延迟及其

他系统偏差等因素对线性形变估计的影响，这类似于GPS的差分观点。

根据式(9.6)，就第 i 幅差分干涉图而言，沿任一网络连接边(即由两个相邻PS点连接而成)的差分干涉相位增量 $\Delta\Phi_i$ 可表示为

$$\Delta\Phi_i = \frac{4\pi}{\lambda \cdot \bar{R} \cdot \sin\bar{\theta}} \cdot \bar{B}_i^{\perp} \cdot \Delta\varepsilon + \frac{4\pi}{\lambda} \cdot T_i \cdot \Delta v + \Delta\varphi_i^{\mathrm{res}} \tag{9.7}$$

式中　$\bar{B}_i^{\perp}$，$\bar{R}$，$\bar{\theta}$——两个PS点的空间基线、传感器到地面目标的距离和雷达波入射角的平均值，且均为已知量；

$\Delta\varepsilon$，Δv——两个PS点间的高程改正增量和LOS方向的形变速率增量，属待确定的两个参数；

$\Delta\varphi_i^{\mathrm{res}}$——两个PS点间残余相位的增量。

因存在 M 个差分干涉图，每一网络连接边可以列出如式(9.7)所示的 M 个观测方程。

已有研究表明，如果 $\Delta\varphi_i^{\mathrm{res}}$ 足够小(即 $|\Delta\varphi_i^{\mathrm{res}}| < \pi$)，尽管 $\Delta\Phi_i$ $(i=1,2,\cdots,M)$ 存在整周模糊度，但仍可从 M 个观测方程求解 $\Delta\varepsilon$ 和 Δv 这两个参数。事实上，这一参数求解问题可以转化成一个目标函数优化问题，即

$$\gamma = \left| \frac{1}{M} \sum_{i=1}^{M} (\cos\Delta\omega_i + j \cdot \sin\Delta\omega_i) \right| = \text{maximum} \tag{9.8}$$

式中　γ——网络边的模型相关系数(model coherence，MC)；

j——取 $j=\sqrt{-1}$；

$\Delta\omega_i$——观测值与拟合值之差，即

$$\Delta\omega_i = \Delta\Phi_i - \frac{4\pi}{\lambda \cdot \bar{R} \cdot \sin\bar{\theta}} \cdot \bar{B}_i^{\perp} \cdot \Delta\varepsilon - \frac{4\pi}{\lambda} \cdot T_i \cdot \Delta v \tag{9.9}$$

假设最大值为 $\gamma_{\max}$，当弧段的两个PS点上相位数据质量较高时，可使相关系数达到1，当数据完全失相关时，相关系数为0。提出相关系数取值为0.45即可满足解算条件，获得较好的解算结果。通过模拟实验对上述过程进行了验证，结果如图9.8所示。

图9.8是相干系数峰值($\gamma_{\max}$)分别为0.2、0.4、0.6和0.8时的MC表面图，每个图代表 $\Delta\varepsilon$ 和 Δv 的二维函数，其峰值位置对应 $\Delta\varepsilon$ 和 Δv 的解。从模拟结果可以看出：

① 两个搜索空间之间的频谱特征不同，在 Δv 方向的频率和结构比 $\Delta\varepsilon$ 方向的更高、更复杂。这表明系统对形变的敏感性高于对DEM误差的敏感性，因为限制空间失相关的短基线降低了地形的影响。这也意味着形变估计值比DEM误差估计值更可靠。

② 如果定义MC表面图的峰度为 $\gamma_{\max}$ 与MC的均值之差，则峰度与 $\gamma_{\max}$ 成正比例关系，并且高度依赖于由弧相连的两个PS点的失相关程度。

为更进一步说明问题，利用从模拟数据获得的50 000条弧统计获得峰度随相干系数峰值变化的函数关系，如图9.9所示。

从图9.9可知，随着 $\gamma_{\max}$ 的增大，峰度基本呈线性关系增长，95%的置信区间越来越窄。通过统计分析得出，当相干系数峰值不低于0.45时，由它确定的弧所对应的参数就具有较高的质量(取 $\gamma > 0.70$)。

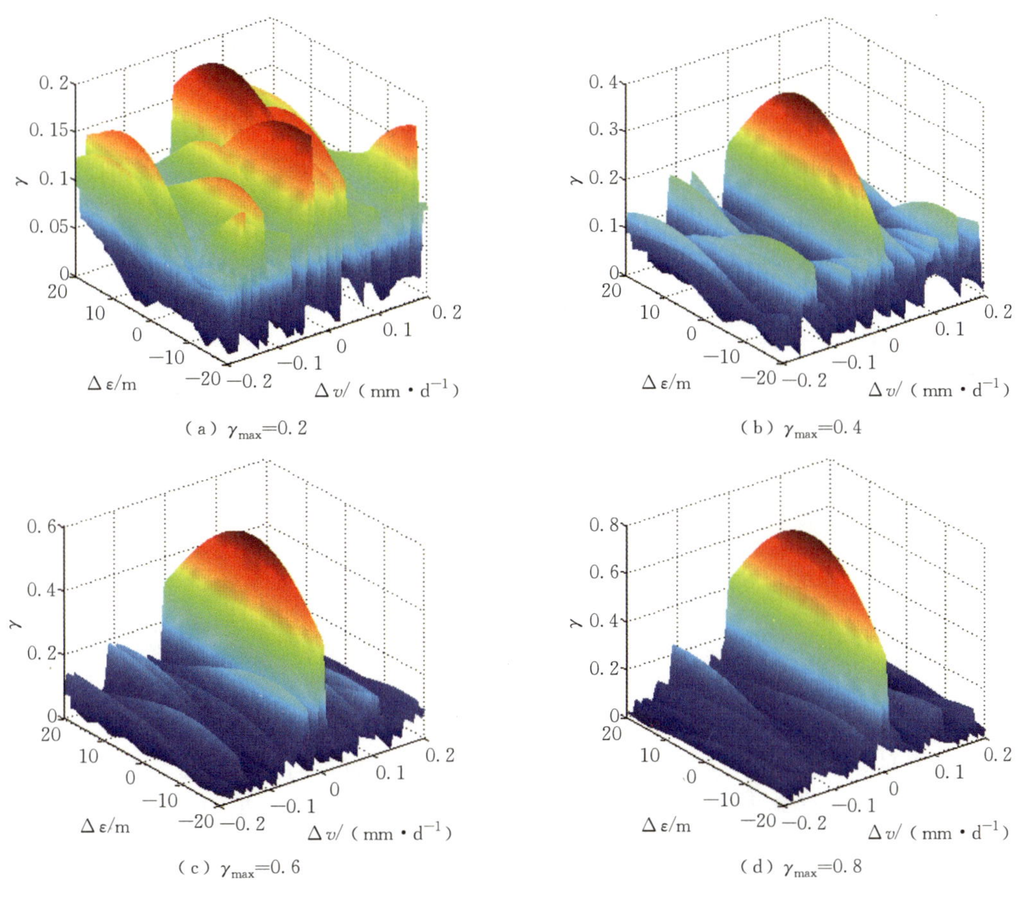

（a）γ_{max}=0.2

（b）γ_{max}=0.4

（c）γ_{max}=0.6

（d）γ_{max}=0.8

图 9.8　γ 随 $\Delta\varepsilon$ 和 Δv 变化的函数表面图

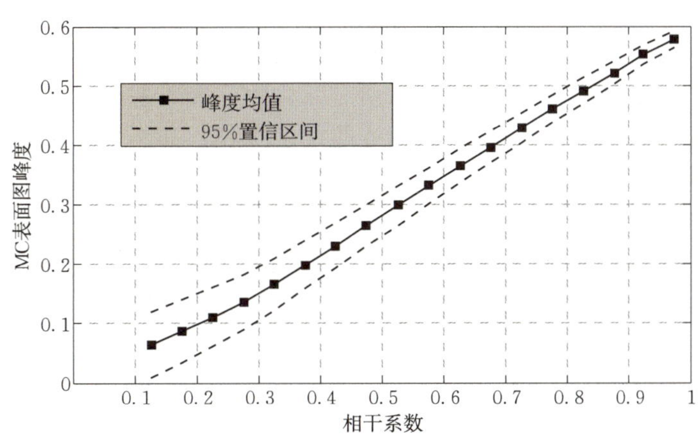

图 9.9　MC 表面图峰度随相干系数峰值呈线性变化

(5) CR-PS 网平差及线性沉降解算

利用式(9.8)和式(9.9)计算出 PS 网络中所有弧的高程误差和线性形变速率增量后，先删除 PS 网络中 MC 值小于 0.45 的弧以及由此产生的孤立 PS 点。然后根据水准网和 GPS 网平差法，采用最小二乘平差法估计各 PS 线性形变速率和高程误差的最或然估值。

以线性形变速率平差为例，任一段弧的线性形变速率增量观测方程为

$$\dot{v}_p - \dot{v}_l = \Delta v_{pl} + r_{pl} \quad (p \neq l \quad \forall p, l = 1, 2, \cdots, T) \tag{9.10}$$

它表示了任意两个 PS(p 和 l)的未知线性形变速率 $\dot{v}_l$、$\dot{v}_p$ 与线性形变速率增量 Δv_{pl} 和残差 r_{pl} 的关系，T 是 PS 的个数。假设网络中有 Q 条弧，则观测方程可用矩阵形式表示为

$$\underset{Q\times T}{B} \cdot \underset{T\times l}{X} = \underset{Q\times l}{L} + \underset{Q\times l}{R} \tag{9.11}$$

式中 B——l 和 $-l$ 组成的稀疏系数矩阵；

L, R——观测值(增量)和残差向量；

X——所有 PS 的待估线性形变速率向量。

另外，给定权阵

$$\boldsymbol{P} = \begin{bmatrix} \gamma_1^2 & 0 & 0 & 0 \\ 0 & \gamma_2^2 & 0 & 0 \\ \vdots & \vdots & \vdots & \vdots \\ 0 & 0 & 0 & \gamma_Q^2 \end{bmatrix} \tag{9.12}$$

$\boldsymbol{P}$ 的对角线元素是已求得的每条弧的 MC 值的平方。因此，未知量 X 的最小二乘解为

$$X = (B^{\mathrm{T}}\boldsymbol{P}B)^{-1}B^{\mathrm{T}}\boldsymbol{P}L \tag{9.13}$$

值得注意的是，要获得绝对形变量，需要给定一个参考点(如位于零形变区的点)，所有估计值就是相对于这个参考点的值。此外，求解大型稀疏线性系统时，采用的是 UMFPACK 方法。上述线性形变速率的求解方法同样适用于高程误差的估计。

从理论上说，平差过程中，PS 网络剩余弧段的增量受到相位观测误差传递产生的随机误差的影响。并且，由于缺乏研究区形变和 DEM 误差的先验信息，难以确定一个适合于所有弧段的解空间，提供给某些弧段的解空间可能不正确而产生粗差。因此，采用最小二乘法对网络平差时去除增量中的粗差是很重要的。去除粗差的有效方法是利用后验统计假设检验诊断。最小二乘平差之后，计算每个网络所有弧段的标准残差，然后通过比较标准残差和拒绝标准来判定粗差。从可靠性来说，自由连接网络[FCN，如图 9.7(a)所示]比不规则三角网络[TIN，如图 9.7(b)所示]更有利于粗差的探测，因为自由连接网络弧的冗余度高于 TIN 网，前者的最小可探测粗差少于后者。

(6) 基于经验模式分解的非线性沉降时间序列提取

解算前采用 Kriging 插值法将不规则 PS 点的线性沉降速率和 DEM 误差内插成与初始干涉图格网一致的结果，然后从差分干涉图中减去上述解算出的线性项(沉降和高程误差相位)，得到由非线性沉降、大气延迟和噪声组成的残余差分干涉相位。

分离非线性沉降相位和大气相位，利用了二者在空间和时间上具有不同频率结构的特点。引入"经验模式分解"方法提取时序残余相位，即将非线性沉降相位和大气相位分离，得到非线性沉降。图 9.10 为"经验模式分解"模拟实验结果。

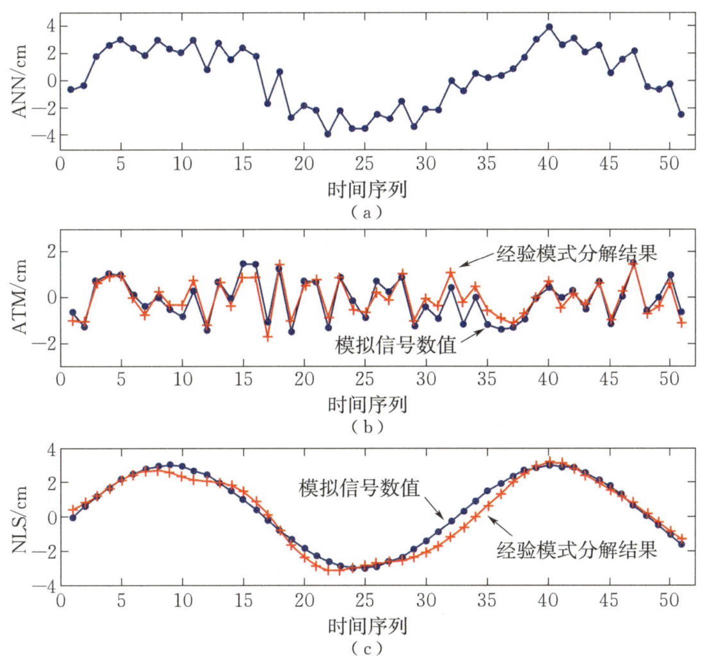

图 9.10　基于经验模式分解方法提取非线性沉降和大气信号

经验模式分解方法是基于一个简单的假设:任何信号由一些简单的不同频率的固有振荡叠加构成,这种方法可将信号分解成一些有利于揭示某些物理特性的本征模式函数的集合。图 9.10(a)表示模拟的非线性相位、大气相位和其他噪声的叠加信号;图 9.10(b)表示提取的大气相位(红色表示)和模拟值(蓝色表示)的对比;图 9.10(c)表示提取的非线性沉降相位(红色表示)和模拟值(蓝色表示)的对比。

通过模拟数据的验证,利用经验模式分解提取出的非线性沉降相位值、大气相位值与真实值的均方根误差分别为 3.8 mm 和 3.7 mm。

经验模式分解提取非线性沉降相位和大气相位的原理:

假定任意给定的 PS 像元上有 $N+1$ 个与 SAR 成像时序对应的残余相位,可表示为

$$\psi(t)=[\psi(t_0),\psi(t_1),\cdots,\psi(t_N)] \tag{9.14}$$

那么,利用经验模式分解方法提取上述信号 $\psi(t)$ 的主要步骤为如下几点。

①找出 $\psi(t)$ 中的所有极值;

②利用二次样条曲线连接局部极大值点,形成上包络线 $e_{\max}(t)$;同样,利用二次样条曲线连接局部极小值点,形成下包络线 $e_{\min}(t)$;

③计算均值:$m(t)=(e_{\min}+e_{\max})/2$;

④计算差值:$d(t)=\psi(t)-m(t)$;

⑤用 $d(t)$ 替换 $\psi(t)$,重复步骤①～④,直到满足预先给定的终止条件;最终的 $d(t)$ 可看作是正确的本征模式函数;

⑥计算残差:$h(t)=\psi(t)-d(t)$,并且用 $h(t)$ 替换 $\psi(t)$,重复步骤①～⑤,提取其他的 IMF。

实际处理中，①～④步需要迭代几次才能获得每个水平的正确本征模式函数，这个迭代过程通常可看作是筛分处理，目的是消除奇异波，使波形更对称。当从 $d_{k-1}(t)$ 和 $d_k(t)$ 差值计算的相对标准偏差小于一个给定阈值时，筛分处理停止。上述处理过程保证了每个本征模式函数的均值为 0，极值点个数和零点个数相等或最大相差为 1。不过，当残差水平从一个变化到下一个时，本征模式函数极值个数会减少，整个信号被分解成有限的本征模式函数。

在利用真实时序残余相位进行的信号分解中，一般提取四个本征模式函数，具有高频特性的本征模式函数对应大气成分，具有低频特性的本征模式函数反映非线性沉降。在缺乏先验信息的情况下，还不能这样直接将两者(大气延迟和非线性沉降)完全区分开。但在应用中，将第一和第二水平的本征模式函数相加作为大气相位，将第三和第四水平的本征模式函数相加作为非线性沉降信息，获得了较理想的结果。

在获得线性沉降和非线性沉降后，将线性沉降和相应的时间间隔相乘再和非线性沉降进行叠加计算，得到像素的整体沉降量时间序列值，即观测目标在两幅 SAR 影像获取时间间隔内的整体沉降量。

9.4 华北平原某高速铁路沉降监测实例

9.4.1 实验区域

本实例以某高铁所穿越的华北平原局部区域作为重点实验区域进行 CR 布设和沉降监测。此外，为了更好地展示某高速铁路沿线的沉降分布情况，本实例中还将针对沿线不同区域开展大范围沉降监测。重点监测区域位于中国东部沿海地区，它的水文条件非常复杂，北靠燕山、西临北京市、东临渤海湾。因具有半干旱气候特征及其他自然条件的限制，该地区的水资源较为缺乏。自 1920 年以来，为满足工农业发展的需要，地下水资源受到过量开采，致使许多地区出现了地表不均匀下沉的现象。1980 年初期的城市沉降速率甚至高达 110 mm/a。近期报告指出，该地区历史累计沉降量已至 3.22 m，影响范围达 8 000 多平方公里。该重点实验区域的范围约为 15 km×30 km，平均海拔高为 2～3 m。由于地处海河流域冲积平原，地表存在较厚的淤积层，地质水文条件较为复杂，表层覆盖松散，是沉降发育的优良地质条件。

9.4.2 角反射器及水准监测点的布设

为更好地解决干涉中的大气影响和失相关问题，进一步提高监测的空间分辨率和监测精度，在观测区域内布设人工角反射器，这些人工与天然 PS 点一并构成沉降监测点并进一步构成沉降监测网。如 9.3.1 节中图 9.2 所示即为某高铁沿线 CR 布设方案的示意图。图 9.2 中间部分为 CR-PS 自由连接网，绿色圆点表示 PS 点，红色十字圆代表 CR 点，连线为网络弧段，蓝色曲线表示高速铁路(主要监测目标)。图的上面部分是在高速铁路沿线布设的固定型人工角反射器，下面部分是在农田、植被覆盖区等不具有稳定 PS 点的区域布设的移动分体式角反射器，其余为自然或人工地物构成的永久散射体。

参考1∶2 000带状地形图设计人工CR点的布设位置及方案。CR点的布设分为两种情况:在高速铁路沿线布设固定型角反射器,在农田、植被覆盖区、绿化带和水域等区域布设移动分体式角反射器。沿线路两侧均匀布设,与其他监测标志形成互补;另外,重点布设在桥墩承重基础之上,可直接用于监测墩台的沉降情况。所有人工CR可与水准监测点联合进行精密水准施测和沉降解算,其总体布设思路如图9.11所示。

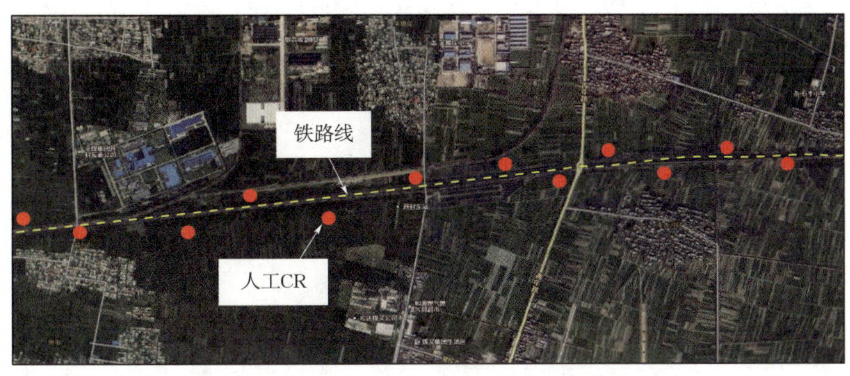

图9.11　重点监测区段沿线人工CR布设示意图

人工CR在现场安装时,参照雷达卫星的系统参数进行定向,以保证CR对雷达信号具有最佳的反射效果。以德国TerraSAR-X雷达卫星的降轨状态来说,设置CR时,应保证支撑基座的斜边方位角为9°,CR底板的仰角为14.7°,这两个姿态参数是安装固定型CR的约束条件,同时也是设计、制作和安装分体式CR的约束条件。CR和水准点布设的具体位置如图9.12所示,红色方块为人工CR,即ACR,绿色三角块为普通的水准监测点,即LPT;红色虚线所示为某高速铁路线路位置。需要说明的是,该图只放大展示了布设了CR的区域范围,整个监测区域范围大于该区域范围。

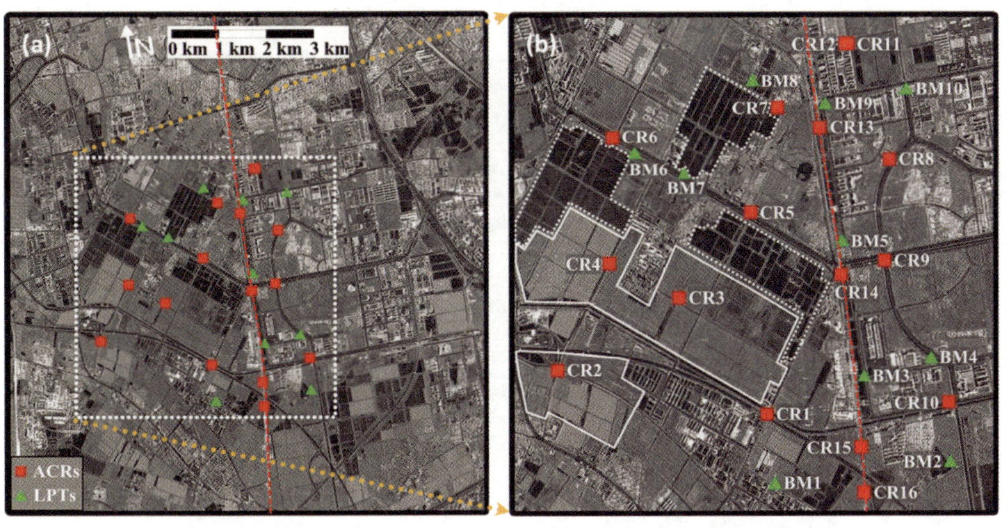

图9.12　高速铁路沿线人工CR及水准监测点的布设位置示意图

9.4.3 SAR数据的获取

在沉降监测方案实施前必须制定周密的SAR影像获取计划，计划的制定要根据具体的监测需求，以德国TerraSAR-X SAR系统为例，基本上每11 d可以获取一幅影像。但是，实际的监测并不一定需要每隔11 d就获取一幅影像。需要说明的是，在进行高速铁路沉降监测的时候，推荐使用TerraSAR-X SAR影像；之所以建议选择TerraSAR-X SAR影像为数据源，是考虑到两方面的原因：

①相比于已有卫星，如ERS-1/2、ENVISAT等C波段SAR系统的雷达波长(5.6 cm)来说，TerraSAR-X SAR系统的雷达波长更短，仅为3.1 cm，这就意味着TerraSAR-X对微小沉降更加敏感，可达到更高的测量精度。

②TerraSAR-X SAR系统的空间和时间分辨率分别为1 m和11 d，比其他已有卫星SAR系统(空间分辨率为10 m以上，时间分辨率为1个月左右)要好很多。因此，TerraSAR-X系统的这些特征更适合于高速铁路沉降监测。

根据监测需求及实验区域的具体情况，实验共获取2009年3月～2010年12月期间的40幅高分辨率TSX影像(空间分辨率优于2 m)作为实验数据源。表9.1和表9.2分别列出了TSX传感器平台的成像基本参数和所有影像的获取时间。需要说明的是，表9.2中的时间格式为，如2009.3.27代表2009年3月27日。在40幅影像中，2009.11.13被选为公共主影像，其余39幅影像均配准和重采样到该影像的格网空间。

表9.1 TerraSAR-X的成像基本参数

重访周期/d	波　长/cm	侧视角/°	航向角/°	影像分辨率/m	
				斜距向	方位向
11	3.1	41.08	182.97	1.364	1.896

表9.2 TSX影像的成像时间

2009.3.27	2009.7.15	2009.10.22	2010.2.9	2010.6.21
2009.4.7	2009.7.26	2009.11.2	2010.2.20	2010.7.2
2009.4.18	2009.8.6	2009.11.13	2010.3.3	2010.8.4
2009.4.29	2009.8.28	2009.12.5	2010.3.14	2010.9.6
2009.5.10	2009.9.8	2009.12.27	2010.3.25	2010.10.9
2009.5.21	2009.9.19	2010.1.7	2010.4.5	2010.11.11
2009.6.23	2009.9.30	2010.1.18	2010.4.16	2010.12.14
2009.7.4	2009.10.11	2010.1.29	2010.4.27	2010.12.25

9.4.4 精密水准施测

此处所说的精密水准施测主要是指建立水准控制网，获取控制网数据，作为InSAR监测数据计算的起算基准，并可以对InSAR监测结果进行检校。由上述介绍可知，CR既可以作为优良的雷达散射目标，又可以作为水准监测点，在精密水准施测时，CR 将和水准点一起进行联测。在本实例中，精密水准施测采用二等水准往返测量，并经过严密平差计算得到最终的高程数据，通过不同时期的高程数据作差即可得到沉降数据。在 2009 年 4 月至 2010 年 10 月期间内四次通过与该地区水准基元点进行一等水准联测（精度优于2 mm/km）及二等水准测量获得可靠的地面（沉降）验证数据。

9.4.5 沉降监测结果及分析

基于 40 幅振幅影像的振幅离差指数（ADI）统计结果分析，所有 ADI 小于 0.25 的像素点可被确定为 PS。图 9.13 显示了基于 ADI 探测得到的研究区域内 PS 分布情况。由于 TSX 影像的空间分辨率较高，对地面 PS 有较强的识别能力。该城乡结合部（15×30）km^2 的实验区域内共探测出总数高达 1004024 的 PS（以蓝色标识），空间密度高达到 2 230 个/km^2。从其空间分布进行分析，住宅区、工业园及城镇等建筑物密集区域 PS 密度非常高，但是农田区域的 PS 目标相对稀少，水域没有任何 PS 点。这是由于城市区域含有高密度的天然和人工硬目标（主要为建筑物），在数月乃至数年内仍能维持较稳定的雷达后向散射特性；农田区域的表面存在明显的季节性变化，例如农田的翻耕、土壤含水率的变化、农作物生长及其叶片随风摆动等均可能引起入射雷达信号的后向散射特性随时间发生变化，即引起相位测量的时间失相关；水域的入射雷达信号会发生镜面反射，因而无法检测出任何 PS 目标。因此，在这些失相干区域布设人工 CR 作为 PS 加密点是非常有必要的。

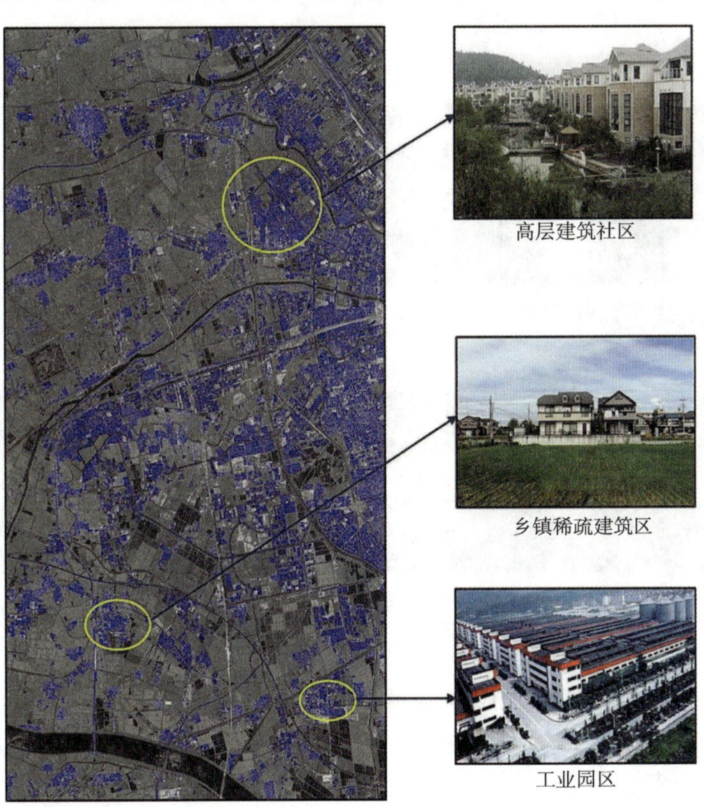

图 9.13 实验区域 PS 点分布及实例

为了更好地展示 CR 的效果，本实例对图 9.12 中所布设的 16 个 CR 进行了信号特征分析。如图 9.14 所示为 CR 的振幅影像，也就是 CR 在 SAR 影像中的回波强度特征。图中每个子图代表一个 CR 点位及周边环境，其中白色亮斑为 CR 所反射雷达波信号的截面，对应于若干个 SAR 影像像元大小。图 9.14 中蓝色圆点为 CR 所对应的 PS 点，由于 CR 截面积占据多个像元，且这些像元的回波信号均来自稳定的 CR，因此每个 CR 会对应于多个 PS 点。图 9.14 中红色十字丝所示为 CR 的反射中心位置，该点的回波信号强度优于周围其他点。

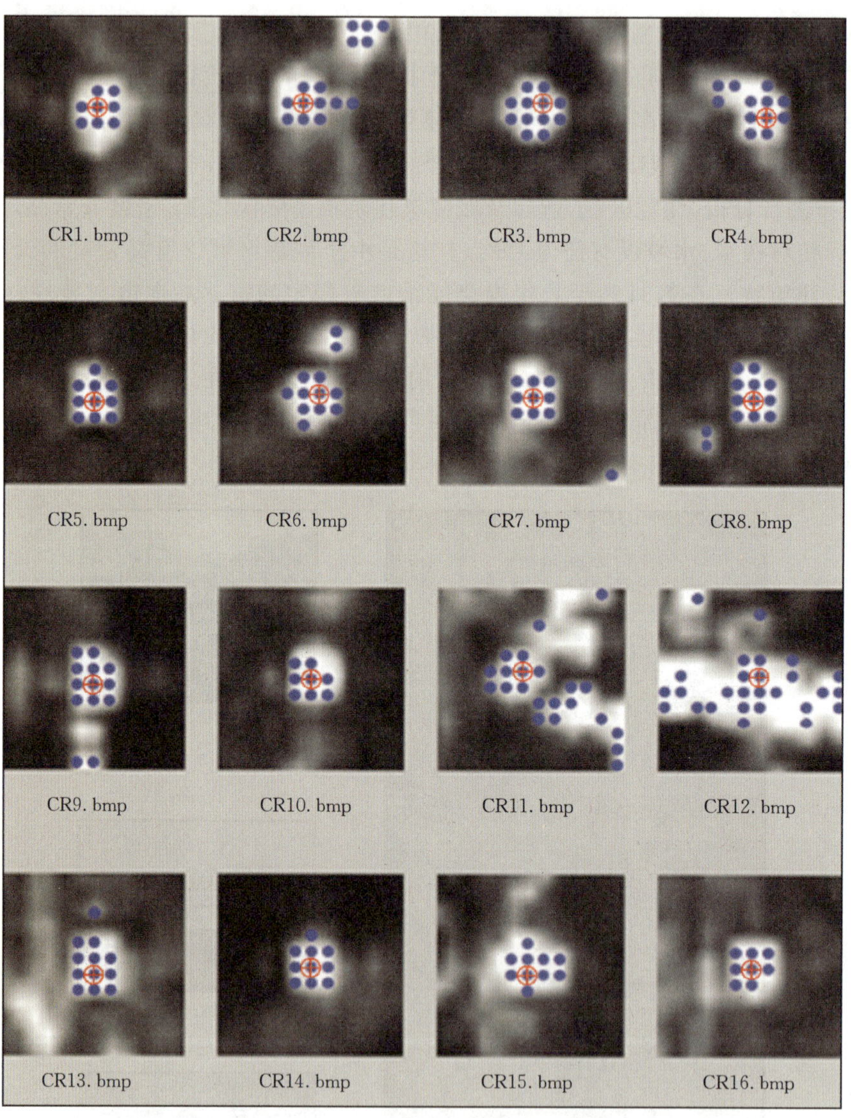

图 9.14 CR 的回波强度特征及点位中心

在完成 CR 布设、水准联测和 SAR 影像获取、预处理和 PS 及 CR 探测后，即可采用相关章节中提出的 CR-PS 时序 InSAR 方法及沉降信息提取流程进行数据处理，得到高铁沿线的年沉降速率以及监测周期内的沉降时间序列。需要说明的是，最终的沉降速率结果已经过水准基点校正。经纠正后的研究区域沉降速率场如图 9.15 所示。

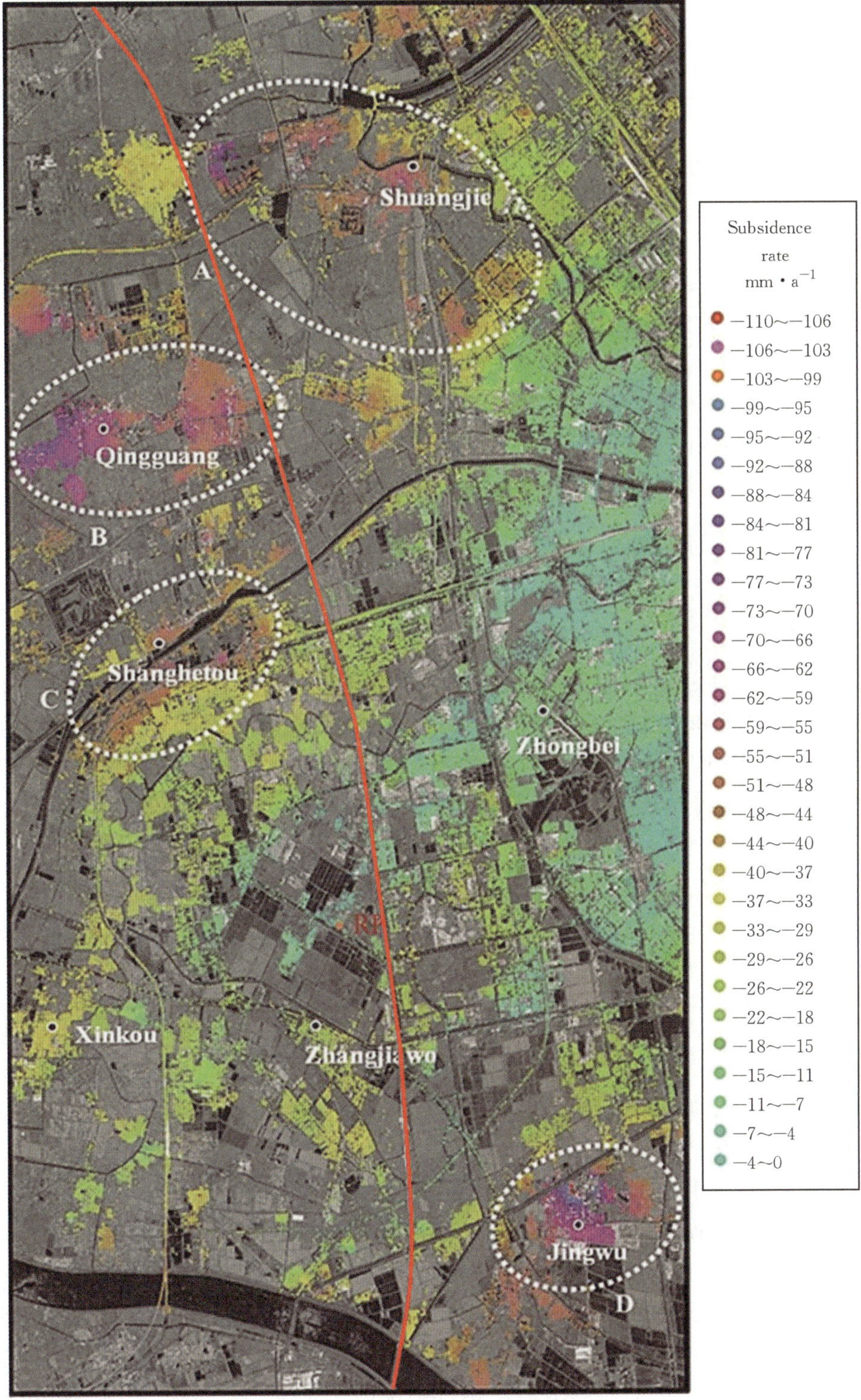

图 9.15 研究区域地表沉降速度场

注:图中红线为高铁线路。

从图 9.15 中可以看出，该区域内存在明显的沉降情况，尤其是在郊区，沉降尤为显著。在图中右侧的市区总体沉降速率分布于 0～20 mm/a 之间，这是由于在政策调控的作用下，近年来该区域市区的地表沉降确实得到了有效的控制。由颜色轴所反映的沉降速率变化区间分析，郊外的局部区域呈现出不均匀沉降趋势。如图中以 A、B、C、D 四个椭圆虚线圈出的区域，局部沉降分别高达 75 mm/a、68 mm/a、52 mm/a 甚至 110 mm/a。经调查，四处区域分别对应于双节、青光、上河头和精武四个城镇；其中，沉降最为显著的区域对应于工业园区。由此不难推断，在工农业用水日益增长的大趋势下，外围乡镇对地下水的过量开采仍未完全得到根本控制；这导致了局部区域性沉降漏斗的出现。

图 9.15 中红线为某高铁所在位置，从上到下穿越了 5 个局部沉降区。图中的 A、B、C 和 D 四个沉降漏斗距离高铁较近；高铁所穿越的具体位置并未在沉降中心，有效避开了最为严重的沉降。但是，高速铁路对沿线路况要求较高，沉降的影响仍然不可忽视。从这个结果可以看出，CR-PS 网络化方法可以有效发现高铁沿线的沉降漏斗，且可以获取较为精细的沉降结果，这对高铁的运营维护极为重要。

9.4.6　沉降结果精度验证

根据技术原理中的方法得到目标的整体沉降量以后，可借助水准测量数据为基准，对上述解算结果进行检核。CR 点上的水准和 PSI 监测结果均可直接获取，其余水准监测点的 PSI 沉降结果可通过内插的方式获得，此处选择 Kriging 内插方法。在得到所有 CR 和水准点上的水准监测数据和 PSI 监测数据后，即可求得二者之间的差异。

为评价 PSI 结果的精度好坏，可对二者之间的差异进行统计分析，一般是求代表差异平均水平的均值和代表分布情况的标准差。假设一共有 Z 个待分析的点，那么 Z 个差异值的均值为

$$\overline{w}=\frac{\sum_{i}^{Z} w_i}{Z} \tag{9.15}$$

均方根误差为

$$\sigma=\sqrt{\frac{\sum_{i}^{Z}(w_i-\overline{w})^2}{Z}} \tag{9.16}$$

式中　$\overline{w}$ ——差异均值；

w_i ——每个点上两种沉降结果的差异量；

σ ——均方根误差。

在本实例中，共有 16 个 CR 和 10 个水准点，其中一个 CR 点被选为解算的参考点，故而检核点共 25 个。所有的点均经过二等水准测量和平差处理得到高程数据，并通过不同时期的高程数据求差异的方式获取沉降数据。经统计，15 个 CR 点上两种沉降结果的差异在 −5.4 mm和 3.6 mm 之间；10 个 LP 点上两种结果的差异在 −9.3 mm 和 4.2 mm 之间。对所有检核点而言，差异均值为 4.5 mm，沉降结果的均方根误差为 ±4.0 mm。由此可知，通过 CR-PS 网络化沉降监测方法所获取的沉降是可靠的。

9.5 高铁沿线大范围沉降监测实例

我国幅员辽阔，所以高速铁路普遍线路较长、跨度较大，因此需要具有广域监测能力的技术开展沿线沉降监测。前已述及，星载 InSAR 技术具有高时空分辨率和监测范围广的技术优势，因此非常适用于对高铁开展广域沉降监测。上一节介绍了局部区域的高铁沿线沉降监测实例，本节将以京沪高铁沿线大范围沉降监测介绍具体的实例。

9.5.1 实验区域与数据

以京沪高铁全线的区域沉降监测为目标，采用 Sentinel-1A/B 卫星 SAR 影像为数据源，采用 PSI 技术进行数据处理。图 9.16 为本实例的具体地理位置和 SAR 影像的覆盖情况；

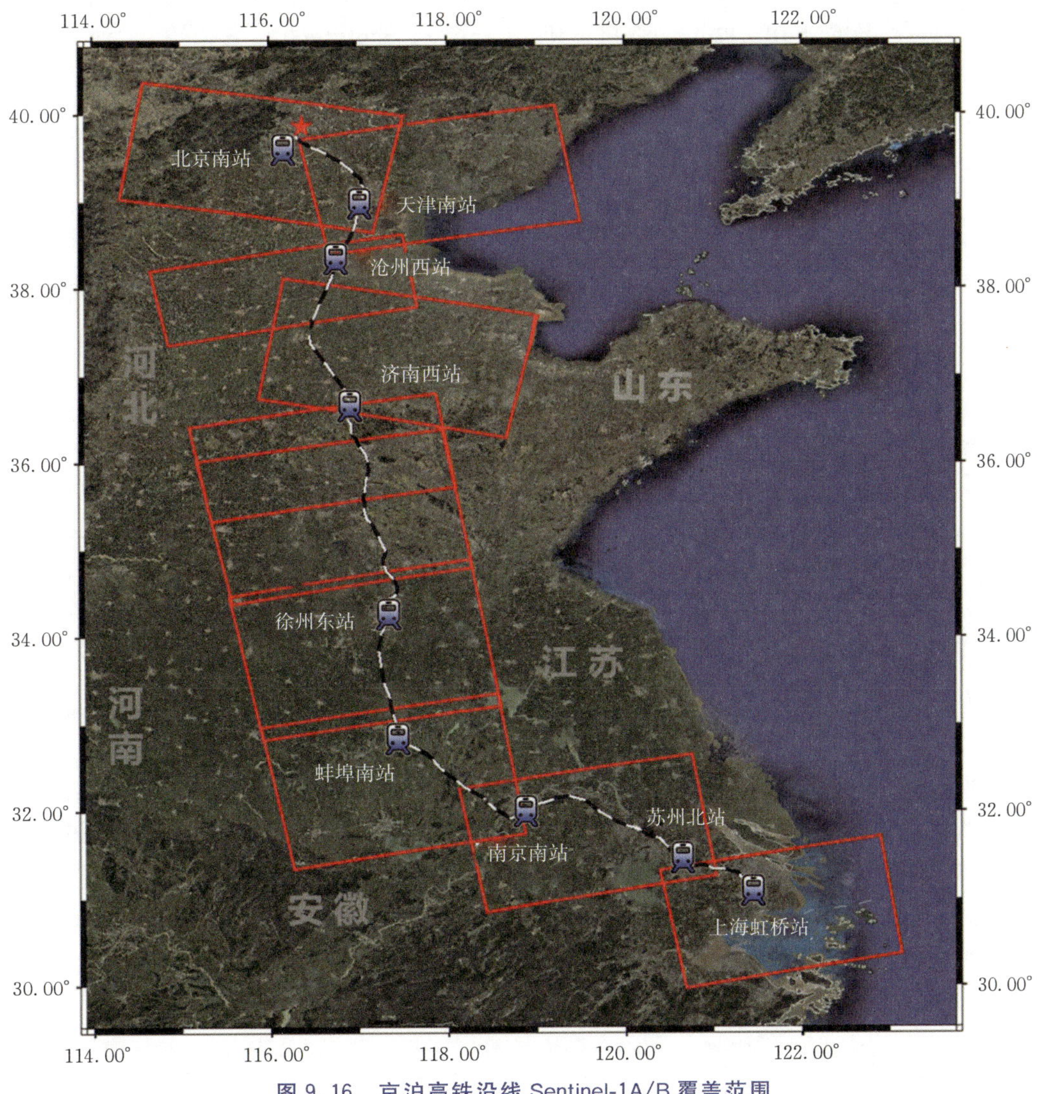

图 9.16 京沪高铁沿线 Sentinel-1A/B 覆盖范围

图中红色线框所示为 Sentinel-1A/B 卫星 SAR 影像的实际覆盖位置，有升轨数据，亦有降轨数据。

目前，Sentinel-1A/B 数据已经完全覆盖全球，本实例中高铁沿线区域也不例外，但由于卫星多次变轨使得同一区域可能需要多种 Frame(即多种轨道)才能覆盖。如图 9.16 所示，京沪高铁沿线由 10 景 Sentinel-1A/B 数据覆盖，其中红框代表着 Sentinel-1A/B 配准处理的区域范围，但由于变轨原因，每个区域覆盖均有多个轨道的 Sentinel-1A/B 数据。因此，本实例中将沿线覆盖数据从北向南分 10 段进行处理和分析。

第一段是北京至天津段(京津段)，由 51 景降轨 Path47 Frame461 Sentinel-1A 数据和 Path47 Frame460 Sentinel-1B 数据覆盖，时间范围为 2015 年 11 月 8 日至 2018 年 3 月 27 日，跨度为 870 d，其时空基线分布见表 9.3。第二段为天津至沧州段(津沧段)，由 44 景升轨 Path69 Frame124 Sentinel-1A 数据覆盖，时间范围为 2016 年 5 月 8 日至 2018 年 2 月 5 日，跨度为 638 d，其时空基线分布见表 9.4。第三段为沧州至德州段(沧德段)，由 37 景升轨 Path142 Frame119 和 Frame121 Sentinel-1A 数据覆盖，时间范围为 2016 年 8 月 5 日至 2018 年 2 月 20 日，跨度为 564 d，其时空基线分布见表 9.5。第四段为德州至济南段(德济段)，由 35 景降轨 Path149 Frame468 Sentinel-1B 数据覆盖，时间范围为 2016 年 12 月 21 日至 2018 年 2 月 14 日，跨度为 420 d，其时空基线分布见表 9.6。第五段为济南至泰安段(济泰段)，由 21 景升轨 Path142 Frame116 Sentinel-1A 数据覆盖，时间范围为 2017 年 5 月 20 日至 2018 年 2 月 20 日，跨度为 276 d，其时空基线分布见表 9.7。第六段为泰安至徐州段(泰徐段)，由 21 景升轨 Path142 Frame111 Sentinel-1A 数据覆盖，时间范围为 2017 年 5 月 20 日至 2018 年 2 月 20 日，跨度为 276 d，其时空基线分布见表 9.8。第七段为徐州至蚌埠段(徐蚌段)，由 20 景升轨 Path142 Frame106 Sentinel-1A 数据覆盖，时间范围为 2017 年 5 月 20 日至 2018 年 2 月 20 日，跨度为 276 d，其时空基线分布见表 9.9。第八段为蚌埠至南京段(蚌南段)，由 24 景升轨 Path142 Frame101 Sentinel-1A 数据覆盖，时间范围为 2017 年 5 月 20 日至 2018 年 4 月 9 日，跨度为 324 d，其时空基线分布见表 9.10。第九段为南京至苏州段(南苏段)，由 53 景升轨 Path69 Frame99 Sentinel-1A 数据覆盖，时间范围为 2015 年 11 月 22 日至 2018 年 2 月 15 日，跨度为 816 d，其时空基线分布见表 9.11。第十段为苏州至上海段(苏沪段)，由 50 景降轨 Path171 Frame96 Sentinel-1A 数据覆盖，时间范围为 2015 年 11 月 27 日至 2018 年 2 月 22 日，跨度为 816 d，其时空基线分布见表 9.12。

总的来说，本次实验共使用了 385 景 Sentinel-1A/B 数据，监测周期最长路段达到 870 d，最短路段有 276 d。由此可知，面对高速铁路长大线性工程，沉降监测是一项非常艰巨的任务，如果靠野外人工施测，将耗费非常巨大的人力物力。

表 9.3　京津段干涉影像配对及时空基线表

影像编号	影像时间	T/d	B_p/m	卫星平台	影像编号	影像时间	T/d	B_p/m	卫星平台
1	2015.11.8	−402	−144.272 3	S1A	27	2017.5.7	144	−51.377 7	S1B
2	2015.11.20	−400	−121.036 4	S1A	28	2017.5.19	156	−103.375 4	S1B
3	2015.12.14	−366	−33.918 1	S1A	29	2017.5.31	168	−257.104 6	S1B
4	2016.1.19	−330	−114.184 4	S1A	30	2017.6.12	180	−80.442 6	S1B
5	2016.2.12	−306	−134.298 5	S1A	31	2017.6.24	192	−87.343 4	S1B
6	2016.3.7	−282	−46.347 0	S1A	32	2017.7.6	204	−125.604 3	S1B
7	2016.4.12	−246	−161.288 4	S1A	33	2017.7.18	216	−121.309 6	S1B
8	2016.5.30	−198	−114.095 9	S1A	34	2017.7.30	228	−124.261 8	S1B
9	2016.6.11	−186	−137.509 6	S1A	35	2017.8.11	240	−122.557 4	S1B
10	2016.10.3	−72	−54.410 4	S1B	36	2017.8.23	252	−87.626 6	S1B
11	2016.10.15	−60	−73.830 8	S1B	37	2017.9.16	276	−43.301 3	S1B
12	2016.10.27	−48	−65.806 1	S1B	38	2017.9.28	288	−95.917 2	S1B
13	2016.11.8	−36	−85.297 8	S1B	39	2017.10.10	300	−113.589 8	S1B
14	2016.11.20	−24	−155.205 7	S1B	40	2017.10.22	312	−49.822 8	S1B
15	2016.12.2	−12	−18.309 4	S1B	41	2017.11.3	324	−17.765 2	S1B
16	2016.12.14	0	0	S1B	42	20171115	336	−62.003 7	S1B
17	2016.12.26	12	−16.188 8	S1B	43	2017.11.27	348	−115.021 0	S1B
18	2017.1.7	24	−111.012 3	S1B	44	2017.12.9	360	−110.036 9	S1B
19	2017.1.19	36	−164.650 9	S1B	45	2017.12.21	372	−31.612 1	S1B
20	2017.1.31	48	−140.373 2	S1B	46	2018.1.2	384	−3.291 6	S1B
21	2017.2.12	60	−10.890 2	S1B	47	2018.2.7	420	−133.329 3	S1B
22	2017.2.24	72	−43.991 0	S1B	48	2018.2.19	432	−115.437 0	S1B
23	2017.3.8	84	−142.285 9	S1B	49	2018.3.3	444	−75.621 3	S1B
24	2017.3.20	96	−192.564 0	S1B	50	2018.3.15	456	−71.743 8	S1B
25	2017.4.1	108	−151.229 2	S1B	51	2018.3.27	468	−160.034 4	S1B
26	2017.4.25	132	−40.870 2	S1B					

表 9.4 津沧段干涉影像配对及时空基线表

影像编号	成像时间	T/d	B_p/m	卫星平台	影像编号	成像时间	T/d	B_p/m	卫星平台
1	2016.5.8	−288	−26.115 7	S1A	23	2017.5.15	84	−64.196 0	S1A
2	2016.6.1	−264	3.707 4	S1A	24	2017.5.27	96	36.169 7	S1A
3	2016.7.19	−215	45.623 1	S1A	25	2017.6.8	108	−2.326 0	S1A
4	2016.9.29	−143	29.646 5	S1A	26	2017.7.2	132	−13.732 1	S1A
5	2016.10.11	−131	−33.540 6	S1A	27	2017.7.14	144	−12.895 7	S1A
6	2016.10.23	−119	−65.677 9	S1A	28	2017.7.26	156	5.560 6	S1A
7	2016.11.4	−107	−10.330 1	S1A	29	2017.8.7	168	36.861 2	S1A
8	2016.11.16	−95	42.351 2	S1A	30	2017.8.19	180	−11.364 6	S1A
9	2016.11.28	−83	70.865 1	S1A	31	2017.8.31	192	−42.186 2	S1A
10	2016.12.10	−71	20.888 5	S1A	32	2017.9.12	204	−68.982 2	S1A
11	2016.12.22	−59	−19.722 1	S1A	33	2017.9.24	216	−9.904 9	S1A
12	2017.1.3	−47	−13.685 4	S1A	34	2017.10.6	228	54.300 7	S1A
13	2017.1.15	−35	18.408 1	S1A	35	2017.10.18	240	63.707 4	S1A
14	2017.1.27	−23	34.732 5	S1A	36	2017.10.30	252	−51.593 9	S1A
15	2017.2.8	−12	47.917 6	S1A	37	2017.11.11	264	−9.348 8	S1A
16	2017.2.20	0	0.000 0	S1A	38	2017.11.23	276	−34.029 5	S1A
17	2017.3.4	12	22.412 6	S1A	39	2017.12.5	288	124.648 7	S1A
18	2017.3.16	24	−25.824 3	S1A	40	2017.12.29	312	110.673 4	S1A
19	2017.3.28	36	40.024 0	S1A	41	2018.1.10	324	9.707 1	S1A
20	2017.4.9	48	−47.064 9	S1A	42	2018.1.22	336	−29.177 8	S1A
21	2017.4.21	60	−80.402 0	S1A	43	2018.2.3	348	29.115 4	S1A
22	2017.5.3	72	−78.353 1	S1A	44	2018.2.15	360	45.415 6	S1A

表 9.5 沧德段干涉影像配对及时空基线表

影像编号	影像时间	T/d	B_p/m	卫星平台	影像编号	影像时间	T/d	B_p/m	卫星平台
1	2016.8.5	−215	−68.606 5	S1A	20	2017.7.19	132	−49.282 3	S1A
2	2016.8.17	−203	−47.440 7	S1A	21	2017.7.31	144	−106.504 4	S1A
3	2016.8.29	−191	−34.756 2	S1A	22	2017.8.12	156	−93.499 2	S1A
4	2016.10.4	−155	−31.338 1	S1A	23	2017.8.24	168	−8.210 3	S1A
5	2016.10.16	−143	16.443 7	S1A	24	2017.9.5	180	4.456 1	S1A
6	2016.10.28	−131	−29.210 3	S1A	25	2017.9.17	192	−77.345 7	S1A
7	2016.11.9	−119	−73.506 9	S1A	26	2017.10.11	216	−133.546 3	S1A
8	2016.11.21	−107	−121.661 3	S1A	27	2017.10.23	228	−65.622 5	S1A
9	2016.12.3	−95	−52.642 9	S1A	28	2017.11.4	240	21.293 2	S1A
10	2016.12.15	−83	16.346 5	S1A	29	2017.11.16	252	−3.271 7	S1A
11	2016.12.27	−71	−21.282 6	S1A	30	2017.11.28	264	−72.172 8	S1A
12	2017.1.8	−59	−13.908 5	S1A	31	2017.12.10	276	−33.688 2	S1A
13	2017.2.1	−36	−73.319 7	S1A	32	2017.12.22	288	58.142 7	S1A
14	2017.2.13	−24	−24.586 1	S1A	33	2018.1.3	300	78.900 8	S1A
15	2017.2.25	−12	1.884 4	S1A	34	2018.1.15	312	22.965 4	S1A
16	2017.3.9	0	0.000 0	S1A	35	2018.1.27	324	−21.981 1	S1A
17	2017.5.20	72	−113.035 6	S1A	36	2018.2.8	336	−80.125 8	S1A
18	2017.6.13	96	−50.657 3	S1A	37	2018.2.20	348	−69.751 4	S1A
19	2017.6.25	108	−24.335 4	S1A					

表 9.6 德济段干涉影像配对及时空基线表

影像编号	影像时间	T/d	B_p/m	卫星平台	影像编号	影像时间	T/d	B_p/m	卫星平台
1	2016.12.21	−144	0.295 4	S1B	19	2017.8.6	84	29.463 5	S1B
2	2017.1.2	−132	27.427 9	S1B	20	2017.8.18	96	−72.962 7	S1B
3	2017.1.14	−120	63.176 2	S1B	21	2017.8.30	108	−57.197 2	S1B
4	2017.1.26	−108	36.659 4	S1B	22	2017.9.11	120	−34.299 3	S1B
5	2017.2.7	−96	2.728 6	S1B	23	2017.9.23	132	23.496 3	S1B
6	2017.2.19	−84	−38.286 6	S1B	24	2017.10.5	144	13.066 5	S1B
7	2017.3.3	−72	−122.330 4	S1B	25	2017.10.17	156	−0.946 6	S1B
8	2017.3.15	−60	0.591 3	S1B	26	2017.10.29	168	−9.488 5	S1B
9	2017.3.27	−48	31.036 8	S1B	27	2017.11.10	180	−36.480 1	S1B
10	2017.4.8	−36	4.717 9	S1B	28	2017.11.22	192	3.940 1	S1B
11	2017.5.2	−12	−10.440 8	S1B	29	2017.12.4	204	39.890 4	S1B
12	2017.5.14	0	0.000 0	S1B	30	2017.12.16	216	58.524 1	S1B
13	2017.5.26	12	−41.502 9	S1B	31	2017.12.28	228	6.562 4	S1B
14	2017.6.7	24	33.467 1	S1B	32	2018.1.9	240	−6.733 9	S1B
15	2017.6.19	36	−47.647 6	S1B	33	2018.1.21	252	4.896	S1B
16	2017.7.1	48	−89.232 7	S1B	34	2018.2.2	264	44.510 3	S1B
17	2017.7.13	60	−25.548 7	S1B	35	2018.2.14	276	59.351 1	S1B
18	2017.7.25	72	−56.966 2	S1B					

表 9.7 济泰段干涉影像配对及时空基线表

影像编号	影像时间	T/d	B_p/m	卫星平台	影像编号	影像时间	T/d	B_p/m	卫星平台
1	2017.5.20	−156	−45.995 2	S1A	12	2017.11.4	12	85.810 3	S1A
2	2017.6.13	−132	16.611 3	S1A	13	2017.11.16	24	63.285 7	S1A
3	2017.6.25	−120	41.208 4	S1A	14	2017.11.28	35	−4.618 3	S1A
4	2017.7.19	−96	19.790 1	S1A	15	2017.12.10	47	34.545 2	S1A
5	2017.7.31	−84	−39.427 9	S1A	16	2017.12.22	59	125.478 2	S1A
6	2017.8.12	−72	−26.123 7	S1A	17	2018.1.3	71	144.815	S1A
7	2017.8.24	−60	57.995 8	S1A	18	2018.1.15	83	87.373 3	S1A
8	2017.9.5	−48	71.105 6	S1A	19	2018.1.27	95	45.562 5	S1A
9	2017.9.17	−36	−11.490 5	S1A	20	2018.2.8	107	−13.280 2	S1A
10	2017.10.11	−12	−66.017 2	S1A	21	2018.2.20	119	−2.644 3	S1A
11	2017.10.23	0	0.000 0	S1A					

表 9.8 泰徐段干涉影像配对及时空基线表

影像编号	影像时间	T/d	B_p/m	卫星平台	影像编号	影像时间	T/d	B_p/m	卫星平台
1	2017.5.20	−120	−33.816 3	S1A	12	2017.11.4	48	96.564 7	S1A
2	2017.6.13	−96	28.990 7	S1A	13	2017.11.16	60	75.295 1	S1A
3	2017.6.25	−84	52.627 8	S1A	14	2017.11.28	72	7.472 7	S1A
4	2017.7.19	−60	33.206 4	S1A	15	2017.12.10	83	47.390 0	S1A
5	2017.7.31	−48	−27.201 6	S1A	16	2017.12.22	95	137.900 2	S1A
6	2017.8.12	−36	−13.732 9	S1A	17	2018.1.3	107	155.471 8	S1A
7	2017.8.24	−24	69.849 9	S1A	18	2018.1.15	119	98.033 3	S1A
8	2017.9.5	−12	83.207 8	S1A	19	2018.1.27	131	58.026 2	S1A
9	2017.9.17	0	0.000 0	S1A	20	2018.2.8	143	−1.295 2	S1A
10	2017.10.11	24	−53.628 3	S1A	21	2018.2.20	155	9.509 5	S1A
11	2017.10.23	36	11.323 1	S1A					

表 9.9 徐蚌段干涉影像配对及时空基线表

影像编号	影像时间	T/d	B_p/m	卫星平台	影像编号	影像时间	T/d	B_p/m	卫星平台
1	2017.5.20	−156	−44.163 4	S1A	11	2017.10.23	0	0.000 0	S1A
2	2017.6.13	−132	18.373 0	S1A	12	2017.11.4	12	83.891 3	S1A
3	2017.6.25	−120	40.464 7	S1A	13	2017.11.16	24	64.262 3	S1A
4	2017.7.19	−96	23.880 2	S1A	14	2017.11.28	35	−2.347 3	S1A
5	2017.7.31	−84	−37.645 8	S1A	15	2018.1.15	83	85.432 7	S1A
6	2017.8.12	−72	−23.955 7	S1A	16	2018.1.27	95	47.957 6	S1A
7	2017.8.24	−60	57.966 2	S1A	17	2018.2.8	107	−11.444 4	S1A
8	2017.9.5	−48	71.667 1	S1A	18	2018.2.20	119	−0.566 0	S1A
9	2017.9.17	−36	−11.348 0	S1A	19	2018.3.4	131	15.439 3	S1A
10	2017.10.11	−12	−63.182 0	S1A	20	2018.3.28	155	49.116 3	S1A

表 9.10 蚌南段干涉影像配对及时空基线表

影像编号	影像时间	T/d	B_p/m	卫星平台	影像编号	影像时间	T/d	B_p/m	卫星平台
1	2017.5.20	−156	−42.818 3	S1A	13	2017.11.16	24	64.757 0	S1A
2	2017.6.13	−132	19.682 9	S1A	14	2017.11.28	35	−0.611 5	S1A
3	2017.6.25	−120	40.021 0	S1A	15	2017.12.10	47	40.378 1	S1A
4	2017.7.19	−96	26.879 4	S1A	16	2017.12.22	59	128.365 1	S1A
5	2017.7.31	−84	−36.316 0	S1A	17	2018.1.3	71	142.335 5	S1A
6	2017.8.12	−72	−22.367 6	S1A	18	2018.1.15	83	84.039 8	S1A
7	2017.8.24	−60	58.050 5	S1A	19	2018.1.27	95	49.659 5	S1A
8	2017.9.5	−48	72.158 0	S1A	20	2018.2.8	107	−10.164 3	S1A
9	2017.9.17	−36	−11.181 3	S1A	21	2018.2.20	119	0.890 1	S1A
10	2017.10.11	−12	−61.160 4	S1A	22	2018.3.4	131	16.090 0	S1A
11	2017.10.23	0	0.000 0	S1A	23	2018.3.28	155	50.269 8	S1A
12	2017.11.4	12	82.534 9	S1A	24	2018.4.9	167	19.262 1	S1A

表 9.11 南苏段干涉影像配对及时空基线表

影像编号	影像时间	T/d	B_p/m	卫星平台	影像编号	影像时间	T/d	B_p/m	卫星平台
1	2015.11.22	−396	26.592 8	S1A	28	2017.4.9	107	−37.581 7	S1A
2	2015.12.16	−372	25.889 3	S1A	29	2017.4.21	119	−61.396 2	S1A
3	2016.1.9	−348	84.178 8	S1A	30	2017.5.3	132	−61.798 3	S1A
4	2016.2.2	−324	27.593 4	S1A	31	2017.5.15	144	−51.034 5	S1A
5	2016.2.26	−300	−3.174 5	S1A	32	2017.5.27	156	48.417 8	S1A
6	2016.3.21	−276	−0.740 8	S1A	33	2017.6.8	168	0.574 4	S1A
7	2016.4.14	−252	−60.305 6	S1A	34	2017.7.2	192	6.088 8	S1A
8	2016.5.8	−228	−17.381 8	S1A	35	2017.7.14	204	6.731 0	S1A
9	2016.6.1	−204	12.828 4	S1A	36	2017.7.26	216	22.220 2	S1A
10	2016.7.19	−156	52.344 0	S1A	37	2017.8.7	228	38.128 7	S1A
11	2016.8.12	−132	−17.453 8	S1A	38	2017.8.19	240	3.506 9	S1A
12	2016.9.29	−83	30.197 4	S1A	39	2017.8.31	252	−24.645 1	S1A
13	2016.10.11	−71	−18.593 4	S1A	40	2017.9.12	264	−49.833 3	S1A
14	2016.10.23	−59	−41.023 5	S1A	41	2017.9.24	276	6.143 4	S1A
15	2016.11.4	−47	0.775 9	S1A	42	2017.10.6	288	60.905 6	S1A
16	2016.11.16	−35	49.523 3	S1A	43	2017.10.18	300	73.004 2	S1A
17	2016.11.28	−23	73.195 8	S1A	44	2017.10.30	312	−33.539 6	S1A
18	2016.12.10	−11	35.287 3	S1A	45	2017.11.11	324	12.095 1	S1A
19	2016.12.22	0	0.000 0	S1A	46	2017.11.23	336	−17.362 6	S1A
20	2017.1.3	11	1.980 8	S1A	47	2017.12.5	348	130.967 9	S1A
21	2017.1.15	23	27.740 1	S1A	48	2017.12.17	360	113.929 1	S1A
22	2017.1.27	35	38.988 6	S1A	49	2017.12.29	372	124.621 8	S1A
23	2017.2.8	47	51.509 3	S1A	50	2018.1.10	384	28.958 2	S1A
24	2017.2.20	59	22.914 1	S1A	51	2018.1.22	396	−11.589 6	S1A
25	2017.3.4	71	51.809 5	S1A	52	2018.2.3	408	35.698 1	S1A
26	2017.3.16	83	−9.553 0	S1A	53	2018.2.15	420	47.284 2	S1A
27	2017.3.28	95	44.380 8	S1A					

表 9.12 苏沪段干涉影像配对及时空基线表

影像编号	影像时间	T/d	B_p/m	卫星平台	影像编号	影像时间	T/d	B_p/m	卫星平台
1	2015.11.29	−372	36.744 3	S1A	26	2017.4.4	119	10.767 2	S1A
2	2015.12.23	−348	147.704 3	S1A	27	2017.4.16	131	−36.190 9	S1A
3	2016.1.16	−324	33.953 2	S1A	28	2017.4.28	143	99.317 3	S1A
4	2016.2.9	−300	118.045 1	S1A	29	2017.5.10	155	7.699 0	S1A
5	2016.3.4	−276	1.209 4	S1A	30	2017.5.22	168	43.223 9	S1A
6	2016.3.28	−252	−12.243 1	S1A	31	2017.6.3	180	4.450 4	S1A
7	2016.4.21	−228	82.996 9	S1A	32	2017.6.15	192	47.869 3	S1A
8	2016.5.15	−204	−1.760 4	S1A	33	2017.6.27	204	54.554 5	S1A
9	2016.6.8	−180	58.096 7	S1A	34	2017.7.9	216	118.022 1	S1A
10	2016.7.26	−132	18.310 3	S1A	35	2017.8.2	240	16.232 4	S1A
11	2016.8.19	−108	66.109 8	S1A	36	2017.8.14	252	−30.661 8	S1A
12	2016.9.12	−84	16.239 9	S1A	37	2017.8.26	264	38.673 3	S1A
13	2016.10.6	−59	45.804 1	S1A	38	2017.9.7	276	139.549 2	S1A
14	2016.10.18	−47	106.902 4	S1A	39	2017.9.19	288	64.190 5	S1A
15	2016.10.30	−35	88.865 8	S1A	40	2017.10.1	300	2.469 4	S1A
16	2016.11.11	−23	53.285 7	S1A	41	2017.10.13	312	−35.231 6	S1A
17	2016.11.23	−12	11.326 9	S1A	42	2017.11.6	336	97.655 6	S1A
18	2016.12.5	0	0.000 0	S1A	43	2017.11.18	348	95.292 1	S1A
19	2016.12.17	11	39.257 1	S1A	44	2017.11.30	360	100.173 7	S1A
20	2016.12.29	23	61.441 0	S1A	45	2017.12.12	372	92.723 8	S1A
21	2017.1.22	47	70.904 0	S1A	46	2017.12.24	384	113.947 9	S1A
22	2017.2.3	59	49.907 1	S1A	47	2018.1.17	408	110.619 8	S1A
23	2017.2.15	71	74.261 1	S1A	48	2018.1.29	420	119.400 6	S1A
24	2017.2.27	83	105.668 3	S1A	49	2018.2.10	432	43.828 9	S1A
25	2017.3.11	95	82.045 9	S1A	50	2018.2.22	444	44.026 3	S1A

9.5.2 大区域沉降监测结果与分析

根据所描述的高铁沿线 Sentinel-1A/B 数据情况，在配准过后选取局部高铁沿线沉降漏斗区域，对其进行基于多种误差改正的时序 InSAR 沉降监测，获取了如图 9.17～图 9.26 所示的沉降速率图，图内的黑色小三角代表着解算参考点。

1. 京 津 段

京沪高铁京津段沉降速率图如图 9.17 所示，监测区域面积约为 1.32 万 km^2，覆盖北京、天津的大部分以及河北保定市、廊坊市、唐山市、沧州市及雄安新区等部分区域。监测周期为 2015 年 11 月 8 日至 2018 年 3 月 27 日，跨度为 870 d。相对于参考点的沉降速率在 −174.51～19.56 mm/a，绝对最大沉降速率达到 194.07 mm/a，位于廊坊霸州市胜芳镇。区域内分布着漏斗主要位于北京通州区、河北霸州市的胜芳镇和左各庄镇，以及雄安新区边上的白沟镇，其主要原因是经济发展引起的地下水超采造成的。

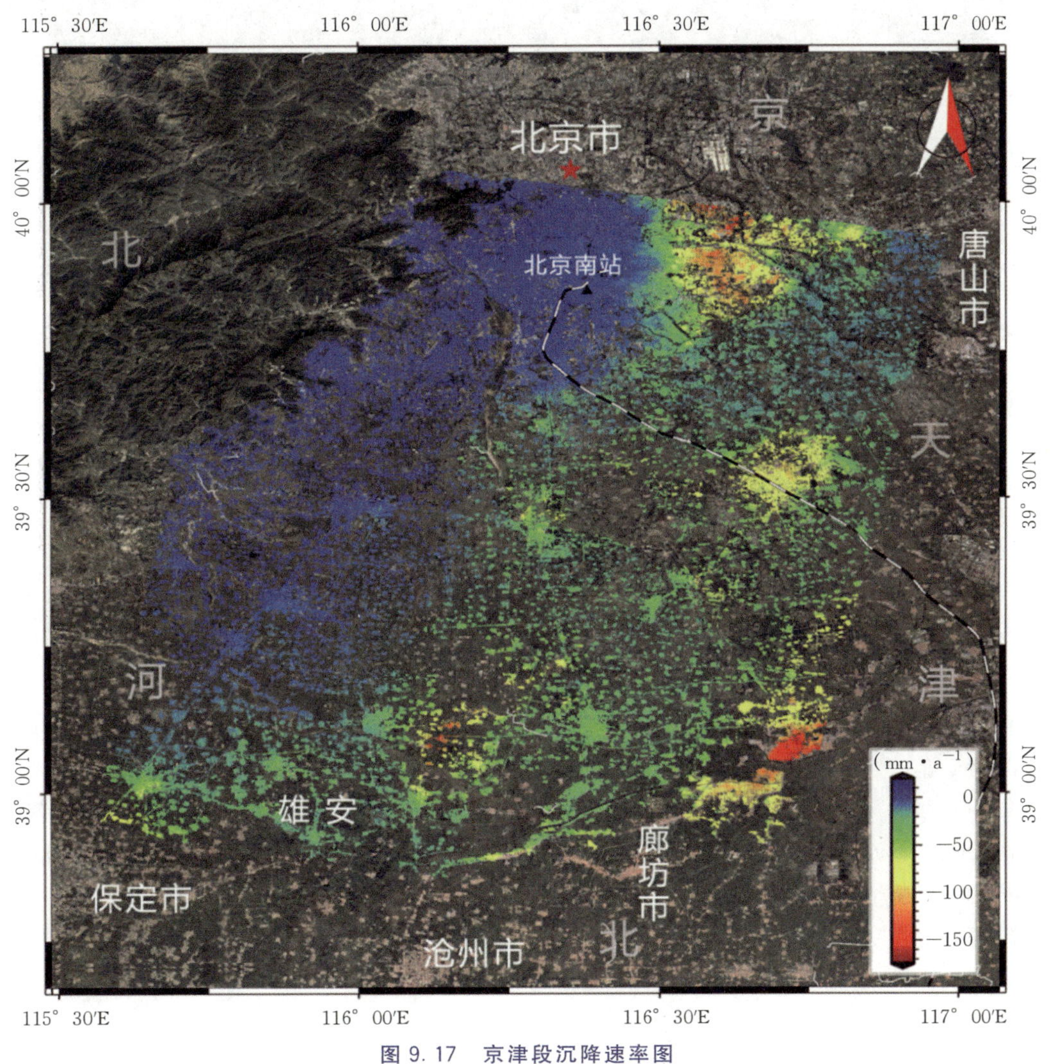

图 9.17 京津段沉降速率图

2. 津 沧 段

京沪高铁津沧段沉降速率图如图 9.18 所示，监测区域面积约为 1.97 万 km^2，覆盖天津市的大部分、北京市小部分以及河北唐山市、廊坊市、沧州市等部分区域。监测周期为 2016 年 5 月 8 日至 2018 年 2 月 5 日，跨度为 638 d。相对于参考点的沉降速率在 −177.485～

62.315 mm/a,绝对最大沉降速率达到 239.8 mm/a,位于天津市王庆坨镇。除去京津段区域包含的漏斗外,津沧段的漏斗还有天津市王庆坨镇和静海区。

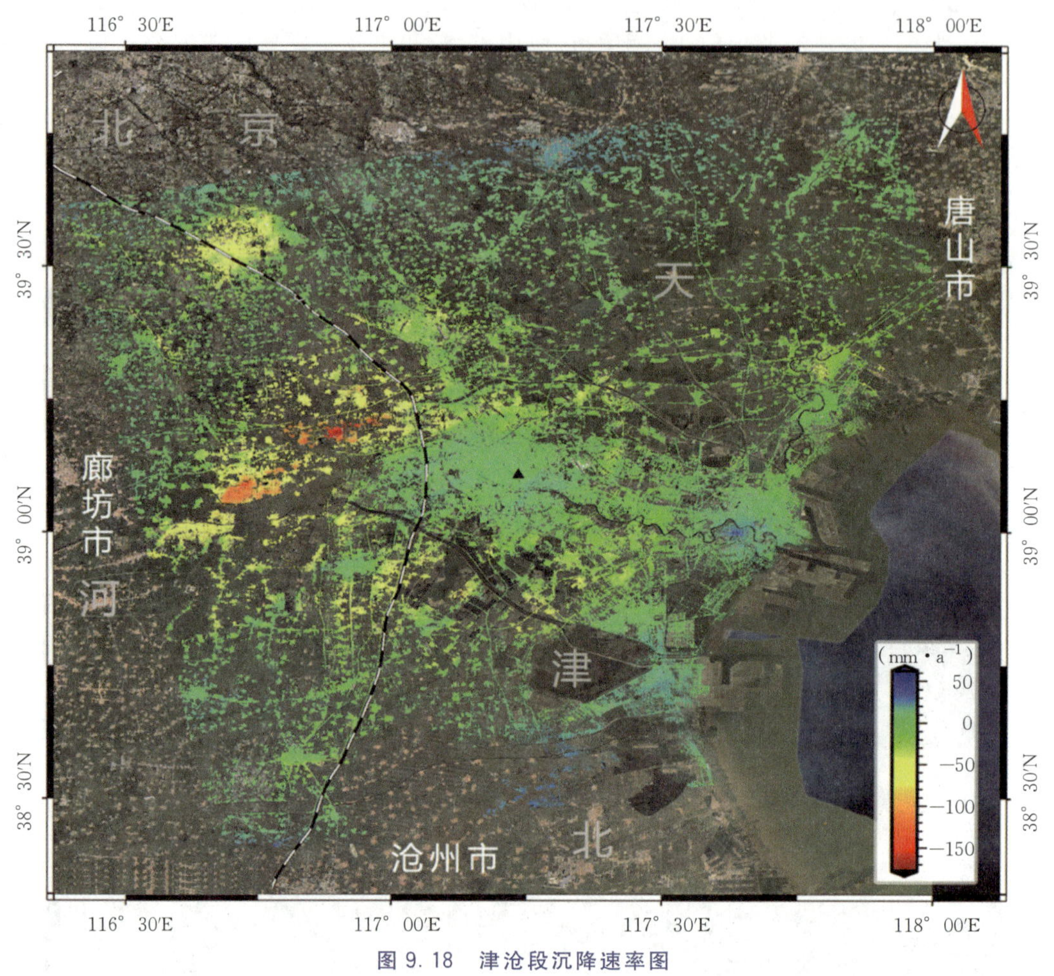

图 9.18 津沧段沉降速率图

3. 沧德段

京沪高铁沧德段沉降速率图如图 9.19 所示,监测区域面积约为 1.02 万 km^2,覆盖河北沧州市大部分、河北衡水市和山东德州市等部分区域。监测周期为 2016 年 8 月 5 日至 2018 年 2 月 20 日,跨度为 564 d。相对于参考点的沉降速率在 −116.276～94.67 mm/a,绝对最大沉降速率达到 210.946 mm/a,位于沧州东光县。沧德段区域内水资源较为短缺,居民和工业用水均开采地下水,因此区域内普遍存在沉降。

4. 德济段

京沪高铁德济段沉降速率图如图 9.20 所示,监测区域面积约为 1.87 万 km^2,覆盖河北衡水市和沧州市等部分区域、以及山东德州市和济南市大部分。监测周期为 2016 年 12 月 21 日至 2018 年 2 月 14 日,跨度为 420 d。相对于参考点的沉降速率在 −134.101～49.517 mm/a,绝对最大沉降速率达到 183.618 mm/a,位于河北衡水市景县和阜城县境内。区域内分布的漏斗主要分布在河北衡水市景县和阜城县、德州开发区、德州陵县和齐河县,主要原因仍是该地区水资源短缺和超采地下水。

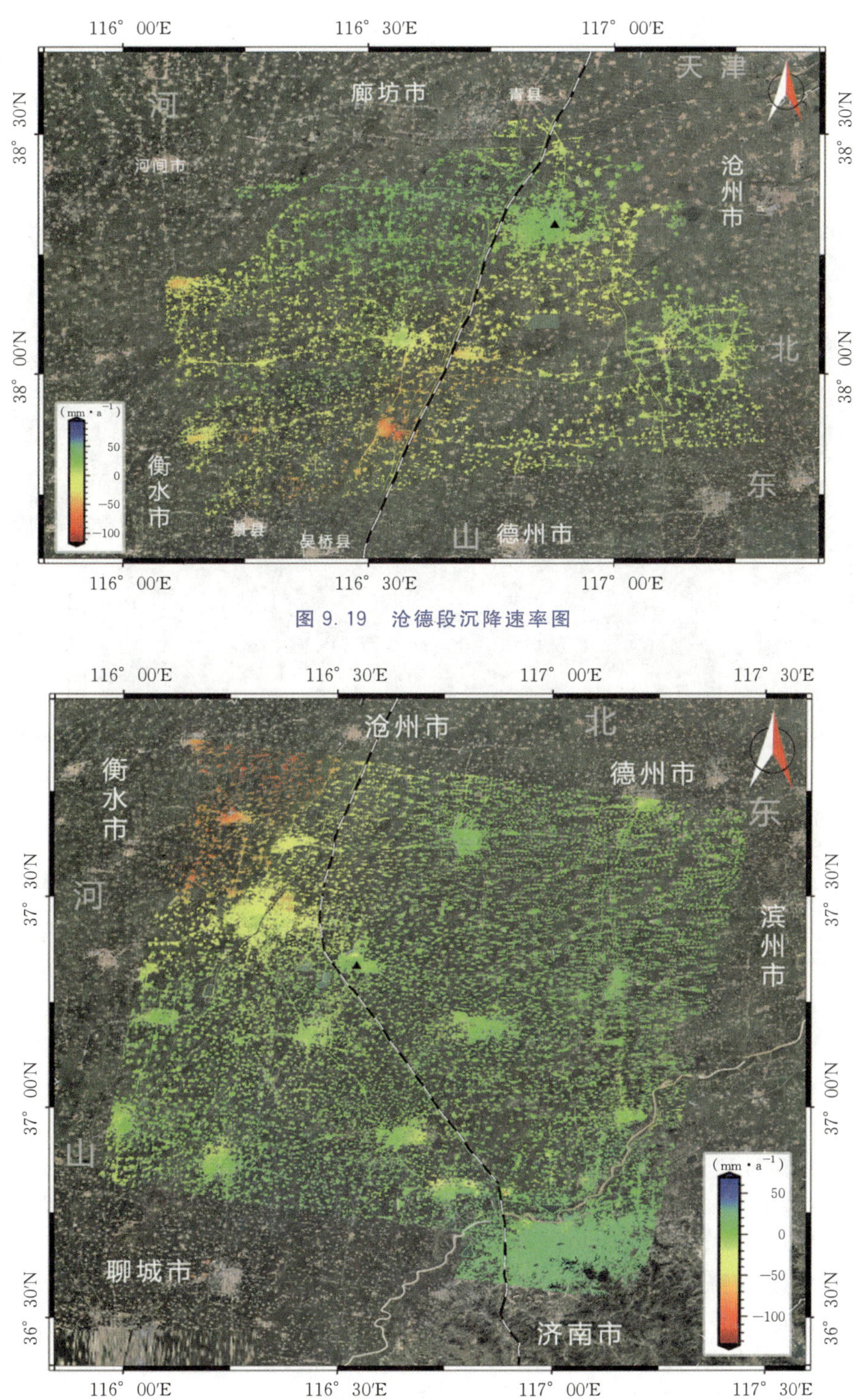

图 9.19 沧德段沉降速率图

图 9.20 德济段沉降速率图

5. 济 泰 段

京沪高铁济泰段沉降速率图如图 9.21 所示，监测区域面积约为 0.34 万 km^2，覆盖山东济南市部分区域。监测周期为 2017 年 5 月 20 日至 2018 年 2 月 20 日，跨度为 276 d。相对于参考点的沉降速率在−91.77～59.65 mm/a，绝对最大沉降速率达到 151.42 mm/a，位于山东济南市镇孟庄村和南傅庄村附近。该地区沉降与石灰厂和工厂超采地下水有关。

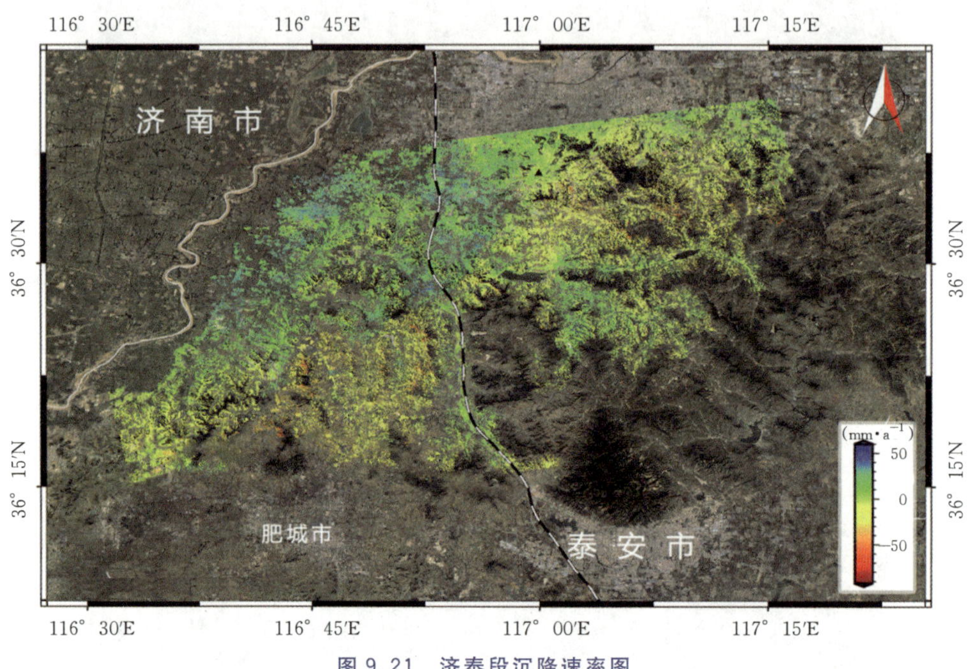

图 9.21 济泰段沉降速率图

6. 泰 徐 段

京沪高铁泰徐段沉降速率图如图 9.22 所示，监测区域面积约为 1.84 万 km^2，覆盖山东泰安市、济宁市和枣庄市大部分，以及江苏徐州小部分区域。监测周期为 2017 年 5 月 20 日至 2018 年 2 月 20 日，跨度为 276 d。相对于参考点的沉降速率在−159.71～89.98 mm/a，绝对最大沉降速率达到 249.69 mm/a，位于江苏徐州沛县境内的一个小漏斗。该区域漏斗主要分布在山东泰安岱岳区、肥城市和东平县，以及江苏徐州市沛县，这些区域分布有金属矿和煤矿，泰安岱岳区包含了众多且密集的工业厂房。

7. 徐 蚌 段

京沪高铁徐蚌段沉降速率图如图 9.23 所示，监测区域面积分别约为 1.72 万 km^2 和 0.70 万 km^2，总计约 2.42 万 km^2，覆盖江苏省徐州市大部分和安徽省淮北市、宿州市、蚌埠市等大部分区域。监测周期为 2017 年 5 月 20 日至 2018 年 2 月 20 日，跨度为 276 d。图 9.23(a)为徐州段沉降速率图，相对于参考点的沉降速率在−110.46～79.99 mm/a，绝对最大沉降速率达到 190.44 mm/a；其漏斗主要分布在江苏徐州丰县和沛县以及安徽宿州刘套镇，这些区域均有丰富的矿产资源。图 9.23(b)为蚌埠北段沉降速率图，相对于参考点的沉降速率在−58.18～78.23 mm/a，绝对最大沉降速率达到 136.41 mm/a；其中漏斗主要出于宿州市周边和固镇县，宿州市周边漏斗均位于煤矿附近；固镇县为经济强县，工业较为发达，

2015 年生产总值就达到 170 亿元，其土质为黄土性古河流沉积物，因古黄河泛滥形成，土质较为松软，导致该地区沉降也较为严重。

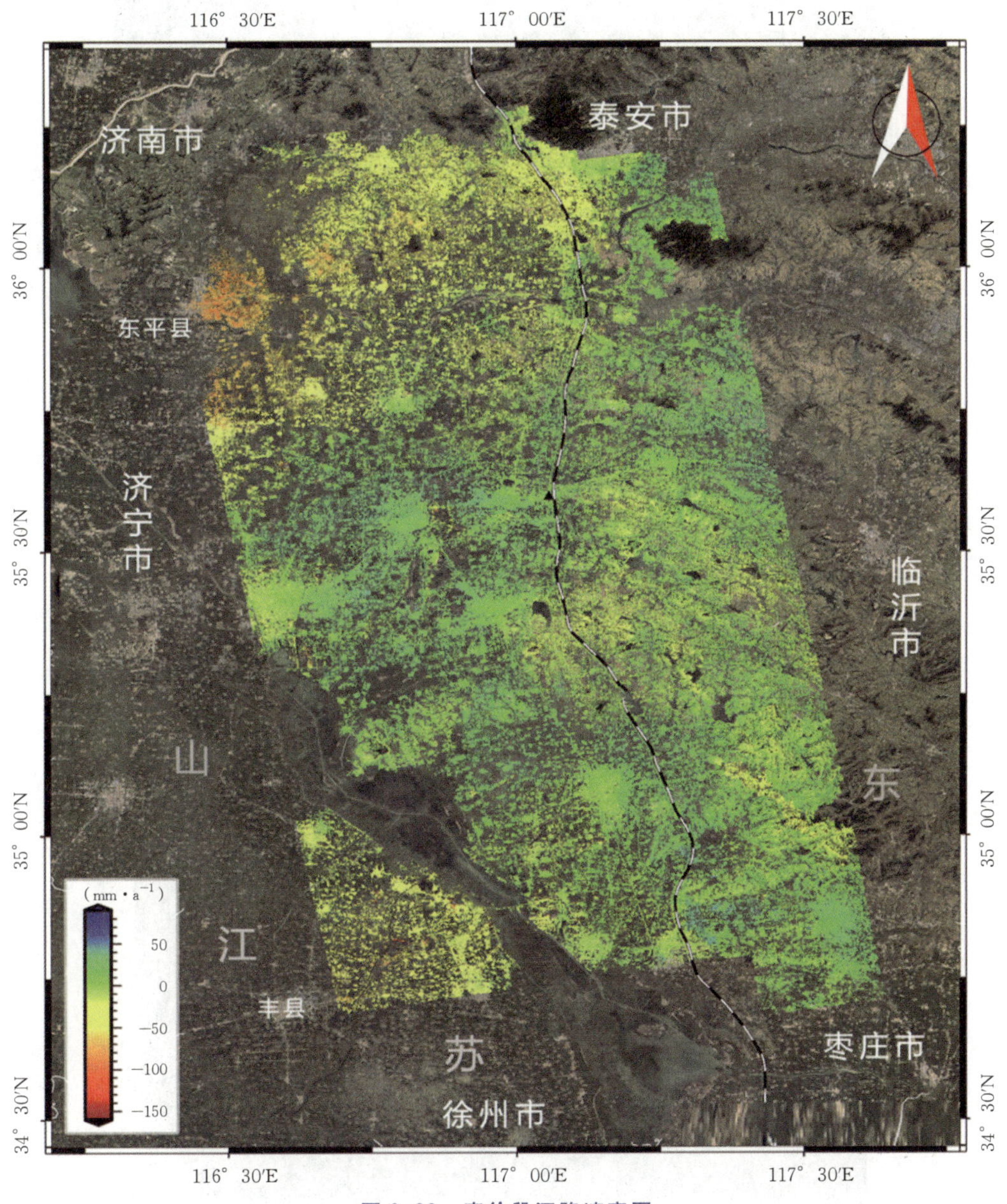

图 9.22 泰徐段沉降速率图

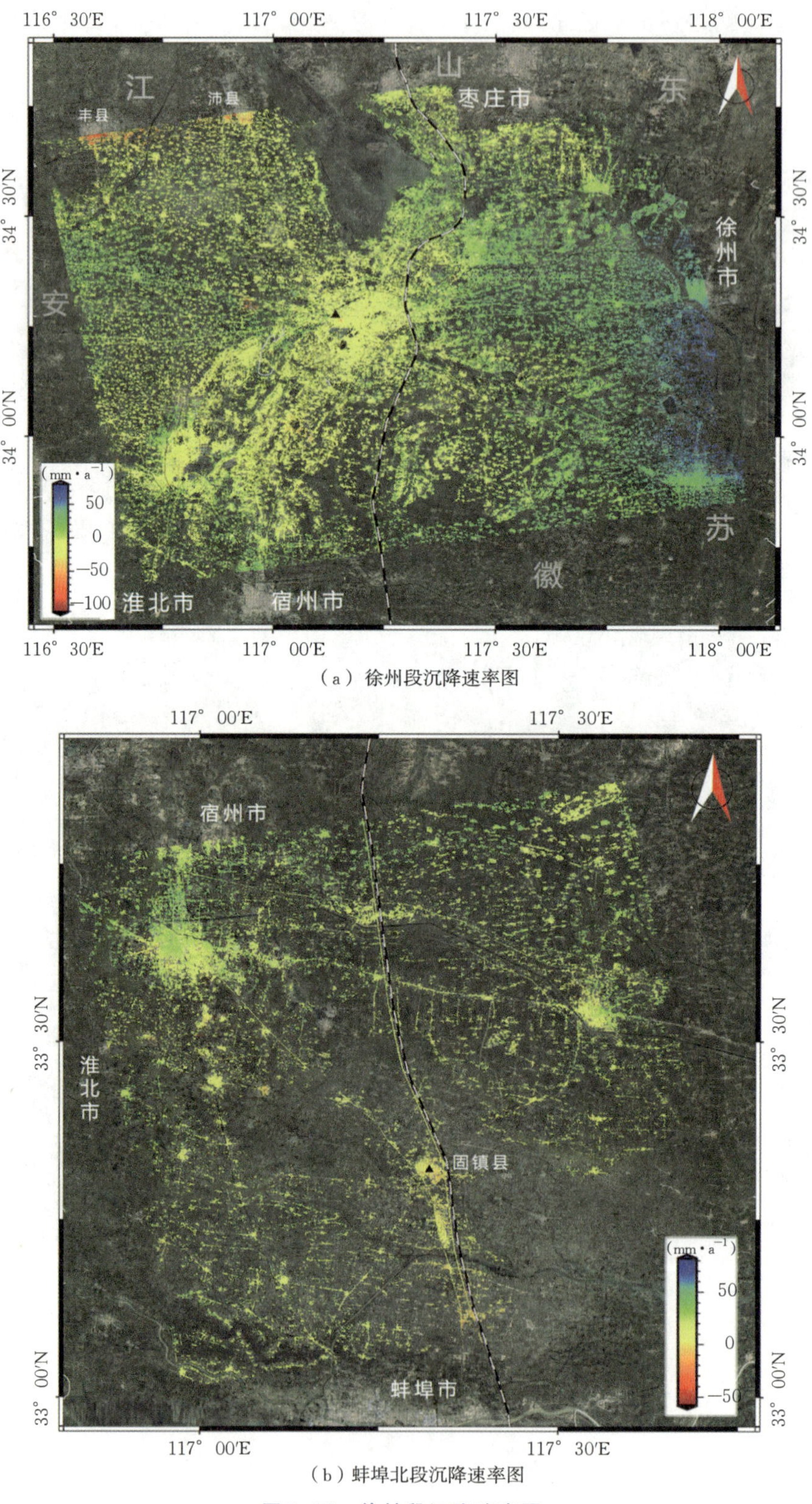

（a）徐州段沉降速率图

（b）蚌埠北段沉降速率图

图 9.23　徐蚌段沉降速率图

8. 蚌南段

京沪高铁蚌南段沉降速率图如图 9.24 所示，监测区域面积分别约为 1.23 万 km^2 和 0.39 万 km^2，总计约 1.62 万 km^2，覆盖江苏省安徽省蚌埠市、滁州市等大部分区域。监测周期为 2017 年 5 月 20 日至 2018 年 4 月 9 日，跨度为 324 d。蚌埠南段沉降速率图如图 9.24(a)

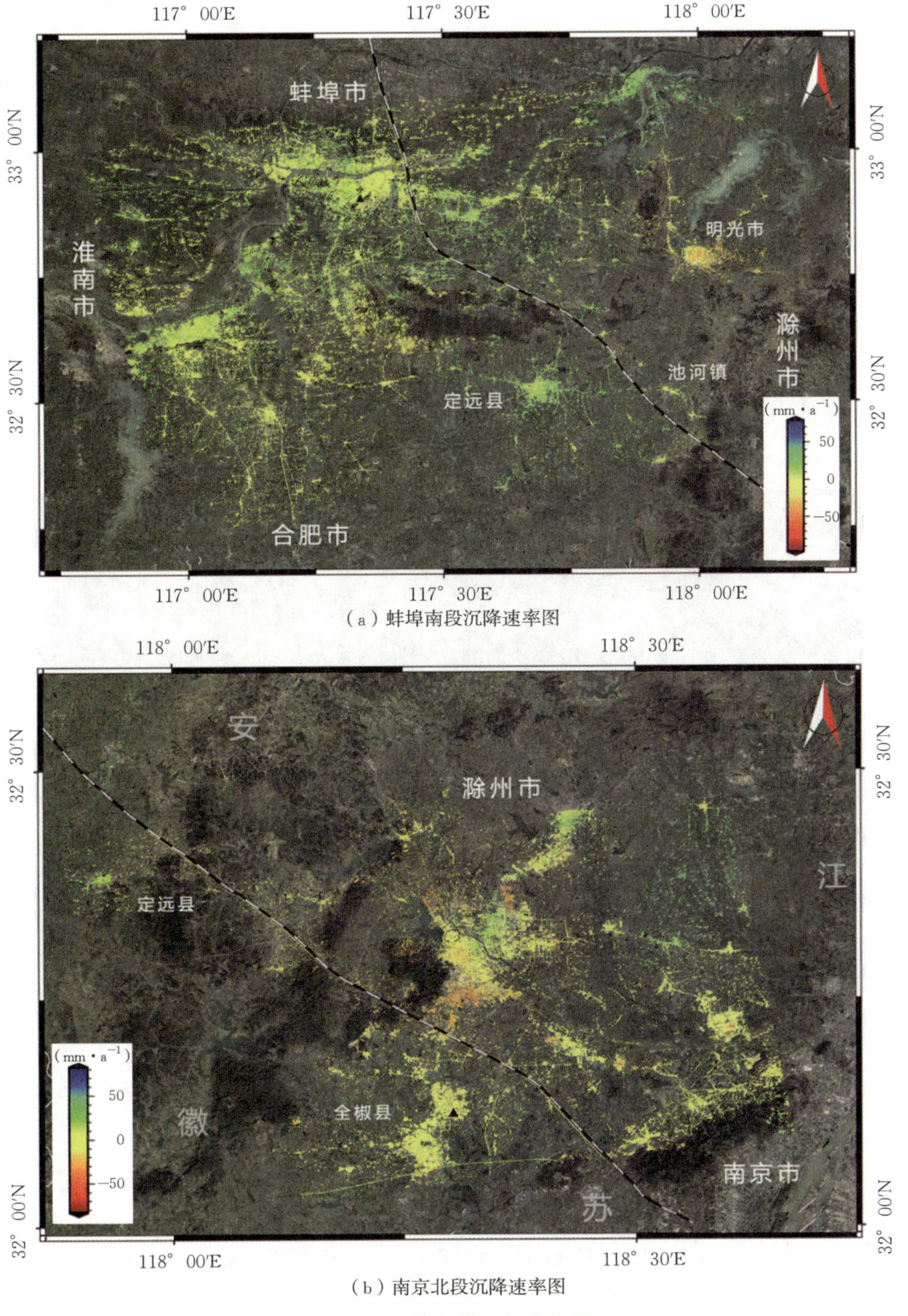

(a) 蚌埠南段沉降速率图

(b) 南京北段沉降速率图

图 9.24　蚌南段沉降速率图

所示，相对于参考点的沉降速率在－96.54～79.81 mm/a，绝对最大沉降速率达到 176.35 mm/a；其漏斗主要分布在滁州明光市、以及安徽蚌埠市周边，这些区域均有丰富的矿产资源和工业聚集地。图 9.24(b)为南京北段沉降速率图，相对于参考点的沉降速率在－82.90～79.93 mm/a，绝对最大沉降速率达到162.83 mm/a；其中漏斗主要位于滁州市琅琊区和南谯区乌衣镇，琅琊区是省级技术开发区，乌衣镇毗邻该高铁，工业较为集中，拥有 60 余家工商企业，超亿元就有三家。

9. 南 苏 段

京沪高铁南苏段沉降速率图如图 9.25 所示，监测区域面积约为 4.53 万 km^2，覆盖江苏省扬州市、泰州市、南通市和安徽省马鞍山市、宜城市等部分区域，以及基本全覆盖南京市、镇江市、常州市、无锡市和苏州市等苏南地区，其中南京、镇江、常州、无锡和苏州是目前长江三角洲沉降较为严重的沉降带。监测周期为 2015 年 11 月 22 日至 2018 年 2 月 15 日，跨度为 816 d。相对于参考点的沉降速率在－43.57～36.28 mm/a，绝对最大沉降速率达到 79.85 mm/a；主要漏斗分布在位于宜兴市和桥镇和万石镇，以及靖江市。宜兴市和桥镇和万石镇地区虽小，但工业厂房鳞次栉比；靖江市地下水质优良，生产矿泉水，日开采量达 1 200 t，且该地区有煤集中于孤山附近。

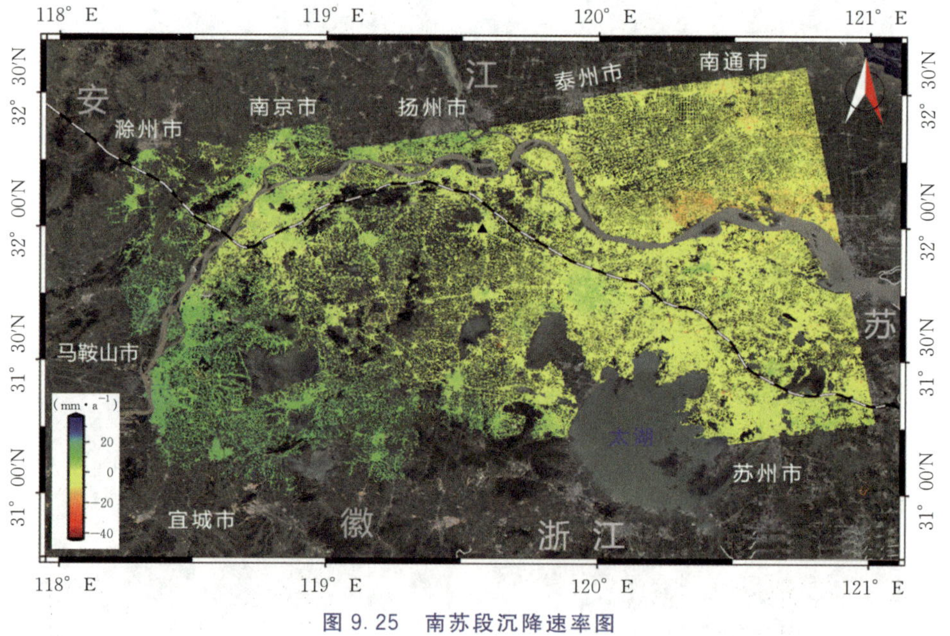

图 9.25 南苏段沉降速率图

10. 苏 沪 段

京沪高铁苏沪段沉降速率图如图 9.26 所示，监测区域面积约为 1.52 万 km^2，覆盖江苏省苏州南部、浙江省嘉兴市和上海市等大部分区域。监测周期为 2015 年 11 月 27 日至 2018 年 2 月 22 日，跨度为 816 d。相对于参考点的沉降速率在－47.71～33.38 mm/a，绝对最大沉降速率达到 81.09 mm/a，位于苏州市。沉降漏斗分布在苏州盛泽镇、上海闵行和吴泾地区。苏州盛泽镇是中国四大绸都之一，有较为发达的丝绸织造，上海闵行、吴泾地区地下水开采严重。

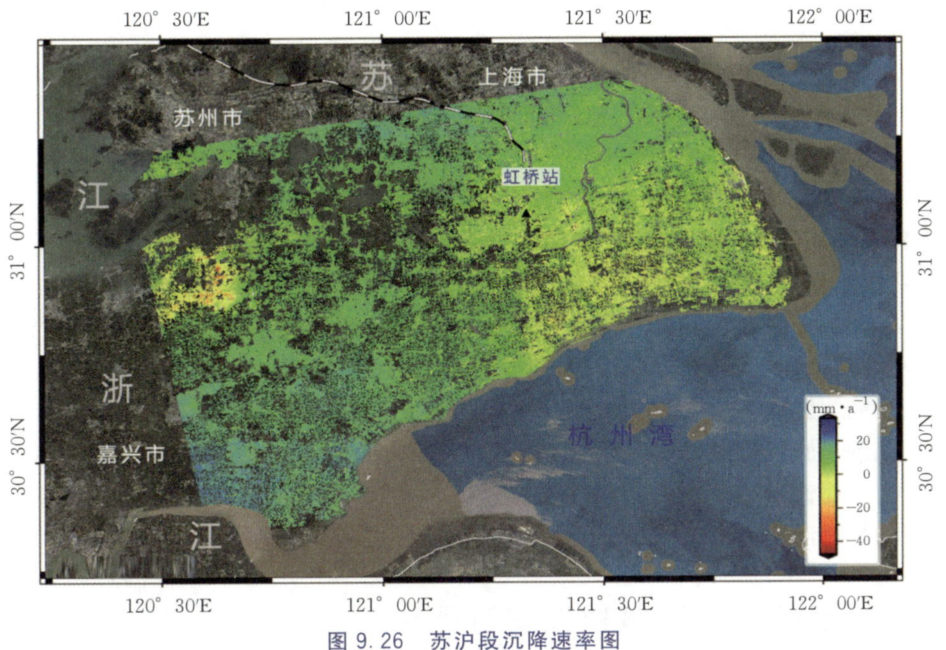

图 9.26　苏沪段沉降速率图

综上，分块监测的区域总面积达到 18.45 万 km^2，由于监测区域的增大，导致局部小漏斗增大了区域监测的绝对沉降速率，但总体绝大部分区域都处于较稳定状态，或者由于地质条件导致的较小自然沉降。区域内的沉降漏斗分布较为广泛，这是由于地下水资源和矿产资源过度开采造成的。通过查阅资料均验证了监测区域内漏斗的存在，这也证明了基于多种误差改正的大区域 PSI 沉降监测方法可有效探测沉降漏斗和具有可靠的监测精度。

10 高速铁路勘察监测信息系统与应急服务

随着我国高速铁路建设项目及运营里程的不断增加，高速铁路综合勘察与空间环境监测信息日益体系化，已逐渐形成高速铁路大数据集。针对全国范围内的高速铁路勘察选线与运营安全监测重大需求，尤其是面向我国西部地区地形险恶、气候恶劣、人迹罕至、自然地质灾害频发的复杂环境，如何保障高速铁路安全高效的勘测设计和施工运营，降低灾害与隐患风险，已经成为铁路系统乃至相关领域科研人员、工程技术人员急需解决的课题。本章面向高速铁路沿线勘察监测信息的空间数据共享集成与应急管理需求，从虚拟高铁空间环境建模与可视化、高铁沿线地质灾害动态模拟分析、高速铁路灾害应急地理信息服务平台三个方面对涉及的关键技术与方法进行介绍。

10.1 虚拟高铁空间环境建模与可视化

虚拟空间已成为新一代科学实验和分析的依据，成为一种理论探索与实验分析均难以达到的标准工具。高速铁路空间环境本身是一种复杂的“人、机、环境”系统，各子系统内部与子系统之间有着十分复杂的联系。对高速铁路空间环境进行建模与可视化，可以实现仿真数据的分析、重组与表示，并进行知识发现、模拟、预测，对于高速铁路从分散独立的管理模式向综合化、智能化管理模式进行转变具有十分重要的意义，本节将对虚拟地形场景建模、高铁线路场景建模、地物地形场景匹配集成以及高铁虚拟场景优化等内容展开详细论述。

10.1.1 虚拟地形场景建模

虚拟地形场景建模主要研究两方面的内容：真实感三维地形建模和三维地形的可视化。目前，地形建模大多采用数字地面模型(digital terrain model，DTM)生成，DTM 数据由在地形图上采样所得的高程值构成，与飞机或卫星上所拍摄的遥感纹理图像数据相对应，这些纹理图像在重构地形表面时被映射到相应的部位，并运用计算机图形图像处理技术进行真实感三维地形建模。

1. 数字地面模型

DTM 即数字地面模型，它是地形起伏的数字表达，它由对地形表面取样所得到的一组点的(x、y、z)坐标数据和一套对地面提供连续描述的算法组成。DTM 是地形表面形态属性信息的数字表达，是带有空间位置特征和地形属性特征的数字描述。DTM 是针对地球表面几何形态——地形地貌的一种数字建模过程，其建模的结果通常是一个数字高程模型(digital elevation model，DEM)。DEM 作为 DTM 的一种表示方法被广泛使用，目前常用规则格网(grid)模型和不规则三角网(TIN)模型表示。

规则格网(grid):由规则的高程点空间分布矩阵,每四个点可构成一个正方形,平面位置隐含于行列号中。该模型结构简单、应用方便,适合设置多细节层次模型(level of detail,LOD),尤其适合大规模地形表达,如图 10.1 所示。grid 的常用产生方法分类见表 10.1。一个 grid 数据一般包括三部分:元数据、数据头、数据体。元数据是描述 DEM 一般特征的数据,如名称、边界、测量单位、投影参数等。数据头定义了 DEM 数据的起点坐标、坐标类型、格网间隔、行列数等。数据体是沿行列分布的高程数字阵列。因此,grid 模型是将区域空间划分为规则的格网单元,每个格网单元对应一个数值,代表该单元的高程值。该高程值有两种说法,一是指该格网单元的数值是其中所有的高程,即格网单元对应的地面面积内高程是均一的高度;另一是指该格网单元的数值是网格中心点高程或该网格单元的平均值。

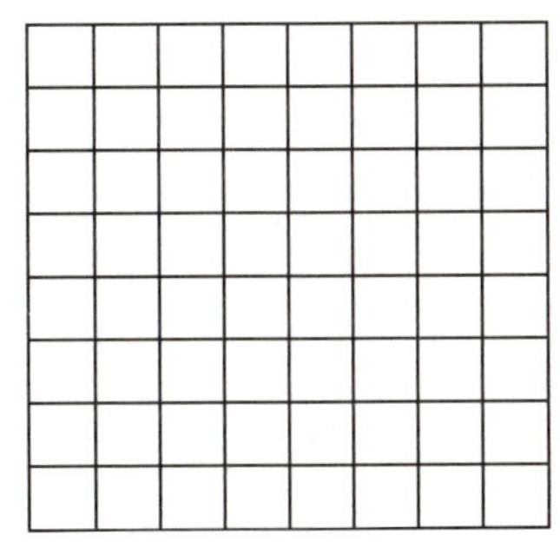

(a) 规则格网示意图

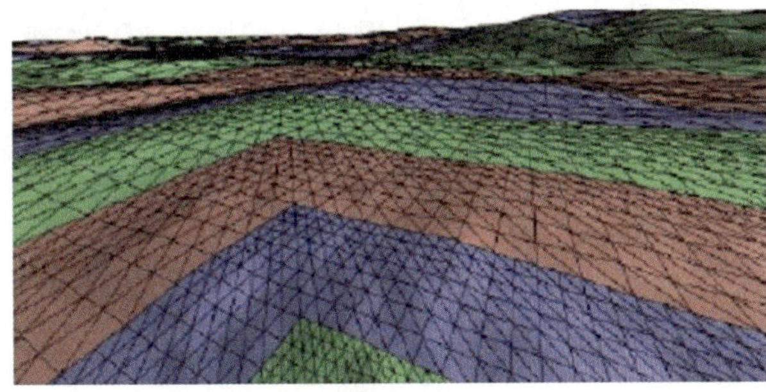

(b) 规则格网 LOD 简化应用

图 10.1 grid 模型及其 LOD 应用

表 10.1 grid 的产生方法分类

<table>
<tr><th colspan="4">基于细网格</th><th colspan="2">基于离散采样点</th><th colspan="2">基于等高线</th></tr>
<tr><td rowspan="6">简单筛选</td><td rowspan="2">隔行重采样</td><td rowspan="6">内插采样</td><td rowspan="2">最近点法</td><td rowspan="3">离散点直接插入法</td><td>逐点法</td><td colspan="2">等高线离散法</td></tr>
<tr><td>局部法</td><td rowspan="2">等高线内插法</td><td rowspan="2">预定轴向法</td></tr>
<tr><td rowspan="2">隔 N 行重采样</td><td rowspan="2">双线性法</td><td>整体法</td></tr>
<tr><td rowspan="3">TIN 内插法</td><td rowspan="3">平面内插法曲面内插法</td><td colspan="2" rowspan="3">等高线构 TIN 法</td></tr>
<tr><td rowspan="2">沿对角线重采样</td><td rowspan="2">局部曲面法</td></tr>
<tr></tr>
</table>

不规则三角网(TIN):由不规则三角网组成,三角形的结点主要从等高线或离散高程测量点中连接而成;其优点是保留了地形特征点和特征线,精度较高,但建立拓扑数据结构比较复杂。图 10.2 为三角网的表达与存储方式,TIN 模型不仅要存储每个网点的高程值,而且还要存储相应点的位置坐标以及描述网点之间拓扑关系的信息,但是它具有可变分辨率的优点,即当表面粗糙或变化剧烈时,TIN 能包含大量的数据点;当表面相对单一时,在同样大小的区域 TIN 则只需要最少的数据点。TIN 的常用产生方法见表 10.2。

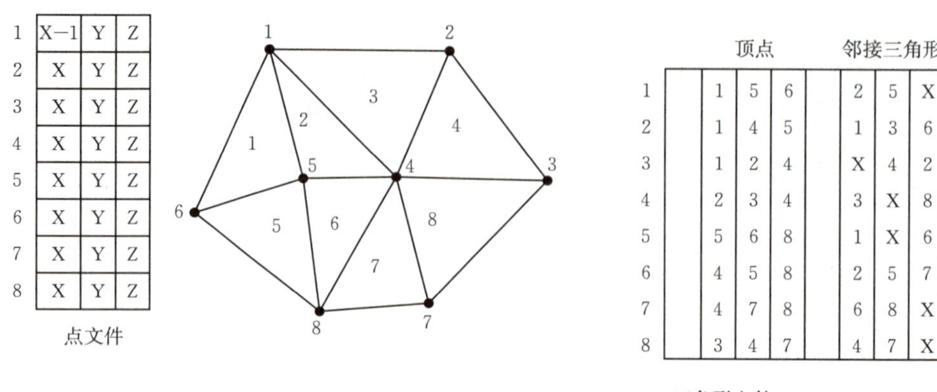

图 10.2　TIN 表达与存储方式

表 10.2　TIN 的产生方法分类

<table>
<tr><th colspan="2">基于离散采样点</th><th colspan="3">基于规则格网</th><th>基于等高线</th><th>基于混合数据</th></tr>
<tr><td rowspan="5">静态</td><td>三角形生长算法</td><td colspan="2">格网分解法</td><td>重要点法</td><td rowspan="2">等高线的离散点直接生成法</td><td rowspan="6">将格网 DEM 分解为 TIN，再插入特征线，构建 D-TIN</td></tr>
<tr><td>分治算法</td><td rowspan="2">单格网</td><td>单对角线</td><td>地形骨架法</td></tr>
<tr><td>凸包算法</td><td>多对角线</td><td>地形滤波法</td><td rowspan="2">加入特征点的 TIN 优化法</td></tr>
<tr><td>辐射扫描算法</td><td rowspan="2">多格网</td><td>单对角线</td><td>层次三角网法</td></tr>
<tr><td>改进层次算法</td><td>多对角线</td><td>试探法</td><td rowspan="2">等高线约束的特征线法</td></tr>
<tr><td>动态</td><td>逐点插入法</td><td>—</td><td>—</td><td>迭代贪婪插入法</td></tr>
</table>

2. 地形场景构建

三维真实感地形可视化的设计思想是依据 DEM 建立地形表面的网格模型，然后通过纹理映射、光照以及立体视觉技术，实现立体现实并真实再现地形地貌。三维地形可视化仿真的过程主要有数据准备、三维地形建模、真实感三维地形模型处理、三维地形的可视化等几个阶段。真实感三维地形生成流程如图 10.3 所示。

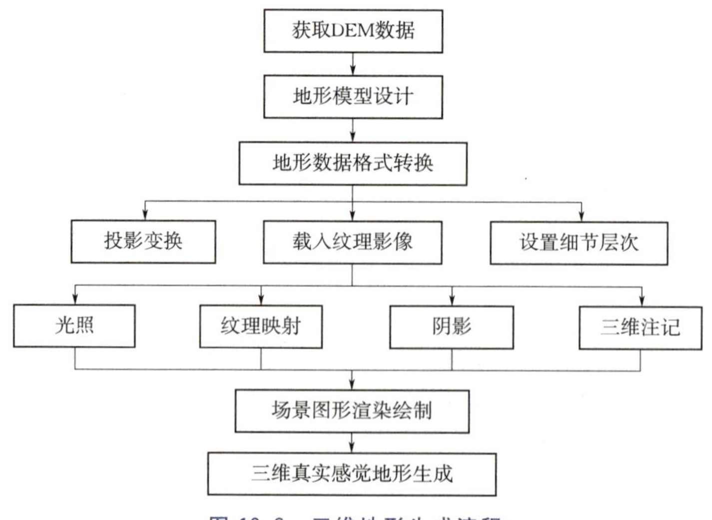

图 10.3　三维地形生成流程

三维地形场景(图 10.4)表达效果的好坏主要由以下几方面因素影响。第一,地形数据的精度高低,一般来讲,DEM 数据及相对应遥感影像数据分辨率越高效果越好,这样地形地貌细节能够表示得很清楚。第二,光照设置,光源包括点光源、线光源、面光源和体光源,使用光照能够使得生成的图形更加逼真。第三,纹理映射,在采用光照模型计算景物表面上各点处的光亮度时,仅考虑了表面法向的变化并假定表面反射率为一常数,实际上景物表面存在着丰富的纹理细节,人们正是根据这些纹理细节来区别各种具有相同形状的景物。因而景物表面纹理细节的模拟在真实感图形合成技术中具有非常重要的作用。第四,阴影效果,它对于增强画面的真实感有着非常重要的作用,阴影可以反映画面中景物的相对位置,增加图形的立体感和场景的层次感。

图 10.4 三维地形场景

3. 沿线地物场景建模

高速铁路沿线重要地物主要包括房屋、道路、河流、湖泊和树木等;其中房屋和道路可用 3D Max 和 SketchUp 等手工建模软件构建或利用 CityEngine 软件对其进行参数化建模,同样也可以采用简单三维符号进行表示,河流和湖泊可通过矢量图叠加至三维地形场景中进行展示,树木使用点状三维符号展示。部分地物场景模型如图 10.5 所示。

(a) 独立树

(b) 房屋

图 10.5 地物场景模型

10.1.2 高铁线路场景建模

高铁线路场景构成的基本元素是基元模型，基元模型即一个具有局部状态和操作集合的实体对象。首先根据高铁线路场景三维建模的需求，采用面向对象的方法，对场景进行对象划分，然后介绍基元模型构建方法，最后利用多层次空间语义约束实现基元模型组合，构建高铁线路虚拟场景。

1. 高铁线路场景划分

通过对高速铁路场景自上而下划分，主要包括通信系统模型、工务系统模型和牵引供电系统模型，详细如图 10.6 所示。

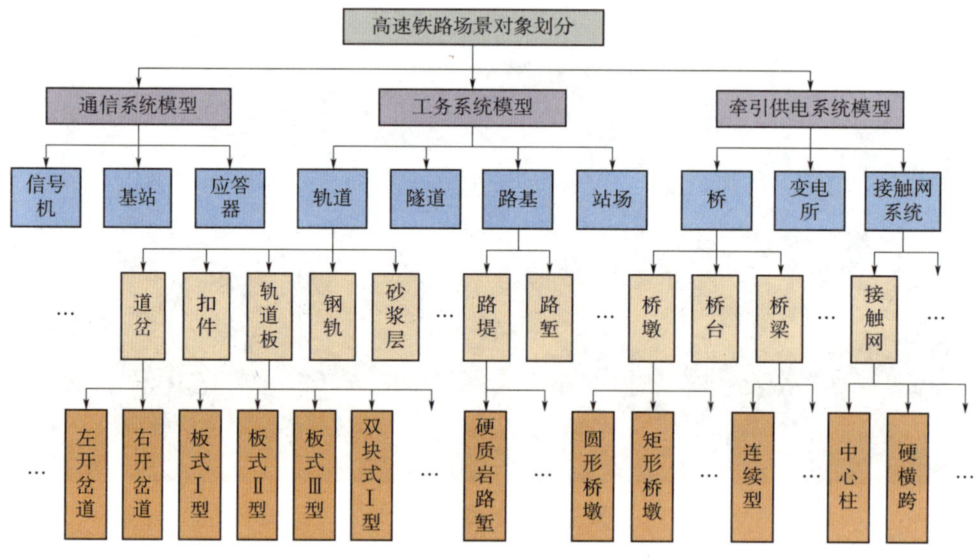

图 10.6 高铁线路场景划分

2. 基元模型库构建

铁路线路场景对象的模型化过程可分为数据采集、三维抽象、几何建模、纹理处理、模型优化几个步骤。数据采集是搜集建模相关的数据资料，比如纹理图片、几何尺寸、材质信息等。三维抽象是对现实世界的抽象，用以明确哪些内容应该被包括在模型中，诸如对象类型、属性、相互关系等。三维抽象需要定义确切的抽象方法和抽象规则，最终目标就是提供描述现实对象的方法和规则。在确定待描述的现实特征后，需要对现实对象进行几何建模，必要时还需要对内部进行建模。为了增加模型的真实感，需要根据采集的图片信息进行纹理贴图，以及渲染、光照、烘焙等操作。当构建模型较大时还需对模型进行一定的优化，建立多细节层次(level of detail，LOD)模型，以便实现视点相关的模型调度与加载。这些三维模型便为组成高速铁路三维场景的基本元素，即基元模型，而这些基元模型最终构成了整个基元模型库。高速铁路基元模型库构建步骤如图 10.7 所示。

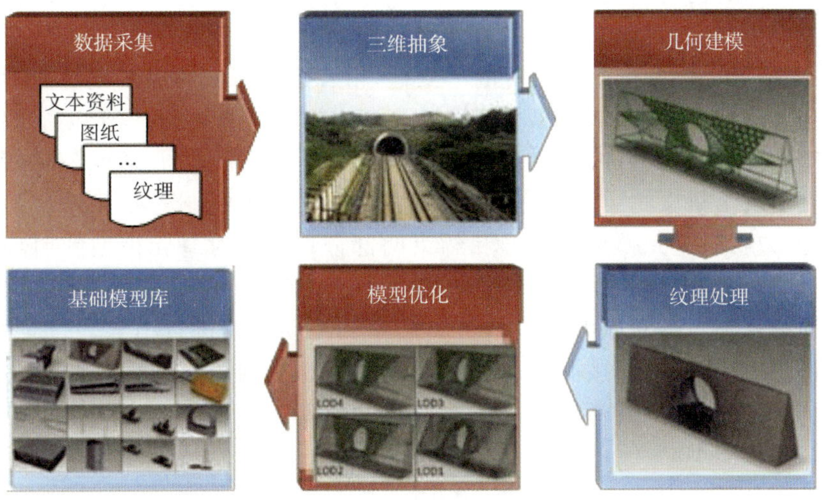

图 10.7 基元模型库构建流程

3. 高速铁路场景构建

在基元模型构建完成后，通过对高速铁路施工装配过程进行分析，将影响铁路施工的相关因素抽取为多层次空间语义约束方法，用以引导铁路三维场景建模的过程。在此基础之上，采用多层次语义约束规则对基元模型进行引导和约束，实现三维建模过程中基元模型的自动组合与匹配。多层次空间语义约束的建模流程如图 10.8 所示。

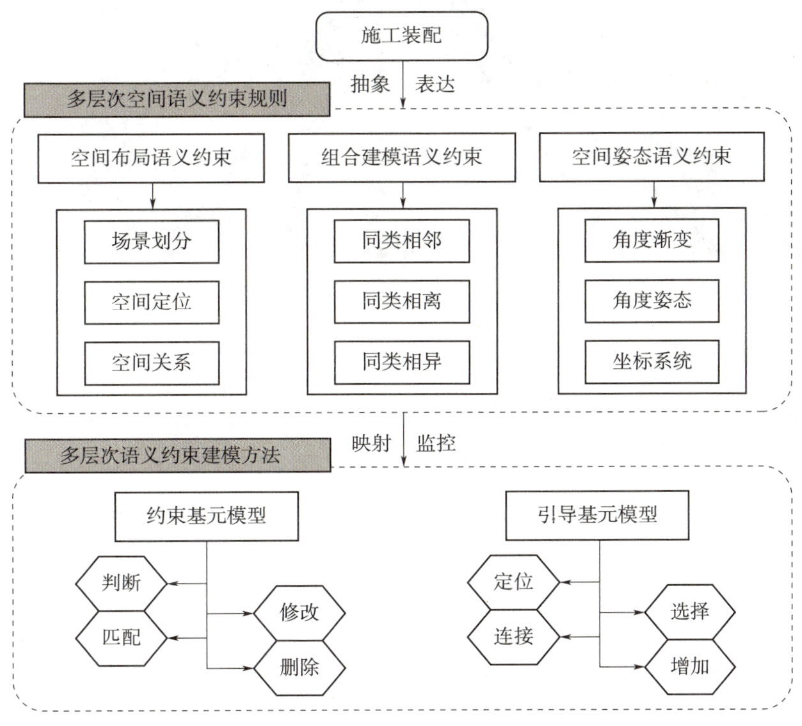

图 10.8 多层次空间语义约束建模

多层次空间布局语义约束方法包含了空间布局语义约束、组合建模语义约束、空间姿态语义约束。其中，空间布局语义约束规则对单位模型在地理空间中的布局情况进行定量描述，从而有效保证了单位模型空间位置的一致性；组合建模语义约束规则分别对同类与不同类模型的组合方式加以约束，从而保证了基元模型之间的无缝拼接；空间姿态语义约束对基元模型的角度在三个方向上进行约束，从而正确展示了线路的走向、坡度与超高。

在制定完多层次语义约束规则之后，需要根据语义约束机制对基元模型的组织与操作进行监控，主要包括对基元模型的引导和约束两部分；其中，对基元模型的引导主要包括定位、连接、选择、增加等操作，而对基元模型的约束主要包括判断、匹配、修改、删除等操作。多层次语义约束规则对基元模型之间的逻辑关系和运动关系进行引导，从而约束基元组合过程中的逻辑判断、定位和连接操作。在阐述了多层次空间语义约束规则对基元模型组合方式的约束和引导之后，生成高速铁路场景的概念模型。多层次语义约束下的高速铁路场景模型构建结果如图 10.9 所示。

图 10.9 高速铁路场景模型

10.1.3 地物地形场景匹配集成

在进行虚拟高铁空间环境建模与三维可视化表达时，不可避免地涉及地形和地表的多种地物如高铁线路、桥梁、隧道和建筑物等的集成管理。在现实世界中，受地球引力和人为因素的影响，任何地物模型与地形均会发生不同程度的接触关系，即地物一定要与地形进行匹配。

1. 建筑物模型与地形的匹配

现实情况下，建筑物的结构一般表现为底面水平、立面垂直，依照建筑物高度立于基准高程之上，总体上服从地形起伏变化。当建筑物底面所在的地形呈下陷形状时，如图 10.10(a) 所示，可以通过修改建筑物模型的方法实现与地形的匹配，其流程如图 10.11 所示。

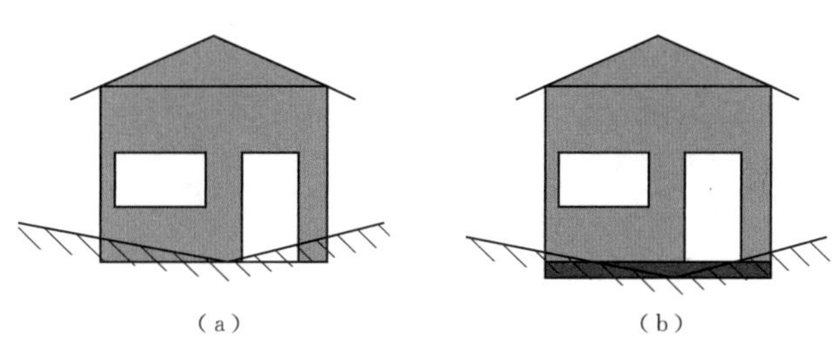

图 10.10　地物模型与地形的匹配

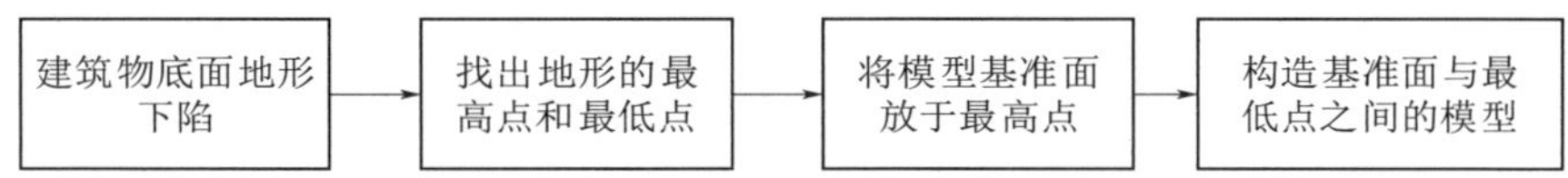

图 10.11　修改建筑物模型与地形匹配流程

步骤 1:找出建筑物覆盖的地形表面中的最高点和最低点。

步骤 2:将模型的水平基础面放在地形中的最高点。

步骤 3:以建筑物的底座为基础,构造建筑物基准面之下与最低点之间的部分模型,如图 10.10(b)所示。

修改后的模型相当于在原来模型的基础上,新构建了一个建筑物的底座,从而填平了原来建筑物下的凹陷。当该区域的居民区水平基准面相同时,可以通过对地形模型的局部改造完成于地形的匹配,其流程如图 10.12 所示(这里以 TIN 表达的地形为例)。

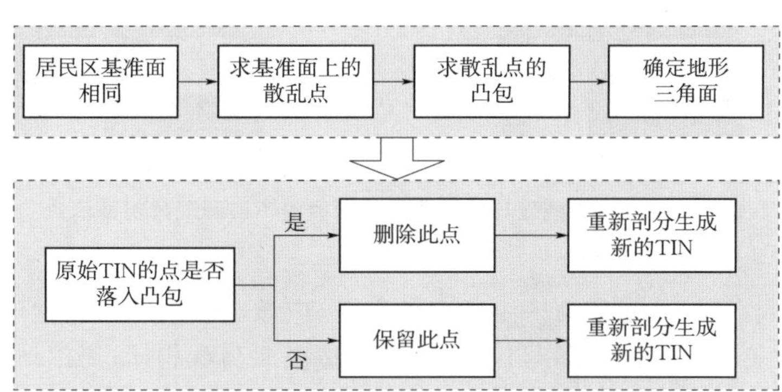

图 10.12　对地形模型的局部改造完成与地形匹配的流程图

步骤 1:根据建筑物的三维模型求取位于底座基准面上的散乱点。

步骤 2:求底座散乱点的凸包。

步骤 3:根据凸包的范围可以确定其覆盖的地形表面的范围,即影响的地形三角面,如图 10.13 中的顶点 123456 围成的区域。

步骤 4:根据点在多边形内的算法,判断原始 TIN 三角网中落在该凸包之内的点。由这些点(图 10.13 中的 1~7 点)不参与局部三角网的重构,对于这些落在建筑物模型底座凸包之内的点予以删除,同时删除与此定点相关联的所有三角形。

步骤 5:根据 Delaunay 三角剖分法则,对建筑物底座凸包的边界点 $ABCDEF$ 和建筑物的地形影响边界点 123456 重新剖分,并将新生成的三角形加入到地形 TIN 中。

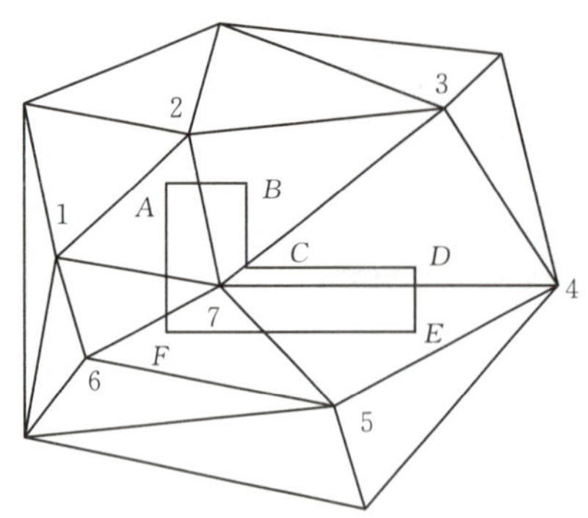

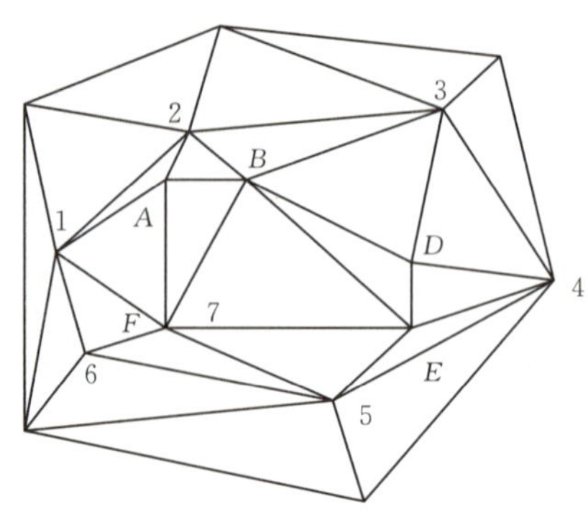

图 10.13　三维模型与地形叠加显示时的不匹配现象三角网示意

上述方法中，假定建筑物的底座基准高度是正确的，当建筑物的底座基准高度不明确时，可以根据建筑物中心点的水平位置由地形数据得到相应的高程值作为基础高程值，如图 10.14 所示。当建筑物较为密集时，局部修改工作量相当庞大，建筑物的凸包之间可能相互交叉，这时可以先把地形模型划分成一些地形子块，对每个地形子块内的地物与地面进行整体全部剖分，从而构造完整的混合模型。此外，绿地模型与地形的匹配也可以采用上述方法。

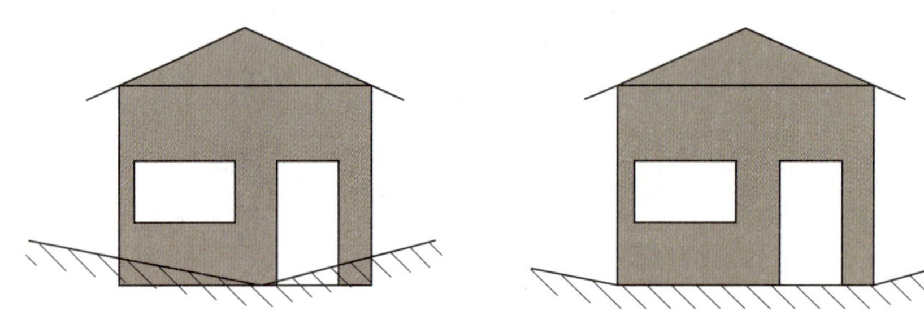

图 10.14　三维模型与地形叠加显示时的不匹配现象剖面示意

2. 道路模型与地形的匹配

在目视比例尺条件下，道路为一定宽度的平面，应该表现为一条随地形起伏的曲线，具体表现为：道路中心纵截面随地形起伏；道路表面横截面高程相同；周围地形有一定的改造并与道路无缝连接。

已知：道路中心线（x_1，y_1；x_2，y_2；…；x_n，y_n）、道路宽 W、DEM 数据，算法流程如图 10.15 所示。

步骤 1：求得道路左、右侧边线三维坐标。

步骤 2：道路面进行三角面剖分。

步骤 3：循环求得左右两侧边线与 DEM 的所有交点的三维坐标，并将所有交点洒入 DEM 格网中。如 DEM 格网中有 right 数据，则逆时针形成多边形，并剖分；如 DEM 格网中有 left 数据，则顺时针形成多边形，并剖分。

步骤 4：DEM 格网中数据的剖分加上道路的简单剖分，即可建立与地形融合在一起的三维道路模型（图 10.16）。当然，不同的三角面根据模型性质映射不同的纹理。

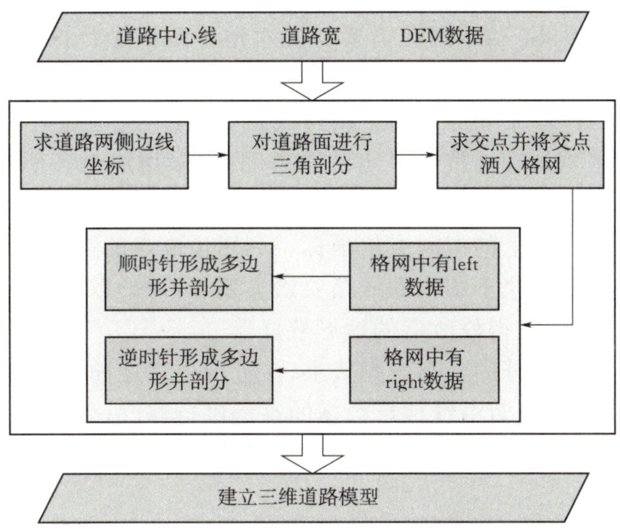

图 10.15 建立与地形融合的三维道路模型流程

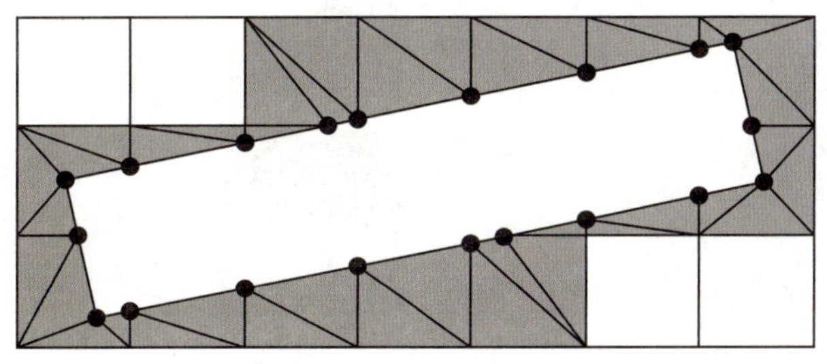

图 10.16 三维模型与地形叠加显示时的不匹配现象

3. 高铁线路模型与地形的匹配

为了使高速铁路线路模型与地形场景能够无缝匹配集成，可根据高速铁路线路的空间位置对沿线地形进行处理，主要包括地形数据的填、挖两种处理方式，从而使得地形数据与轨下基础紧密贴合。图 10.17 展示了地形的处理流程，主要包括预处理和地形处理两个方面的内容。

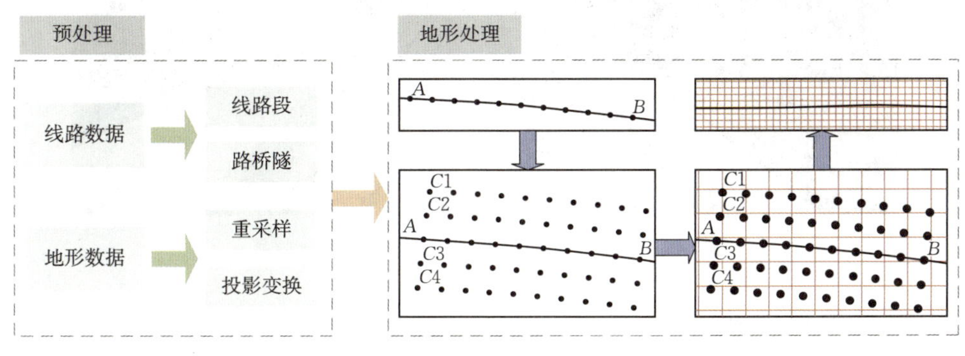

图 10.17 地形处理方法

将地形数据与线路数据纳入同一坐标系，确定地形位置处所用数据源。由于原始地形数据与线路数据的坐标系不一致，因此需要首先对地形数据进行投影与重采样。根据原始线路数据，采用多层次语义约束方法，生成不同轨下结构的线路要素（路基段、桥梁段、隧道段）。根据地形所处位置，匹配相应的轨下结构线路要素，以此来选择相应的数据源。

对沿线地形进行填挖处理。按照一定的距离间隔，采用线性参照方式对沿线数据进行采样与插值，从而获得线路中心线上的采样点坐标。按一定距离，沿线路法线方向，根据采样点数据获得线路法线方向上的空间点位坐标。利用生成点的空间坐标，生成DEM格网处的高程值。根据地形位置处轨下结构的线路要素类型，对地形数据进行填挖处理，将现地形与原始地形进行融合，从而获得修改后的地形数据。

图10.18为沿线路基部分的动态挖掘效果，在进行处理之前，地形和影像叠加后地形的起伏不太明显，根据上述方法对沿线地形数据的高程进行修改，处理后的地形在沿线路基部分有所抬高，能够与设计数据较好的匹配，便于地形地物的融合。高速铁路与地形场景无缝融合效果如图10.19所示。

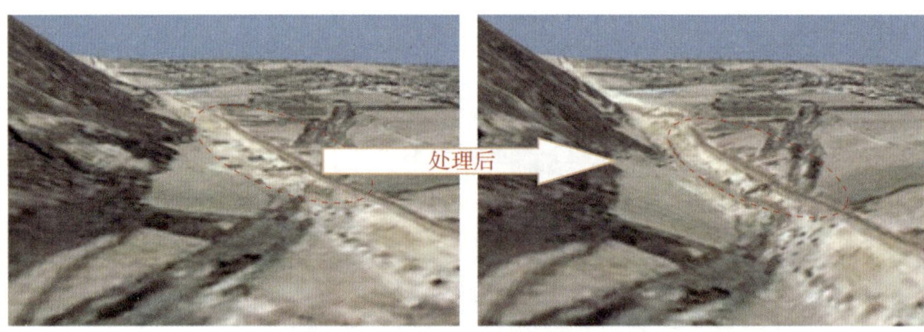

图10.18 地形处理效果

图10.19 高速铁路与地形场景无缝融合效果

10.1.4 高铁虚拟场景优化

高速铁路虚拟三维场景是众多三维模型的集合，而计算机计算、存储资源的有限性导致计算机无法一次性将场景数据调度到内存中进行渲染，从而在可视化过程中引起频繁调度内、外存数据的问题，因此对场景进行优化处理是十分必要的。

1. LOD 优化

构建多细节层次模型(level of detail，LOD)是在三维可视化中普遍使用的一种优化技术方法，满足用户视觉误差的前提下减少图形绘制数量，对于场景中较小的、位于远处或不太重要的部分内容使用较少的细节表示进行绘制，以便在显示的逼真度与绘制的帧频之间取得一种平衡。由于高速铁路虚拟场景属于静态场景，因此选择静态 LOD 方法提前生成不同细节层次的模型，然后根据视点的远近动态调度不同细节层次的模型。LOD 优化步骤主要如下。

步骤 1：合并格网。将模型多个小部件的格网合并，减少 CPU 计算。

步骤 2：模型几何简化。可利用商业建模软件 3D Max 对模型的三角网简化，制作不同细节层次模型。

步骤 3：构建 LOD。根据视点与模型之间距离的远近，动态加载步骤 2 所生成的 LOD 模型，实现视点相关的 LOD 模型动态加载，效果如图 10.20 所示。

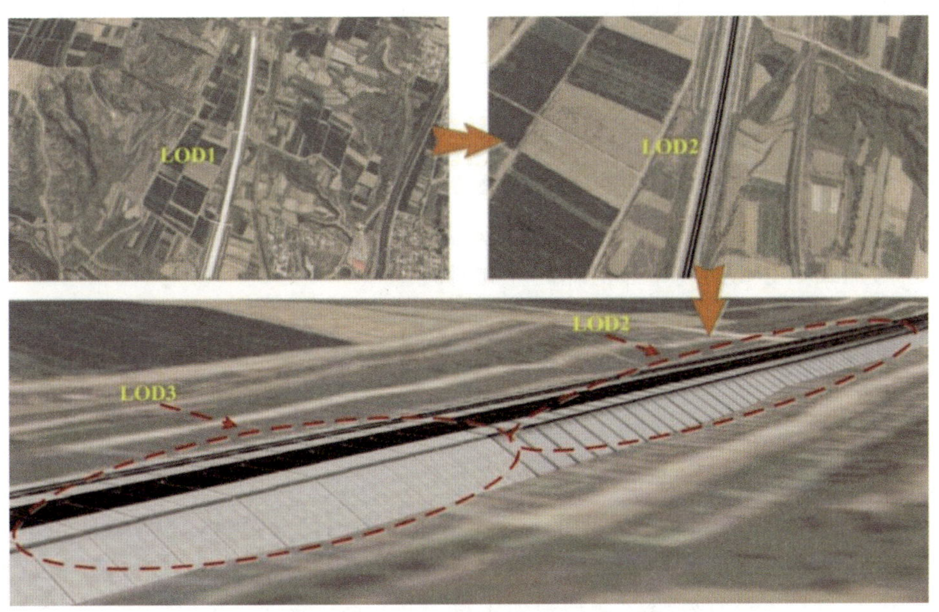

图 10.20 视点相关的 LOD 模型动态加载效果

2. 铁路模型组织优化

高速铁路模型数量较多，为快速通过碰撞检测来确定视锥体内的模型，需要对模型进行分段组织处理。首先按照空间位置对模型进行分段，每段包括空间位置上相邻的 n 个模型(例如 $n=60$)；然后对每一段模型及其包括的每个模型添加刚体碰撞体与网格碰撞体，用于碰撞检测。

在上述基础上，基于碰撞检测快速确定视景体内的模型，主要步骤如下。

步骤 1：创建射线。在视景体内创建射线，射线的起点是相机与视景体近切面的交点，终点是视点所能看到的最远位置。

步骤 2:模型碰撞检测(图 10.21)。射线与模型格网相交则碰撞发生,并记录模型索引,用于判断模型是否在视景体内。

步骤 3:模型调度。模型调度是判断步骤 2 中发生碰撞的模型是否处于视点的视景体内,裁剪掉视景体外部的模型,以免因为加载不必要的模型而消耗内存和时间。

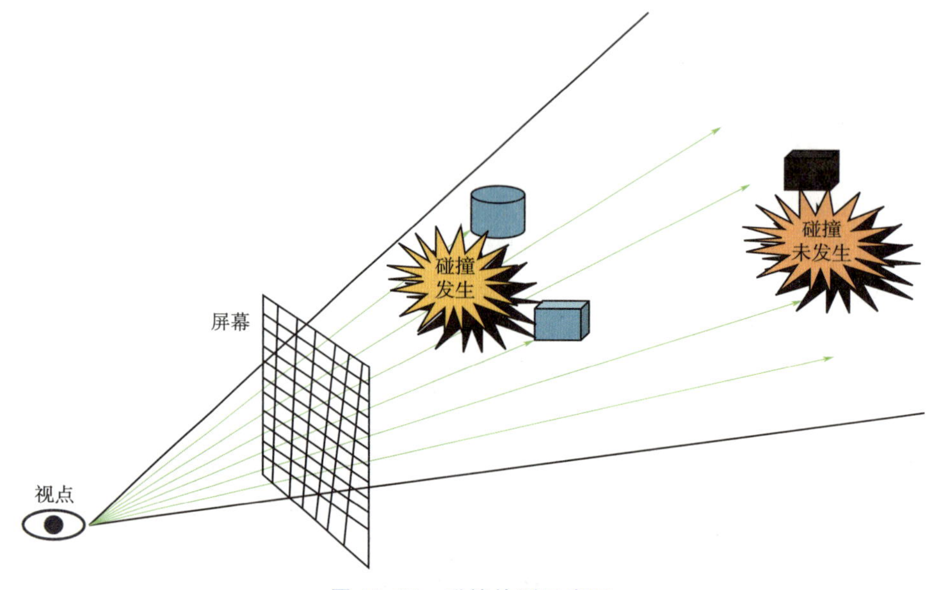

图 10.21 碰撞检测示意图

通过上述方法可达到只对场景进行可视域裁剪,裁剪掉视景体外部的模型,减少绘制数据,以免因为加载不必要的模型而消耗内存和时间。

10.2 高铁沿线地质灾害动态模拟分析

10.2.1 地质灾害动态模拟技术框架

高速铁路沿线地质灾害具有发生的突然性、处理部门的分散性、数据信息的不完整性、扩展的快速性、响应要求的紧迫性等特点。根据灾害监测数据以及灾害演进模拟数据,进行洪水、滑坡以及泥石流等高铁沿线典型地质灾害过程可视化模拟,在虚拟地理环境中对灾害影响范围、破坏程度和损失大小进行直观表达,为高铁沿线地质灾害灾情研判与应急调度提供辅助决策支撑。

高铁沿线地质灾害动态模拟分析是通过汇聚的灾害区域基础地理信息数据(灾害前后历史影像数据、历史地形数据以及致灾专题数据等),用于构建灾害场景数据服务,同时用于进行灾害动态模拟系统的模拟计算。对灾害区域进行快速的灾害模拟过程建模与优化,并支持用户对灾害模拟区域、类型、初始参数等进行设置,通过用户设置的灾害模拟参数,结合地形场景与灾害模拟计算结果,实现灾害时空演进过程可视化表达。高铁沿线地质灾害动态模拟分析总体技术路线如图 10.22 所示。

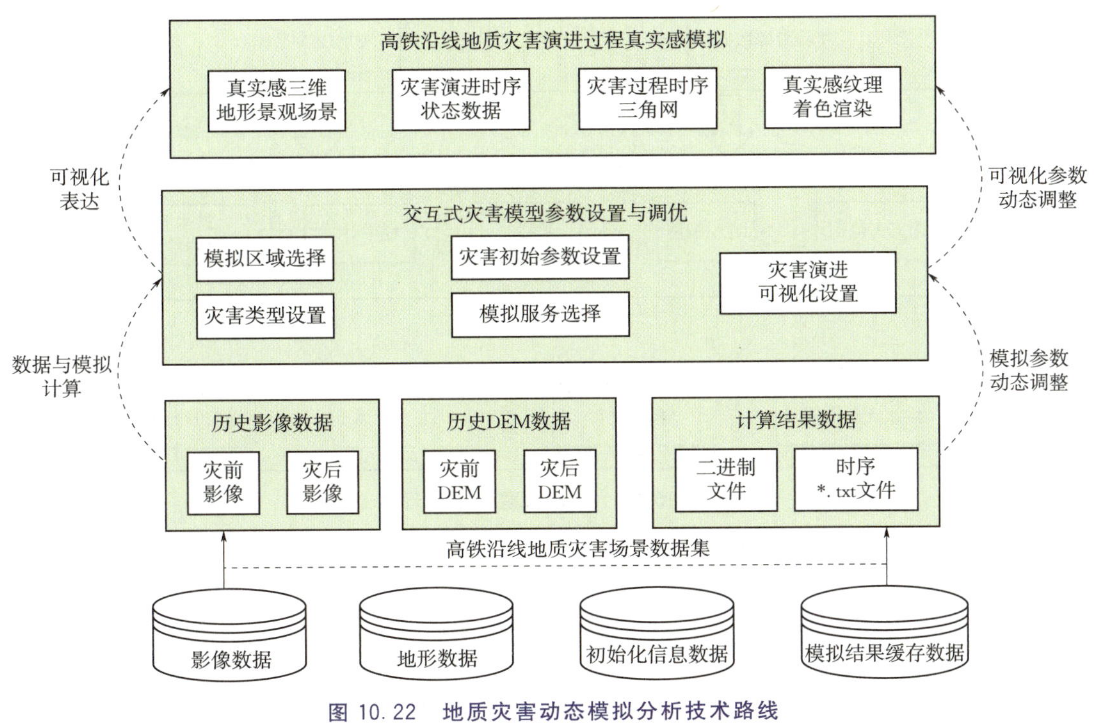

图 10.22 地质灾害动态模拟分析技术路线

10.2.2 洪水动态模拟

常用的溃坝演进计算模型包括水力学模型和水文模型两种。前者一般采用圣维南方程，后者采用水流运动的连续方程。溃决洪水的下游演进计算是评估溃坝灾害损失的主要依据，与溃坝形式、溃决洪水过程线、溃决洪峰流量、入流过程、下游水位、下游河道断面形态及沿程各处距离坝址的距离等因素有关。基于元胞自动机构建的溃决洪水演进模型，其具有并行度高、几何边界容易处理、求解简单等特点。因此，在现有圣维南方程方程组基础上，基于元胞自动机模拟框架，进行溃坝洪水演进模拟计算方法的构建，在保证模型精度和结算结果合理的前提下，进行洪水演进模型优化，以提高模型计算效率，从而高效地算出不同时刻洪水的淹没范围、水深、流速等参数，可以有效的进行洪水的动态模拟。

1. 洪水灾害数据处理

洪水灾害数据处理操作主要包括：首先根据专题数据确定灾害范围，手动勾选灾害区域；然后利用 DEM 裁剪工具提取出灾后影像数据和灾后 DEM 数据；最后将灾区的 DEM 数据输出为 ASCII 文件并生成灾区的糙率文件，同时利用行列号计算工具计算洪水溃口的行列号信息，为洪水模拟演进过程提供输入数据源。洪水灾害数据处理流程如图 10.23 所示。

2. 洪水灾害演进模拟算法

(1)圣维南方程的简化计算方法

圣维南方程是描述水道和其他具有自由表面的浅水体中渐变不恒定水流运动规律的偏微分方程组，由反映质量守恒律的连续方程和反映动量守恒律的运动方程组成，见式(10.1)。

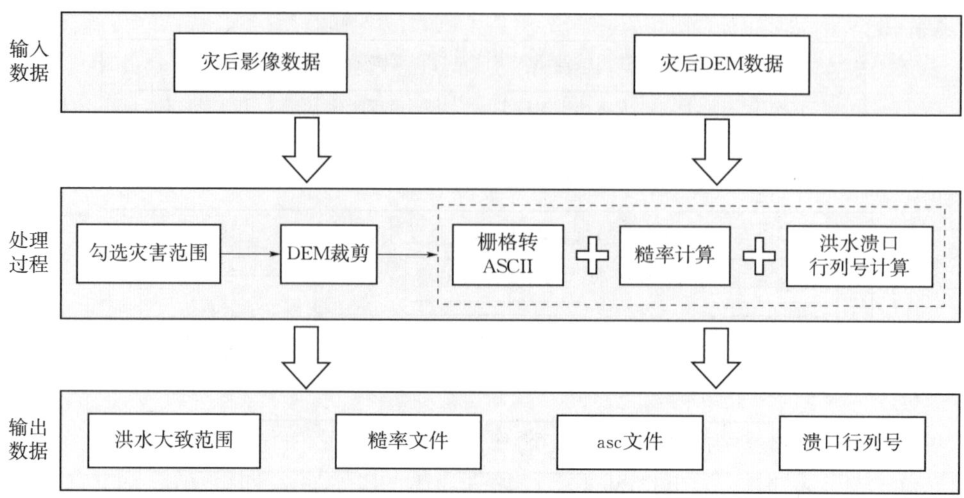

图 10.23 洪水灾害数据处理

$$\begin{cases}\dfrac{\partial h}{\partial t}+\dfrac{\partial hu}{\partial x}+\dfrac{\partial h\nu}{\partial y}=0\\[2mm] \dfrac{\partial h}{\partial t}+u\dfrac{\partial u}{\partial x}+\nu\dfrac{\partial h}{\partial y}+g\dfrac{\partial z}{\partial x}+g\dfrac{n^2u(u^2+\nu^2)^{1/2}}{h^{4/3}}=\nu\left(\dfrac{\partial^2 u}{\partial x^2}+\dfrac{\partial^2 u}{\partial y^2}\right)\\[2mm] \dfrac{\partial \nu}{\partial t}+u\dfrac{\partial \nu}{\partial x}+\nu\dfrac{\partial \nu}{\partial y}+g\dfrac{\partial z}{\partial y}+g\dfrac{n^2\nu(u^2+\nu^2)^{1/2}}{h^{4/3}}=\nu\left(\dfrac{\partial^2 \nu}{\partial x^2}+\dfrac{\partial^2 \nu}{\partial y^2}\right)\end{cases} \tag{10.1}$$

式中 μ,ν——x 和 y 方向的平均流速；

t——时间；

h——水深；

z——水位；

n——糙率；

g——重力加速度。

由于圣维南方程是拟线形双曲线形方程，除特殊情况外，很难用解析方法求得圣维南方程组的解析解。一般只能通过数值计算获得个别情况的近似解。采用推导的圣维南方程组的离散计算方式见式(10.2)。

$$\begin{cases}\dfrac{h^{k+3}_{i+1/2,j+1/2}-h^{k+1}_{i+1/2,j+1/2}}{2\Delta t}+\dfrac{M^{k+2}_{i+1,j+1/2}-M^{k+2}_{i,j+1/2}}{\Delta x}+\dfrac{N^{k+2}_{i+1/2,j+1}-N^{k+2}_{i+1/2,J}}{\Delta y}=0\\[2mm] \dfrac{M^{k+2}_{i,j+1/2}-M^{k}_{i,j+1/2}}{2\Delta t}=-g\dfrac{(h^{k+1}_{i+1/2,j+1/2}+h^{k+1}_{i-1/2,j+1/2})(Z^{k+1}_{i+1/2,j+1/2}-Z^{k+1}_{i-1/2,j+1/2})}{2\Delta x}\\[2mm] \qquad -gn^2_{i,j+1/2}\dfrac{\overline{u}_{i,j+1/2}\sqrt{(u^k_{i,j+1/2})^2+(\nu^k_{i,j+1/2})^2}}{[(h^{k+1}_{i+1/2,j+1/2}+h^{k+1}_{i-1/2,j+1/2})/2]^{1/3}}\\[2mm] \dfrac{N^{k+2}_{i+1/2,j}-N^{k}_{i+1/2,j}}{2\Delta t}=-g\dfrac{(h^{k+1}_{i+1/2,j+1/2}+h^{k+1}_{i+1/2,j-1/2})(Z^{k+1}_{i+1/2,j+1/2}-Z^{k+1}_{i+1/2,j-1/2})}{2\Delta y}\\[2mm] \qquad -gn^2_{i+1/2,j}\dfrac{\overline{\nu}_{i+1/2,j}\sqrt{(u^k_{i+1/2,j})^2+(\nu^k_{i+1/2,j})^2}}{[(h^{k+1}_{i+1/2,j+1/2}+h^{k+1}_{i+1/2,j-1/2})/2]^{1/3}}\end{cases} \tag{10.2}$$

式中 h——柱体平均水深；

M,N——x、y 方向的单宽流量，显然 $M=\mu\cdot h$，$N=\nu\cdot h$；

z——水面高程。

(2)基于元胞自动机的溃决洪水演进模型

①元胞空间

采用二维空间分布的元胞自动机，在离散时间和离散空间的框架下对河水流动的时空动态过程进行模拟，因此将实际研究区按照一定分辨率划分成离散格网，格网单元为正方形单元，以固定的时间单元间隔 Δt 不断演化。

根据采用的计算法则，某一个格网的单宽流量变化率是由水平或竖直方向上的两个格网的高程值决定，即 $T+2\Delta t$ 时刻的单宽流量由 T 时刻的单宽流量以及 $T+\Delta t$ 时刻的高程值决定；而某一格网的高程变化率是由其周围四个格网的单宽流量决定，即 $T+3\Delta t$ 时刻的高程值由 $T+\Delta t$ 时刻的高程值以及 $T+2\Delta t$ 时刻单宽流量决定。如图 10.24 所示，h 表示高程，M_x 表示 x 方向上的单宽流量，M_y 表示 y 方向上的单宽流量。

在元胞空间中对上述计算过程进行简化，将四个相邻的格网作为一个元胞空间，该元胞空间同时包含了水面高程，x、y 方向上的单宽流量(用 C 表示)，时间单元($2\Delta t$)。

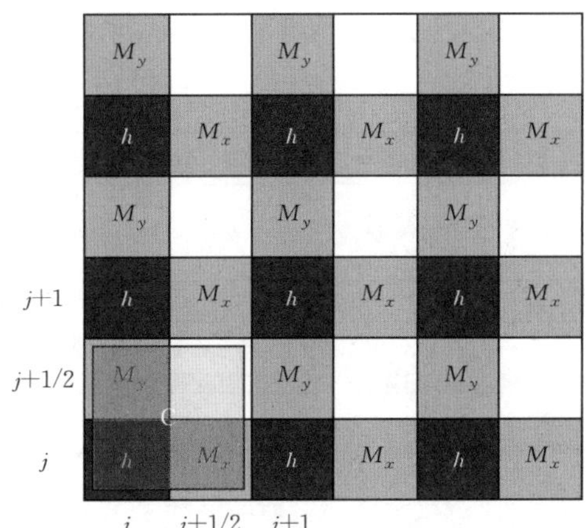

图 10.24　采用的元胞空间

②元胞状态

根据洪水演进的计算方法和已有的观测数据，元胞的演化由源头(所模拟河段的最上游)的流速及水位变化决定，并且在相邻元胞的洪水传播计算需要考虑。元胞所在河床的高度(DEM)、糙率、水深、x 方向的单宽流量、y 方向的单宽流量共五种变量属性。因此对一个确定的元胞空间共设置六种元胞状态属性，分别表示为$\{S_0,S_1,S_2,S_3,S_4,S_5\}$。

③邻元

洪水传播邻元采用 Von Neumann 型邻元类型，即邻域可以是上、下、左、右以及本身的 5 个单元，如图 10.25 所示。

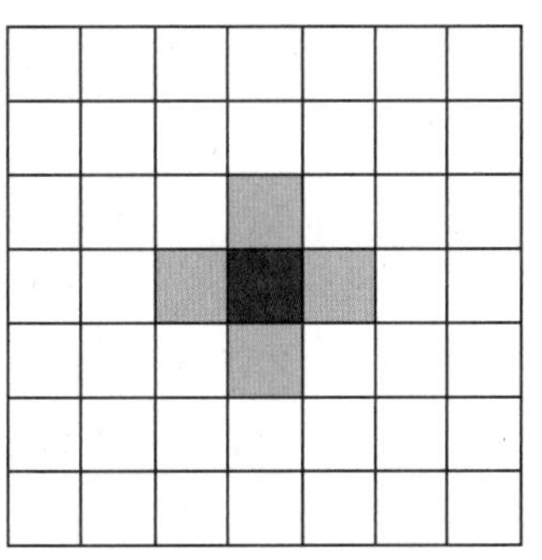

图 10.25　采用的元胞邻元类型

④转换规则

第一：以小时为时间步长，$S_{i,j}^{t}$ 表示为第 i 行 j 列的元胞在 t

时刻的状态。

第二:初始状态的源头洪水流量、水面高度参考历年的源头数据。除源头外其余元胞设为陆地地区,x、y 方向单宽流量以及水面深度均设为 0。

第三:先由 t 时刻的水深计算 $t+1$ 时刻的单宽流量,计算方法见式(10.3)。

$$\begin{cases} M_{i,j}^{k+1} = M_{i,j}^{k} - g\dfrac{\Delta t(h_{i+1,j}^{k} + h_{i,j}^{k})(Z_{i+1,j}^{k} - Z_{i,j}^{k})}{\Delta x} - gn_{i,j}^{2}\dfrac{\overline{u}_{i,j}\Delta t\sqrt{(u_{i,j}^{k})^2 + (\nu_{i,j}^{k})^2}}{[(h_{i+1,j}^{k} + h_{i,j}^{k})/2]^{1/3}} \\ N_{i,j}^{k+1} = N_{i,j}^{k} - g\dfrac{\Delta t(h_{i,j+1}^{k} + h_{i,j}^{k})(z_{i,j+1}^{k} - Z_{i,j}^{k})}{\Delta y} - gn_{i,j}^{2}\dfrac{\overline{\nu}_{i,j}\Delta t\sqrt{(u_{i,j}^{k})^2 + (\nu_{i,j}^{k})^2}}{[(h_{i,j+1}^{k} + h_{i,j}^{k})/2]^{1/3}} \end{cases} \tag{10.3}$$

第四:再由 t 时刻的单宽流量计算 $t+1$ 时刻的水深,计算方法见式(10.4)。

$$h_{i,j}^{k+1} = h_{i,j}^{k} - \frac{\Delta t(M_{i+1,j}^{k+1} - M_{i,j}^{k+1})}{\Delta x} - \frac{\Delta t(N_{i,j+1}^{k+1} - N_{i,j}^{k+1})}{\Delta y} \tag{10.4}$$

当水深大于 0 时,将该元胞设为河流区域。

(3)洪水演进模拟计算流程

洪水演进模拟用于进行溃决损失严重性评估,整个洪水演进模拟计算流程如图 10.26 所示。

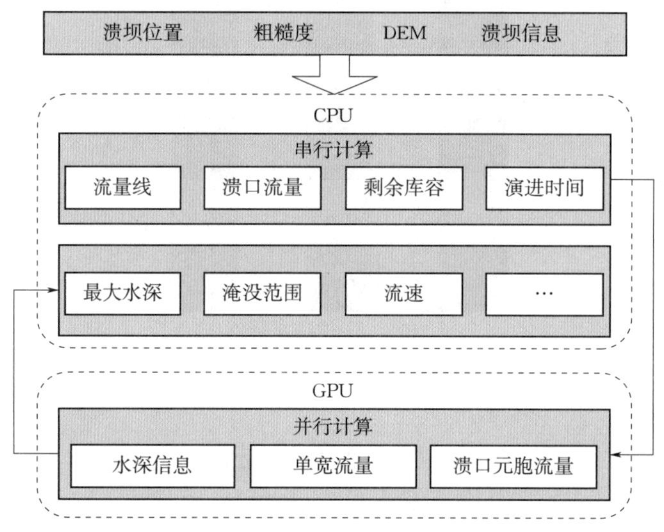

图 10.26 洪水演进模拟计算流程

溃坝洪水计算模型输入参数主要包括灾害区域 DEM、粗糙度、溃坝信息等相关参数。首先,进行案例区域选择并进行溃坝参数确定,包括溃决形式、溃口形态、溃决历时、起溃水位;然后,依据参数对演进过程中的流量线、溃口流量、剩余库容、演进时间等依次进行串行计算,将串行计算和初始参数信息的结果映射到 GPU 中。在 GPU 中执行多个并行处理任务,包括根据水深、溃口流量等数据计算溃口处的元胞流量;计算每个元胞的 x 方向与 y 方向的单宽流量,根据单宽流量得到新的水深。将水深计算结果映射到 CPU 中,在 CPU 中根据新的水深数据,得到最大水深、流速、淹没面积等信息,并更新下一时刻的元胞状态值,从而达到洪水灾害演进过程模拟计算。

3. 洪水灾害可视化模拟分析

洪水灾害时空过程是采用构建三角网的方式对灾害模拟计算得到的结果进行可视化表达。洪水模拟计算会根据输入 DEM 的格式进行类似格式的计算结果表达，在可视化过程中通过遍历每个格网单元，判断该格网单元是否有水深值，并根据每个格网单元周围 2×2 的相邻的 4 个格网单元有无水深的不同情况采取相应的构网方式。为了保证洪水模拟的真实感，在构建三角网时根据实时获取受灾区域的水深值采用不同颜色进行可视化显示，并根据水深值的增加由浅至深地进行分级设置颜色。通过上述方法对 2010 年福建泰宁“6·18”洪水的致灾过程进行动态模拟，洪水动态演进结果如图 10.27 所示。

图 10.27 洪水演进动态模拟结果图

10.2.3 滑坡动态模拟

滑坡的构成及运动特性均较为复杂，单一的数学模型很难反映滑坡的物理机制，因此较难精确地描述滑坡的各方面性质并做出准确的预报和预警。而且对于自然界中大多数的滑坡现象，通常只能得到滑坡发生后的数据，而获取滑坡体在滑动过程中的试验数据是一个棘手的问题。通过对顾及滑坡运动机理的滑坡运动时空插值的研究，基于运动速度、运动方向、滑坡深度范围、滑动距离范围、边界范围、连续性、土方量等约束条件，对滑坡前后对应的粒子进行插值。利用映射文件将用来模拟滑坡体的粒子从起始坐标映射到滑坡结束时对应的终止坐标，并在两个坐标之间设置若干个中间状态点，使得这些中间状态点的平面坐标分布在粒子起始位置和终止位置之间，形成滑坡过程中对应的空间位置信息，用以模拟滑坡过程中每个时刻的空间分布，得到一系列滑坡运动过程中不同时序状态数据，在覆盖到滑坡体地形数据的网格范围内按滑坡前后高程差值数据生成一系列滑坡粒子，可以有效的演进滑坡动态过程。

1. 滑坡灾害数据处理

滑坡灾害数据处理操作主要包括：首先将灾前 DEM 数据和灾后 DEM 数据进行栅格计

算，确定 DEM 发生变化的区域即为滑坡灾害区域；然后进行一系列的栅格计算、提取分析和栅格数据集镶嵌操作，提取出滑坡边界、堆积体、滑坡体以及滑坡道等信息，为滑坡灾害时空模拟提供输入数据源。滑坡灾害数据处理流程如图 10.28 所示。

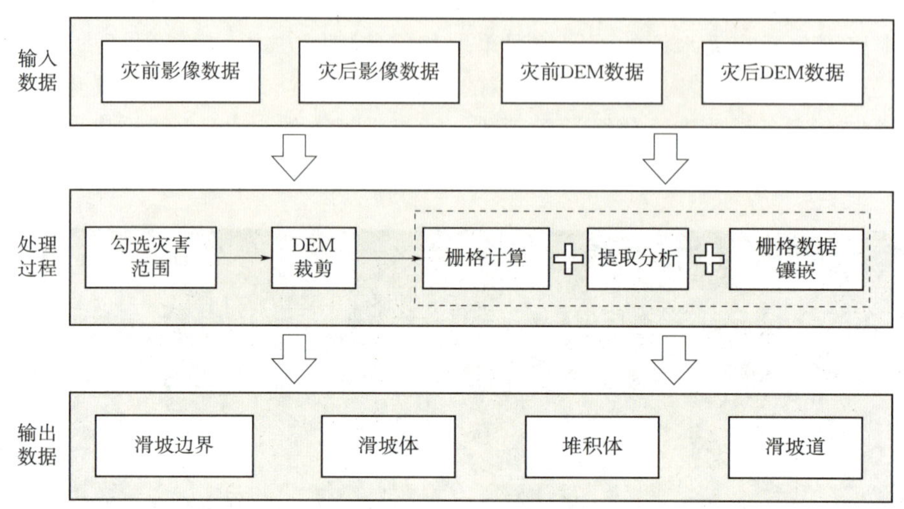

图 10.28 滑坡灾害数据处理

2. 滑坡灾害演进模拟算法

滑坡动态演进模型输入参数主要包括滑坡区域历史影像、DEM 数据，以及提取的滑坡体、堆积体、滑道和中心线数；然后分别以滑坡体和堆积体为起止时刻滑体，通过多空间约束、动量质量守恒、连续性约束等多层次约束进行二、三维时空过程插值获取中间时刻的状态数据，最后对插值结果进行规则构网，依据参数信息计算出中间时刻滑体的位置信息，并计算当前滑体的方向速度、方向位移、当前时间等，根据滑体新的速度、位移和坐标计算滑体深度信息，滑体基本信息主要包括时刻、位置信息和深度。依次更新下一时刻的滑体信息，达到滑坡灾害动态模拟演进的效果。滑坡灾害时刻过程插值流程如图 10.29 所示。

3. 滑坡灾害可视化模拟分析

滑坡灾害时空过程可视化表达，对计算结果需要对格网单元是否有值、该值是否有效进行判断，对其中有效的格网单元按照规则格网构建三角网进行可视化；但在渲染时与洪水等流体不同，其纹理是根据滑坡灾害发生前的影像进行确定，将需要构建三角网的格网单元与滑坡前影像进行对应，获取滑坡前影像上的纹理信息，并在构建三角网时赋值给格网单元。

通过滑坡运动演进模型计算得到滑坡体的三维坐标信息，计算结果数据为单个格网组成的二维数组，每一时刻的模型计算结果中的各个格网包含格网中心点的平面坐标数据以及高程数据等。以灾后真实纹理填充插值后每个时刻的滑坡体单元格网，通过控制滑坡模拟时间，动态模拟滑坡灾害滑动过程，结合粒子系统，模拟滑坡运动过程中的灰尘效果，以增强滑坡灾害过程的真实感表达。综合利用文字描述、符号抽象表达以及动画展示等方式动态表达滑坡灾后场景信息，帮助用户快速理解滑坡灾害。通过上述方法对金沙江滑坡和茂县滑坡进行动态模拟，模拟结果如图 10.30 所示。

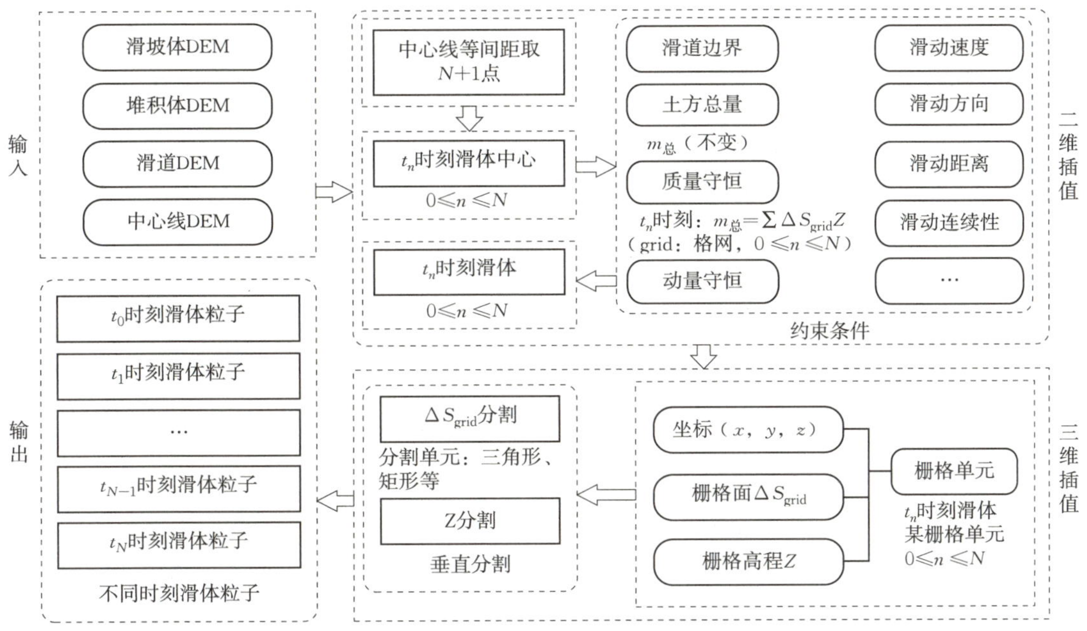

图 10.29　滑坡灾害时刻过程插值流程

（a）金沙江滑坡

（b）茂县滑坡

图 10.30　滑坡灾害动态模拟结果

10.2.4 泥石流动态模拟

对连续空间变化的泥石流进行动态模拟是泥石流灾害演进过程可视化展示的关键，基本原理是对泥石流灾害数值模拟模型在不同时刻的计算结果进行连续地加载与绘制，通过不断地改变单元格网中泥深状态值，达到三维动态可视化效果。

1. 泥石流灾害数据处理

泥石流灾害数据处理操作与洪水灾害数据操作相似，其数据处理操作主要包括：首先根据专题数据确定灾害范围，手动勾选出灾害区域；然后利用 DEM 裁剪工具提取出灾后影像数据和灾后 DEM 数据；最后将灾区的 DEM 数据输出为 ASCII 文件并生成灾区的糙率文件，利用行列号计算工具计算泥石流的行列号和方位角，为泥石流模拟演进过程提供输入数据源。泥石流灾害数据处理流程如图 10.31 所示。

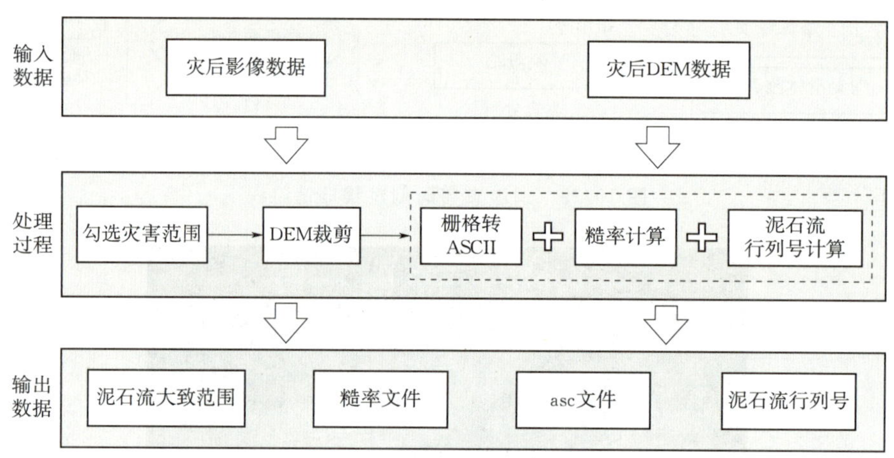

图 10.31 泥石流灾害数据处理

2. 泥石流灾害演进模拟算法

在泥石流运动过程中，将泥石流看成大量小颗粒的运动，每个流团颗粒在各个时间步长内具有一定的位移和速度，将整个灾害区域划分为正方形格网并进行空间化处理，计算每个时间步长内的每个格网的泥深、速度，依次进行迭代计算，得到整个受灾区域的泥石流空间分布。

泥石流灾害数值模拟模型参数主要包括灾害区域 DEM 数据、溃口位置、粗糙度、峰值流量、初始泥深等相关参数，将灾害区域的 DEM 划分为合适大小的规则格网，对参数进行格网化处理。依据参数信息对演进过程中的溃口处流量、流团初始流速、流团初始位置等进行串行计算，并行计算每个流团颗粒的方向流速、方向位移、当前时间等，根据流团颗粒新的流速、位移和坐标统计每个格网内流团颗粒个数，计算各个时间步长内的格网内泥深、流速、淤埋面积等数据，更新下一个时刻的流团颗粒状态值，达到泥石流灾害动态演进的效果。

(1)模拟数据分析

泥石流流团模型可以计算出每个泥流团运动状态，通过实时统计每个格网中包含的泥流团个数计算出各个格网的泥深值。如图 10.32 所示，模拟结果数据为单个格网组成的二维数组，每一时刻的模型计算结果中各个格网包含泥深数据、格网中心点的平面坐标数据以及高程数据等，可以支撑泥石流灾害三维动态可视化绘制。在每个时刻的计算结果数据文件中，并非每一个格网中都有泥深值，在二维数据中存在着大量与泥石流动态可视化表达无关的数据。如果将每个时刻的计算结果数据全部传输至客户端进行可视化绘制，必然会导致传输速度慢、解析复杂、绘制效率低等问题。因此，为了减少计算结果文件的数据量，提高计算结果数据的传输、解析和渲染速度，仅将二维数组中有泥深的格网数据提取出来进行存储与组织。

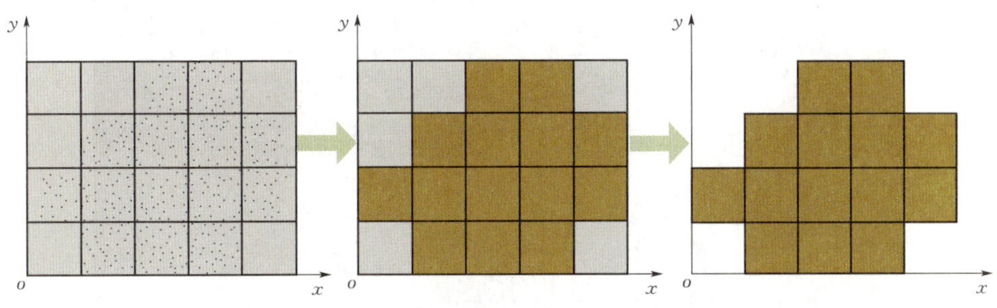

图 10.32 模拟结果数据示意图

(2)场景数据结构设计

泥石流可视化数据主要是采用有泥深格网单元的坐标和泥深值，为了保证在特定分辨率条件下用更少的空间也能精确地表示泥石流复杂表面，因此，将含有泥深的格网单元进行规则三角网构建。

泥石流表面三角网构建流程如下：首先遍历泥石流灾害二维格网数组数据，将其中有泥深的格网单元提取出来，并将格网单元作为顶点加入顶点列表；然后按照图 10.33 中的模板情形依次对 2×2 的格网单元进行匹配，如果与模板情形匹配成功，那么就按照顺时针的方式将格网单元顶点的索引号加入到构建 TIN 的索引列表中并进行三角形的构建；最后依次循环完成泥石流三角网的构建，并将结果输出为的 JSON(java script object notation)格式文件。

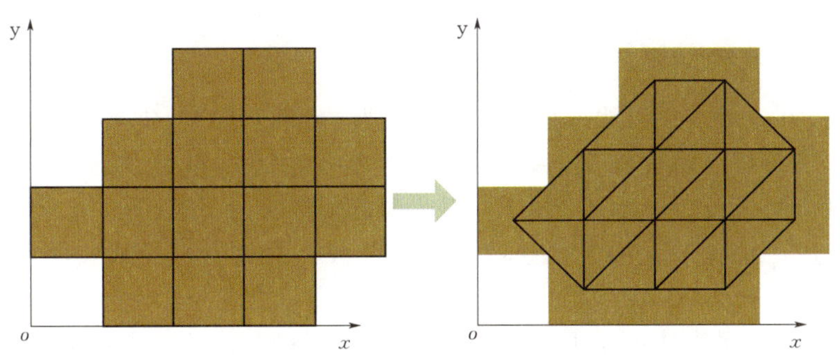

图 10.33 泥石流表面三角网构建示意图

3. 泥石流灾害可视化模拟分析

泥石流动态可视化表达类似洪水动态可视化表达，对含有泥深的格网单元进行构建三角网，对于每个格网单元，依据其周围 2×2 的相邻的 4 个格网单元有无泥深的情况，构建三角网的方式也会不同；而在纹理渲染时将根据不同深度的泥深值采用不同颜色进行可视化显示，并根据泥深值的增加由浅至深地进行分级设置颜色。

基于泥石流灾害数值模拟计算结果数据，能够有效地支持泥石流真实感场景可视化表达，可展示出泥石流灾害演进过程及发展趋势、淤埋范围和淤埋泥深。此外，还支持灾情信息的特征可视化表达，用户可以直观地获取不同受灾区域的风险等级，以及不同风险等级下建筑物、道路等地物的空间分布，并可以以交互查询方式定量地获取泥石流发展过程中实时受灾范围、受灾建筑物以及受灾道路等信息，如图 10.34 所示，便于应急人员快速地获取决策辅助信息。

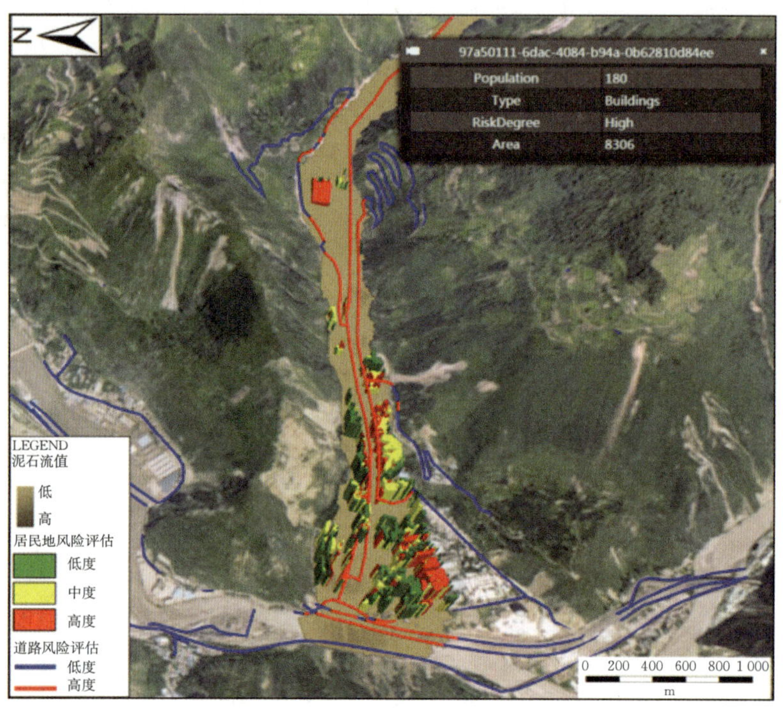

图 10.34 泥石流灾害动态模拟结果

10.2.5 天空地协同地质灾害风险评估

为国家和地方应对高铁沿线地质灾害的连续监测、预测预警、灾情速报和应急救援提供应急保障服务，显著提高防灾救灾的效能，减少人民生命财产损失，首先必须全面准确地评估灾情，从宏观到微观及时全面掌握灾情，因此要具备全天时、全天候、全方位的灾情信息获取能力，“天空地”一体化的立体数据获取系统因此成为高铁沿线地质灾害快速评估的重要保障。

地质灾害危险性评估是对地质灾害的活动程度进行调查、检测、分析、评估，主要评估地质灾害的破坏能力。地质灾害危险性可以通过各种危险性要素来体现，主要分为历史灾害危险性和潜在灾害危险性。历史灾害危险性是指已经发生的地质灾害的活动程度，包含的要素有：灾害活动强度或规模、灾害活动频次、灾害分布密度、灾害危害强度。

“天空地”协同的灾害快速评估是建立在空间信息理论基础上，实现复杂受灾环境下(包括地质条件、地形地貌条件、气候条件、水文条件、植被条件、人类活动因素)不同粒度评估指标(人口、房屋、电力、经济指标)受灾情况的准确、可靠、快速的自然灾害风险评估方法,利用空间分析理论、空间数据挖掘和数据同化思想揭示各种灾害影响因子及因子之间隐含的、潜在的、深刻的、本质的知识规律,再结合地质灾害危险性评估的方法(如发生概率及发展速率的确定方法、危害范围、危害强度及区域危险性区划等)确定灾害风险指数,最后评估结果以专题要素统计表或专题图形式表达。

1. 建立快速评估体系

灾害快速评估体系的建立是健全应急指挥系统,完善灾害应急保障制度是进行灾后损失评估、辅助决策的可靠依据。灾害快速评估体系包括灾害快速评估指标的建立、评估计算方法、模型的选择和快速评估流程的制定。高铁沿线地质灾害快速评估的流程如图 10.35 所示。

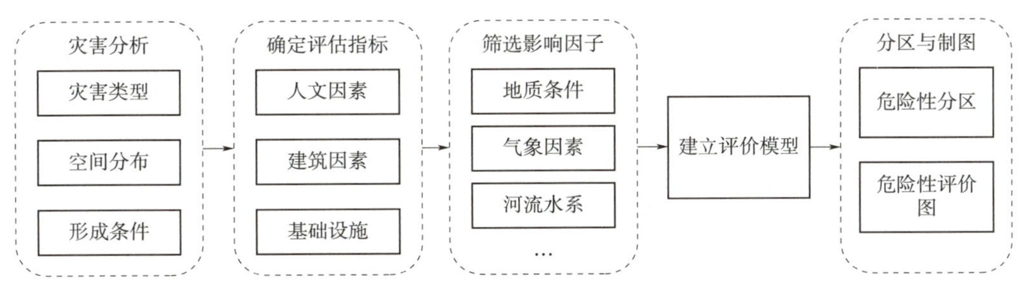

图 10.35 地质灾害快速评估方法

步骤 1:查明地质灾害类型与空间分布规律。利用已有地质灾害分布数据,分析地质灾害形成条件和空间分布特征,为危险性评价指标的选取提供基础数据。

步骤 2:确定快速评估指标。选取人文因素、建筑因素或基础设施(人口、房屋、电力线、交通线)作为快速评估的指标,通过灾害蔓延对评估指标的易损性进行综合分析。

步骤 3:地质灾害影响因子筛选。根据孕灾环境背景条件与灾害发育规律,提取影响地质灾害危险性的主要因子,对因子进行分析并筛选出主要影响因子。

步骤 4:地质灾害危险性评价模型建立。在危险性指标体系和因子权重研究的基础上,采用信息量法开展地质灾害危险性评价,形成评价模型。

步骤 5:地质灾害危险性分区与制图。对危险性评价结果进行等级划分,完成危险性分区并绘制地质灾害危险性评价图或专题图。

2. 灾害快速评估指标建立

(1)快速评估指标的确定

根据不同类型灾害的差异和承灾体的特点,基于动态监测数据,结合其他灾害监测评估与救助信息,建立针对不同灾害类型和时空过程的损失评价与救助决策模型,快速评估崩塌滑坡、泥石流、堰塞湖等地质灾害对人口、房屋、农作物以及生命线工程等承灾体的毁损情况和救助效果,以提高灾害监测评估时效性和准确性,调整优化灾害救助方案。

(2)危险性因子选择

根据地质灾害影响因素分析,确定地质灾害类型,然后利用核主成分分析(KPCA)方法,从影响地质灾害蔓延的因素中(如地形地貌、坡度、地表起伏度、地质条件、气象因素、植被覆盖、河流水系、工程地质岩组和已有地质灾害诱发因素)选取对灾害蔓延影响较大的因子作为分析因子。评价因子的分级方法为在全区进行地质灾害发育分布密度统计，进而确定评价因子的次级分类区间。

(3)信息量计算

单元网格的划分直接影响着地质灾害危险性评价结果的合理性，也影响到区划过程中各参数获取的难易程度。网格单元恰当尺度的选取受多种要素的影响，并且各要素对单元选取的敏感性不同。目前，网格大小的选取完全取决于专家知识和经验、原始数据等条件；其中，地形数据的分辨率是选取格网单元尺度时首先要考虑的要素。

根据研究区地质灾害影响要素的分析及地质灾害的基本特征，选取地形地貌(坡度、地表起伏度)、地质条件、植被覆盖程度、河流水系、工程地质岩组五个大类作为地质灾害易发性评价影响因子，结合易发性评价指标、已有地质灾害密度和降雨量作为地质灾害危险性评价指标，并根据各评价指标与地质灾害相关性大小的关系，按照上述介绍的信息量原理参与地质灾害危险性评价指标进行信息量计算。

3. 危险性评估数学模型

区域地质灾害易发性评价方法较多，通常包括决策树法、判别分析法、逻辑回归法、确定性系数法、要素赋值及加权组合法、证据权以及信息量法等。其中，信息量模型是贝叶斯概率模型(双变量分析模型)的一种，它的评价过程很好地融合了专家的主观经验和成灾要素与地质灾害的相关性的客观特征；该模型算法稳定性较好并且内涵明确，通过模型的定量评价不仅可以反映各成灾要素的相对敏感性，而且可以反映特定成灾要素中不同要素之间的致灾贡献大小。另外，信息量模型适用于不同比例尺尺度的易发性评价，对于小比例尺大区域，可以利用地质灾害点或者栅格数量作为参量进行评价，而大比例尺小区域内，可以利用地质灾害的分布面积作为参量进行评价。信息量模型利用概率的形式进行定量描述，反映了不同成灾要素对地质灾害形成的贡献大小。

采用信息量模型进行地质灾害危险性评价的原理：地质灾害现象 m 受多种因素 x_i 的影响，各种因素所起作用的大小、性质是不同的。在各种不同的地质环境中，对于次生地质灾害而言，总会存在一种“最佳因素组合”。因此，对于区域次生地质灾害的预测要综合研究“最佳因素组合”，而不是停留在单个因素上。信息预测的观点认为，次生地质灾害产生与否与预测过程中所获取的信息的数量和质量有关，是用信息量法来衡量的。信息量法是以已知灾害区的影响因素为依据，推算出标志危险性的信息量，建立评价预测模型，并依照类比原则外推到相邻地区，从而对整个地区的危险性做出评价。假设次生地质灾害(L)受多种因素影响，见式(10.5)和式(10.6)。

$$L=f(x_1,x_2,x_3,\cdots,x_n) \tag{10.5}$$

$$I(L,x_1,x_2,x_3,\cdots,x_n)=\frac{\ln(x_1,x_2,x_3,\cdots,x_n)}{P(L)} \tag{10.6}$$

式中　$I(L,x_1,x_2,x_3,\cdots,x_n)$ ——因素组合 $(x_1,x_2,x_3,\cdots,x_n)$ 对次生地质灾害所提供的信息量；

$P(x_1,x_2,x_3,\cdots,x_n)$ ——因素 $(x_1,x_2,x_3,\cdots,x_n)$ 组合条件下次生地质灾害发生的概率；

$P(L)$ ——次生地质灾害发生的概率。

模型建立过程如下：

(1)单独计算各因素 x_i 对次生地质灾害发生事件(L)提供的信息量 $I(L,x_i)$，在实际计算中可运用频率来进行条件概率的估算，计算方式见式(10.7)。

$$I(L,x_i)=\ln\frac{N_i/N}{S_i/S} \tag{10.7}$$

式中 S——研究区评价单元总数；

N——研究区含有次生地质灾害分布的单元总数；

S_i——研究区内含有评价因素 x_i 的单元数；

N_i——分布在因素 x_i 内特定类别内的次生地质灾害单元数。

(2)计算单个评价单元内总的信息量，计算见式(10.8)。

$$I_j=\sum_{j=1}^{n}I(L,x_i)=\sum_{j=1}^{n}\ln\frac{N_i/N}{S_i/S} \tag{10.8}$$

式中 I_j——评价单元总的信息量值；

n——参评因子数。

(3)用总的信息量 I_j 作为该单元影响次生地质灾害发生的综合指标，其值越大表明越有利于次生地质灾害的发生，该单元的次生地质灾害危险性也越高；最后对最终的全部单元的信息量值划分类别，分成不同的危险等级。

10.3 高速铁路灾害应急地理信息服务平台

10.3.1 概 述

高速铁路灾害应急地理信息服务平台主要由四部分内容组成：时空一体化监测数据库建库、面向任务的灾害应急数据聚合、数据共享与发布、VR 沉浸式灾害场景交互分析，高速铁路灾害应急地理信息服务平台组成如图 10.36 所示。

时空一体化监测数据库建库：通过建立时空一体化监测数据库，对繁杂的监测数据进行统一的分类、维护管理，同时可以对灾情数据进行检索、查询、回溯与分析；包括入库数据预处理、数据库动态更新、数据库动态展示、目录数据服务和数据分发服务等关键技术。

面向任务的灾害应急数据聚合：根据灾害应急任务需求将多个地理计算模型或者服务按照业务处理流程逻辑组合成任务流，并为每个任务节点挂载输入数据集；它是基于信息系统的灾害业务运行的主要形式。此过程是一个面向任务的灾害信息聚合过程，主要包括两个步骤：基于管线方式的数据聚合设计与实现、数据服务聚合检索优化。

数据共享与发布：通过多源监测数据的共享与发布，可以解决监测数据的高效管理、共享、发布、可视化与分析等自适应空间信息服务涉及的关键技术，主要包括空间数据云存储、云发布及云共享。

VR 沉浸式灾害场景交互分析：对灾害监测数据的 VR 沉浸式交互分析(洪水、滑坡、泥石流)，能够有效解决灾害场景需要处理大量与位置相关的灾害现场数据的问题，同时还能顾及宏观与微观、静态与动态、连续与离散、低维与高维、定量与定性、虚实结合等灾害场景内容表达。

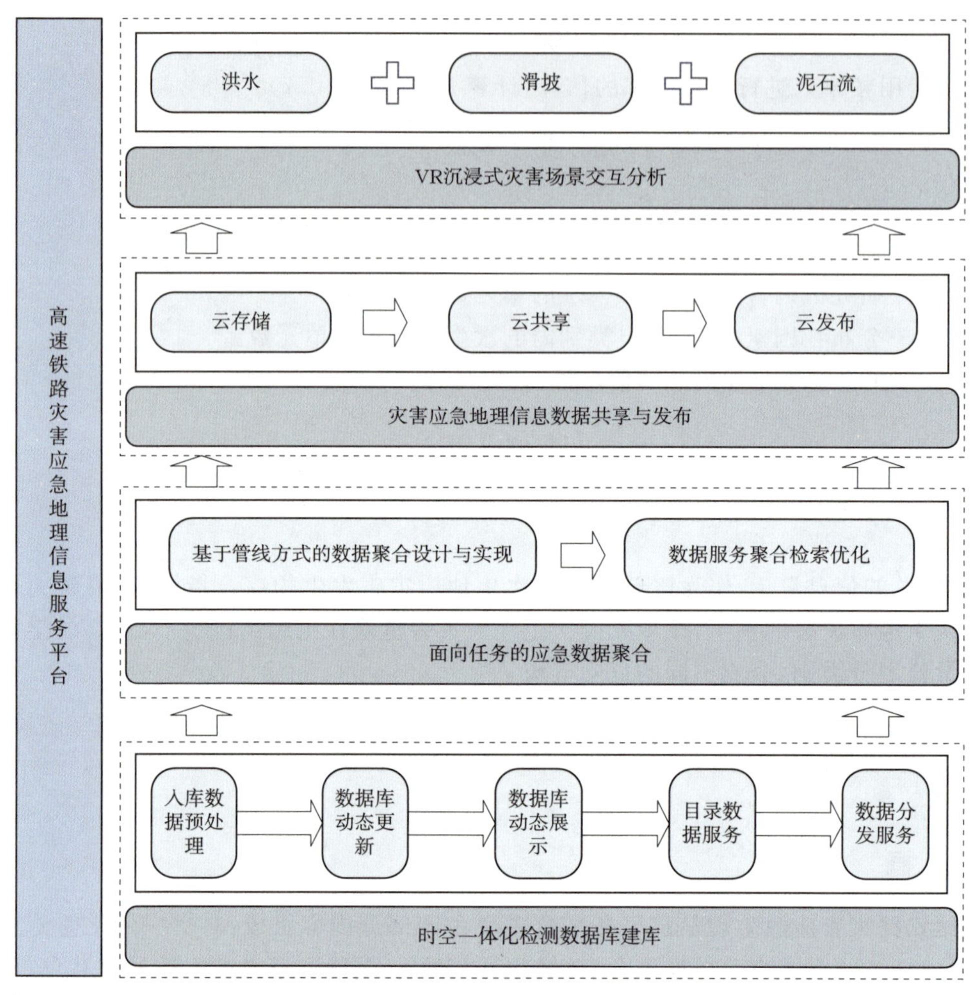

图 10.36　高速铁路灾害应急地理信息服务平台

10.3.2　时空一体化空间数据库建库

为了实现对高速铁路空间数据有效管理以及数据快速提取分发的功能，需要将现有用于铁路应急的地理信息基础数据、日常监测数据、应急专题数据等分类整理，以便建设时空一体化空间数据库。其中，地理信息基础数据是从基础地理信息数据库中提取的DEM数据和DLG数据等基础参考数据，也包括其他现势性较好、分辨率较高、质量较好的影像数据；日常监测数据是对高铁空间环境监测的各种实时数据；应急专题数据是指在灾害应急事件中获取到的应急影像数据、DEM数据、三维模型数据、矢量数据和其他附属资料等。高速铁路空间数据库建库流程如图10.37所示。

1. 入库数据预处理

高速铁路空间数据是在不同模式下通过多种技术手段获取到的地理信息数据以及各种灾害专题数据，其坐标系统、数据格式可能与数据库建库标准要求不一致，或者存在数据冗

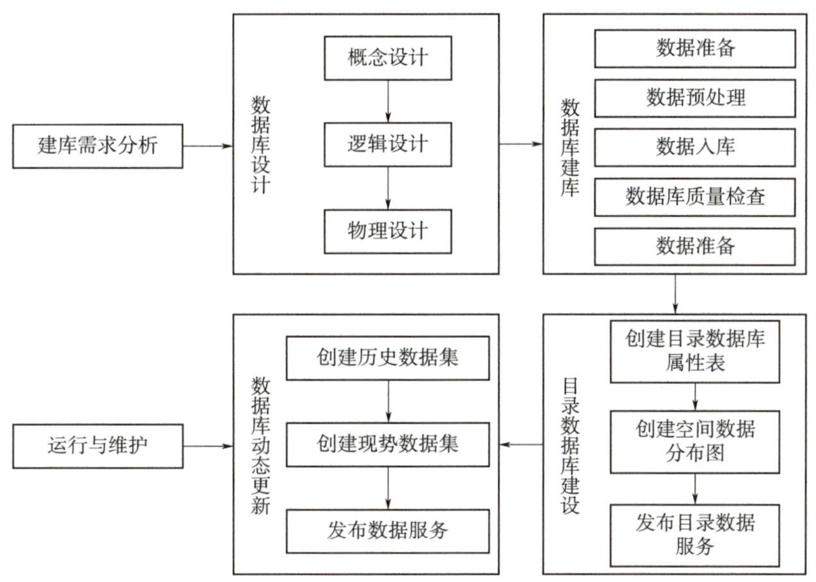

图 10.37 高速铁路空间数据库建库流程

余、过于破碎等问题。因此，在入库之前需要对数据进行质量检查，执行格式转换、坐标转换、影像调色融合、数据拼接等数据预处理工作。通过对批量入库数据的快速预处理，可极大地提高建库的时效性以及入库数据的正确性。

2. 数据库动态更新

高速铁路空间数据库是多类型、多时态的数据库，随着环境的不断改变以及成果数据获取及数据生产技术的不断提高，数据库的数据也需要不断地更新。数据更新方式较传统模式也发生了较大的变化，特别是矢量数据不再采用大规模全要素采集的生产模式，而是基于要素的局部更新。数据库动态更新主要研究不同类型、多时态应急数据快速动态更新的技术与方法，确保时空数据库历史数据回放的正确性。

高速铁路空间数据动态更新技术充分利用本体良好的层次语义关系，对现有语义相似度计算模型进行了改进，将以关键词词形匹配为主的信息检索转变成以语义匹配为主的信息检索方式，基于地理本体的语义相似度计算模型，研制灾害专题信息检索与动态更新系统，从政府数据库中巨大的新闻事件类文本数据中发现并提取灾害专题新闻报道信息。结合高分遥感影像数据、基础地理信息矢量数据，辅以人工判读，以确定各灾害专题信息发生的空间位置信息，输出灾害信息动态提取成果专题图，为灾害信息动态更新提供服务，应急专题信息动态更新流程如图 10.38 所示。

3. 数据库动态展示

高速铁路空间数据库的建立是一个需要较长时间的过程，主要依赖了大量的基础数据资源，在数据库的建设过程中，充分整合了现有的基础地形、影像图、地名等数据资源，并充分考虑多源数据的汇聚整合，通过数据叠加应用，达到为高速铁路空间数据库提供丰富的集成数据资源的目标。需研究不同类型的空间环境监测数据集成展示、多时态数据历史回放所采取的技术手段与方法，研制数据库动态展示插件，为领导决策提供直观的、可视化的有

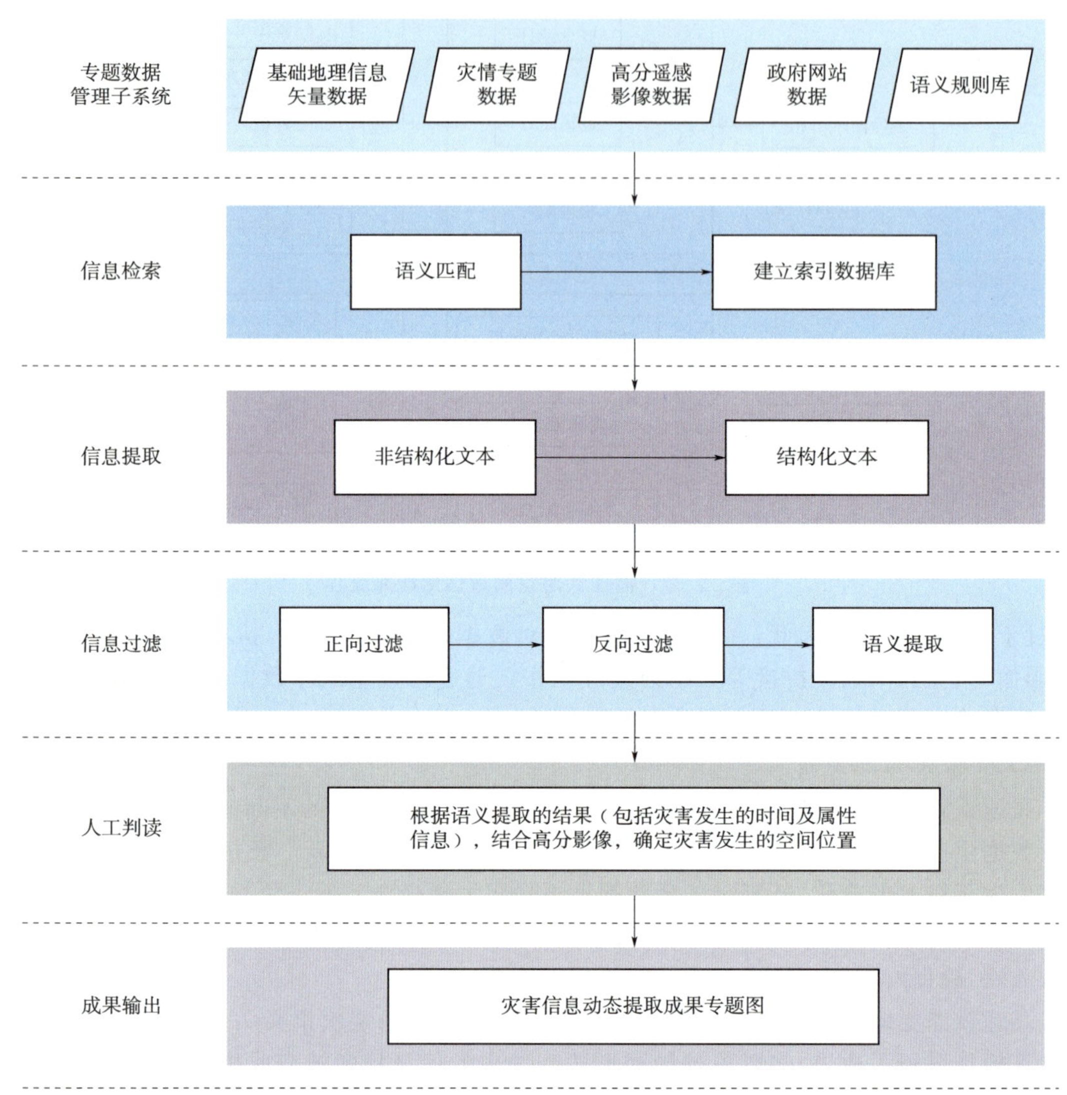

图 10.38　应急专题信息动态更新

效工具。

4. 目录数据服务

高速铁路空间数据库目录数据服务主要是关于目录数据的动态发布、目录数据的浏览查询、目录数据的统计分析等。目录数据服务主要是根据元数据进行目录的查询和管理，用户可以通过浏览元数据信息迅速确定所需要的数据范围，然后在此范围内进一步搜索。

5. 数据分发服务

根据高速铁路空间数据库目录数据查询分析的结果，可实现从高速铁路空间环境监测数据库中快速提取成果数据的功能，需建立快捷的数据分发服务，支撑高速铁路灾害应急地理信息服务平台的各项保障服务工作。

10.3.3　面向任务的灾害应急数据聚合

灾害应急任务由于时域、空间、专题等多种复杂的语义特征，其复杂性和多样性使得基于关键字的接口参数匹配对任务流功能支持明显不足，难以保证任务子节点组合的灵活性和可靠程度；而根据灾害任务应急需求将多个地理计算模型或者服务按照业务处理流程逻辑组合成任务流，并为每个任务节点挂载输入数据集，称为灾害数据聚合的过程。面向任务的灾害信息聚合主要有两个步骤：基于管线方式的数据聚合设计与实现和数据服务聚合检索优化。

1. 基于管线方式的数据聚合设计与实现

多级聚合为面向任务的灾害数据自动检索提供了有效的方法和途径，但面向海量庞大的灾害数据库，高效的数据检索效率是信息快速聚合的基本保障。选用非关系型数据库可对元数据转换之后的 RDF 文件进行解析和管理，相比关系型数据库，非关系型数据库在数据检索、规模扩展、非结构化字段存储等方面均具有优势。

管线方式是基于面向对象思想的一种数据流执行方式，又称作“流水线”方式。流水线的每个工作线程可以认为是整个管线的一个工作阶段，这些工作线程之间的对接方式是顺序相连的。整个管线最前端的工作阶段拥有最早的工作时序，它的工作输出结果会作为输入源进入下一个线程阶段，即下个阶段依赖于上一个阶段的输出。每个数据集的元数据以“文档(document)”的形式导入数据库，数据聚合通过在管线不同阶段对文档的“栏(column)”的操作处理实现，管线中的每个阶段对文档的处理就是对多阶匹配检索条件的转换实现。

2. 数据服务聚合检索优化

数据服务是灾害场景可视化的重要信息来源，以 WMS、WCS、TMS 为主的地图服务可为灾害区域可视化提供基础地理数据、地形地貌信息、行政区划和社会经济专题数据。数据服务是由数据文件通过切片、建库和发布实现的，灾害发生后，不同分辨率、主题、范围、内容的实时观测数据可通过建库发布的形式形成数据服务，达到数据共享的目的。灾害场景的可视化需求与视点的观测位置、视角具有很大的关系，数据服务可视化基于全球格网划分和 LOD 瓦片调度机制，当视点距离接近地面时，场景自动加载精细瓦片；当视点远离地面时，场景根据当前视点高度调整相应低分辨率的瓦片数据；但当多个数据服务均包含相同的瓦片数据时，客户端难以进行区别，并且如果将所有数据服务进行请求和加载，在服务端会造成不必要的数据检索，从而影响服务器的响应，在传输端造成重复瓦片占用带宽现象，从而导致有效瓦片返回客户端的效率降低，且在客户端瓦片重叠问题会导致内存存储和绘制压力增加，最后影响可视化展示的流畅性和连贯性；将数据服务同样利用统一的数据进行描述，并从类别、时空和偏好层面对数据服务进行过滤，以可视化任务偏好(比如灾害主题)和场景视点为驱动，在瓦片请求过程中对数据服务进行实时过滤和匹配，保证每次请求仅从一个数据源返回。

类似于数据集元数据的统一描述，数据服务同样可从主题语义、时空语义、分辨率语义和优先级语义进行描述。通过按需的瓦片匹配与过滤流程对数据服务源进行实时检索(图 10.39)，最终确定唯一的数据源进行请求，大大减少了瓦片服务无效请求的数量，以实现数据服务聚合检索优化。

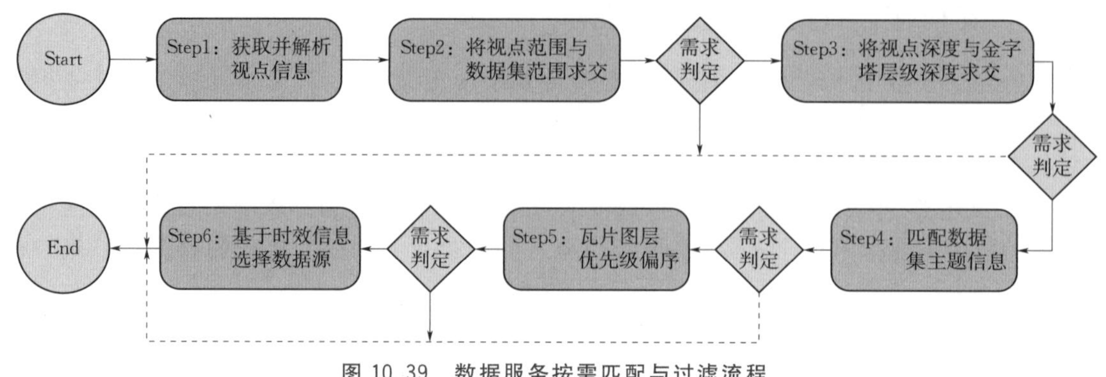

图 10.39　数据服务按需匹配与过滤流程

10.3.4　灾害应急地理信息数据共享与发布

灾害应急地理信息数据共享平台主要是利用计算机网络、数据库等技术，实现不同环境下空间数据的集成共享。数据共享服务的最大目的在于最大程度地挖掘和发挥数据所隐藏的信息，共享交换平台包含数据层、管理层、服务层以及应用层，如图 10.40 所示。

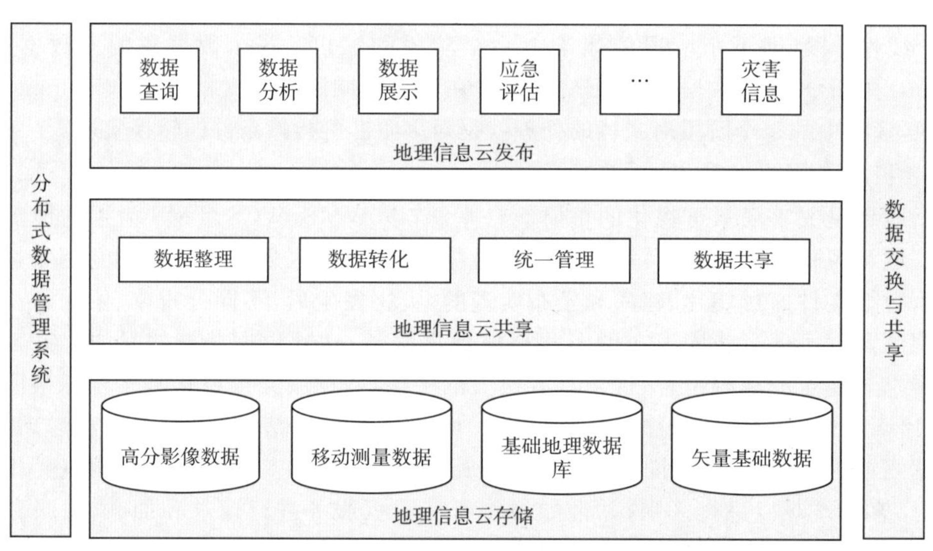

图 10.40　灾害应急地理信息共享交换平台

灾害应急地理信息发布平台主要是发布和管理相应的基础地理信息服务和专题地理信息服务，技术手段是利用系统现有的基础地理信息数据，建立运行在涉密网环境条件下的基础地理信息服务平台，建立多时态的基础地理信息服务和专题地理信息服务。

灾害应急地理信息发布系统主要是基于云计算的动态应急测绘大数据存储、成果多维展示、数据交换以及快速发布等方面的核心技术，并利用流行的分布式数据库管理系统，对应急多源异构海量大数据进行云存储、云发布和云共享机制，搭建动态灾害应急地理信息成果共享与交换平台；实现在应急状态下，快速、有效地将各种数据格式的地理信息在涉密与非涉密两种状态下发布、展示和共享，为政府和社会各界快速提供灵活多样的应急地理信息服务，提高灾害应急地理信息成果的应用效率，拓宽灾害应急监测数据的应用范围。

1. 应急数据云存储

以分布式文件系统和分布式数据库管理系统为基础，搭建应急地理信息云存储环境，利用应急地理信息大数据管理机制，对应急地理信息数据进行转换和管理，实现机载星载高分影像、移动测量数据、基础地理数据库 DEM、矢量基础数据等应急基础应急地理信息数据以及地质灾害信息、灾情信息、气象信息、交通信息等实时应急专题数据的统一管理。

2. 应急数据云共享

在应急状态下，通过基于分布式的应急地理信息数据共享机制，自动或半自动地将各政府部门的专题数据进行实时收集、整理、转换和空间化，形成标准的、带有空间位置信息的应急专题数据，并以地理信息云存储的方式统一管理，然后通过应急地理信息云共享机制，以服务、数据推送、专题地图等方式共享给国家、省、市各级政府部门使用。

3. 应急数据云发布

以应急数据云存储和应急数据云共享的大数据为基础，对应急数据进行快速发布，实时从分布式大数据中智能提取相关的基础地理信息数据和应急专题数据，按照用户要求进行查询、分析和展示；实现不同数据源、不同数据类型灾害应急监测成果的快速聚合、展示和分析，为各级领导、应急救援机构提供有价值的应急数据支撑，并通过网站将灾害信息迅速告知公众，对于快速组织救援力量、减少公众恐慌、稳定社会生产生活有重要意义。

10.3.5 VR 沉浸式灾害场景交互分析

VR 沉浸式灾害场景交互分析以 VR 可视化技术为支撑，并结合灾害场景动态建模和多模式用户交互手段等关键技术，对灾害场景进行快速动态融合构建，可提高用户对灾害场景的认知效率，丰富了用户与灾害场景的交互分析模式。用户通过 VR 沉浸式灾害场景交互可以对灾害场景形成更全面和系统的认知，使灾害模拟和展示达到更好的效果。

虚拟地理环境和传统的三维可视化相比，虚拟现实（virtual reality，VR）技术沉浸式视觉效果好，可视化表达能力强。基于 VR 技术的虚拟场景可视化与交互分析具有用户体验感强、交互方式多样化、用户主动接收信息等优点，能够大大提高用户对灾害场景的认知效率和交互过程中的主动性，从而使用户更快、更好地感知与认知灾害环境。目前现有的灾害 VR 场景的交互方式包括基于眼凝视的场景交互分析、基于 VR 手柄的场景交互分析等。

1. 高铁场景增强表达

高铁线路长、场景对象多、空间关系复杂，而虚拟现实技术具有极强的沉浸感、交互性和构想性，将 VR 技术与虚拟高铁场景相融合，能给用户提供丰富的环境信息，从而支持在实景可视化环境中进行交互探索，进行室内外一体化的虚拟踏勘，可极大提高勘测技术水平和效率，显著降低勘测成本，如图 10.41 所示。

2. 基于眼凝视的场景交互分析

移动 VR 场景中只能通过凝视虚拟对象按钮实现场景的漫游探索，与视频播放等大部分移动 VR 应用中的相机视点位置固定不同；洪水灾害三维场景中的相机视点位置需要不受限制地改变以对场景进行平移、旋转与缩放，从而使用户快速感知与认知洪水灾害的宏观与微观信息，这导致用户在场景里面不能快速捕获按钮的位置，而无法进行场景的漫游探

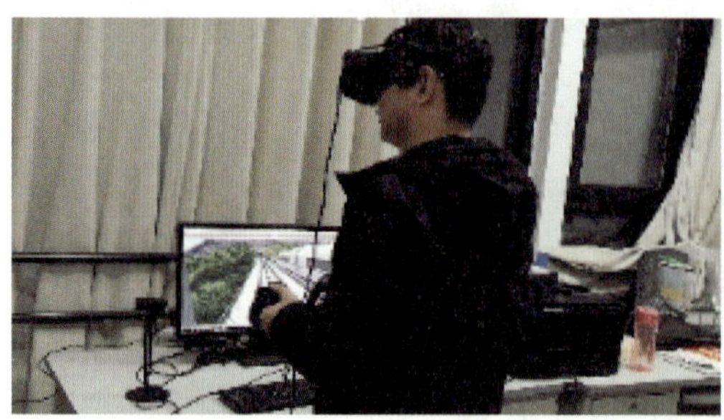

图 10.41 高速铁路场景增强表达

索。因此,采用移动 VR 交互菜单动态构建的方法创建各种虚拟按钮,即在与用户视线相垂直的某一平面内(比如该平面距离视点 50m 远),动态创建各种虚拟按钮对象,然后用户通过凝视虚拟按钮进行场景的漫游探索;当场景发生漫游探索之后,需要在与用户新视线相垂直的某一平面内,重新动态创建这些按钮对象,供用户进行凝视。

3. 基于 VR 手柄的场景交互分析

基于 VR 手柄的场景交互分析,通过文字、符号和图片与 VR 手柄按键的适应性匹配,以达到增强手柄按键相应功能展示的目的,结合手柄空间坐标实时获取、射线起始位置定位以及焦点对象检测等技术实现 VR 手柄射线的快速构建与焦点获取,并采用真实感与符号化协同可视化的方法对灾情信息进行适宜性表达。为了使用户在泥石流 VR 场景中能够快速捕获手柄按键的相应功能,对每个手柄按键相应功能做出提示,用户可以通过 VR 手柄发出的射线以及焦点选择俯视鸟瞰、自动漫游和移动行走相应的交互方式。

以泥石流灾害 VR 场景为例,对建筑物整体受灾情况进行分析查询。当泥石流灾害发生时,用户最为关心的是建筑物的受灾信息,因此对案例区域内不同精度的建筑物模型进行了灾情查询与分析,其中包括精细化建筑物模型和符号化建筑物模型两类。根据泥石流掩埋深度和建筑物进行叠加分析,判定出建筑物整体受灾情况,分别以红色表示严重受损、橙色表示中度受损和绿色表示轻微受损。符号化建筑物模型的查询分析方式与上述方式类似,用户通过点击交互界面的风险等级查询按钮,查询房屋的不同受灾等级,如图 10.42 所示。

(a) 精细化地物模型

(b) 符号化地物模型

图 10.42 不同精度建筑物整体受灾等级查询

参考文献

[1] 朱颖,许佑顶,林世金,等.高速铁路建造技术·设计卷[M].北京:中国铁道出版社,2015.

[2] 中国地质学会工程地质专业委员会铁道分会.中国铁路工程地质60年[M].西安:西安地图出版社,2015.

[3] 中华人民共和国铁道部.铁路工程不良地质勘察规程:TB 10027—2012[S].北京:中国铁道出版社,2012.

[4] 中华人民共和国铁道部.铁路工程特殊岩土勘察规程:TB 10038—2012[S].北京:中国铁道出版社,2012.

[5] 国家铁路局.铁路工程地质勘察规范:TB 10012—2019[S].北京:中国铁道出版社有限公司,2019.

[6] 曹振宇.自然灾害应急测绘信息服务机制与方法[D].武汉:武汉大学,2014.

[7] 陈松尧,程新文.机载LIDAR系统原理及应用综述[J].测绘工程,2007(1):27-31.

[8] 戴义.泥石流灾害VR场景动态建模与交互查询可视化方法[D].成都:西南交通大学,2018.

[9] 杜建括,何元庆,李双,等.横断山区典型海洋型冰川物质平衡研究[J].地理学报,2015,70(9):1415-1422.

[10] 杜云虎.三维地理场景加速绘制的数据组织调度与时序多屏同步漫游技术[D].福州:福州大学,2013.

[11] 付玮,吴禄慎,陈华伟.基于局部和全局采样点云数据简化算法研究[J].激光与红外,2015,45(8):1004-1008.

[12] 高文峰,甘俊,王长进.DInSAR沉降监测技术在铁路勘察设计中的应用[J].遥感信息,2015,30(5):83-87.

[13] 葛大庆,王艳,郭小方,等.基于相干点目标的多基线D-InSAR技术与地表形变监测[J].遥感学报,2007(4):574-580.

[14] 郭庆华,苏艳军,胡天宇,等.激光雷达森林生态应用:理论、方法及实例[M].北京:高等教育出版社,2018.

[15] 何华武.快速发展的中国高速铁路[J].中国铁路,2006(7):23-31,5.

[16] 何秋玲.基于多源多时相遥感数据的山体滑坡过程可视化模拟[D].成都:西南交通大学,2019.

[17] 何秀凤,何敏.InSAR对地观测数据处理方法[M].北京:科学出版社,2012.

[18] 胡小青.无人机LiDAR在山洪灾害调查中的关键技术及应用[D].南昌:东华理工大学,2016.

[19] 姜博,初楠臣,修春亮,等.中国“四纵四横”高铁网络可达性综合评估与对比[J].地理学报,2016,71(4):591-604.

[20] 蒋丽丽,封博卿.京沪高铁周边环境安全隐患智能监测体系研究[J].铁路计算机应用,2018,27(11):48-51,59.

[21] 李成名.数字城市三维地理空间框架原理与方法[M].北京:科学出版社,2008.

[22] 李德仁,廖明生,王艳.永久散射体雷达干涉测量技术[J],武汉大学学报(信息科学版),2004.29(8):664-668.

[23] 李峰,刘文龙.机载LiDAR系统原理与点云数据处理方法[M].北京:煤炭工业出版社,2017:70-84.

[24] 李申高,刘常杰,刘刚,等.铁路机车限界激光检测仪及标定技术研究[J].激光技术,2013,37(1):32-35.

[25] 李世龙.遥感图像解译在铁路沿线地质灾害调查中的应用研究[J].资源信息与工程,2018,33(2):163-164.

[26] 李树伟.高速铁路沉降监测方法的应用探讨[J].铁道勘察,2011,37(6):16-18.

[27] 李肖敏.三维点云数据滤波和分类算法研究[D].天津:天津理工大学,2019.

[28] 李旭.怒江高山峡谷区居民对泥石流灾害的适应性研究[D].昆明:云南大学,2018.

[29] 李云杰.藏中联网工程八宿段滑坡灾害风险动态评价[D].成都:成都理工大学,2018.

[30] 廖明生,王腾.时间序列 InSAR 技术与应用[M].北京:科学出版社,2014.

[31] 梁策.基于 LiDAR 数据获取铁路纵横断面的方法研究[D].成都:西南交通大学,2010.

[32] 刘国祥,张瑞,李陶,等.基于多卫星平台永久散射体雷达干涉提取三维地表形变速度场[J].地球物理学报,2012,55(8):2598-2610.

[33] 刘丽瑶.近景摄影测量检测高速铁路轨道几何状态的精度研究[D].成都:西南交通大学,2012.

[34] 刘瑞芳.高铁线路重点安全隐患致因分析及防范[J].中国安全科学学报,2018(S1):109-113.

[35] 柳源.中国地质灾害(以崩、滑、流为主)危险性分析与区划[J].中国地质灾害与防治学报,2003(1):98-102.

[36] 卢春房.中国高速铁路的技术特点[J].科技导报,2015,33(18):13-19.

[37] 屈亚.矢量数据辅助的高分辨率遥感影像高铁沿线变化检测方法研究[D].成都:西南交通大学,2016.

[38] 仇林遥,杜志强,谢金华,等.大文件高分辨率遥感影像的实时可视化方法[J].武汉大学学报(信息科学版),2016,41(8):1021-1026,1033.

[39] 仇林遥.面向自然灾害应急任务的时空数据智能聚合方法[D].武汉:武汉大学,2017.

[40] 石锐华,李伟.高速铁路的灾害防护设计[J].铁道工程学报,2008(6):6-9,19.

[41] 宋宏,刘佳.高速铁路建造营运对测绘技术和装备的挑战[J].测绘技术装备,2011,13(2):20-23.

[42] 苏中原.支持多级联动的虚拟森林场景数据组织与调度优化方法[D].杭州:浙江工业大学,2011.

[43] 田四明,赵勇,石少帅,等.中国铁路隧道建设期典型灾害防控方法现状、问题与对策[J].隧道与地下工程灾害防治,2019,1(2):24-48.

[44] 田先斌,张永利,吴建文,等.无人机 LiDAR 场地勘测及 BIM 规划设计研究与实践[J].图学学报,2018,39(2):339-345.

[45] 童立强,涂杰楠,裴丽鑫,等.雅鲁藏布江加拉白垒峰色东普流域频繁发生碎屑流事件初步探讨[J].工程地质学报,2018,26(6):1552-1561.

[46] 武锋刚,张文君.基于 GIS 与 RS 的地质灾害解译研究:以怒江上游为例[J].南阳理工学院学报,2011,3(6):76-79.

[47] 王果.不同平台激光点云数据面状信息自动提取研究[D].北京:中国矿业大学,2014.

[48] 王金宏,朱军,尹灵芝,等.基于线性参照系统的虚拟高速铁路场景建模方法[J].地球信息科学学报,2014,16(1):23-30.

[49] 王荣,刘明坤,贾三满,等.地面沉降对高速铁路的影响分析[J].中国地质灾害与防治学报,2014,25(2):49-53,64.

[50] 夏艳军.基于激光雷达的高铁路基正常高测量方法[J].铁道工程学报,2018,35(12):7-10,25.

[51] 徐国华.面向对象的遥感影像变化检测技术研究[D].郑州:解放军信息工程大学,2011.

[52] 尹灵芝.用于泥石流灾害快速风险评估的实时可视化模拟分析方法[D].成都:西南交通大学,2018.

[53] 于冰.高分辨率相干散射体雷达干涉建模及形变信息提取方法[D].成都:西南交通大学,2015.

[54] 于胜利,李茂,王保江,等.卫星遥感技术在铁路沿线环境防护中的应用[J].中国安全科学学报,2018,28(S2):88-92.

[55] 张玉方,程新文,欧阳平,等.机载 LIDAR 数据处理及其应用综述[J].工程地球物理学报,2008(1):119-124.

[56] 张凤军,戴国忠,彭晓兰.虚拟现实的人机交互综述[J].中国科学:信息科学,2016,46(12):1711-1736.

[57] 张恒.多层次空间语义约束的高速铁路场景自动建模方法[D].成都:西南交通大学,2016.

[58] 张磊,吴亚平,车宝,等.伊朗德伊高速铁路沿线盐渍土盐胀临界温度试验研究[J].铁道建筑,2018,58

(4):106-109.

[59] 张向营.京张高速铁路沿线地质灾害危险性研究[D].北京:中国地质科学院,2018.

[60] 张晓.GPS-RTK 技术在高速铁路施工测量中的应用[J].铁道建筑技术,2010(5):108-111.

[61] 赵宝强,韩守富,白艳萍,等.时序 InSAR 技术在大型滑坡监测中的应用[J].科技创新与应用,2019(1):21-24.

[62] 赵婷婷.高铁安全隐患的三种高效面向对象遥感变化检测方法[D].成都:西南交通大学,2014.

[63] 周兴涛.GPS 平面控制网在高铁施工中的控制测量应用[J].通讯世界,2015(9):242-244.

[64] 朱庆,杨晓霞,李海峰.基于语义匹配的遥感信息处理服务组合方法[J].武汉大学学报(信息科学版),2010,35(4):384-387.